公共文化施設の公共性

運営・連携・哲学

文化とまちづくり叢書

藤野一夫 = 編

井原麗奈＋岡本結香＋小石かつら＋小林瑠音＋近藤のぞみ＋竹内利江＋
沼田里衣＋松井真之介＋宮治磨里

水曜社

はじめに

　本書は、「公共文化施設の公共性」に関する共同研究の成果をまとめたものである。2008〜2009年度に神戸大学大学院国際文化学研究科異文化研究交流センターの研究プロジェクトとして実施した「公共文化施設の公共性についての調査研究」の成果を収めた報告書をもとに、大幅に加筆修正を施した。
　本書は3部から構成されている。
　第1部は、公共文化施設の運営から考える「公共性」、第2部は、地域社会との新たな連携がつくる「公共性」、第3部は、「公共性」の歴史的変容と国際比較を扱っている。それぞれのテーマをめぐって多角的な観点からの論考が掲載されているが、全体を通じて、「公共文化施設の公共性」というタイトルが提示する諸課題にアクチュアルに対応するための「実践知」を、ひとりでも多くの関係者と共有できるように心がけた。
　しかしながら本書は、現場の課題を要領よく解決するためのハウツーものではない。その意味での道具主義やプラグマティズム（実用主義）とは異なる次元から、現場の諸問題の原因を追求した。そして、公共文化施設の本来の使命を実現することをめざし、課題解決への勇気を与えるための「実践知」を探ったのである。もとより実践のための知識は、人類共通の叡智である哲学的認識によって基礎づけられる必要がある。また、美学や哲学をアカデミズムの既得権益から解放しなければならない、という強い思いが編者にはある。とはいえ本書は、より広くは、若い実践的研究者たちによる共同作品である。「公共性」というテーマに関心を寄せるさまざまな分野のひとたちと共感し連帯して、「新しい公共」を可能な限りゆがみなく、よどみなく、ともに紡ぎあげていくことが、私たちの何よりもの願いである。
　本書の意図は、公共文化施設の多元的考察を通じて、その「公共性」の意味を見出すことにあるため、「公共性」の一義的な定義をあえて避けている。というのも、カントからアドルノへと継承される文化の本質論が本書の底流をなしているからである。その問題は終章で詳述するが、本書の方法論は、文化の本質を「反省的判断力」のはたらきに看取する視点、すなわち「特殊を手がかりに普遍を見出そうとする」模索にある。

ただし編者は、以下の原則によって「公共性」と「公共圏」とを区別している。「公共性」も「公共圏」も、ともにドイツ語での原語はÖffentlichkeitであるが、社会にとって必要不可欠なものについての価値を議論する、そのプロセスや情報が外部に開かれている様態を重視する場合に「公共性」を用い、その言論空間やメディアのネットワーク空間そのものを強調する場合には「公共圏」を用いている。

　私たちの研究当初、「公立文化施設」とすべきか「公共文化施設」とすべきか、という議論が出た。しかし、本書では、いっそう広義かつ柔軟な解釈が可能な後者を採用することとした。というのも「社団法人　全国公立文化施設協会」には、公設置された劇場、ホール、音楽堂など1,200施設以上が加盟しているが、そこからは美術館・博物館等の文化施設は除外されているからである。また、民間が設置・運営している劇場、ホール、音楽堂等でも、「公共性」という観点からは「公立」や「公営」に劣らぬ活動をしている施設も少なくないからである。

　幸いにも本書の入稿直前に、徳永高志『公共文化施設の歴史と展望』（晃洋書房、2010年）が出版された。編者は、その序論で公共文化施設のカテゴリーが扱われていることに意を強くした。徳永は、公共文化施設の範疇について、「一般的に文化を扱う施設のうち、一定の公共性を有する施設、たとえば集会施設、劇場、公民館、博物館・美術館などを対象としたい」と述べている。

　編者は、2004（平成16）年に名古屋で開催された第２回世界劇場会議において、徳永がコーディネーターを務めたワークショップに招かれ、そこでの長時間にわたる議論を通じて、本書の原型となるコンセプトを獲得した。徳永は前掲書の中で、この会議にも触れて次のように述べている。「『劇場の公共性』がテーマとなったワークショップ４では、ユルゲン・ハーバーマスの議論に立ち返りながら、公私にかかわらず、劇場が公共性を持つかどうかを常に開かれた場で議論し続けることが劇場の公共性を担保するのではないか、という問題提起がなされている」（p.3）。まさしくここを起点として、徳永の前掲書と本書がともに生みだされたことを銘記したい。

　2011年初春に

　　　　　　　　　　　　　　　　　　　　　　　　　　藤野　一夫

開題

藤野 一夫

　本書の構成と各章の概要を記しておく。この小文を最初にお読みいただき本文にはいっていただいてもよいし、読後に翻って参照されてもよいと思う。

　第1部では、公共文化施設の公共性の諸問題を、その「運営」に焦点を当てて考察する。第1章「文化施設が『公共的役割』を果たすために何が必要か——兵庫県立芸術文化センターを例にした周辺施設へのヒアリング調査から」(近藤のぞみ)は、芸術文化や文化施設に関して、これまで日本で行われてきた「公共性」の議論を5つのカテゴリー(公立であること／施設利用・運営・自主事業でのオープン性／観客・聴衆の立場が全ての人に対して開かれていること／芸術の本質に根拠が存在／外部性による公共財)に分けて説明する。そのうえで公共文化施設を「芸術文化に関する活動によって、全ての人に開かれた空間とコンテンツの提供を行い、公共圏の創出を目指す芸術文化施設」と定義する。このような「公共的使命」の達成は1つの文化施設だけでできるものではなく、多様なアクターによる文化ネットワークの形成が必要であるが、本章では、兵庫県立芸術文化センターを例にした周辺施設へのヒアリング調査から、そのような文化ネットワークのあり方を模索する。

　第2章「公共劇場の『公共性』評価の手法・基準と課題——兵庫県立芸術文化センターを事例として」(藤野一夫)では、開館4年目を迎えた時点での兵庫県立芸術文化センターを事例とし、公共劇場の「公共性」(公共的ミッション)に関する定性評価の手法・基準と課題を明らかにする。本調査研究の独自性は、人文学的知と社会学的調査法との結合によって、これまでの行政評価では不十分であった「質」の面からの評価を、可能なかぎり客観的に論証する点にある。そのためにさまざまな「声」を聴取し、それらを素材としたポリフォニー的コンポジション(多声的構成)を試みる。具体的には、兵庫県立芸術文化センターの驚異的成功の理由を、「創客の戦略」、「地域アイデンティティ形成のシンボル効果」、「コミュニティへの教育的貢献」、「次世代への芸術・文化教育的先行投資」、「心理的バリアの解除」といった面から可能な限り先入見を排して分析し、その定性的評価を試みる。

　第3章「パブリックシアターの組織運営——アートマネジャーをとりまく『知識』を視点として」(岡本結香)は、以下のような問いを出発点としている。公立文化施設(本章では「パブリックシアター」と総称)の現場で働くアートマネジャーは、いかなる環境下で、職務の「成果」を見出すことができるか、また、そのうえで自身の能力を高め、発揮できるような行動の枠組みをつくることができるか。その課題について本章では、経営学者、野中郁次郎らによって唱えられた「ナレッジマネジメント(知識経営)」を参照し考察する。「ナレッジマネジメント」の概念に基づき、パブリックシアターあるいはそこで働くアートマネジャーの場

合は、どのような「知識」に関わり、どのように知識を活用、増幅、創造し、どのような組織づくりをしているのか、そしてすべきなのかを具体的に検証する。

第4章「芸術監督と『公共性』―『座・高円寺』芸術監督としての佐藤信試論」(竹内利江)の主題は、公共劇場を創造する芸術監督の「公共性」についての考え方を考察することにある。事例研究として「座・高円寺」を取り上げ、その芸術監督に就任した佐藤信の事業活動を通して、公共文化施設の「公共性」を検討する手掛かりとする。芸術監督とは、一般的に施設の活動方針、演目、出演者などを決めて組織を運営する芸術的責任者として理解されているが、公共文化施設における芸術監督制について日の浅い日本では、現在、さまざまな形での芸術上の責任者が存在する。芸術監督は劇場の質を高め、地域や専門家とのネットワークをつくる、「公共」の責任者である。本章では、公共文化施設の芸術監督にまつわる現状と課題を整理し、佐藤の劇場づくりの軌跡を追いながら、佐藤の「公共」概念を読み解く。また、芸術監督の役割、公共文化施設の今後のひとつの方向性についての検討をも試みる。

第2部では、公共文化施設と地域社会との多様な連携の試みを事例として、「新しい公共」の形を模索する。第5章「ホールボランティアの可能性と課題―パティオ池鯉鮒(知立市文化会館)の事例を通して」(宮治磨里)は、地域住民が公立文化ホールの運営に携わるひとつの形として、この10年ほどで全国的に定着してきているホールボランティアの諸問題を取り上げる。2000(平成12)年に開館した愛知県のパティオ池鯉鮒(知立市文化会館)でも、ホールボランティアが積極的に活動をしているが、発足後10年を経て、ボランティア自身のやりがいや自主性について課題が生じている。一方、パティオ池鯉鮒の後に開館した岐阜県の可児市文化創造センターala（アーラ）や愛知県の武豊町民会館(ゆめたろうプラザ)では、NPOという形態の自立した市民組織が会館の運営に関わっている。本章ではそれらと比較検討しながら、パティオ池鯉鮒のホールボランティアのあり方を考察する。

第6章「まちづくり、ひとづくりへの挑戦―さきらジュニアオーケストラ・アカデミー(栗東芸術文化会館さきら)」(小石かつら)は、今年開校5年を迎える「さきらジュニアオーケストラ・アカデミー」の実態を考察する。具体的には、先例が無いが故の手探りの運営、これまでの成果、そして問題点を、開館前の準備段階から順を追って報告し、さらには、現場の生の声をインタビューという形で折り込みつつ紹介する。「さきらジュニアオーケストラ・アカデミー」は創造的育成事業の成功例であるが、公共文化施設がこのような事業を展開している例は全国に唯一のものであり、公共文化施設の新たなあり方を模索する果敢なる先例として注目に値する。バブル全盛の1983(昭和58)年に始まった滋賀県栗東市(当時栗東町)の町民会館建設計画は、バブルがはじけ、ハコモノ批判が広まりつつあった1993(平成5)年に本格始動した。ソフトを重視する構想は、この時から引き継がれることになる。地方都市であったことも幸いして、その後の政治や経済

の変化によって運営がどのように変化しようとも、現場で働く人材の変化は少なく、継続した事業が、地道にそして野心を持って展開されてきた。しかし、このような公共文化施設の使命を具現したモデルケースですら、指定管理者制度に翻弄された結果、先行き不透明な状況に置かれているのである。

　第7章「オルタナティブスペース—既存の公共文化施設との連携の可能性」(小林瑠音)では、日本のオルタナティブスペースの歴史と現状を概観し、既存の文化施設への異議申し立てとして台頭してきたその活動を分析することを通して、オルタナティブスペースとは対極にある「公共文化施設の公共性」についての再考を試みる。90年代以降の日本では、オルタナティブスペースが、個々のアーティストによって独自に運営される制作・表現の場として注目を浴びてきた。そこでは、既成の枠組みや制度にとらわれない自由な芸術創造と、ジャンルを超えた人々の交流が繰り広げられ、若手の芸術家を中心としたダイナミズムが生まれてきている。この動きはさらに、2000年以降の文化芸術系NPOの台頭とその社会的認知の促進、そして指定管理者制度の導入といった行政との連携の促進によって、より一層発展を遂げているといえる。最近では、それぞれの地域が抱える社会問題に対して風穴をあけるような存在として、オルタナティブスペースの役割が期待されている。また本章では、近年注目されつつある「公共文化施設とオルタナティブスペースの連携」の可能性についても考察と提言を行う。

　第8章「公共性の観点からアートとコミュニティについて考える—『運河の音楽』の事例とともに」(沼田里衣)では、公共文化施設に依存しない形態でのアートとコミュニティの新しい関係づくりについて、公共性の観点から考察する。近年、コミュニティアートやその近接領域において、一見相容れない二つの要素の関連が注目されている。新しいアートを創出するというアート側の欲求と、地域住民が主体性を持って参加し、公共性を保ちながらアートを実践するという社会的要求が、ますます近接するようになり、互いにせめぎ合う場面も多く見られるようになってきた。本章では、このようなアート側の欲求と、コミュニティ創成などの目的のためにアートを取り込もうとする社会の側の欲求とがせめぎ合う場において生じる諸問題を明らかにする。

　第3部では、歴史的変容を踏まえた国際比較の観点から「公共文化施設の公共性」の多元的な問題の再検討を試みる。第9章「京城府府民館と『公共性』—植民地朝鮮に建設された公会堂」(井原麗奈)は、1935(昭和10)年、日本植民地支配時代の京城(現ソウル)に開館した複合的文化施設「京城府府民館」にみられる「公共性」の意味を、当時発行された新聞や雑誌などの一次資料をもとに解明する。これまで戦前期の公共ホール研究は、内地に建設されたもののみを対象とする傾向があったが、外地に設置された「府民館」は、当時の日本政府の意図を反映した公共ホールとして重要な比較研究の事例となる。そのために施設の規模や運営方法、公共ホールとしての役割などの側面から、府民館とはどのような施設であったのかを考察する。

第10章「フランスにおける文化施設の公共性」(近藤のぞみ)は、文化大国の代表とされるフランスの文化政策を扱う。フランスの文化政策は、ナショナルレベルでもローカルレベルでも、芸術文化は人類に共通の財産であり、共有されるべきものとの認識が前提にある。芸術文化は公共的なものであり、それを創造し普及させることを目的とする文化事業の実施は、公的サービスの一つであると考えられている。とくに第2次世界大戦後、芸術文化の地方分散化政策によって各地に建設された演劇センターや「文化の家」、地方歌劇場などの芸術文化施設では、優れた芸術文化作品を創造、全国規模で巡回し、ヨーロッパやインターナショナルなレベルでの作品を積極的に受け入れてきた。さらにローカルなレベルでは、多様な文化施設や文化団体が存在し、相互にネットワークを形成している。この多層的なネットワークの中核を担っているのも公共文化施設なのである。

第11章「フランスの『公共』をすり抜ける在仏アルメニア学校の可能性」(松井真之介)は、最広義における公共文化施設の1つであり、また国民をつくる装置である学校を例に、フランスにおける「公共性」の問題を、その歴史的変容を踏まえて再検討したものである。フランス国家が理想とする「国家」と「個人」の関係をつくる学校という環境に、「個人」をとりまく民族や宗教、郷党などの中間集団が介入してくると、無視や否定が一律的に生じるか、あるいは問題のすり替えによる対応が起きる。そこにはフランスの「公共性」の限界があらわれている。ここでの「公共性」概念は、とりわけ宗教的な中間集団を極力排除することで「一にして不可分な」共和国理念を堅持してきたフランス特有のものであり、本書が基調としているハーバーマス的な意味での「市民的公共性」もしくは「文芸的公共性」とは大きく異なる。しかし、ここからかえって明らかとなるのは、現代日本における「公共性」の問題も、きわめて多義的かつ多元的であり、相互に矛盾する場面も少なくないという現実であろう。

第12章「ドイツにおける公共劇場の成立史と現状の課題」(藤野一夫)では、ドイツの公共文化政策の中核をなす公共劇場の「公共性」の生成と変容を、とりわけ「美的なもの」と「政治的なもの」との複雑で隠微な関係に着目して考察する。実質上、世界随一の「文化大国」であるドイツは、戦後65年を経た今日なおも、その事実を国家の名において「プロパガンダ」することができない。その理由を歴史的に解明したうえで、現代ドイツの文化政策に潜在する、過去の反省から活力ある分権型社会への発展の可能性を探る。しかしながら、現代ドイツの劇場政策は大きなディレンマに直面してもいる。ドイツの公共劇場は、ショービジネスとは一線を画しており、舞台芸術の自律的で自由な表現の可能性を大胆に追求できる制度と環境が、歴史的に確立されてきた。「芸術の自由」、そして文化を創造し、享受し、文化にアクセスする権利は、ドイツでは歴史的な反省の中から勝ち取られ、法制度的にも保障されてきた。ドイツの公共劇場への助成は、まずは美学的思考によって基礎づけられ、その公共性に法的な根拠が与えられ、財政学的に担保されてきたのである。しかし、いまや過度な制度化による硬直と一種のモラルハザードが、大きな社会問題ともなっている。「芸術の自由」の濫用、もしく

は自由権的文化権と社会権的文化権との関係がはらむディレンマから、日本の市民は何を学び、持続可能な文化創造へ向けた仕組みをどのように実現しうるのか。本章では、このような現実的な問題への提言を、公共文化施設と大学との知的レベルでの連携を例に試みる。

　本書では、その全編を通して、公共文化施設の本来的使命の自覚とその実現をめざし、「公共文化施設の公共性」が多元的に考察される。しかし自覚したミッションの実現を阻む要因も少なくない。そこで、課題解決への勇気を与えるための「実践知」を、いわば「公共哲学」の次元から理論化する必要があるだろう。終章「文化政策の公共哲学のために」(藤野一夫)は、美学と社会哲学との融合を試みることで、これまで日本の文化政策学には欠如していた、ある本質的な観点を呈示する。本質的な問題とは、じつのところ「芸術に公共性があるかどうか」という問いではない。端的にいえば「芸術こそが公共性を開く」のである。したがって、文化政策の公共哲学としての役割とは、芸術が文化の公共的意味の場へと現われ出る、そのための「世界」を匿いつつ整えることにある、と編者は考えている。

　この価値観、世界観の逆転は、一見奇異に思われるかもしれない。しかし昨今、日本各地で隆盛するアートプロジェクトや、指定管理者制度に拘束された文化経営に忍び寄るニヒリズムの影に、編者は鈍感ではおれないのである。アートやアーティストが、まちづくり、創造都市、地域再生、創造的(文化)産業などに一元的に取り込まれ、芸術固有の社会批判的機能、さらには「世界開示」という本来の公共的使命から疎外されつつある、という究極のニヒリズムである。このような観点から、**終章**では、おもに道具主義的・プラグマティズム的(無)思想に依拠してきたアングロサクソン系の文化政策、およびその実践としてのアートマネジメントの世界的普及に対する編者の積年の危惧を表明し、そうしたプラグマティズム克服の道を、芸術文化の力そのものから引き出すための思索を試みる。

目 次

はじめに
開 題
序 章　公共文化施設の公共性を問う
　　　　　藤野　一夫 ………………………………………………… 13

■1部　公共文化施設の運営から考える「公共性」

第1章　文化施設が「公共的役割」を果たすために何が必要か
　　　　兵庫県立芸術文化センターを例にした周辺施設へのヒアリング調査から
　　　　　近藤　のぞみ ……………………………………………… 46
第2章　公共劇場の「公共性」評価の手法・基準と課題
　　　　兵庫県立芸術文化センターを事例として
　　　　　藤野　一夫 ………………………………………………… 65
第3章　パブリックシアターの組織運営
　　　　アートマネジャーをとりまく「知識」を視点として
　　　　　岡本　結香 ………………………………………………… 79
第4章　芸術監督と「公共性」
　　　　「座・高円寺」芸術監督としての佐藤信試論
　　　　　竹内　利江 ………………………………………………… 103

■2部　地域社会との新たな連携がつくる「公共性」

第5章　ホールボランティアの可能性と課題
　　　　パティオ池鯉鮒（知立市文化会館）の事例を通して
　　　　　宮治　磨里 ………………………………………………… 132

第6章　まちづくり、ひとづくりへの挑戦
　　　　さきらジュニアオーケストラ・アカデミー（栗東芸術文化会館さきら）
　　　　　　小石　かつら …………………………………………………… 143
第7章　オルタナティブスペース
　　　　既存の公共文化施設との連携の可能性
　　　　　　小林　瑠音 …………………………………………………… 174
第8章　公共性の観点からアートとコミュニティについて考える
　　　　「運河の音楽」の事例とともに
　　　　　　沼田　里衣 …………………………………………………… 194

■3部　「公共性」の歴史的変容と国際比較

第9章　京城府府民館と「公共性」
　　　　植民地朝鮮に建設された公会堂
　　　　　　井原　麗奈 …………………………………………………… 222
第10章　フランスにおける文化施設の公共性
　　　　　　近藤　のぞみ ………………………………………………… 240
第11章　フランスの「公共」をすり抜ける在仏アルメニア学校の可能性
　　　　　　松井　真之介 ………………………………………………… 256
第12章　ドイツにおける公共劇場の成立史と現状の課題
　　　　　　藤野　一夫 …………………………………………………… 280

終　章　文化政策の公共哲学のために
　　　　　　藤野　一夫 …………………………………………………… 315
あとがきに代えて──劇場法再考

序章
公共文化施設の公共性を問う

藤野 一夫

1．びわ湖ホール問題を契機として

　本書は「公共文化施設の公共性」に関する共同研究の成果をまとめたものであるが、その直接的契機となったのは、編者個人に限れば、2008（平成20）年の「びわ湖ホール3月事件」から受けたショックである。「びわ湖ホールが存亡の危機に！」。悪夢のような情報が全国を駆け巡り、舞台芸術ファンやホール関係者に強い衝撃を与えた。「文化芸術か、福祉医療か」。県財政難を背景に、本来二者択一の対象になりえない分野どうしが両天秤にかけられ、政治的駆け引きの道具にされたのである。

　地方分権の推進が求められて久しい。だが、その実態は、グローバル化を追い風とした東京一極集中の加速である。政治・経済だけでなく、文化・芸術の分野でも、その市場・人材・情報の中央集権化は、とどまるところを知らない。ほとんどの地方は、こころもからだも痩せ細る一方なのだ。そのような中で、ひとり「西の横綱」の風格を示してきたのが、びわ湖ホールである。「湖国」滋賀県は、びわ湖ホールの品格によって、地域主権の底力を全国にとどろかせてきた。びわ湖ホールは、東京一極集中に唯一対抗しうる地方分権の砦となった。そして10年間にわたる自主制作事業の蓄積は、「文化力」こそが、地方分権推進のエンジンであるという錦の御旗によって、全国自治体の公共文化政策をリードしてきた。

　湖畔に映えるびわ湖ホールの佇まいは、たしかに美しい。しかし、芸術文化は「ハコモノ」ではない、という認識を広めてきたのもびわ湖ホールであ

る。初代芸術監督の故・若杉弘氏は、本邦初演を軸としたヴェルディのオペラシリーズによって、日本の音楽史に輝かしい偉業を残した。2007(平成19)年から後任を務める沼尻竜典氏は、20世紀ドイツオペラを中心に、日本の音楽界において望みうる最高水準の舞台制作にチャレンジしている。その布陣は、サッカーのワールドカップをもじれば、日本オペラ界の「ナショナルチーム」といってもよい。毎回2ヶ月間余り、世界各地で活躍する日本人歌手をびわ湖に呼び戻し、ホール内部で合宿状態の練習と制作の一切を行い、満を持して本番を迎えるからである。

　ひとことで「プロデュースオペラ」といっても、そこには計り知れない労苦と意義と効果がある。観客の満足だけを考えるのであれば、外来オペラを「パック買い」するほうが安上がりだ。しかし一過性の文化消費では、地域の文化力を持続的に育むことはできない。キャストとスタッフ数百人が、数ヶ月にわたって持てる技と魂のすべてをぶつけ合い、磨き上げてゆく創造プロセスこそが自主制作の醍醐味である。こうして、びわ湖で培われた美的なセンスと技能、そして人間的なコミュニケーションの粋は、その湖水のように全国の文化をゆっくりと豊かに潤してゆくのである。

　このように公共文化施設の使命は、たとえば公営駐車場の管理とはまったく異なる。貸館ではなく、アンサンブルとプロデュース機能を備えた「インスティテューション」となって、はじめて地域社会や市民社会のアイデンティティを紡ぎだす拠点となりうる。びわ湖ホールは、そのようなミッションを全国に先駆けて確立し、公共劇場の、まさしく公共的使命を体現してきたのである。とりわけ特徴的なのは、全国で唯一、プロの声楽家集団を専属させている点であろう。「びわ湖ホール声楽アンサンブル」は、歌劇場としての機能をフルに活かしたマルチな活躍をしているが、この声楽家の専属システムにより、びわ湖ホールはハコモノではない「オペラハウス」に、その魂を入れることができたのである。メンバーは常勤雇用され、独自の定期演奏会を開催するだけでなく、自主制作オペラのキャストをも担う[1]。特に声楽アンサンブルが主力となる青少年オペラのレパートリーは5本。世界に誇る数と水準だ。それによって「舞台芸術が持つ感動を伝える力、人間存在のあり方を問いかける力、情報を感情とともに訴えかける力」が、次世代を担う青少年のこころに広く育まれることだろう。短期的リターンにとらわれぬ息

容易になったのである。

　ところが、2007年秋になって、滋賀県の新たな財政構造改革プログラムが出され、その枠組みにおいて、財団法人びわ湖ホールへの指定管理料の削減が、知事の決定により一方的に通告されたのである。指定管理料年平均11億1,660万円から、2008年度は1億1,000万円、2009(平成21)年度と2010年度は、それぞれ1億5,000万円を削減するという決定通告。県と財団の間で指定管理(料)に関する基本協定が交わされ、債務負担行為が起こされているにもかかわらず、設置者である県の側から一方的に基本協定の見直しを迫られたのだ。

　びわ湖ホールでは、指定管理料のうち自主事業には約3億円を予定していたが、自主事業予算の半分に相当する1億5,000万円の削減は、「創造する劇場」というミッションに突きつけられたピストル同然である。さらに見逃してならない事実は、県が出した指定管理者制度適用施設のうち、民間事業者が指定管理者に指名されたものについては、財政構造改革プログラムに沿った指定管理料の削減は一切行われなかった点だ。この時点ですでに明確化したのは、指定管理者に指名された「外郭団体」が、知事の権限によって、あたかも直営施設と同様の手続きでコントロールされるという制度上の欠陥である。県の出資法人は、指定管理者制度の下でさえ、独立した法人として認知されていないという事実が露呈したのである。

　そして、こうした欠陥に追い討ちをかけ、指定管理者制度の自己破綻を決定付けたのが、滋賀県議会での3月騒動である。やむなく指定管理料の削減を受け入れ、自主事業の組み直しに着手した矢先に、自主事業そのものの価値や社会的意義を全面否定し、貸館として民間委託すべしといった暴論が、一時にせよ跋扈したのである。議会の決議によって指定管理者に指名された事業者が、健全経営を励行していたにもかかわらず、同じ議会によって、その存在価値を否認されようとしたのである。

　法治国家としての手続きが未熟なのか。それとも指定管理者制度の制度設計に根本的な欠陥があったためなのか。びわ湖ホール3月事件が及ぼす今後の全国への影響力を考えると、編者は末恐ろしさに襲われたが、その悪夢は、大阪府の財政改革プログラムの敢行によって、まさに現実のものとなった。このとき、2005年に制定されていた「大阪府文化振興条例」は、何らの歯

止めにもならなかった。文化振興と文化施設の「公共性」の法的根拠が、あまりに脆いものであったことに編者は慄然としたのである。その後、大阪府自らが設立して20年を閲する大阪センチュリー交響楽団への補助金が、2011（平成23）年度より全廃される事態にまで至ったことは、全国的にも知れ渡っていることだろう。

　そこで、一連の文化振興へのバッシングの背景を踏まえて、「公共文化施設の公共性とは何か」を、その事業・活動評価という観点から考察すべき必要に迫られた。首長の強権の前では、議会も条例も無力に等しいのであれば、現代の文化振興上の危機を抑止するためには、文化事業・活動にかんする質的評価のあり方と、そのシステムの確立に基づく市民的合意形成が焦眉の課題となるはずだからである。この点は、日本の市民社会の成熟度をはかる試金石ともなろう。

　何度も繰り返すことになるが、びわ湖ホール問題、そして大阪センチュリー問題は、現代日本の芸術文化環境の改善に微力を尽くしてきた編者に、あまりに過酷な現実を突きつけるものとなった。びわ湖ホールの十余年の歩みによって、いわば教養主義的理念に基づくドイツ型公共劇場の規範が、ようやく日本でも定着するかにみえた矢先の、予期せぬ出来事であったからだ。しかも、びわ湖ホールのプロデュースオペラは、センチュリー交響楽団の卓越した機能性と芳醇な響きに支えられてこそ、世界の中堅歌劇場にも引けをとらないクォリティを築き上げることができてきたのである。両者の協働の果実をさらに育てていく環境は、今後どのようにして可能なのだろうか。

　他方、同じ時期には、2006年10月に開館した兵庫県立芸術文化センターが、教養主義とは一線を画す巧みな経営戦略によって、予想をはるかにしのぐ活況を呈していた。そこで、これら２つの県立劇場が明暗を分けた、その文化的・社会的背景や価値観を多角的に究明することは、現代日本の文化的公共性の基盤崩壊を未然に防ぐために避けることのできぬ、喫緊の課題と思われたのである。

　このような危機的状況認識が、私たちを共同研究へと駆り立てる理由となった。「私たち」とは、文部科学省の大学教育改革プログラム・現代GP「アートマネジメント教育による都市文化再生」プロジェクトを推進するスタッフのことである。私たちは、日々アートマネジメントの実践現場に立ち、

大学教育と広域自治体との連携による都市文化再生へ向けて、多種多様な事業に心血を注いでいた。それだけに、さまざまなアートマネジメントの労苦から得られた個々の経験知に、さらに調査による実証性と理論的考察を加えることで、実践と理論を有機的に媒介しうる、新たな共同研究の地平が拓かれると考えた。個々のかけがえのない経験知を普遍化することで、個別事例を超えて他の現場でも応用可能なアイディアや解決策を提示できるならば、ともに悩める現場での連帯を生み出す「公共性」形成のアクションとなりうると確信した。もとより、経験知の普遍化という作業は、文化施設の実務者にとっては容易ならぬ課題である。それゆえ、大学を拠点に活動する私たちが果たすべき責務であると考えたのである。

3. グローバル化と公共性の揺らぎ

　周知のように、日本の公共文化施設の役割は、これまで貸館業務がその大半を占めてきた。しかし1990年代以降、舞台芸術の創造拠点となる県立劇場クラスの公共文化施設が各地に誕生し、プロフェッショナルな劇団、オーケストラ、声楽団体など、なんらかの座付アンサンブルを中核とした自主事業によって、地域固有の文芸的公共圏の形成、もしくは地域を越えた文化発信に少なからず寄与してきた。こうした公共文化施設を芸術文化の創造拠点とするプロフェッショナルな活動には、長期的視野に立った人材育成プログラムと、その実現を担保する「未来への公共投資」が不可欠である。

　ところが、現在の状況はどうであろうか。ハコモノが過剰生産され、これから仏に魂を入れなければならない、つまりハコモノを、本来の意味でのインスティテューション（施設・機関・制度の一体性）として運営すべき段階になって、指定管理者制度という別次元での「制度」が立ちはだかってきたのである。とくにインスティテューションとしての劇場、つまり単なる貸館業務ではなく、何らかのアンサンブルとプロデュース機能を備えて、自主事業を中心に芸術創造拠点として活動してきた劇場にとっては、指定管理者制度は大きな試練に違いない。いまこそ公共劇場としての、その公共性の根拠とミッションが問われているのである。

　日本の西洋近代化と国民国家形成のプロセスの中で、公共劇場の制度化は、それが社会教育法、博物館法の適用施設ではないこともあって、一番あと回

こにされてきた。とくにナショナル・シアター(国民・国立劇場)の創設という点では、日本は中・東欧諸国と比べても100年以上の遅れを取った。しかしこの間に、グローバル化と多文化の混交が急速に進展し、国民国家という枠組みも大きく揺らいできている。ヨーロッパの劇場制度は、国民を創り出す文化装置として整備されてきた部分が大きいが、国民国家の黄昏の時代を迎え、公共劇場には国民形成とは異なる役割とミッションが求められているのである。

このように公共劇場の制度化、つまり公共サービスの一環として劇場が公的助成によって運営されるようになった背景には、まさに国民国家の後ろ盾があったわけだが、グローバル化にともない、官から民、中央から地方への権限委譲が進展する中で、日本の公共劇場・ホールは、その運営の面でもまさに陥穽に巻き込まれることとなった。文化の面で本格的な「地域主権」の時代に突入した矢先に、官から民への流れに呼応して指定管理者制度が台頭してきたのである。文化の地方分権と、公共文化施設・制度における民営化論(もちろん指定管理者制度そのものが民営化を意味するものではない)とが、同じ分権化の流れのなかで、抜きがたいディレンマを生み出しているのだ。

びわ湖ホール問題に象徴されるように、現下の日本の芸術文化環境は、まさしく危急存亡の秋にあるといってよい。東京一極集中、自治体財政難、ニューパブリックマネジメントや指定管理者制度の導入など、諸々の環境変化にともなって、芸術文化が生まれ、出会われる公共圏の衰退が著しいからである。このような構造変化によって、文化政策を支える公共性の理論的・実践的基盤もまた急速に崩壊しつつある。しかも、文化への公的支援の根拠として動員される議論の大半は、文化産業=消費文化的思惑からの経済効果、都市政策や地域活性化への活用といった「外部性」を焦点とするものが大半である。このようなトレンドに、人文系の研究を出自とする編者は違和感を持ち続けてきたが、しかし自らのアイデンティティの基盤も、このままでは頼りにならないという不安感に襲われている。本来、芸術文化そのものの価値に公共性の根拠を見出すべき人文学的知性は、喧しい文化政策論議の外部に蟄居したまま、芸術の道具主義化の危機に対する感受性をも喪失してしまったように思われるからだ。

このような時代診断をもとに、しかも文化ペシミズムに陥ることなく、そ

の危機を、むしろ成熟した市民社会の可能性へと転換していく手がかりはないのだろうか。こうした視点に立って、「新しい公共」をつくるというもくろみから、公共文化施設の公共性の課題を究明することが、本書の目的である。

4. パブリックシアターと議論する公衆

　ところで、びわ湖ホールや兵庫県立芸術文化センターといった県立劇場クラスの公共文化施設にとって、その公共的使命は何であろうか。それは、収支バランスや集客率を最優先せざるをえない民間ホールとも、また市民参加型の文化活動による地域づくりを主眼とした基礎自治体のホールとも異なるだろう。県立レベルの公共劇場に期待されるのは、固有のアンサンブルとプロデュース機能を備えた舞台芸術の総合的インスティテューションとしての役割である。それによって、民間や基礎自治体では取り組めない、オペラなどの綜合芸術の自主制作が可能となる。

　また、短期的リターンにとらわれない教育普及事業や人材育成事業、まだ評価が定まっていない同時代の前衛的・実験的芸術への支援も、県立劇場クラスが果たすべき責務であろう。さらに、真の「創客」という面では、世界最高レベルの芸術に触れる機会を増やすことによって、上演の質的評価にかんして自分の言葉で語り会える「議論する公衆（観客・聴衆）」を創造することも忘れてはならない。とりわけ自治体文化政策の分野では、芸術における卓越性が「創客」の必要条件である点への言及を避ける傾向が見られるが、芸術の質的向上と「議論する公衆」の創造との弁証法的な互恵関係は、インスティテューションとしての公共文化施設の本質に関わる問題である。

　さて、これらが「パブリックシアター」の基本理念であるにしても、その巨大なインスティテューションを安定的に運営し、持続的な創造の財政基盤を確保するためには、多額の公的助成にたいする市民の合意を十分に形成する必要がある。ここに、新たな地域社会や市民社会の形成にとって公共劇場が果たすべき役割という、まさに「公共性」の問題が浮上する。それは、生産→販売→消費（満足）という商品経済サイクルとは異なる経路によって、個人と社会（コミュニティ）の有機的な関係を安定的・持続的に紡ぎだしてゆくプロセスである。

　この文化的プロセスは、市民社会セクターの特性と深く関係する。市民社

会セクターは、市場経済セクターからも、政府＝行政セクターからも相対的に自律し、貨幣にも公権力にも直接は左右されない領域である。市民社会セクターを紡ぎだす価値観は、信頼、連帯、美的・感性的コミュニケーション、知的充実感などで、これらの価値は、文化的プロセスへの参加と議論を通じて、いわば相互主観的に発見され、認識され、共有されてゆく。この文化的コミュニケーションプロセスのなかで、法的・経済的拘束力とは異なる仕方で個人と個人が結びつき、その結果、安全で安定したコミュニティが創生されるであろう。

　こうした文化的ガバナンスの仕掛けによる「新しい公共」づくりにとって、公共文化施設は有力なメディア(媒体)となりうる可能性を秘めている。インスティテューションとしての文化施設＝機関は、市民的公共圏形成の有力なメディアとなるように、その基本理念を明確にし、その実践・実現のための戦略を地に足を付けて練る必要がある。この点こそが、市民とともに創造する「パブリックシアター」の意味であり、またその創造プロセスに参画することのなかで、公共文化施設への公的助成についての市民的合意も形成されるはずである。

5．公共性の評価のための3つの視点

　以上の公共文化施設、とりわけ公共劇場の「公共性」への問いは、あくまで理念型(目標)を提示したものであり、実際には、現実を理想へ近づけるための方法は多様であろう。そこで、おもに県立クラスの公共劇場が公的に助成されうる根拠を見据えて、以下のような3つのレベルもしくは視点を設定してみたい。いかに各分野のバランスを取るかが、公共劇場運営の焦点の一つとなるだろう。

(1) ニューパブリックマネジメント(NPM)の導入によって経営効率を最大化し、またマーケティングと広報戦略(特にメディアミックス)による「創客」をめざす。

(2) 共通の芸術体験を自分の言葉で語り合える「議論する公衆」が自発的に形成されるような環境づくり。具体的には「劇場サポーター制度」の導入、公演に関連したシンポジウムや研究会、批評誌などによる「芸術フォーラム」の形成など。

(3) 公共劇場が、地域社会・市民社会づくりの有力なメディアとして公共的役割を果たすために不可欠なネットワークの形成。これは以下に大別される。
　(a) 地域の文化団体、商店街、市民組織(NPO)、大学・教育機関等との間でのネットワーク化。
　(b) 近隣もしくは県内の公共文化施設との間でのネットワーク化。具体的には、芸術文化情報の非対称性を是正し、情報ハブ機能によって公共文化施設間の共存共栄を促進する。また、他の公共文化施設への舞台技術面、プロデュース面での支援など。

　(1) のNPMによる創客を成功させる秘訣は、民間企業の手法を導入したマーケティングや広報戦略であるが、それにともなう「副作用」にも留意する必要がある。一般にマーケティングには、デマンドの拡大と潜在的ニーズの顕在化の両面があるが、公共劇場の社会的・公共的使命にとってより重要なのは後者の側面であろう。公共劇場における観客開発は商品販売とは異なる。ライブの舞台芸術にアクセスしにくい年代、社会階層、地域などのニーズを顕在化させる仕組みと供給システムを、あえて強化することが、民間には出来ない公共劇場の責務である。この点で公共政策としての芸術文化政策は、教育および社会福祉と共通の基盤をもつ。集客性を前面に出す戦略が結果的に公的助成事業としての存在意義を希薄化し、「市場化テスト」や民営化路線に口実を与えかねないディレンマに注意したい。そこで、マーケティングによる観客開発が、真の「創客」になりえているかどうかを、データによる経年変化と内面的意識変化の両面から精査する必要が出てくる。文化消費の浮動層の大胆な取り込みは、開館期の観客拡大にとっては重要な戦略であるが、時間の経過とともに観客が、より強い、より深い、より多様な、劇場との関わり方を見出していける仕掛けと環境づくりが求められる。
　(2) における「議論する公衆」の広がりは、このような第2段階において、とりわけ重要である。いわば「口うるさい」観客こそが、劇場と芸術家とスタッフを熱く支援し、さらには育てていく最強の応援団ともなるからである。今後、自治体財政難から劇場運営環境の悪化が予想されるが、そのような事態においても「当事者意識」を持って行動しうるコアな観客の広がりの有無

が、公共劇場の成熟度を測る重要な尺度となるだろう。

　このように編者は、質的評価のライトモティーフとして「議論する公衆」の形成を重視してきた。だが、調査の過程において、いわゆる「文化の消費者」をどのように把握すべきか、当惑するようになった。あるとき、ある公共劇場の幹部たちによって語られた意見が、編者の価値観を根底から揺さぶった。「マスは議論などしない。行動で示す。つまりチケットを買って劇場に来るかどうかが重要なのだ」という価値基準である。では、そもそも議論しようとしない（集団と仮定された）「大衆＝マス」を、議論する（集団と想定される）「公衆＝パブリック」へと「教育」する必要はあるのだろうか。それは不遜なお節介というものではないのか。また、かりに「教育」が必要だとして、その方法は、先覚者が潜在能力の未開発者を教化するという意味での、従来の啓蒙主義的なやり方でよいのだろうか。こうした疑念に直面し、編者は暗澹たる思いの日々を過ごすこととなった。

　そのような中で、「さきらジュニアオーケストラ・アカデミー（JOA）」の活動に密着取材した第6章「まちづくり、ひとづくりへの挑戦」は、編者の疑問を氷解させるに足る説得力のある証言を引き出している。栗東芸術文化会館「さきら」は、県立劇場の規模には及ばない市立の文化ホールであるが、そのミッションと活動内容には全国のモデルとなる公共的価値が見出される。とりわけ、さきらJOAの藤井校長の発言からは、「アートリテラシー」と呼ぶべき理念が実現可能なものであるという勇気を与えられる。それは、このような活動にこそ公共文化施設の公共的ミッションがあることの生きた証でもある。

　「『長いものに巻かれる』、『権力に弱い』という実態が、残念ながらオーケストラにはあります。これは社会の実態とも共通することです。『自分はこう弾きたいけれど、指揮者／先生はこういっている』と、違いがわかって演奏できる人材が必要なのです。（…）昨今のメディアの発達により、自宅で安易に音楽が聴けるようになって、演奏会に来るお客さんにも意志が無くなってしまったのが現状です。意志を持って教え、意志を持って勉強し、意志を持って演奏し、意志を持って聴く。これは市民生活においても重要なこと。まちづくり、ひとづくりの理念とも一致することだと信じています」。

　この点について執筆を担当した小石は、「演奏家を育てることを目的とする

のではなく、人格形成の媒体として音楽の存在を位置づけていることが、さきらJOAの最大の特徴」であるとコメントしている。また小石は、自らJOAの講師を務めてきた経験から、「鑑賞教育」の重要性について、以下のように本質的な指摘をしている。

「義務教育から専門音楽大学に至るまでの学校現場における音楽教育は、参加型教育に重きが置かれ、自ら楽器を演奏することや自ら創作することを重視してきた。鑑賞教育は根本的に不足していたといえる。しかし、自ら楽器をたのしみ、仲間とアンサンブルをたのしみ、演奏会・劇場文化をたのしみ、それらの芸術文化に対して批評できるという、文化を支える人材の長期的育成を考える時、鑑賞教育は極めて重要である。というのも、『鑑賞』という行為は本来受け身では成立し得ないからだ。真に芸術を鑑賞し、文化を享受するためには、対象のバックグラウンドを知り、それについて自ら思考し、判断し、自らの思考を表現し、周囲と議論できる力が不可欠である」。

このように、「さきら」の挑戦からは、公共文化施設の公共性への問いに対するブレのない明快を見出すことができる。「アートリテラシー」による人格陶冶を主眼とした「議論する公衆」の形成こそが、「新しい市民社会」、つまり真の「まちづくり、ひとづくり」の基盤なのであり、公共文化施設は、そのためのかけがえのないインスティテューションなのである。しかしながら、自治体財政難と指定管理者制度の高波は、このようなミッションを具現してきたモデル施設＝機関をも容赦なく直撃している[2]。

この間の全国的傾向を見ていると、東京の会社がそのスケールメリットと経営合理性を活かして指定管理者に選定されるケースが増えているが、その場合、メディア露出度の高い芸能人やアーティストが全国の公共文化施設の巡回公演を行って集客率を高め、収益性を上げる、という大衆迎合路線が顕著となってきている。文化芸術による地域主権の形成拠点となるべき公共文化施設が、東京発信文化の植民地化を助長しているのである。

したがって、地域文化の多様性を、主に東京発信メディアの画一化の影響から、いかに保護し育成するか。文化の「地産地消」の仕組み、もしくはインターローカルなネットワークをどのように編み上げていくかが、喫緊の課題である。ここでも、新たな文化政策的構想力とアートマネジメントの手法が求められている。

(3)で述べたネットワーク化が、新しい市民社会づくりに果たすべき公共劇場の重要なミッションの一つである点については、第1章「文化ネットワークについての一考察」において、兵庫県立芸術文化センターを事例とした調査研究の詳細な分析が行われている。ここでの意図は、芸文センターの活動や存在を評価することではなく、文化ネットワークがどのような理由付けによって形成され、文化施設の公共性にどのように貢献しているのかを明らかにすることにある。そうした公共的使命を達成するためには、公共文化施設を取り巻くさまざまなアクターが複合的につながり、多層的な文化ネットワークが形成される必要がある。ここでの「文化ネットワーク」とは、「芸術文化に関する活動で、何らかの『交換』をすることで成り立っている社会的ネットワーク」のことである。そして、自立した個人もしくはアクターの自発的な連帯によって紡ぎだされるべき「新しい公共」の理念へ向けて、文化ネットワークの3つの段階を設定して分析を進めている。

　第1段階は、たとえばホールの貸し借りだけの関係のような、情報交換とビジネス上の契約関係である。第2段階では、同一のテーブルについて話合いが行われ、主に棲み分けや縄張りが話題になる。たとえば、公演のバッティングによる共倒れの危機を回避するための話合いが持たれるが、ここではまだ自発的で創造性のある文化ネットワークには発展していない。「第3段階になると、各々のアクターが自立した意思を持つ個として議論をしながら、自分の利益だけでなく、たとえば地域の文化力を上げていくために、お互いに連携をとるようになるだろう。この段階にきてようやく文化施設は、公共的役割を果たしているということができる」。

　このような個的利害関係を超えた「公共性」形成のレベルへと文化ネットワークを発展させるためには、どのような条件や仕組みが必要なのか。また、第3段階での文化ネットワークによる地域社会の文化ポテンシャルの向上には、どのような仕掛けや実践が可能なのか。これらについては、第4章「芸術監督と『公共性』」、および地域社会との新たな連携がつくる「公共性」をテーマとする本書第2部の各章から、多様な示唆を得ることができるだろう。

6．文化ホールは本当にまちをつくってきたのか？

　ところで編者は、ここ10年ほど大学で文化政策やアートマネジメントに

取り組んできたが、その間に、学生や若者の芸術文化に対するスタンスやマインドが大きく変化してきたように思う。とりわけ顕著なのは、公共ホールを中心とした文化振興への態度である。1980年代から森啓らは「文化ホールがまちをつくる」をスローガンに、文化振興のムーブメントを先導してきた。しかし、彼らの子や孫の世代にあたる現代の学生や若者には、その恩恵を蒙ってきたという実感は乏しく、むしろハコモノ文化行政に対する被害者意識すら抱いている者が少なくない。「文化嫌悪」を表明して憚らない大阪府の橋下知事は30代後半である。橋下世代よりも下の若年層は、90年代バブル崩壊以降の「ロストジェネレーション」や「格差社会世代」と呼ばれてきた。グローバル化の中で市場原理主義が一人勝ちし、小泉行政改革を熱狂的に支持する状況を空気のように受け入れて育ってきた世代が、今や大学生時代を迎えているのである。そこで、世代間ギャップから透けて見える現代日本の文化危機に多少触れてみたい。

　森啓編著『文化ホールがまちをつくる』[3]が出版されたのは、バブル崩壊直前の1991（平成3）年である。森啓のコンセプトを約言すれば、地域の文化振興とは、地域の「生活の質」を高めていくことにある。とはいえ、そのために行政に出来ることは限られている。民間に出来ることは民間にまかせればよい。そこで、行政がすべきことの1つが文化ホールをつくる、その意味での基盤整備である。しかし、ホールをつくるだけでは文化ではない。つくったホールが市民と文化団体の拠点となったときにはじめて、まち全体が文化的になる。このような視座から、森啓は当時すでに生じていたハコモノ批判に対して多角的な反論を試みている。

　たとえば、ハコモノよりもソフトを優先し、また文化活動を支援する基金の設立の方が先であるというような意見に対して、森啓は「文化ホールの数は絶対的に不足している」と応酬する（当時すでに全国には1,400館以上の文化ホールがあったが、以降その数は倍増している）。地域に文化活動の芽を育てるためにも、まずは文化ホールを計画的につくるべきだという「はじめにハコありき」の発想ではある。しかし重要なのは、「文化ホールは受身の貸館ではなく、地域を文化的なまちにするために能動的に活動する主体なのだ」という観点である。そのためには専門スタッフが配置されなければいけないし、市民文化団体とのネットワークが必要である。そのことによって、

文化ホールが文化的なまちづくりの拠点になる。さらに森啓は、文化ホールの運営そのものに関しても、市民と文化団体とホールの職員が協働して決めていくべき、という共同決定モデルを提起している。

このような問題提起から20年を経た現在、全国には、ボランティア組織を生かした運営によって文化ホールの目覚しい活性化を達成し、さらには地域社会の文化的ポテンシャルの向上に貢献している公共文化施設が少なからず生まれてきた。しかし、ホールボランティアの組織形態やその運営の仕組みは多種多様である。また、組織の持続・発展のプロセスにおいて、ボランティア自身のやりがいや自主性について、新たな課題が生じてきてもいる。第5章「ホールボランティアをめぐる一考察——パティオ池鯉鮒（知立市文化会館）の事例を通して」は、執筆を担当した宮治が自らボランティア組織のコーディネートに携わってきた経験知を冷静に省察したもので、ここにはパティオの独自性だけでなく、他の施設・組織でも応用可能なメチエや認識がいくつも提示されている。

宮治は、パティオのボランティア組織の特徴を、「職員が調整役に徹する『非自立型』組織」と呼んでいる。ハーバーマスに依拠しながらホールボランティアの類型的考察を行った清水裕之は、「最終的には、ボランティアが自立した組織を構築し、行政や施設と対等の関係」をめざすことが、「開かれた公共圏発生装置」としての公共文化施設にとっても重要である、と述べている。清水の考察に対し、職員として現場を熟知する宮治は、このような理念型思考とは異なる現実的な路線として、「非自立型」のボランティア組織に留まることのメリットを挙げている。

第1は、「地域住民が広く参加しやすい環境を作りやすい点である。事務局を施設職員が担当し、ボランティアをケアする状況は、初心者にとっては『入りやすい』」という感じを与ることができ、「結果的に広がりのある住民参加を促しやすい」という。これはしかし、公的組織への一定の信頼感を前提とした場合に生じるメリットであって、反対から見るならば、一般に日本の地方都市においては、NPO的な市民組織は、まだ十分な信頼感を獲得しえていない証拠ともなる。このようなディレンマを、「新しい公共」への発展途上での過渡的共通現象と見なすのか、それとも風土論や気質論に還元可能な地域文化的固有性の反映として理解すべきなのかは、議論の余地があるだ

ろう。

　第2のメリットは、自主事業の制作の観点からのもので、汎用性の高い指摘である。知立市文化会館では、「ボランティアの企画セクションが自ら事業を企画する場合にも、アーティストとの交渉などは職員が行い、アーティストとボランティアの間を取り持っている。プロのアーティストが安心して舞台公演に臨めるような環境づくりは職員が主役で行い、ボランティアはサポート役となっている。ボランティアからの提言をもとに、市民の目線に立った企画を、職員が専門的に制作していくことが出来れば、絶妙な『連携プレー』となり、事業に広がりが出てくるだろう」。このような「連携プレー」は、もちろん「手打ち」経験の豊富な制作担当職員が配置されている公共文化施設にのみ妥当するメリットではある。しかし、全国的な普及が比較的容易なボランティアとの連携モデルとして推奨できるだろう。

　ところで、ホールボランティアの世代構成も、一般的に高齢化が進んでいる。それ自体はけっして悪いことではないが、公共文化施設の持続可能性という面からは課題もある。この点に関連して、『文化ホールがまちをつくる』には、森啓と松下圭一の対談が収録されている。その中で、松下は「市民文化活動の誘導効果」という観測をしている。「せっかくつくった文化ホールに閑古鳥が鳴いていてもいいのではないかと思っています、そこでは20年30年の単位で見ていきますと、せっかくの文化ホールを使いこなそうという自立した文化活動が生まれてくるはずである」と、松下は述べている。今から見ると、かなり楽観的な観測であったと思われる。現在の若者たちの間では、アート系NPO型の活動が主流になっているが、これらの新しいムーブメントは、文化ホールを拠点として文化活動をするという発想にはあまり馴染みがない。むしろ、近年とみに若者の「ホール離れ」が加速している印象すらある。では、なぜホール離れが生じてきたのだろうか。

　この間、ハコモノの爆発的な増加にともなって、ホールでのライブパフォーマンスへのアクセスチャンスは、90年代以降増えてきたはずである。けれども若者たちは、アートとのよい出会い方ができていなかったのではないか。物心ついたときからパソコンやインターネットがある環境で育ってきた世代は、いわゆる対面的コミュニケーションという点では、その訓練の機会に恵まれずにきた。とすれば、文化ホールこそが、そのインスティテュー

ションとしての使命を具体化し、文芸的社交性による個人と社会との媒介機能、すなわちコミュニケーション行為の公共空間となるべきであった。とはいえ、バーチャルリアリティの世界であるビデオやゲームやパソコン、インターネットや携帯電話といったコミュニケーションツールに勝てるだけの魅力が、現代の文化ホールにはあるのだろうか。

　20年あまり大学の教師をしてきて、編者には忸怩たる思いがある。その間に、いったい大学の教養教育はどうなってきたのか。教養教育が解体し、崩壊してきたことと、現在の若者たちの文化的意識との関係はどうなのだろうか。大学の大衆化と、それに伴うアミューズメント・パーク化が指弾された時代があった。教養教育の解体や大学改革が叫ばれる前だ。しかしバブル崩壊後の90年代以降、多くの大学がいわば専門学校化していった。実学志向で技術優先、役に立つことだけに意味があるという価値観がどんどん支配的になっていった。そのために、世界と自分とのあるべき関係や、将来の社会のあり方を徹底的に追求する創造的かつ想像的な空間が、大学の中から急速に失われていったのである。

　イマジネーションがひとつの像を結ぶような機会、あるいはユートピアや理想を養っていく自由な空間、そしてユートピアと現実とを睨みながら着地点を決めていく能力、つまり立体的多面的に物事を理解する場や環境、弁証法的な思考を訓練する機会が、高等教育の中から急速に失われていった。その結果、ここ数年、損得勘定でしか行動しないような「合理的な愚か者」（A.セン）が増えてきたような印象を受ける。それは文化政策の問題というよりも、教育政策の欠陥に起因するだろう。

　そこで、「ロストジェネレーション」の文化に対するマインドを直視する必要がある。この間、さまざまな構造改革があり、公共事業批判や土建国家批判の叫び声の中で、文化施設建設だけでなく、そのランニングコストも税金の無駄遣いであるというような先入観が、いつのまにか若者たちの意識に刷り込まれてきたのではないか。そして自分とは無縁のハコモノが知らぬ間につくられて、さらに住民から見放され、建設費のツケだけが、当事者ではない次世代の若者たちに回されてきているという、一種の被害者意識を持つ人が増えているのではないか。「格差社会」における将来への不安の中で、福祉医療の方が文化よりはるかに重要だという現実的な価値観が若者たちの間に

普及していることには十分な理由がある。

　このような世代間ギャップを踏まえて、『文化ホールがまちをつくる』から20年後の今日、文化ホール建設による「市民文化活動の誘導効果」に、いったいどのような実効性があったのかを再検討する必要があろう。また、文化ホールの自主事業は本当に充実してきたのか。それによる「まちづくり」の効果は上がったのか。さらに見逃してならないことは、この間に顕著となってきた文化的価値観の分裂である。21世紀に入り、ホール運営型、もしくはインスティテューション型のアートマネジメントに対して、アートNPOを中心とした脱インスティテューション型のマネジメントが台頭してきた。「オルタナティブ（スペース）派」のムーブメントである。それは多くの部分で、コミュニティの中に分け入って社会問題と取り組む「コミュニティアート」の運動とも重なる。彼らの中には「ホールなんてもうナンセンスだ！」といって憚らない人もいるが、こうしたアートマネジメントにおける党派分裂のような事態を、どこまで真摯に受け止めていくのか。

　歴史的な観点、あるいは国際比較の観点から見ていくと、編者はさまざまな疑問点に突き当たる。本来ヨーロッパ諸国と較べると、日本はまだインスティテューション化という意味での芸術文化の制度化が不十分な段階にある。ドイツ型の公共劇場をモデルとすれば、びわ湖ホールはその最先端を走っていたわけだが、その途中で指定管理者制度という、まったく逆方向からの制度が導入されてきた。そればかりではない。インスティテューション化が不完全な段階で、しかもオルタナティブ派の脱インスティテューション型発想が入り込んできたことによる日本特有の混乱が、いま各地で起きているのではないか。価値観の多様性というよりも価値観の分裂が生じているのではないか。こういった中で今後、公共文化施設の公共性をどのように再構築していくのか、という課題に直面するのである。

　ところで、アートマネジメント教育の普及によって、芸術文化への情熱だけでなく、文化的公共性についてのコンセプトを理解し、その具現のためのスキルを習得した人格が増えてきている。しかし、専門性軽視の傾向をあらわにしてきた指定管理者制度がかえって妨げとなって、アートマネジャーを新規に受け容れる余裕のある施設は圧倒的に不足している。若手のアートマネジャーを大胆に採用し、権限委譲することによって、既存の芸術文化環境

をドラスティックに構造転換できる見込みは十分にあるのだが、それを阻む客観的要因はあまりに多いのである。

　その点を、もう少しだけ具体的に考察してみよう。比較的人口の少ない基礎自治体であっても、文化関連施設の維持管理経費には年間数億円が必要である。しかも施設管理の大半は、高齢者の雇用機会の確保に利用されているのが現状だ。他方、芸術文化による地域活性化の予算は枯渇し、意欲とコンセプトとスキルを具えた若いアートマネジャーが、たとえば地域コーディネーターとして活躍できる場や仕掛けは欠如している。こうして、繰り返しになるが、財政難（ハコモノ公共事業のツケも大きい）、指定管理者制度の悪弊、若年層の流出という悪循環のために、地域社会とその文化は黙って壊死を待つだけ、という状況に歯止めがかからないのである。

　他方、東京一極集中の地方版として、県内でも都市部の大型文化施設を中心に芸術・文化の一極集中傾向が強まっている。県内の都市部と非都市部との格差や地域間格差をいかに是正・改善するかは、公共文化政策の喫緊の課題である。商業的市場原理だけでなく、税金によって再配分される公的支援制度までもが、その意図に反して地域間格差を助長してしまっている現実を直視すべきだろう。文化的公共圏から排除された地域・住民の文化的生存権を、いかに保障することができるのか。アートマネジメントと連携した文化政策や法制度の課題である。現在検討中の「劇場法」(仮称)にしても、このような現状を深く認識し、十分に議論を尽くしたうえで制定されない限り、新たな格差を助長してしまうリスクを逃れることはできない。

　さて、近年のアートマネジメント専攻学生の志望動機には、ある特徴が見られる。かつては、華やかなアートと関われる仕事というイメージ的な付加価値が大きな魅力となっていたが、ここ数年の傾向として、「出身地域の衰退をどうにかして文化の力で再生したい」という健気な願望から、アートマネジメントを志す若者が増えてきている。ただし、この場合の地域文化の再生は、文化施設を拠点とする発想には、あまり捕われていない。地域特性を生かしたアートプロジェクトや、歴史的文化遺産のリノベーションといったオルタナティブで柔軟な発想が、若い世代の文化的デザイン力の特徴である。ハコモノ中心の公共事業に懐疑的な若者世代の、当然の反応といえるだろう。こうした対抗的心性と潜在能力を、いかにして新たな文化政策的構想力に活

かしていけるか。ここに、大学と行政と市民社会が連携して取り組むべき焦点がある。アートマネジメントの可能性は、従来の行政管理の硬直を突き破る、多元主義的でフレキシブルな発想において本領を発揮するが、その際に不可欠なのは、新しい文化政策的構想力との緊密な連携なのである。

　ここで本書が狙いとした、一つの問題設定をしたい。それは、「オルタナティブ派の独自性や創造性を損なうことなく、それらの活動が公共文化施設と連携しうる自由空間をいかに形成しうるか」、という問いである。オルタナティブ派の人たちのポテンシャル、つまり前衛的な実験性を活かしながら、実際に地域のなかでコミュニティを変えていこうとする彼らの活動が、公共文化施設のミッションと連携しうる仕組みや仕掛けを具体的に構想し、推進しなければならないだろう。もとより、オルタナティブ派は公共文化施設を、例えばクラシック音楽など価値の定まった芸術のための権威主義的牙城と見なす傾向がある。そういったカウンターカルチャー的なメンタリティやイデオロギーと、いかに粘り強く「対話」し、価値観の交換を繰り返していくのか。異なった価値観どうしの社交性——こうしたアンタゴニズムをカントは「非社交的社交性」[4]と呼び、そこに文化形成の原動力を見ている——を回復し、両者をどのように組み替え「新しい公共」をつくっていくのか。そういった時期に来ているのではないかと思う。

　第7章「オルタナティブスペース——既存の公共文化施設との連携の可能性」は、上記の問題設定に正面から取り組んだものである。執筆担当者の小林は、オルタナティブスペースにおける「公共性」を、「地域との密着性」と「若い人材と社会の接点」という2点から解明しようとする。「オルタナティブスペースの"公共性"とは、一見閉じられた、あるいはアート無関心層との接点が希薄な芸術制作・表現を介した交流の場を地域に公開することから生まれ、さらにそれを通して若い先駆的な人材を地域に落とし込むことに見い出される」。また小林は、文化的アクセス権の実現という公共文化政策の課題から、公共文化施設とオルタナティブスペースとの特性の違いを、以下のように指摘する。

　「一方で、公共文化施設の公的役割が、社会的属性や収入、学歴によらない芸術作品そのものへのアクセスビリティを人々に保証することにあるとすれば、他方でオルタナティブスペースが得意とする創作プロセスへのアクセ

スを保障することは、作家の抱く問題意識やコンセプトに触れ、対話するということに、より重きを置いているという点で大きく異なる。(…)アーティストの生活臭と密着性が地域の人々、通りすがりの人々を立ち止まらせ、そこに交流が生まれる。そのコミュニケーションこそがオルタナティブスペースの存在意義でもある」。

さらに小林は、オルタナティブスペースと既存の公共文化施設との連携の可能性について、アーティストインレジデンス、サロン、情報センターなどの活用事例を挙げながら、オルタナティブな活動との連携によって公共文化施設の公共性を再定義することの必要性を明らかにしている。

7. 都市における芸術監督の役割と「議論する公衆」

公共劇場における「芸術監督」の役割という視点から、本書の主要テーマの一つである「議論する公衆」の形成の可能性を考えてみたい[5]。ドイツでは、劇場やオーケストラが、学校や病院と同じように、都市や地域の生活に不可欠なものとして存在し、社会に開かれた公共財として市民的に合意されている。そのため芸術監督の役割も、日本における理解とはいささか異なるようだ。ドイツの地方都市において、芸術監督はどのような役割を担っているのか。滞独20余年の「叩き上げ」である上岡氏の発言から、日本の芸術環境改善へのヒントを探るのが、編者と上岡氏との対話の狙いであった。

日本では「芸術監督」と呼ばれることが多いが、ドイツの劇場制度においては、多くの場合「インテンダント(Intendant)」が、その役割を兼任している。ただし音楽劇場の場合は、インテンダントの下に、もしくはそれと並んで「音楽総監督(GMD)」というポジションが置かれている。インテンダントは、公共劇場の芸術上の長である。通例では、芸術上の責任者と同時に、法的所有者(たとえば市長)によって定められた業務規程の枠内における劇場経営もインテンダントの責務である。インテンダントは、劇場の法的所有者によって雇用され、インテンダント契約に基づいて、劇場の統率(監督・経営)が委任される。以下の課題がインテンダントの責務となる[6]。

(1) 上演プランの作成:上演プランの作成と実施によって芸術上の契約が実現される。上演プランには、インテンダントの芸術上のコンセプトが反映される。

(2) 舞台構成員と非芸術系職員の採用と解任：インテンダントの交替は、しばしば芸術系職員の交替をも伴うが、その際にインテンダントの多くは、自分のチームを引き連れて異動する。
(3) 演出任務の分担、演出、舞台美術上の課題、その他の芸術上の課題を引き受ける。

　上岡氏との対話に戻ろう。人口35万のヴッパータール市の場合、芸術監督のうち市長と直接契約を結んでいるのは音楽総監督（GMD）のみである。かのヴッパータール舞踊団監督、故ピナ・バウシュは市立劇場当局と契約していた。市の音楽総監督は、オーケストラ運営とオペラ公演の最高責任者であるばかりでなく、市内の教会音楽や音楽教育にも責任を持つ。上岡氏は、オーケストラや劇場といったインスティテューションを拠点としながら、都市・地域の隅々にまで音楽を普及・浸透させる責務と権限を担うのである。
　音楽総監督は、予算執行権、人事権、上演プラン作成権の一切を掌握している。市立オーケストラの年間予算は13億円、劇場予算は60億円に上るが、うちチケット収入は16％。公的助成金比率が84％というのは、ドイツの公共劇場のほぼ平均値である。上岡氏はGMD契約上、年間130日以上の滞在を義務付けられているが、実際には300日以上を同市での音楽活動に費やすという。着任から2年で集客数45％増を達成。演奏家やスタッフへの献身的指導、聴衆や市民との親密な交流の賜物である。政治家の多くが劇場・ホールの「常連」であるドイツでは、上演の質も助成額に直接反映するが、市財政難にもかかわらず、オーケストラ予算は増加しているという。芸術活動の「評価」は、劇場やホールに通う政治家や行政マンによって、直接日常的に行なわれているのである。
　そればかりではない。芸術監督制にとって、より重要な条件は「芸術を議論する公衆」の厚みだ。地域主権の国ドイツでは、メディアにおける地元紙の存在が大きい。リアルタイムで公演批評が掲載され、多くの市民がこれに応酬する。読者投稿欄は賛否両論でひとしきり賑わい、議論に触発された他の市民も、自分の目と耳で確かめようと劇場へ向かう。定期的再演を可能にするレパートリーシステムは、批評を踏まえた上演改善の余地を残し、一過性のブームに捕われない長期的評価を保障する。専門家の批評と公衆による

議論の相乗効果が「公論」の厚みを形成し、上演の質を向上させる応援団の役目を果たしているのだ。

　批評や公論が芸術監督の去就にも大きく影響する点で、ドイツは日本と事情が異なる。日本の芸術監督制度に軋みが生じやすい原因の一つは、いまだ批評や公論の力が弱く、芸術評価の最高審級であるべき「市民的公共性」が、他の権力によって植民地操作されているためであろう。つまり行政、マスメディア、マーケット、特定の芸術家といった権力・権威が決定権を占有し、一般公衆は、おおかた芸術の「消費者」にとどまっている。とくに音楽業界においては、過度のサービス産業化が進展した結果、多くの聴衆は、芸術の質について議論するよりも、むしろ会場の快適性などの環境面に意識を集中する傾向が強い。現在、演奏会などでもクレーマーの激増が問題となっているが、彼らの大半は、美的判断力ではなく、サービスの質を価値基準に不満をあらわにする。

　しかし、自立した市民とクレーマーとは別物である。かつて伊丹十三は、「今の日本には母親と赤ん坊の関係しかない」と喝破したが、ここには日本特有の「甘えの構造」（土居健郎）があるのかもしれない。「気持ちのいい」関係だけを求める社会は、エゴイズムの体系から自由になる契機をも失う。市民的成熟、つまり成人になることを拒み、拒まれる社会にとどまるのである。現代の文化政策が取り組むべき課題は、このようなサービス産業化によって歪められた社会構造を、どのように組み換えることができるかにある。

　編者は、カントの「利害関心を超えた心地よさ」という美的自律性の規定を重視し、芸術経験そのもののうちに、私利私欲を超えた「共通の世界」を開く契機を模索しているが、芸術運営にも過度のサービスを求める傾向は、「新しい公共」づくりによる市民社会の成熟とは相容れない面が強い。顧客満足度を価値（評価）基準とする文化経営は、終章で詳述するように、物象化した世界における人間疎外を助長し、批判的精神の健全な発露をも不可能にするだろう。また、過度のサービス産業化の背後には、同じく過度の社会的ストレスも堆積している。ドイツの社会学者ウルリヒ・ベックが名づけた「リスク社会」が、アートマネジメントの世界でも進行しているのである。

　さらに、芸術界に潜入する消費社会構造は、文化の地産地消を阻む中央集権国家体制とも無縁ではない。地域主権確立の前提条件は市民的公共圏の奪

還にあるが、日本における芸術監督の役割についても、芸術を議論する公衆の形成という視点から、権力関係の脱構築による捉え直しが必要であろう。

さて、上岡氏との対話において最も印象的だったのは、アートマネジメントに対する反応だ。緊縮財政の中で、ドイツにおいても公共文化政策分野への「文化マネジメント」の導入が進められているが、その現状をどう見ているのか。上岡氏は、スポンサーシップへの依存度を強める芸術経営方針がイベント主義に陥る危険を指摘した。大衆迎合路線を採ったドイツの公共劇場の多くが、ここ数年で地域住民に飽きられ、かえって支持を失って苦境に立たされているという。上岡氏の文化マネジメントへの見方はやや一面的とも思えるが、短期的成果を求めるアングロサクソン型経営手法が、地域文化の長期的・持続的育成の土壌をドイツからも奪いつつある傾向は否めない。上岡氏の発言は、何事にも「軽薄さ」を嫌うドイツ教養主義の健在ぶりを確信させるに充分であった。

8. 公共劇場の組織運営からみた公共性

先に編者は、ドイツの公共劇場を支える3本の屋台骨として、芸術監督（音楽監督）、インテンダント（支配人）、チーフ・ドラマトゥルク（劇場学芸部長）の重要性を指摘したが、ドイツの公共劇場が地域社会に根を張って、その公共圏を形成するアクターとして不可欠なのは「議論する公衆」の存在であった。芸術監督やインテンダントを頂点とする劇場制度の「公共性」は、いわばドラマトゥルクを媒介者として「議論する公衆」と有機的に結びつきながら合意形成されてきたのである。劇場と公衆との相補関係、さらには「議論」を通じた両者の相乗効果が、公共劇場の公共性を担保し、またつねに新たに公共性を開いてきた、といえるだろう。こうした公共劇場と近代市民社会の公共性との相互関係については、第12章において、その歴史的生成の観点から解明を試みたい。

このような認識と実感をもとに、編者の年来の悲願は、芸術監督制度とともに「ドラマトゥルギー（劇場学芸員）制度」を、日本の公共劇場に本格的に導入することであった。しかし、ドイツ型の公共劇場制度が確立・普及するはるか以前に、貸館中心の公共文化施設ですら閉鎖の危機に瀕している日本の現状と向き合うならば、より現実的で具体的な課題に取り組むべきである、

と考えるようになってきた。そうした現場主義の観点から、実現可能な改善策を追求したのが、第3章「パブリックシアターの組織運営——アートマネジャーをとりまく『知識』を視点として」である。

現在の公共文化施設の多くにおいて、アートマネジャーがその実力を発揮できていない現状があるが、その原因は「組織デザイン」の欠如と、アートマネジャーにとっての「成果」とは何かが不明確な点にある。そこで執筆を担当した岡本は、ナレッジマネジメントの理論を応用して4つの仮説を立て、パブリックシアターに勤務するアートマネジャーへのインタビュー調査をもとに、仮説の詳細な検証を行っている。とはいえ岡本が最も重視するのは、アートマネジャーが獲得した多様なレベルの知識を自己反省することによって、新たな価値を創出していくことのできる「実践の枠組み」である。

「定められた『成果』を生むことよりも、アートマネジャー自身が『成果とは何か』を常に考え、自分なりに『価値』を見出していくことである。その『価値』とは、外部からの多角的視点による評価や市民・アーティストらとの交流を通して、また組織内部での議論や教授によって自己内発的に徐々に形成されていく、個人や社会の望ましいあり方を表すものである。それは、個人的なビジョンではなく、社会の成員が普遍的に抱くものを想定する。つまり『価値』は、関係性によって徐々に創出されていくのであり、『相互主観性』を帯びている。そのようにして創出された『価値』をもとに、自らに必要な能力や知識は何かを見つける、或いは逆に、得た知識等から『価値』を創出し、そこから実践の枠組みを設定できるような人材が、『優秀なアートマネジャー』だといえるのではないだろうか」。

岡本は、公共性の本質については議論しないと断っている。しかし、アートマネジャーにとっての「価値」の追求は、「個人的なビジョンではなく、社会の成員が普遍的に抱くものを想定」し、その価値を「相互主観的」に創出することにある、という議論は、期せずして「公共性」の本質を射当てているだろう。さらに岡本は、パブリックシアターにおけるマネジメントが、真にクリエイティブな知識の創造組織となることができれば、今度はその組織モデルが、他の企業や社会の仕組みを変革する牽引役となれるのではないか、という卓見をも示唆している。

9.「劇場法」は必要か—ドイツの事例から考える

　さて、本書執筆中の2010年秋の時点で、日本の文化政策をめぐる最もアクチュアルな話題は「劇場法」(仮称)が本年度中に国会に上程されるかどうか、という点である。劇場、ホール、実演家など舞台芸術関係者のさまざまな思惑と利害が絡むなかで、いわゆる劇場法の制定へ向けての昨今の動きをどのように把握するかは容易ではない。またテンポラリーな問題を、本書のようなタイプの研究書で扱うことにもためらいはある。内省するならば、研究者としての立場からの見解と、プロデュースに携わる実務家としての立場からの見解との間で、日々葛藤を繰り返しているというのが、編者の偽らざる心境である。

　これも私的告白の類であるが、30年前に初めてドイツに滞在して以来、編者は地方都市の隅々にまで根付いたドイツの劇場文化と、それを強固に支える劇場制度に瞠目してきた。そして日本においては、まずはインフラ整備が先決であるにしても、近い将来、俳優、歌手、合唱団、バレエ団、オーケストラなどのアンサンブルを備えた、インスティテューション型の公共劇場が全国各地に誕生するものと期待し、またそのための研究や提言も行ってきた。ここ10年、文化芸術振興基本法が追い風となって、確かに文化振興条例や基本計画を策定する自治体の数は急増してきた。その反面、指定管理者制度の導入は、大半の公共文化施設や文化振興財団にあっては、ドイツ型劇場をモデルとするような専門的制度化を阻む要因ともなっているのである。

　このようなディレンマを解決する切り札として、劇場法への期待が高まっている。しかし冷静に考察するならば、国法レベルで劇場法に相当する立法を行っている国は、左右の全体主義国家を除くならば、皆無に近いだろう。げんに2009年に報告された『社会の活力と創造的な発展をつくりだす劇場法(仮称)の提言』(芸団協)は、「フランスとイタリアの地域や地方公共団体が設置、運営している劇場に、国が法的、制度的に協働し関与している考え方」を探ったものであるが、現在の日本で想定されているような劇場政策の根拠となる劇場法を、そこに見出すことはできないだろう。これらの国で策定されている劇場制度の法的枠組みは、いずれも個別的・具体的なデクレや契約や法規の類である。

　上記の研究と提言は、世界のアンサンブル付公共劇場の過半数を占めるド

イツの事例を意図的に除外しているが、その理由は簡単である。第12章で詳述するように、ドイツでは、中央政府（連邦国家）が自治体文化政策に関与することは、「州の文化高権」という憲法の規定によって禁じられているからである。現在のドイツ国民と政治家、そして文化関係者はナチス時代、さらには戦後東ドイツでも繰り返された国家主導の文化政策の危険性を骨の髄まで認識し、歴史の愚を二度と繰り返さないように肝に銘じている。現在の連邦議会でも、ドイツを「文化国家」と自己規定すべきかどうか論争中である。事実上、世界に類を見ない「文化大国」ドイツは、皮肉にも、その事実をいまだに国家レベルでは承認できないのである。

かなり以前のことだが、当時バイエルン州立オペラのインテンダントだった名演出家のアウグスト・エヴァーディングが、「劇場法」の制定を提案したために物議を醸した事件があった。ドイツの劇場の労働協約は、オーケストラ団員、合唱団員、俳優、歌手、技術系スタッフなど、職能ごとに細分化されており、賃金体系も大きく異なる。そのため、それらの妥結にいたる交渉と調整は、インテンダントにとって多大な負担となる。このような煩瑣な手続きを合理化するという現実的な理由から、エヴァーディングは劇場法の必要性を唱えたのだが、それにもかかわらず関係者の間からは文化政策の一元的支配への懸念が表明されたのである。

そこで最後に、現在のドイツでもアレルギー反応が絶えない「劇場法」の暗い過去を、簡単に振り返っておこう。なお以下の叙述は、純粋な研究者としての良心に従って行うものであり、カントに倣えば「理性の公的使用」[7]に則った見解である。

1934年、ナチス政権下で劇場法（Theatergesetzは「演劇法」の意味も含む）が制定された。ナチスのイデオロギーによれば、芸術は美的性質のみならず道徳的性質をも具えており、とりわけ演劇＝劇場は、民族に対して強い影響力をもつメディア・機関として卓越した地位を占めた。劇場法は、このようなナチスのイデオロギーを法的に表現したもので、立法の目的は、演劇＝劇場を公の任務の担い手にゆだねること、すなわち公営化である。

それ以前のドイツの劇場は、警察による監督下にあって、そこから許可と検閲を受けていたが、劇場法の制定によって、劇場運営には直接、宣伝大臣ゲッベルスの許可が必要となった。その見返りとして、（非ユダヤ系＝アーリ

ア系の)俳優をはじめとする芸術家、職員の安定的雇用が保障されることとなった。ユダヤ系の資本と芸術家が強い支配力をもったワイマル共和国時代、急激なインフレと不安定雇用に悩まされてきたドイツ国民は、こうした国粋主義的・排外的なナチスの文化政策を大いに歓迎したのである。

また宣伝大臣は、芸術監督、支配人、楽長などの人事権を掌握し、さらには上演レパートリーのプログラミングに干渉することで、芸術の内容をもコントロールした。この点で、宣伝大臣の管轄のもとに置かれ、劇場法による統制を受けるようになった公営劇場は、たんなる(消極的文化政策としての)検閲ではなく、「積極的な文化指導」という国家目的にそくして重点的に支援されたのである。

戦後の西ドイツ憲法(ボン基本法)が、一方で「芸術の自由」を掲げながらも他方、芸術文化の公的振興のための法的拠法(社会権的文化権)を規定しなかった理由は、ユダヤ人のみならず多くのドイツ国民が、上記のような「積極的文化政策」の恐ろしさに、まさしく身をもって晒されてきたからである。この歴史的教訓を出発点として、徹頭徹尾、地域主権に基づく自治体文化政策が、戦後西ドイツの劇場文化を、地域的多様性の保護・促進の立場から制度化してきた。国法レベルでの根拠法がなくとも、地域に根ざした地産地消型の演劇＝劇場文化を制度的に確立してきた戦後西ドイツの事例、そして現代ドイツの文化政策理念から、私たちはまだ多くのことを学べるはずである。

文化分権主義によって地域主権を確立してきたドイツの事例は、日本が地方分権から地域主権へと歩み進めるための一つの指標となるが、懸案の劇場法が、芸術文化による地域主権の確立に寄与する制度となるのか、それとも中央集権的な文化統制への第一歩となるのかは、劇場法とともに導入が検討されているアーツ・カウンシル(芸術評議会)との相補関係も踏まえて、慎重に検討しなければならない。その原案が提示されていない現段階では、もとより批判もサポートも不可能であるが、以上で述べてきた見地から、劇場法の制定に対する原則論を、私見として述べておきたい。

(1) 文化の地域間格差、および文化施設間の格差を助長しない仕組みとなっていること。
(2) 地域主権の確立に寄与し、文化的表現の多様性を保護、促進するものであること。

(3)「芸術の自由」を保障し、中央集権的文化統制につながらない仕組みとなっていること。

1 びわ湖ホール声楽アンサンブルは、過去5年間で22演目の自主制作オペラに出演している。びわ湖ホールのオペラ制作の特徴はドイツオペラの割合が高い点にある（独9、伊8、仏2、英1、日1）。ドイツオペラの歌唱には高度なテクニックが要求されるために、プロの声楽家集団の存在は不可欠である。他方、全国各地で開催される「市民オペラ」では、イタリアオペラが主流となっているが、その理由は、イタリアオペラのポピュラリティだけでなく、その歌唱技術が市民合唱団でも到達可能な水準にあるからといってよい。なお、沼尻芸術監督の時代になって声楽アンサンブルのキャスト起用が急増し、地元中心の制作へとシフトしてきた背景も見逃してはならない。皮肉な現象ではあるが、事業予算の激減ゆえに、かえってスタッフ（財団プロパー職員）の専門性の向上が不可避となり、これによって東京のプロダクション依存型から劇場内部での制作への転換が促進されたのである。また、共同制作による経費節減というストラテジーから、びわ湖ホールでしかできない斬新な制作が生まれてきた。たとえば、ドイツから前衛的、もしくは熟練した演出家を招聘しての国際共同制作の数が増えてきていることは注目されてよい。

2 栗東芸術文化会館「さきら」は、指定管理者制度の導入によって、市の政治・財政状況の変化に翻弄され続けてきた。1999（平成11）年10月に開館し、（財）栗東市文化体育振興事業団によって運営されていたが、2006年4月より指定管理者制度を導入。その選定にあたっては新幹線栗東駅の開業計画、およびその再開発事業との利害が絡んで紛糾し、株式会社ジェイアール西日本総合ビルサービスが指定管理者に指名された。その後、現滋賀県知事の政治判断によって新幹線の栗東新駅計画が反故となり、JR系指定管理会社にとって経済的メリットは大きく損なわれたという。この間、市の側の財政はさらに悪化し、次期の指定管理料の大幅な削減が予告されていたが、そのようなコストカット優先の悪条件においても4社（団体）が応募。接戦の末、現指定管理者は落選し、株式会社ケイミックスという東京のビル管理会社が指名されることとなった。今後、貸館中心の運営に移行し、収益性の上がらない自主事業の縮減、もしくは全廃が危惧されている。

3 森啓編『文化ホールがまちをつくる』学陽書房、1991年。

4 カントは、人間の自然的素質としての非社交的社交性（Ungesellige Geselligkeit）なしには、人間はその才能を永遠に埋没したままにしてしまう。だから人類の荘厳な文化や芸術、また社会的秩序なども、人間の非社交的社交性から生じた果実である、と述べている。カント『世界市民的見地における一般史の構想』（1784年）、藤野一夫『フランス的抽象と国家的覚醒』（神戸大学『近代』第79号、1996年）参照。

5 「都市政策の課題と芸術文化の役割」をテーマとする日本学術振興会人文・社会振興プロジェクト（代表・小林真理）の主催で、2007年3月に東京大学において公開研究会「都市における芸術監督の役割とは」を開催したが、以下の記述は、その報告に依拠している。ドイツ・ヴッパータール市音楽総監督の上岡敏之氏を迎えての対話には100名を超える熱心な参加があり、予想以上の手ごたえを得た。なお上岡は、2009年から本拠地をザール州立劇場に移してGMDとして活躍しているが、ヴッパータール交響楽団音楽監督も継続している。

6 Vgl, Theaterlexikon, rowohlts enzyklopädie, 1992, S.449f.

7 カントは『啓蒙とは何か』（1784）において、「理性の公的使用と私的使用」とを絶妙に区別している。理性の公的使用は、つねに自由でなければならないが、それは「ある人が学者として、読者であるすべての公衆のまえで、自分の理性を行使する」場合である。これに対して、理性の私的使用とは、「ある人が市民としての立場もしくは官職についている者として、理性を行使する」場合である。ここでの「市民としての立場」が、フランス革命以前の身分制社会における意味であることは留意が必要だが、公務員が官治的意味での公共の目的を実現するために、いわば面従腹背の状態に置かれ

ていることは、現在でも同様である。この場合には、議論することは許されず、服務規程や命令に従わなければならない。このような行為を、カントは巧みにも理性の「私的使用」と呼ぶことで、公共性概念の転倒をしたたかに企てたのである。以下の引用は、世界市民主義者としてのカントの真骨頂を示している。「こうした機構に所属する人でも、自らを全公共体の一員とみなす場合、それどころか世界市民社会の一市民とみなす場合、それゆえ学者としての資格において著述し、公衆に本来の知性において語りかける場合には、もちろん議論することができるし、それによって、受動的にふるまう部員として配置されている業務の遂行が損なわれることはないのである」。Ehrhard Bahr（Hrg.）: Was ist Aufklärung?, Reclam, Stuttgart 1974, S.11.f.

1部

公共文化施設の運営から考える「公共性」

第1章
文化施設が「公共的役割」を果たすために何が必要か
兵庫県立芸術文化センターを例にした周辺施設への
ヒアリング調査から

近藤 のぞみ

1．文化施設の「公共性」をめぐる議論

　文化政策やアートマネジメントを研究していると、必ずぶつかる問題がある。それが「公共性」だ。芸術文化、また芸術文化に関する公共性とは何かという問いは、特に芸術文化助成の正当性を考えるうえで、避けては通れない。芸術文化への助成は、大方は芸術文化作品創造のためのものと理解される。しかし実は他にも考えるべきポイントがある。その1つが文化施設への企画・管理・運営を含めた活動全体への助成である。なぜ文化施設を助成する必要があるのか。助成されることに対して文化施設のすべきことは何か。そして文化施設の公共性とは何なのか。本章では、これまで行われてきた芸術文化や文化施設に関する議論を確認しながら、筆者が2008(平成20)年度に行った文化ネットワークに関するヒアリング調査を元に、文化施設をめぐる公共性と文化施設のあり方について考えてみたい。

　そもそも「公共性」という言葉は何を指すのだろうか。齋藤純一は公共性の意味合いを、(1)公共事業、公的資金など国家に関する公的なもの、(2)公共の福祉、公益など特定の個人ではなく、全ての人々に関係する共通のもの、(3)情報公開、公園など誰に対してもオープンであるもの、の3つに分類している[1]。これらの分類を念頭に置きながら、「公共文化施設」に関して今まで行われてきた議論を整理してみると、次の5つの公共性カテゴリーを考えることができるだろう。(1)建物あるいはその所有者に根拠をもつ公共性、(2)施設の運営形態や手順に根拠を求める公共性、(3)観客・聴衆そして舞台芸術

に関して議論する公衆を根拠にした公共性、(4)芸術の本質に根拠を求める公共性、(5)公共財という考え方に根拠を求める公共性。まずはこれらの公共性の考え方を順番に見ていくことにしよう。

1−1. 建物あるいはその所有者に根拠をもつ公共性

例えば「公共施設」といった場合、多くは「公立施設」を思い浮かべるように、「公共」には「公の」「公立の」という意味がある。地方公共団体といえば、都道府県・市町村のことであり、これら地方公共団体が建てた施設は「公立施設」あるいは「公共施設」と呼ばれる。先述の齋藤純一は、「公共」の第1分類を「国家に関する公的なもの」としたが、国家に限らずとも、都道府県や市町村など地方公共団体が関係するものも含まれるだろう。公立施設は公共施設である。

では、今度は逆に「公共施設は公立施設である」という命題を考えてみる。何となく、必ずしもそうともいえないような気がしてくる。例えば、私立学校は国や地方公共団体が建設・運営しているわけではないが、公共施設として認知される。私鉄は私企業が敷設した鉄道であるものの、公共交通機関である。このように考えてみると「公共」＝「公立」ではなく、「公共」は「公立」を含むもっと広い概念ではないかと思えてくる。「公立ホール」に対して、個人あるいは私企業などが建設した「私立ホール」は、公共施設というには違和感があるかもしれないが、公共の空間であるといういい方には納得できるだろう。

このように「公共の」空間や施設を考えた場合、その「公共」の根拠は、施設の建設主や所有者が公的機関であることよりは、その施設のサービスの対象が特定の個人ではなく、全ての人々に関係する、あるいは関係する可能性があり、さらにそれが社会にとって必要不可欠であることにあるのではないだろうか。

1−2. 施設の運営形態や手順に根拠を求める公共性

劇場建築を数多く手がけた清水裕之は、劇場建築とその運営に関する研究の中で、地域における文化施設のあり方を考察し、建設段階および建設後の施設運営への住民参画によって、文化施設における公共圏の成立が可能にな

るとする。清水によれば、公共圏とは「国家(政治)および経済(企業活動、労働)という世界を規定する2大システムに対して、私的な領域を基盤とした自立した人々が共同体として生活し、活動するもう1つの場『生活世界』のこと」であり、「基本的に私的に活動する人々が自由に意見を述べ合い、責任を持って自立的な活動をすることのできる開かれた場を前提として形成される」[2]ものである。

現代の日本でこのような公共圏を得るために、清水はパブリックシアターに着目した。パブリックシアターとは「舞台芸術をとおして公共圏の形成を目標にする公共文化施設」[3]であり、また「舞台芸術という芸術行為を通して人々が地域との関わりを考える場」[4]である。

パブリックシアターのタイプとして清水は2つ提示する。1つ目は芸術的な評価を求めてプロフェッショナルな創造を行うタイプである。これについては後ほど取り上げる。

2つ目は地域との関わりの中で、市民の自発的な創造活動を支えていくタイプである。日本の舞台芸術環境の特徴として、清水は組織の外部依存性[5]を指摘し、それを生かした「舞台技術者グループ、上演グループ、制作グループ、各種の舞台芸術同好会など自立した市民活動が多様に活性化され、そうしたネットワークの中で、協同関係が生じ、その一員として公立文化施設が機能するというような社会システムの構築」[6]が大切であると述べる。

ここで想定されているのは、無償ボランティアスタッフを単に確保することではなく、事業企画や施設運営への参画などを通じた、文化施設と地域住民との踏み込んだ関係づくりである。このような公共圏が文化施設のまわりに成立する条件として、清水は次の3つをあげる[7]。(1)施設運営や管理について公開の議論が可能な仕組みが用意されていること、(2)施設で行われる事業や運営についての情報が開示されていること、(3)施設で行われる事業や運営に何らかの参加の場が用意されていること、である。このように文化施設は、施設運営・企画制作に関した市民参画・情報公開を通じて地域社会に開かれることで、その公共性を獲得することができるとしている。

1−3. 観客・聴衆そして舞台芸術に関して議論する公衆を根拠にした公共性

　文化施設は芸術を生み出すだけでなく、またそれを議論する場という機能も持ちうる。そもそも芸術は、作品がつくられている過程やアトリエにある状態のときから既に成立しているのではなく、誰かによって鑑賞されたときにはじめて成立する。特定の個人に限定されることなく、それを鑑賞することを望む人々がその場所に行き、他人とその経験を共有し、さらにはその体験に基づいて議論することが可能である時、それまでの活動の総体が芸術として認識されるのであり、文化施設とはそのような場として存在する。

　先ほど清水によるパブリックシアターの2つのタイプ分けを紹介したが、そのうちの1つ目のタイプ、すなわち「芸術的な評価を求めてプロフェッショナルな創造を行うタイプ」について、ここで考えてみたい。

　清水の考えの背景にあるのは、17〜19世紀のヨーロッパ社会で芸術文化の果たした役割だ。イギリスのコーヒーハウスあるいはフランスのサロンで、芸術文化を題材としたコミュニケーションが盛んに行われ、それが公共圏の成立へと発展し、新しい市民社会が形成される一契機となった。このことは逆に、「舞台芸術が近代の市民的公共圏の成立に重要な役割を演じ」たからこそ、劇場施設は「公共劇場への道を獲得した」[8]といえる。ここでは劇場が舞台芸術作品を提示し、市民が鑑賞し、サロンでそれを話題にすることで公共圏が成立するという図式が見られるが、重要なのは劇場が、人々が鑑賞し話題にするに足る舞台芸術作品を提示することであろう。

　このようなタイプのパブリックシアターを、藤野一夫は特にインスティテューションとして定義する。インスティテューションとは、コミュニケーション的行為という意味での社交性の獲得によって、芸術文化を通じて個人と社会とを有機的に再結合する場と機会とを提供する機関のことだ。そこでは文化的プロセスの参加と議論を通じて、信頼、連帯、美的・感性的コミュニケーション、知的充足感などの価値観が相互主観的に発見され、認識され、共有されていく[9]。その中でも自前の芸術創造集団とプロデュース機能を備えた総合インスティテューションは、オペラなどの綜合芸術の自主制作だけでなく、前衛的・実験的芸術への支援、さまざまなレベルでの芸術教育プログラムの提供なども行う。このような活動を通じ「世界最高レベルの芸術に触れる機会を増やすことによって、上演の質的評価にかんして自分の言葉で

語り合える『議論する観客・聴衆』を創造」[10]することこそが、これらのインスティテューションやパブリックシアターの役割である。このように、質の高い芸術作品を媒介とした文化的コミュニケーションプロセスの中で、限定されない個人と個人が自発的に結びつく公共圏が創出されることによって、文化施設は公共性をもつといえる。

1−4. 芸術の本質に根拠を求める公共性

前述の2項では文化施設に集う人々のあり方に公共性の根拠を求めたが、今度は文化施設の中で生み出される芸術に根拠を求める公共性の考え方を取り上げる。

なぜ芸術に支援が必要なのか。それは芸術が社会にとってなくてはならないものだからである。藤野はその理由を次のように語る。芸術は「現実社会から隔絶し、純粋形式として自己完結しているがゆえに、社会の諸矛盾や普遍的な問題を鋭利に映し出す『世界の鏡』」となる。近代市民社会の中で確立された美的自律性は、現実社会における近代化・合理化とその根を同じくしながらも、『美的仮象』の理念化作用によって社会的近代に対抗し、その矛盾を深く抉り出す超越的原理を担ってきた」[11]。

また義江彰夫はベートーヴェン、ワーグナー、マーラー、シベリウスの音楽を分析しながら、社会と個人との関係についての概念変遷を明らかにしたが[12]、これも芸術作品が社会状況や思想を反映する鏡であることの一例と考えられる。このような芸術のあり方は、それが単なる個人的な娯楽ではなく、広く社会的なものであることを示している。

公共文化施設に、特に前項で述べた総合インスティテューションに対して質の高い芸術の創造と提供が求められている理由は、まさにこの点に起因する。総合インスティテューションとしての文化施設は、現代社会を映し出す芸術文化を創造し、市民とそれを共有することで、今を議論し未来を切り拓く、開かれたコミュニティを形成するという役割を担っていると考えられる。

1−5. 公共財としての芸術の外部性に根拠を求める公共性

次に、文化経済学での公共財という考え方に根拠を求める公共性を取り上げる。公共財とは、私的財としての価値に還元されない価値、集合的便益の

ことである[13]。例えば文化施設が存在することによって、文化的なアイデンティティの確立や、将来世代・コミュニティへの教育的価値、文化交流の拠点形成、雇用や産業の創出などの社会的効果を期待することができる。これらは該当する文化施設に行かない人も含めて、その文化施設のある地域全体で享受されることが特徴的である。

文化施設の公共財としての側面は、ボウモルとボウエンがいうところの「芸術の外部性(社会的便益)」を発展させる形で取り上げられてきた。ボウモルとボウエンは芸術の外部性について、(1)国家に関する威信、(2)文化活動の広がりが周辺ビジネスに与えるメリット、(3)将来世代への遺贈、(4)コミュニティへの教育的価値の4点を挙げ、芸術への公的支援の根拠の1つとした。

このように、芸術文化の外部性によって芸術文化を公共財として位置づけ、文化支援の根拠とするやり方は、近年頻繁に見受けられる。特に文化施設や文化事業が地域にもたらす経済効果やマスコミへの露出度(回数・面積・出演時間等)によるイメージアップ効果などが、数値的評価のしやすさも手伝って、文化施設・文化事業の評価、また助成金拠出のアカウンタビリティとして使われる。

1−6. 文化施設をめぐる公共性の再考

ここまで文化施設を巡って行われてきた公共性の議論を5つに分けて見てきたが、ここでもう一度齋藤の公共性定義に戻ってみよう。この公共性定義に筆者の解釈を加えてみると、(1)事業主・所有主が国または地方公共団体に関するもの、(2)サービスの対象が全ての人に関係するもの、(3)誰に対してもアクセスがオープンなもの、といえるだろう。しかし文化に関する公共性については、これらは明確に分けられるものではなく、時には重なり合い、時には相反する。

「建物あるいは所有主に根拠をもつ公共性」の例として、地方公共団体によって建設された一般的な公立文化施設をあげることができる。この場合所有主は地方公共団体であり、ホールの使用は原則として誰にでも公平に開かれている。原則としてと書いたのは、ホールによっては政治・宗教に関する行事には使えなかったり、使用料金が使用目的や借り手の属性(地域住民かどうか、営利か非営利か)によって変わったりするからである。さらにこの

ような公立ホールで行われている催し物が、全ての人に関係するかといえばそうともいえない。中には関係者のみを対象にした非公開のものもあるし、表向き一般に開かれてはいるが、お稽古事の発表会であるなど、実際には内輪向けの閉じられたものであったり、さらには高額すぎるチケット代によって、結果としてそれなりの社会階層しかアクセスできないものであったりする。このような貸し館事業を中心に行っている文化施設が、果たして公共的役割を全うしているかというと、疑問に思うところがないわけでもない。

　あるいは、次のような場合も公共的役割に関して議論が生じてくる。先ほど「観客・聴衆や議論する公衆を根拠にした公共性」「芸術の本質に根拠を求める公共性」に関して、プロフェッショナル集団による質の高い芸術作品の創造・提供が前提になると書いた。この場合、事業主は国や地方公共団体である必要は必ずしもないが（助成はされているとしても）、ホール使用についてはプロフェッショナル集団に優先権が与えられることが多い。そうなると、全ての人に対してホール使用に関してのアクセスが公平であるとはいいがたい。しかし他方で、先述したようにこのような総合インスティテューションで創造された質の高い芸術事業が、全ての人に対してアクセスが開かれていれば、その文化施設は、たとえ私立であっても、公共性があるといえるのではないだろうか。

　以上のことから文化施設に関する公共性は、設置者が公であることよりも、全ての人に対して開かれた空間になっているか、またその活動・サービス・効果が全ての人に関係するものであるかに重点が置かれるのではないだろうか。そして開かれた空間さらには公共圏の創出を、どのレベルでどのようにするのかを決め、執り行うのが文化施設運営であり、それを自身の文化政策と照らし合わせながら支援していくのが国や地方公共団体の役目だろう。

　次項では、公共性を創出するものとして文化ネットワークを捉え、文化施設が持つ／持つべきネットワークについて、実際に文化施設に対して行われたインタビューを紹介しながら考える。

2.「公共性」を担保する文化ネットワーク形成：理想と現実
―文化施設インタビューから―

　これまでの議論を踏まえて、ここでは文化施設の公共性は、その施設が果

たしている、または果たすべき公共的役割によって規定されるとする。ここでいう公共的役割とは、全ての人に対して開かれた空間を形成し、そこで行われる活動・サービス・その効果が全ての人に関係しながら、公共圏の創出をめざすことである。このように文化施設が、地域社会・市民社会づくりの有力な仲介機関として公共的役割を果たすためには、文化ネットワークの形成が期待される[14]。

　兵庫県立芸術文化センター(以下、芸文センター)は、神戸と大阪の中間に位置する西宮に建設され、オペラやオーケストラなどのクラシック音楽を念頭に置いた4面舞台をもつ大ホール、演劇メインの中ホール、そして室内楽に適した小ホールと3つのホールを備える複合型文化施設である。佐渡裕芸術監督の下、日本で初めて劇場付きでオーケストラ(以下、PACオーケストラ)[15]を持つことが話題となったが、2005年の開館後はそのこと以上に、驚異的な集客力によって注目を集めている。

　筆者は2008年7月から9月にかけて、この芸文センターを中心とした文化ネットワークのあり方に着目し、兵庫県内の文化施設10ヶ所、大阪・神戸を含んだ阪神間を活動拠点にしている芸術文化創造団体5団体、そして芸文センター周辺の自治会・商店街4ヶ所の合計19の文化施設・団体にヒアリングを行った。ヒアリング方法は、予め調査趣旨を文書にて送付した後、電話で了解とアポイントを取り、インフォーマル・インタビューを行った[16]。インタビュー時間は各団体30分から1時間であった。

2-1. ネットワークの考え方

　ヒアリング結果に入る前にネットワーク概念について述べたい[17]。ネットワークとはある地点／アクターを、別の地点／アクターとつないだものの総体から成り立っている。ネットワークの形状分析でよく使われるグラフ理論では、地点／アクターをノード、二者間のつながりを線または紐帯と呼んでいる。

　現代では多種多様な場面でネットワークという言葉が使われるが、まず大きく分けて物理的なネットワークと社会的ネットワークの2つを考えることができる。物理的ネットワークは、例えば全国に張り巡らされた道路網や通信網など、人・もの・情報をある地点から別の地点へ移送するためにつくら

れた網目状の「みち」であり、ここではネットワークがカバーする規模とその効率性が重視される。

　他方、社会的ネットワークでは、ノードであるアクターに焦点が当てられ、そのアクター間の「交換」によってつながりである紐帯が成立する。最初から「みち」そのものがあるのではなく、アクターがアクションを起こし、他のアクターとそのアクションや理念あるいは結果を共有するために、人・もの・情報等を交換することによって、その「みち」がつくられると考えることができる。このようなつながりをつける過程をネットワーキングといい、ネットワーキングによってつくられた人・組織の関係の集合体が社会的ネットワークであると考えることができる。

　このようにネットワークを捉えると、文化ネットワークは間違いなく社会的ネットワークの部類に入る。芸術文化に関する活動（作品の創造、公演の制作、鑑賞、関連プログラムの実施等）によって、観客・聴衆、アーティスト、文化施設、文化団体、地域住民、自治会、商店街、教育機関等がつながり、開かれた社会的ネットワークが形成される。それによって地域の文化的ポテンシャルが上がり、芸術文化による公共圏の創出が可能になると考えられる。

　社会的ネットワークはネットワーキングというムーブメントによって形成され、その形状は常に変化する。一度できたつながりは永遠に固定されるのではなく、そこでの交換が行われ続ける限りでしか維持されない。いい方を変えると交換が行われなくなった時、つながりは消滅する。つまりどの時点で捉えようとしたかによって、同じネットワークでも現れる形が違ってくることが想定される。そういう意味で筆者が行った調査は、その時点での文化ネットワークの一部を提示するに過ぎない。しかしここで重要なのは、全てのアクターを探し出し、そのネットワークの形状を把握することではなく、文化ネットワークがどのような理由付けによって形成され、文化施設の公共性にどのように貢献しているのかを明らかにすることであろう。なお本章では、芸文センターの活動や存在を評価する意図は全くなく、あくまでも芸術文化施設を取り巻く文化ネットワークのあり方を考察するための一例として、取り上げていることを了解いただきたい。

2-2. 文化施設と地元住民・自治会・商店街とのネットワーク

　地元との連携は芸文センターが成功している部分の一つである。具体的には、地元自治会・商店街によるイベントへの芸文センターからの協力、芸文センターによるイベントへの地元自治会・商店街からの協力という、双方向の協力関係が認められる。またこのような協力関係を推進する「西北活性化協議会」が設立され、さまざまな協働事業の結果、音楽のまちとして地元のブランドアップに成功したという認識がある。

　地元の商店街・商業施設と芸文センターが母体となって設立された西北活性化協議会は、地域と芸文センターを結ぶことを目的とし、年間を通じてイベントを企画している。市からの助成金の他、事業ごとに地元企業からの協力・協賛金があり、地域活性化のモデルケースとなっている。また地元商店街を中心として地域住民と共に組織された「にしきた街舞台実行委員会」は、「にしきた音楽祭」（ストリートミュージシャンコンテスト）を開催するなど、音楽を生かしたまちづくりイベントを開催している。

　地元の自治会も芸文センターと連携したイベントを展開している。例えば七夕イベントではPACオーケストラの楽団員によるチャリティコンサートが開かれた。芸文センターでは地元でアウトリーチコンサートをするという交流事業費が予算に組み込まれており、自治会がそれを活用した形だ。コンサート終了後の懇親会は、演奏したPACオーケストラ団員と地元住民との交流の機会・場となっている。これは地元アクターの行事に芸文センターが協力しているよい例といえるだろう。

　逆に芸文センターの行事に地元アクターが協力する例もある。毎年行われるクリスマスイベントでは、2007（平成19）年は周辺の自治会・商店街が一体となって2007本のキャンドルをつくり、地元企業からワンカップ酒に使われるカップの提供を受けて、イルミネーションを実施した。「イベントがあるときは必ず連絡が来る。手伝いが必要なとき、佐渡さんの特別事業のときなど、必ず人を集めて行っている」（自治会・商店街C）。

　このように芸文センターと地元アクターとのつながりは、二者間の単線関係ではなく複数者間の複合関係によって、地域という面で捉えることができ、地域アイデンティティの形成に大きく貢献している。「西宮北口という街は特徴のない街だった。中途半端な街だったが芸文センターができたことで、芸

文センターを核にして全国発信し、音楽、歌のまちというブランドづくりを進めている」(自治会・商店街B)。「(芸文センターを)地域の宝と考えている。芸術文化は大切にしたい。芸文センターのような施設が身近なところにあるのは地域住民にとってとてもうれしいこと」(自治会・商店街C)。

他にも「個人的にもよく公演を観に行くようになったが、元々はクラシックにはあまり興味がなかった。芸文センターはクラシック中心で敷居が高かったが、佐渡さんのおかげで身近になった」(自治会・商店街B)など芸文センターが存在することによる地域への教育的効果や、「ワンコインコンサートは超満員で、それによって飲食店の入込数も増加した。それ以外のときでも、芸文センター開業後は来客が増えている。多くが兵庫県内からだが、大阪などいろいろなところからもやってくる」(自治会・商店街A)などの経済効果への言及もみられた。

2-3. 文化施設と芸術文化創造団体とのネットワーク

芸文センターと関西圏の芸術文化創造団体とのネットワークは、残念ながら地元自治会・商店街と築いているものほどうまく機能しているとはいいがたい。何らかの「交換」を行っているという意味での関係性はもちろんあるが、基本的には貸し館利用によって成り立つ単線の二者間関係である。それも共に何かをつくり上げるといった創造的な関係とはいいがたい。

貸し館関係にとどまっている要因として、芸文センターがPACオーケストラという芸術文化創造団体を自前で持っていることや、芸術監督の下、地元関西に限らず全国あるいは世界規模で、音楽家・芸術家等を選抜し、オペラなどの創造活動を行っていることが挙げられる。

貸し館利用であっても芸文センターで公演をすることのメリットを、ある芸術文化団体はこう説明する。「芸文センターでは多くの催しを開催し、約6万人の愛好会員を抱えている。観客にとって芸文センターで行うものであれば間違いないといった安心感があり、ホールの主催事業が好調であると同様に、借りて行う催しも、他で行うよりも快調である。劇場そのものに客足がついている」(文化団体B)。このように芸文センターがオペラやオペレッタ、クラシック音楽への心理的敷居を下げ、潜在顧客の開拓に成功した恩恵が、借り手にないわけではない。だがそこには芸文センター独り勝ちの様相があ

り、地域全体の文化ポテンシャルが向上したと本当にいえるのか、疑問が残らないこともない。「チラシをコンサート会場に置くだけでなく、挟み込みをさせて欲しい。地域にある他のホールとも共存共栄し、一緒に盛り上がっていかないといけないはずだ。独り勝ちは良くない」(文化団体E)。

　情報流通の協力だけでなく制作活動に関しても、ホールと文化団体とが創造的なネットワークを築くことで、地域に根ざした質の高い芸術文化作品を、共につくり上げることは本来可能だろう。「(芸文センターではオペラの自主制作をする場合に)指揮者や演出家が、芸術的な目的に合った人材を選んでいる。関西の歌手を進んで選ぶといったことはない。それはそれで重要なことであり、佐渡さんの芸術性の第一義的なものではあるが、関西文化圏からの発信や発展、底上げということにも挑戦できるのではないか」(文化団体A)。芸文センターのような総合インスティテューション型の文化施設であれば、もちろん全国レベル、世界レベルの作品創造は1つのめざすべきところである。

　しかし同時に地元の芸術文化団体と創造的文化ネットワークを築くことで、地域の文化力をあげることも役目の1つであろう。「別の文化施設では(リハーサル期間を含めた)会場や備品の無料提供とチケット販売の協力があり、創造内容にも随分いい影響があった」(文化団体B)。芸術文化団体と単なる貸し館にとどまらない積極的な関係を築くことで、その団体の能力をさらに引き出し、結果として地域の文化力向上につながると考えることができる。もっとも芸文センターに関しては、例えば関西の歌劇団とPACオーケストラが一緒に公演をするなど、動きが出てきていることも付け加えておく。

2-4. 文化施設と他の文化施設とのネットワーク

　阪神間の文化施設間ネットワークとしてはまず、公立文化施設協議会の阪神間メンバーによる会議が、年数回あることを確認しておく必要があるだろう。協議会には私立の文化施設はメンバーに入っていない。公立の文化施設同士は、最低限ここでお互いの事業計画を知ったり、情報交換をしたりすることができる。

　文化施設間ネットワークについて、次の2点から考慮することができる。1つ目は物理的な距離であり、2つ目はホールの規模・性質とそこで行われ

る催物の特徴である。

　芸文センターと物理的に距離が近く、ホールの規模や催物の特徴が比較的異なる場合を見てみよう。このような文化施設は、連携よりも「縄張り」を尊重したホールのあり方によって、共存ができると考えている。「芸文センターはグレードの高い公演が多いので、互いに観客を取り合うということはないと思う。芸文センターは楽団を持っているし、芸文センターなりの事業を行い、こちらも自主事業と貸館ともに固定している。それぞれの縄張りがあるようだ」(文化施設D)。このように自分の「縄張り」で事業をすることで、お互いを補完し合いながら、地域に文化的活気がもたらされるという。「元々市民会館等を利用していた人々に加えて、芸文センターを利用する人が加わり、西宮市全体で文化的な観客が増えたのではないか。市に活気が出てきたように思う。商業施設の場合、互いに客を取り合うということがあるかもしれないが、観光や文化施設の場合は、相乗効果で全体のレベルがアップしたように思う」(文化施設D)。

　次に、施設の特性も物理的な距離も芸文センターとは遠い場合を見てみよう。基本的には何も競合しないので、一緒にやっていきたいと思っている。ある程度プロデュース能力のある文化施設は「連携事業はどんどんやっていかないといけない。1館だけでは採算が合わないので、複数で連携をとって事業を行う。同じ公共ホール同士で、音楽や小劇場系演劇のネットワークを組みたい」(文化施設C)と語り、小さな町の文化施設は「自分達のところでやるには、資金面でも事務作業の面でも難しいような公演を(芸文センターが)やるのであれば、こちらにも廉価で回してほしい」(文化施設G)と話す。このように共同制作あるいは共催事業での連携を望んでいる。

　施設の特性は似ているが物理的には遠い場合は、集客圏が違うためプログラムがバッティングしてもあまり影響はないとある文化施設は指摘した。「芸術文化の世界にとっては、大きな仕事をする場ができた、という役割を芸文センターは負っている。今まで大きな舞台ものをつくるところは関西ではびわ湖ホール一ヶ所しかなかったのが、もう1つできたのだからその意味は非常に大きい。特に自主制作しているところは他にないから。だから細かい、向こうと相談しての連携ではなく、もっと大きな意味での二者間の連携が始まっている」(文化施設A)。ここで「もっと大きな意味での連携」が意味し

ているのは、アーティストの調達などに関して自然と日程調整が行われていき、結果としてお互いの活動を尊重する形で、関西圏で総合的な芸術創造の場が増え、活性化されることである。

　最後に、芸文センターと物理的な距離が近く、ホール規模や自主事業の特徴が比較的近い場合を見てみよう。実際に芸文センターの位置する阪神間と神戸には、オペラやクラシック音楽を自主事業として展開しているホールがいくつかある。貸し館事業に関しては利用者の選択肢が増えたというくらいの捉え方だが、自主事業に関しては影響のある部分も出てきているようだ。そのため話し合いによるバッティング回避や棲み分けが必要ではないかとの指摘が多くあった。「(芸文センターで) 8月にやるものを、(こちらで) 9月にやるわけにはいかない。そういう意味で重ならないようにはやっている。(他の施設とバッティングするかどうかは)プロモーターが教えてくれる」(文化施設E)。

　このような近隣の文化施設が抱く懸念は日程のバッティングだけではない。価格設定の問題もある。芸文センターのような大型文化施設が大規模な予算とキャパシティをもって、他のホールでしている公演と似たようなものを廉価でしてしまうと、それらのホールも価格を必要以上に赤字ラインを超えて下げなくてはならない。「(芸文センターは)安い値段で提供しているが、こちらはキャパが少ないので、採算を取るために同じアーティストを使っても単価が少し高くなる。お客さんは敏感なので影響が出てくる」(文化施設H)。また「追加公演を連続して行われると、初めて見る人を増やすことを目的にしているから競合しないとはいうが、結果的に(他の文化施設での)オペラの公演数を減らすことになってしまう」(文化施設B)という意見もあった。

　もし、芸文センターのような総合インスティテューション型文化施設の開館によって他の文化施設が受けた、このようなマイナスの影響が、他の文化施設が必要な努力をしてこなかった「失策」の結果であるのなら、仕方のないことかもしれない。しかし実際はそうともいえない。ヒアリングを行ったそれぞれの施設は、自らの理念をもって文化施設の運営を行い、評価されているところである。施設規模が大きく予算も潤沢な総合インスティテューションが繁盛することで、周辺のホールの活気がなくなってしまうとしたら、果たしてこの芸術文化施設は公共的役割を果たしているといえるのだろうか。

本章の前半で、文化施設の公共性を担保するものの1つとして芸術文化の外部性を、地域のアイデンティティ形成や、住民・青少年への教育的効果などを挙げながら紹介した。しかしこれらは1つの文化施設の営業努力の結果として、自動的に付随してくるものではない。複数の文化施設・文化団体等と手を取り合いながら、地域の文化戦略として推進していく必要がある。

　どのような連携の仕方が考えられるだろうか。1つには企画の棲み分けがあるだろう。「うちが手が届かないようなハイレベルなものをしていただいたらちょうどよい。今まではそういうものは大阪まで行かないといけなかったが、それが西宮で見れるというのはすごく大きいし、それが（芸文センターには）できると思う」（文化施設E）。「催しものによって適したホールサイズや特徴があるので、例えばエージェントから声がかかった時に、予算面やホールの響きなどを総合的に判断して、どこのホールでするのが一番適しているかをお互いにフランクにいい合って、調節できるようになればいいと思う」（文化施設H）。

　また芸文センターと一緒に企画を共催することも考えられる。「（PACオーケストラの）コンサートを7月にやったが、満席になった。芸文センターのオーケストラだから芸文センターで聴くと限定するのではなく、違うところでも聴いてみたいと思っている。そういう意味で共同歩調をとれば、両方にとってプラス効果はあると思うし、そうならないとだめ」（文化施設H）。「各市町村や地元のホールとの連携、出前公演をすべき（主催でも共催でもよい）。市民参加を最終的には芸文センターでやるにしても、もっと市町村の地元ホールを巻き込むべき」（文化施設J）。

　さらに芸文センターに期待されていることとしては「県税をつぎ込むなら廉価でレベルの高い、内容の充実したもの、人間の内面性を高める作品をつくり、そういうものがいいなぁと分かる芸術文化のファンづくりをしてほしい」（文化施設F）、「集客するだけでなく、関西のオペラの振興になっているのか考えて欲しい」（文化施設B）など質の高い作品づくりを望む声が多い。

　「どんなふうに芸文は行くのか、という中長期のヴィジョンを周りに対して見せてほしい。そこで同じテーブルについて話をしてもいい」（文化施設H）という声が代表しているように、公立文化施設だけではなく、関係する全ての文化施設を対象にした協働調整の場が求められている。「みんな一緒に

努力していかなあかんと思う。兵庫県がこうこう頑張るなら、うちはこうやると、一緒に話をして、次に何をすべきか、どんどんこれからもネットワークでやっていくことが大切だと思う」(文化施設C)。

2-5. ヒアリング結果からみえてくるもの

　芸術文化施設がその公共的役割を達成するには、文化ネットワークの形成が必要である。ここでいう文化ネットワークとは、文化施設、文化団体、地域住民、自治会、商店街、教育機関等がつながることで、創造面だけでなく受容面も含めて地域の文化ポテンシャルを上げ、芸術文化による公共圏の創出を可能にするような、社会的ネットワークのことである。このようにいうことは容易いが、実際にはどのようにしてそれが可能となるのかを明らかにすることが今回の調査の目的であった。その結果は多くの示唆に富んでいる。

　自治会や商店街などの地元アクターとのネットワークで見られたのは、多層な創造的協働関係と、それによる地域アイデンティティの形成であった。一方、関西圏の芸術文化創造団体やその他の文化施設との関係においては、今後の文化ネットワーク形成についてのさまざまな可能性を見つけることができた。例えば公演・活動内容に関しての情報共有やアナウンス、話合いの場をもつことでの演目・日程のバッティング回避、共同制作や共催の推進などである。繰り返しになるが、さまざまなアクターと手を取り合いながら、地域として戦略的に文化ポテンシャルを上げていくことが重要である。

3. まとめにかえて

　本章では前半で、文化施設をめぐる公共性について、5つのカテゴリーに分けて説明したうえで定義づけを試み、後半で文化施設の公共的役割を遂行するために必要な文化ネットワークのあり方を考察した。

　公共文化施設という言葉は、とても頻繁に、公立文化施設と同義語で使われる。確かに「公共」には「公立の」という意味があるが、公立であるからという理由のみで公共文化施設を定義するのは、あまりにも安易な発想のように思われる。本章では公共文化施設を、公立のみならず私立であっても、芸術文化に関する活動によって公共的使命を果たす、あるいは果たそうと目指している施設と定義した。

ここで公共的使命という言葉が指している内容は以下のように説明できる。施設利用者としてであれ観客としてであれ、何らかの形でそこに参加する可能性が全ての人に対して開かれている空間を形成し、全ての人に関係する便益を及ぼす活動を行うことよって、市民一人一人が自発的意思に基づいて議論に参加する公共圏の創出を目指すことである。このような公共文化施設のあり方は一通りではない。あるところは市民参加の運営協議会を立ち上げ、施設の運営面に関してオープンなシステムを採用するだろうし、あるところは地元の市民文化団体の活動を支えながら、それらの自発的活動によって事業を行うシステムを採用するだろう。またあるところはプロフェッショナル集団による質の高い創造活動を行い、その作品へのアクセスが全ての人に開かれているシステムを採るかもしれない。

　いずれにせよ公共的使命を達成するためには、さまざまなアクターと複合的につながり、多層的な文化ネットワークの形成が必要となる。ここでは文化ネットワークを、芸術文化に関する活動において何らかの「交換」をすることで成り立っている社会的ネットワークと捉えているが、これには3つの段階を考えることができるだろう。第1段階は、情報交換とビジネス上の契約関係である。ここでは例えばホールの貸し借りだけの関係を考えることができるだろう。何らかの関わりはあるが、それが自発的で創造性のある関係には発展していない。第2段階は同一のテーブルについて話し合いが行われる。ここでは主に棲み分けや縄張りが話題になり、バッティングによる共倒れの危機を回避するための話し合いが取り持たれる。第3段階になると、各々のアクターが自立した意思を持つ個として議論をしながら、自分の利益だけでなく、例えば地域の文化力を上げていくために、お互いに連携をとるようになるだろう。この段階にきてようやく文化施設は、公共的役割を果たしているということができるのではないだろうか。

・注
[1] 齋藤純一『公共性』岩波書店、2000年、pp.viii-ix。
[2] 清水裕之『21世紀の地域劇場―パブリックシアターの理念、空間、組織、運営への提案』鹿島出版会、1999年、p.169。
[3] 同書p.147。
[4] 同書p.169。
[5] 清水は日本の公立文化施設について3つの外部依存性を指摘する。一つ目は、創造活動の外部依存

性であり、舞台芸術創造が東京を中心とした都市に集中しており、地方は都市で作られた作品を上演していること。二つ目は、組織の外部依存性であり、公立文化施設には管理要員しか雇用されておらず、舞台技術者やアーティスト、制作にかかる人、会場案内にかかる人にいたるまで外注によって成り立っていること。三つ目は、施設の外部依存性であり、舞台芸術の創造が完結するのに必要な練習場所や道具・衣装の製作・保管場所がないことである。

6 同書p.148。
7 同書p.169。
8 同書p.142。
9 藤野一夫「びわ湖ホール問題に映し出された現代日本の文化危機」『文化経済学』第6巻第2号／通算第25号、日本文化経済学会編、2008年、p.101。
10 同書p.101。
11 藤野一夫「文化政策の公共哲学のために」『岩波講座 哲学 月報14』第15巻、岩波書店、2009、p.1。
12 義江彰夫「音楽と公共性・公共世界の関係に関する一試論」宮本久雄・金泰昌『公共哲学15 文化と芸能から考える公共性』東京大学出版会、2004年、pp.298－313。
13 後藤和子『文化と都市の公共政策―創造的産業と新しい都市政策の構想』有斐閣、2005年、pp.33－35。
14 藤野、前掲論文、2008年、p.93。
15 35歳までの若手音楽家で構成されるオーケストラ。世界各地でのオーディションによって選抜され、任期は3年。原則として契約更新はない。正式名称は兵庫県立芸術文化センター管弦楽団であるが、芸術文化センターの英訳パフォーミング・アーツ・センター (Performing Arts Center) の頭文字をとって、PAC（パック）オーケストラと呼ばれる。
16 インタビューの際に調査者が予め質問項目や順序、方法を決め、それに厳格に沿ってインタビューを進めて回答を得るフォーマル・インタビューとは違い、インフォーマル・インタビューでは、このような手続きが標準化されておらず、調査者が臨機応変に対応しながら質問を行い、回答を得ていく。北澤毅、古賀正義編著『〈社会〉を読み解く技法』福村出版、1997年、pp.24－25参照。
17 詳しくは拙稿「フランスの地方文化環境―アミアンの音楽ネットワーク―」『アートマネジメント研究』第9号、日本アートマネジメント学会編、美術出版社、2008年、pp.29－31を参照されたい。

・参考文献
荒川裕子「芸術文化と社会」、上野征洋編『文化政策を学ぶ人のために』世界思想社、2002年
北澤毅、古賀正義編著『〈社会〉を読み解く技法』福村出版、1997年
後藤和子『文化と都市の公共政策―創造的産業と新しい都市政策の構想』有斐閣、2005年
後藤和子・福原義春編『市民活動論―持続可能で創造的な社会に向けて』有斐閣、2005年
近藤のぞみ「フランスの地方文化環境―アミアンの音楽ネットワーク―」『アートマネジメント研究』第9号、日本アートマネジメント学会編、美術出版社、2008年
清水裕之『21世紀の地域劇場―パブリックシアターの理念、空間、組織、運営への提案』鹿島出版会、1999年
丹下甲一「文化政策における文化・芸術的価値の正当性確保の構造」『文化経済学』第6巻第3号／通算第26号、日本文化経済学会編、2008年
藤野一夫「アートマネジメントという仕事は何を目指しているのでしょうか」木下直之『芸術の生まれる場』東信堂、2009年
藤野一夫「文化政策の公共哲学のために」『岩波講座 哲学 月報14』第15巻、岩波書店、2009年
藤野一夫「びわ湖ホール問題に映し出された現代日本の文化危機」『文化経済学』第6巻第2号／通算第25号、日本文化経済学会編、2008年
W.J.ウィリアム,W.G.ボウエン／池上淳、渡辺守章 監訳『舞台芸術 芸術と経済のジレンマ』芸団協出版部、1994年

義江彰夫「音楽と公共性・公共世界の関係に関する一試論」宮本久雄・金泰昌『公共哲学15　文化と芸能から考える公共性』東京大学出版会、2004年

インタビューにご協力いただいた皆様に心よりお礼申し上げます。(順不同・敬称略)
・協同組合アクタ西宮振興会・にしきた商店街・西宮北口南自治会・南昭和町自治会・関西二期会・関西芸術振興会関西歌劇団・日本テレマン協会・関西フィルハーモニー管弦楽団・民主音楽協会・滋賀県立芸術劇場びわ湖ホール・尼崎市総合文化センターアルカイックホール・神戸市民文化振興財団神戸文化ホール・西宮市文化振興財団・朝来市文化会館和田山ジュピターホール・宝塚文化振興財団・神戸新聞文化財団松方ホール・たつの市総合文化会館赤とんぼ文化ホール・吹田市文化振興事業団メイシアター・川西市文化財団みつなかホール

第2章
公共劇場の「公共性」評価の手法・基準と課題
兵庫県立芸術文化センターを事例として

藤野 一夫

1. 公共劇場の「公共性」評価は可能か

　2005(平成17)年10月に開館し、4年目(本章執筆時点)を迎えた兵庫県立芸術文化センター(以下、芸文センター)を対象とし、その基本理念を支える4つの柱をふまえて、公共劇場の「公共性」(公共的ミッション)についての総合的な評価を試みたい。すでに2007(平成19)年に日本総合研究所により、芸文センターの整備・運営の経済波及効果に関して定量的な分析は実施されているので、それとは別の視点・手法から調査研究を行った。

　本調査の独自性は、人文学的知と社会学的調査法との結合によって、これまでの行政評価では不十分であった「質」の面からの評価を、可能なかぎり客観的に論証する点にある。そのために、さまざまな「声」を聴取し、それらを素材としたポリフォニー的コンポジション(多声的構成)を試みたが、その際のライトモティーフ(主導動機)は、公共劇場の理念と使命に関する筆者の仮説[1]である。仮説としてのライトモティーフは、多層的な声との出会いの中で変形され発展してゆくが、フィナーレにおいて同一のモティーフが回帰するか、すなわち仮説どおりの結論に至るかどうかは、もちろん調査の分析結果を待たねば分からない。

2. 公共劇場の「公共性」評価の視点

　公共劇場の公共性という観点から、以下のような3つのレベルもしくは視点を設定してみたい。これら各分野のバランスをいかに取るかが、公共劇場

運営の焦点の1つとなるだろう。

(1)ニューパブリックマネジメント(NPM)[2]の導入によって経営効率を最大化し、またマーケティングと広報戦略による「創客」(観客開発)をめざす。

(2)共通の芸術体験を自分の言葉で語り合える「議論する公衆」が自発的に形成されるような環境づくり。具体的には「劇場サポーター制度」の導入、公演に関連したシンポジウムやワークショップ、批評誌などによる「芸術フォーラム」の形成など。

(3)公共劇場が、地域社会・市民社会づくりの有力なメディアとして公共的役割を果たすために不可欠なネットワークの形成。これは以下に大別される。

  (a)地域の文化団体、自治会、商店会、市民組織(NPO)、大学・教育機関等との間でのネットワーク化。
  (b)近隣もしくは県内の公共文化施設との間でのネットワーク化。具体的には、芸術文化情報の非対称性を是正し、情報ハブ機能によって公共文化施設間の共存共栄を促進する。また、他の公共文化施設への舞台技術面、プロデュース面での支援など。

3. 調査研究方法の概要

(1)ヒアリング調査(カッコ内は件数を示す)
　　対象：(a)兵庫県内の公共ホールと近隣県の公共ホール(10)
　　　　　(b)関西圏の芸術文化団体(5)
　　　　　(c)芸文センター周辺の商店会・自治会(4)
　　　　　(d)評論家(4)、研究者(5)、ジャーナリスト(5)

(2)アンケート調査
　　対象：系統的に抽出した芸文センター会員1,000人にアンケートを発送(回収数503)

(3)公演の「質」とプログラミング・プロデュースに関する評価：新聞、雑誌などに掲載された批評分析(本章では、都合により省略)

4. 定性評価の基準と分析結果
4−1. 定性評価のポイント

　最初に、従来から指摘されてきた公共劇場への公的支援の根拠について、簡単に確認しておきたい（なお、筆者の評価の視点は、以下の公的支援に対する「古典的」根拠付けの、いわば補完的乗り超えをめざすものである）。アメリカの経済学者W. J. ボウモルとW. G. ボウエンは、『舞台芸術──芸術と経済のジレンマ』(1966)において、芸術家、芸術団体、芸術文化施設への公的支援の根拠について、経済学の立場から理論的枠組みを与えた。まず、その根拠を以下の3点に要約してみよう。

(1) 舞台芸術団体の赤字の必然性：労働集約型（産業）の典型であるオーケストラや劇団といった舞台芸術は、オートメーション化や複製技術といった技術革新によって生産性を上げたり、合理化したりすることが困難である。産業社会全体の近代化・合理化プロセスと相反して生じる芸術家や芸術団体の所得不足の拡大は、経営のまずさというよりも、むしろ舞台芸術という産業の特性による必然的なものである。したがって、一定の社会のなかで舞台芸術の価値が承認され、その継承・発展が何らかの形で合意されるならば、それは市場原理に委ねられるべきではなく、「準公共財」として公的支援の対象となりうる。

(2) 芸術文化は正の外部性（社会的便益）を持つ：舞台芸術をはじめとする芸術文化は、その直接的な享受者のみならず、その外部、すなわちコミュニティや社会全体にとって有益な変化（効果）をもたらすゆえに、公的支援の対象に値する。ボウモルらは、芸術文化がもたらす正の外部性を、以下の4点から論じている。

　(a) 舞台芸術が国家に付与する威信
　(b) 文化活動の広がりが周辺のビジネスに与えるメリット
　(c) 将来の世代のために（芸術水準の向上、観客の理解力の発達等、将来世代にもたらされる便益）
　(d) コミュニティにもたらされる教育的貢献（市民生活の質的向上等）

(3) 舞台芸術への平等なアクセス権の保障：舞台芸術の観客の属性には、高所得・高学歴・専門職という特徴が確認される。芸術文化の享受における所得格差や地理的格差を是正するためには、平等性や再配分の観点か

ら公的支援が必要である[3]。

　さらに筆者は、舞台芸術への平等なアクセス権の保障を実現するために、上記の所得格差、地理的格差の是正とならんで、舞台芸術への心理的格差、すなわち「舞台芸術や公共劇場は何やら高尚そうで敷居が高い」と見なしがちの心理面でのバリアを解除、もしくは軽減することが文化政策的に重要であり、そのための施策への公的支援にも十分な根拠があると考えている。この点は、すでに指摘した「将来の世代のために」や「コミュニティにもたらされる教育的貢献」という「正の外部性」とも深い相関関係があるので、文化政策的観点から特に強調しておきたい。

　ただし、舞台芸術への心理的バリアがなぜ、どのようにして生まれくるのかを批判的に分析する場合、芸術とその制度への微視的な権力潜入のメカニズムを解明する必要が出てくる。ここでは、その詳細を分析する暇はないが、手短にいえば、美学・芸術学等におけるアカデミズム、および芸術教育における権威主義的方法論がもたらしてきた負の遺産に着目すべきだろう。学術面での「専門家文化」も、また「教育的貢献」も、一歩そのコンセプトと方法論を間違えれば、「負の外部性」を生み出すことになりかねない。そのような意味での権力潜入のメカニズムは、国家権力やマスメディアの権力潜入にも増して隠微なのであり、その析出には細心の注意が必要であろう。

　以上のボウモルらによる公的支援の根拠と、筆者の評価の視点とを補完的に複合することで、社会科学的かつ人文学的な学際知を基礎とした定性評価の8つのポイントが浮上する[4]。それらをキーワードとして提示しよう。
　(1) 創客(観客開発)
　(2) 議論する公衆の形成
　(3) ネットワークの形成
　(4) 地域アイデンティティ形成のシンボル効果(地域住民の誇り)
　(5) 次世代への芸術・文化教育的先行投資
　(6) コミュニティへの教育的貢献(生活の質の向上等)
　(7) アクセス権の保障(経済的・地理的格差と心理的バリアの是正)
　(8) 公演内容およびプログラミング・プロデュースの質

これらの評価ポイントは、その組合せによって、さらに多様な評価軸の設定を可能にするが、ここでは、公共劇場の「公共性」評価にふさわしい評価軸を選択して、順に考察していきたい。

4−2. 創客と地域アイデンティティ形成のシンボル効果

まず、芸文センターの活動業績の特徴が最もよい形で発揮されているポイントは、(1)創客(観客開発)、(4)地域アイデンティティのシンボル効果であり、次に(5)次世代への芸術・文化教育的先行投資、(6)コミュニティへの教育的貢献、(7)アクセス権の保障の順であろう。

もとより「創客＝観客開発audience development」の意味は多元的である。それは単なる「集客」ではなく、広く市民が芸術文化の享受能力(アートリテラシー)を身につけ、芸術文化のよき理解者となること、という教育的意味合いが強い。そこでは、芸術体験を通じての自己発見やコミュニケーション・プロセスが重視される。各個人の、美的な出会いや芸術的出来事の、直接的な驚きや発見を、アカデミックに制度化された知識体系(専門家文化)や専門用語に縛られることなく、まずは自分がどう感じたかを出発点に、自分の言葉で自由闊達に表現できるようになることがめざされる。こうしたプロセスにおいて必要なのは「アートリテラシー」という新しい知の技法(アート)である。その技法に準拠した対話的行為のあわいから、美的に判断し、自分の言葉で語り合える「主体」が、まさに間主観的に紡ぎ出されてくるのである。「アートリテラシー」とは、アートが生み出す繊細で複雑で逆説に満ちた世界を、巧みに読み書きできる能力のことだ。メディアリテラシー同様、こうした読解・判断・表現能力の獲得は、自律した個人の連帯によって形成されるべき「新しい市民社会づくり」の要となるはずである。

このような「観客開発」の本来的意味へ向けて、最初の大きなきっかけを開いたという点で、芸文センターの集客戦略は圧倒的な成功を収めている。その要因は、オープンマインドで親しみやすいキャラクターの芸術監督と、マーケティングやPRに長けたカリスマ的アートマネジャーをはじめとする専門家集団の存在が大きい。その分、行政からの出向職員の数は限定されているが、民間経営のノウハウを大胆に取り入れた運営システムは、従来の公

共劇場の常識を覆す革新、もしくは革命を次々と巻き起こしている。NPMの常としてトップダウン的傾向が強いわけだが、経営幹部の間での白熱した議論のダイナミズムが、劇場運営全体の活力を生み出す源になっていることは紛れもない事実である。

創客への戦略の成功を裏付ける意見を、同業者へのインタビューから拾ってみよう。芸文センターが地域や芸術文化の世界にもたらしたものは、という質問に対し、「起爆剤になった。今まで何となくホールがあって、何となくやっていたのが、バラエティ、量ともに揃った、高級スーパーマーケットのようなものができて、皆が注目した。芸術文化の食わず嫌いが多いなかで、今まで関心のなかった人までも掘り起こした」（文化施設G）。「関西のクラシック文化の土台や裾野を広げてくれた、という役割は大きい。東京に比べると関西の基盤は弱く、核となる施設も少ない。その点で、東京にある程度対抗していくためには、芸文センターという大きな施設ができたことは、絶対にプラスになると思う」（文化施設H）。「芸文センターの成功は、公立ホールは安かろう、悪かろうのイメージを一新させ、商業主義ともいえる『きれい・はなやか』な印象を与えた」（文化施設J）。

創客への戦略の快進撃は、会員向けアンケート結果からも明白である。一文化施設の会員数が6万人を数えるということ自体が未曾有の奇跡といってよいが、系統的に抽出された1,000名にアンケート調査票を郵送したところ、なんらのインセンティブもないにもかかわらず503枚の回収があった。それによると、「ラインナップ満足度」では、音楽系で圧倒的多数(77.8%)が満足している。「芸文センターでの鑑賞理由」では、「演目」、「出演者」、「芸術文化への関心」と続き、次に「近さ」、「建物空間の魅力」、「価格」等、芸術面以外の理由が挙げられた。さらに、圧倒的多数(88.2%)が、「芸文センターの公演・活動が生活や心の豊かさの向上に役立っている」と回答した。この点は、生活の質の向上をもたらす「コミュニティへの（生涯）教育的貢献」として、公的支援の根拠となろう。

また「芸文センターが開館してから、どのような変化があったか」という文化・生活上の影響に関する質問では、以下のような有意義な効果を確認できた。「今まであまり鑑賞しなかったジャンルの演目にも行くようになった」(46.9%)、「生活に充実感を感じるようになった」(41.0%)、「友達や家族と演目

や出演者について話す機会が増えた」(38.5%)が上位3つに選ばれている。とくに、「今まであまり鑑賞しなかったジャンルの演目に行くようになった」は、すべての選択肢の中で飛び抜けて多かった。これは、複数のホールを兼ね備えてさまざまなジャンルの公演が可能なセンター機能、およびジャンルを問わず、すべての演目を網羅した会報誌の効果と推測することができる。この点で、「多彩で豊富なメニューの実現」という運営方針の成果を裏付けている。

「地域アイデンティティ形成のシンボル効果」という面でも、芸文センターの活動は目覚しい成果を上げている。この点は、大阪・阪神間で活動するオーケストラ・オペラ団などの芸術団体、ならびに地元自治会・商店会へのインタビューからも確証できる。

「芸文センターに行くことがブランド化している。芸文ブランドに地域住民を巻き込んだことはすごい。愛好家だけだったクラシック業界の敷居の高さを外してしまった。おらがまちの芸文センターになっている。商店街の人たちは誇りにしていると思う」(芸術団体A)。「死んだまちだった西北(西宮北口)、西宮球場もサティも撤退したまちの活性化・経済効果に絶大に貢献している」(芸術団体C)。「西北は、まちのブランドイメージがないところだったが、芸文センターができたことによって、音楽と芸術のまちとなった。佐渡さんがクラシックの硬いイメージを、みんなにわかりやすく伝える努力をしてくれている。とてもうれしい話だ」(自治会・商店会A、B)。「3年経って、地域住民たちもオペラなどを聴くようになったようだ。佐渡さんの地元を大切にしようとする姿勢は、若い団員にも受け継がれていると思う」(自治会・商店会B)。「芸文センターができた以上、地域の宝と考えている」(自治会・商店会D)。

このように公共文化施設とその活動が、短期間のうちに地域ブランドを生み出し、住民の誇りや宝となっている例は、日本の大都市圏においては極めて珍しい現象である。開館前から労を厭わずに地域に溶け込んできた佐渡監督の貢献の大きさはいうまでもないが、西北活性化協議会の発足によって、芸文センターと地域との連携事業の促進が図られている点も特筆すべきであろう。この点は「ネットワークの形成」の具体例として忘れてはならない。いずれにしても、阪神大震災の廃墟から立ち上がってきた商店会・自治会の「市民力」と、芸文センターによって活性化した「文化力」との稀有な融合

が、地域アイデンティティ形成の強烈な求心力となってきた事実は、地域に密着した公共文化施設の意義を追求するうえで、大きな指針と勇気を与えてくれる。以下の自治会長の発言には、その目標が市井感覚の言葉で見事に示されている。

「この地域は○○さんによってつくられたまちであり、彼の信念は、女性であってもみな、自分で考えて、自分で判断して、自分で決定して動ける人間になるというものだった。それが○○自治会の文化となり、1つになってまとまってやってきたところである。そういった文化を勉強して、人間が豊かになるように、とりわけ、若い人たちが演劇や音楽に触れることができる、人を喜ばせる場所に、そういう都市になればいいと思う。それが芸文センターの役目だと思う」（自治会・商店会D）。

ただし、こうした近隣地域でのアイデンティティ形成と都市ブランド化への多大な寄与と比べて、県内の公共文化施設とのネットワーク形成は、明らかに不十分である。このネットワークは、具体的には、芸術文化情報の非対称性を是正し、情報ハブ機能によって公共文化施設間の共存共栄を促進するものである。また、他の公共文化施設への舞台技術面、プロデュース面での支援なども、県立劇場の果たすべき役割として期待される。さらに西宮一極集中を是正する方法として、当初は県内各地へのアウトリーチ事業が喧伝されていたが、県内の公共ホールへのインタビューからは、（経費負担を含め）この点の仕組みや頻度に関して、多くの不満の声が聞かれた。

さて、「次世代への芸術・文化教育的先行投資」の分野において、現時点で最も評価できるプロジェクトは『わくわくオーケストラ教室』である。県教委も「本物の芸術に触れることで、未来の巨匠の誕生につながれば」と期待しているようだが、県内すべての中学1年生約5万3,500人を対象とする本事業は、未来の聴衆を育て、劇場文化の発展を持続可能にする文化的先行投資である。筆者も中学生に紛れて鑑賞する機会を得たが、聴衆層におもねることのない考え抜かれたプログラミング、年間40回もの同一公演を行うにもかかわらず、毎回完全燃焼する音楽家たちの気合など、まさに「偉業」と呼ぶにふさわしいプロジェクトである。

4-3.「議論する公衆」は形成されているか

　今回のアンケートのメインテーマの1つは、「議論する公衆（観客・聴衆）」が芸文センターの活動によってどの程度まで生まれたか、ということであった。その観点から考察しておくべきことは、芸文センターの開館以後、公演を観ること以外の行動が、どのように変化してきたかである。アンケートの設問では「議論」行動の選択肢として、「友達や家族と演目について話す機会が増えた」(38.5%)を選んだものが多く、他の選択肢「演目について批評誌（同人誌を含む）に投稿するようになった」、「ブログ等インターネットメディアに投稿するようになった」と答えたものは皆無に近かった。話し合う内容については、回答者151人のうち、「出演者・指揮者などアーティストに関すること」が58人、「演目などの内容に関すること」が47人、「感想を述べ合った」は28人であった。

　これらの回答から見えてくる点として、まずは「出会いの場」としての芸文センターの機能を指摘できるだろう。例えば「会場で知り合いと出会ったりして、同じ趣味であることがわかったこと、互いに好みの指揮者や演奏家について話すようになった」、「感想、批評を話題にすることにより、まだ観ていない演目を勧められたり、相手に勧めたりして、鑑賞する回数が自然と増えていくようになった」など、芸文センターが人との出会いや、新しい芸術との出会いのきっかけとなっている様子がわかる。

　また、「公演演目等に関するCD・DVD・ビデオなどの購入が増えた」(13.6%)、「公演演目等に関する本を読んだり、セミナーを受けたりするようになった」(7.3%)など、割合は多くないが、単に公演を鑑賞するだけにとどまらない会員がいることも明らかとなった。これは、2007年度の日本総研による調査でも、芸術文化センターの開館によって誘発された、個人の文化関連消費の一つとして指摘されている。同時にそこには、芸術文化活動へのより深い「参加」や「知的向上心」への欲求も読み取れる。

　このように、共通の芸術体験を自分の言葉で語り合える「議論する公衆」の形成を理念型とした場合、そうした公衆が（調査時点で）開館から3年目の芸文センターの観客層のうちに占める割合は、まだ大きいとはいえない。しかし、以下の商店会理事長の発言にも虚心坦懐に耳を傾けるべきだろう。「地域における劇場とは」との質問に、「劇場とは人の集まる場所。泣いたり喜ん

だり、人を感動させるところ。テレビなどのメディアではトレンドモノしか扱わないが、生の音楽や芝居などが薄れている時代。舞台という生のもの、質の高いものは、人の心の栄養となる」と語られた。この発言には、マスメディアとは異なる実演＝舞台芸術の、現代における意義が、生活世界の言葉でズバリと指摘されている。

また「芸文センターへの期待」について、同理事長は以下のように答えられた。「これからも、地域に開かれた今のスタイルを崩さないで欲しい。堅苦しくならないように。クラシックを軸にすると、学生のイメージでは、わからない、長い、しんどい、料金が高いという話になった。実際、クラシックはBGMやCMでもよく使われている。いいものはいっぱいあるが、それを学術的に説明しても面白くない。最初に興味を持つアンテナをどう出させていくか。レアのものだけだと、先細りになる。芸文センターには、最初のきっかけといいものを伝えていく役目があり、そういう立場にある。このまま続けていってほしい」（自治会・商店会A）。

学術性を表面に押し出すことが、クラシック音楽を中心とした舞台芸術につきまとう堅苦しいイメージや、公共ホールの敷居の高さを助長してしまうジレンマには、先に述べた微視的な権力潜入というアスペクトから注意が必要である。他方、以下のような研究者Aの意見にも、十分に理性的な根拠があるだろう。

「研究軽視の印象が強い。当初、ハコモノ先行ではなく、開館前には研究スタッフが活動していた。その活動を、開館後に生かせているのだろうか？たとえば、公演パンフレットの解説が非常に薄い。解説のような面倒なことをすることをホール側が嫌っているのだと思うが、ここここが、公共劇場の意味がもっとも問われる部分であると考える。公私を含め、関西の他の劇場やホールと比較しても、研究が極めて軽視されていると感じられる。関西でここまで軽視されているのは、シンフォニーホールと兵庫芸文しかない」。

また、別の研究者Hは、「オペラというものを鑑賞するには、そもそも、大学のヨーロッパ系分野の教養が必要である。何のために観に行くのか、ということから考えなければならない」と、教養主義的立場から苦言を呈している。

このような専門家文化レベルにおける理解と、生活世界レベルにおける理解との乖離に、いかに橋を架けるかは、文化政策上の議論だけでなく、アー

トマネジメントの実践的課題でもある。両者の立場の違い、価値観の相違を受け容れない限りは、公共劇場の公共性をめぐる議論は平行線のままである。とくに、専門家文化の制度枠組みを脱構築することは容易ではない。大半の研究者が、地域住民の圧倒的支持を集めている「芸文現象」を「大衆迎合」路線の産物と一蹴しているが、このような価値基準の背景には、公共文化施設を「啓蒙の装置」と見なしてきた文化制度の知的伝統があるだろう。

この点に疑いの目を向けた評論家Bの意見は、「啓蒙の装置」としての(社会)教育的責務を第一義としてきた公共文化施設の公共性に関して、ある種の価値転換を迫る一つの炯眼といってよい。「従来のパブリックシアターは、民間ができないものをやったり、教育的であったりするものであった。しかし、従来とは違うやり方があってもよく、批評家を排除し、経営を最優先し、お客さんが常にたくさん入ることをめざして走り続ける、というアメーバーのように市場に合わせるという公共性も有りなのかもしれない」。

繰り返しになるが、筆者は、質的評価のライトモティーフとして「議論する公衆」の形成を重視してきた。だがそもそも、議論しようとしない(集団と仮定された)「大衆＝マス」を、議論する(集団と想定される)「公衆＝パブリック」へと「教育」する必要はあるのだろうか。また仮に「教育」が必要だとして、その方法は、従来の啓蒙主義的なやり方でよいのだろうか、という根本問題が残る。「パブリックシアター」の「創客＝観客開発」は、結局のところ何をめざしているのか。この点は、芸文センターの「経営方針」とは次元の異なる「文化政策」に関わる要衝であろう。筆者はすでに、新しい市民社会の主体形成という立場から「観客開発」の本来的意味について若干言及したが、その考え方は、芸文センターの政策を代弁したものではない。公共劇場の理念と使命に関する筆者の仮説からの演繹である。したがって、当の政策自体が芸文センターの側から明示されていない現時点では、これ以上「政策評価」を進めることは断念せざるをえない。政策評価とは、効率性評価とは異なり、評価の前提となる政策の、その達成度や課題を分析・評価するものだからである。

4-4. 心理的バリアの解除

とはいえ、最後にもう一点、忘れてならない評価ポイントがある。筆者は、

本評価を以下のような切り口から始めた。「観客開発の本来的意味へ向けて、最初の大きなきっかけを開いたという点で、芸文センターの集客戦略は圧倒的な成功を収めている」と。この点において、(7)のアクセス権の保障（経済的・地理的格差と心理的バリアの是正）との関連性が吟味されなければ、画竜点睛を欠くこととなろう。舞台芸術の享受を容易にするアクセス権の保障に関して、なかでも「心理的バリアの解除」もしくは軽減を重視したことには理由がある。この点において、芸文センターの活動は画期的な成果を上げてきたと高く評価できるからである。

「佐渡氏の大衆を巻き込む能力と功績にはすばらしいものがある」（評論家等F）と、口を揃えて絶賛されているように、舞台芸術や公共文化施設に対する心理的バリアの解除という面での佐渡監督の貢献は比類のないものである。クラシック音楽の敷居を下げたのに安っぽくならず、おしゃれな気分で楽しめる、という点で、阪神地域の舞台芸術愛好層の全体的な底上げに成功したのである。以下の評論家の発言は、心理的バリアの解除が公共劇場運営のマジックとして、いかに革命的であるかを物語っている。

「芸文センターは、関西の音楽界の常識を覆し、一般と遊離しない劇場となった点を高く評価する。先端芸術というよりは、コピー物が手軽に享受できる現代にあって、『ナマの音楽』を県民に提供する、という根本的な部分を担い、『佐渡＋劇場』として、『月に１回くらい足を運ぶ環境』というものを産み出した。(…)プロデュース・オペラについては、世界レベルに出せるものではない。しかしながら、地元住民の誰もが楽しめる内容で、オペラに対するあこがれや期待が満たされるレベルであり、現在の日本にふさわしいと思われる。たとえば、びわ湖ホールのオペラは、世界のどこに出しても恥ずかしくないレベルであり、成果も抜群であるが、『近所のおばちゃん』の知らない世界のものであった」（評論家等N）。

5. 結論と課題

以上、芸文センターの驚異的成功の理由を、「創客の戦略」、「地域アイデンティティ形成のシンボル効果」、「コミュニティへの教育的貢献」、「次世代への芸術・文化教育的先行投資」、「心理的バリアの解除」といった面から、可能なかぎり先入見を排して分析し、その定性的評価を試みてきた。客観的に論

証するために、さまざまな「声」を聴取し、それらを素材としたポリフォニー的コンポジションを試みたのである。

ここから明らかとなったのは、皮肉なことに、学校と並ぶ「啓蒙の装置」として、近代化を担う人づくりに寄与することを存在根拠にしてきた公共文化施設のあり方が、21世紀を迎えて大きく揺らいでいることである。したがって、近代的な知の制度の中で構成されてきた従来の美学的判断基準を拠り所に、公共劇場の公共性を追求することも、もはや自明のものではなくなってきた。しかも、いっそう厄介なことに、旧来のアカデミズムと教育学的方法には、芸術文化への心理的バリアを生み出すおそれのある微視的な権力潜入のメカニズムが伏在している。芸術文化に関わるものは、その点にも過敏なほど意識的であらねばならない。こうした価値転換の兆候と、私たちはどのように向き合うべきか。「芸文現象」という怪物が突きつけたものは畢竟、文化政策のアポリアである。

・注
[1] 本書「序章」を参照のこと。
[2] New Public Management は、1980年代半ば以降、イギリス、ニュージーランド、カナダなどのアングロ・サクソン系諸国を中心に導入されたマネジメント理論で、そのコンセプトは以下の3点に集約できる。
　(1) 行政サービス部門をより分権化、分散化した単位の活動として調整することで、市場分野であろうとなかろうと「競争原理」の導入を図ること。
　(2) 施策の企画・立案部分と執行部門とを分離し、前者は集権的に全体の整合性に配慮しつつ決定し、後者は分権化した業務単位に権限を移譲すること。
　(3) 業績/成績に基づく管理手法を可能なかぎり広げること。
　文化施設運営の分野にNPMを導入することは、従来の行政的管理から脱却して行政の「文化化」に寄与しうる側面が期待されるが、反面で、アングロ・サクソン型NPMに特徴的なトップダウン方式の無反省な導入には、業績至上主義による大衆迎合路線や質的評価の切捨てなど、多くの副作用も予想され、諸刃の剣である。北欧型のNPMでは、内発的な発展・学習効果などによる組織文化の変革が重視されるが、トップダウン型では、カリスマ的なリーダーシップが優先される。
　また、NPMの代表的モデルは、公的部門に民間企業的な行動様式を求めるもので、この場合、効率性の追求が至上命令となるため、プロセスの民主的管理が軽視され、業績/成果に対するアカウンタビリティのみが重視される。このような効率追求の成果主義は、短期的な業績の面では、従来の法令や法規に則った行政管理よりも大きな成果を上げることができる。しかしそれは、もっぱら費用節約効果に限定され、逆に民間企業もしくはその手法による寡占状態が生じた場合、中長期的には効果が薄れていく傾向も指摘されている。大住荘四郎『ニュー・パブリックマネジメント』日本評論社、1999年参照。
[3] ボウモル・ボウエン（池上惇・渡辺守章訳）『舞台芸術―芸術と経済のジレンマ』芸団協出版部、1994年。ここでは主に、後藤和子編『文化政策学』有斐閣、2001年を参照。

4 芸術文化の「正の外部性」を考察するうえで「文化活動の広がりが周辺のビジネスに与えるメリット」という経済効果は重要なファクターであるが、この点については既に経済波及効果に関しての定量分析によって十分解明されているので、本調査では原則として扱わないこととする。

・参考文献
大住荘四郎『ニュー・パブリックマネジメント』日本評論社、1999年
後藤和子編『文化政策学』有斐閣、2001年
ボウモル・ボウエン（池上惇・渡辺守章訳）『舞台芸術―芸術と経済のジレンマ』芸団協出版部、1994年

第3章
パブリックシアターの組織運営
アートマネジャーをとりまく「知識」を視点として

岡本 結香

1. はじめに

　現在、文化事業の現場において、多くのアートマネジャー[1]が職務を行うほか、大学・大学院等ではその育成も試みられている。しかし彼らが実力を発揮し、専門職として機能している、あるいはしうるといえるのか。その疑問の背景には多様な問題があるが、本章では特に、アートマネジャーの職業人としての個人の役割やその組織内での関係性をめぐる実務的な問題に焦点を当てる。そしてそれらの公立のホールや劇場(便宜的に「パブリックシアター」と総称する)の組織[2]における実態や、それらを克服しうる方法論を検証する。

　さて、アートマネジャーの多くが実力を発揮しきれないとすれば、それは彼らが〈成果〉を最大限にあげるための環境が整っていない、つまり「組織デザイン」がなされていないという現状、また〈成果〉に対する指標が不明確であることに原因があるだろう。〈成果〉は、一般の企業であれば、即時的または将来的な利益に相当し、より多く、より効率的にその〈成果〉をあげる方法論が経営学的に常に研究されている。もとより、パブリックシアターとアートマネジャーの最終的な〈成果〉は営利企業のそれとは異なるであろうが、〈成果〉に至るまでの筋道を立てるには、経営学的方法論も有効だと考えられる。

　そこで本章への導入を試みたのが、組織運営の作法として知られる「ナレッジマネジメント(知識経営)」の方法論である。ナレッジマネジメントでは、

単に組織の知識量を増大・活用させることよりも、職務上でいかに「創造性」や「美的感覚」を働かせるかが課題とされる（野中郁次郎、竹内弘高〔梅本勝博訳〕1996）。その点については第2節で詳述するが、ナレッジマネジメントは、アートマネジャーが自身の能力を活かして、よりクリエイティヴに職務を行うために、またその中でパブリックシアターの果たすべき公共的役割を意識し、職務にあたるために有効な方法論ではないかと考えられる。その概念や方法論を軸に、ナレッジマネジメントとパブリックシアターで働くアートマネジャーの職務遂行状況の関係性を分析し、そのうえでパブリックシアターのアートマネジャーがいかなる環境下で、ほんとうに目指すべき〈成果〉を最大限に生みだせるかを考察することが、大枠の目的である。

2. パブリックシアターの組織とアートマネジャー

ここで、第1節で述べた「職業人としての個人の役割やその組織内での関係性をめぐる実務的な問題」について、パブリックシアターの組織が抱える具体的な問題例を、筆者なりに幾つか挙げてみる（表1）。

横軸を問題が見られる組織の分類として「全般的な組織に見られる」（非営利・営利を問わず抱える問題）、「特にパブリックシアターに多い」の2つに大別し、縦軸を問題のその組織内での所在として「組織全体のデザイン」、「グループワークの過程」、「個人の資質・意識・処遇」に分け列挙した。その結果、問題の多くは、組織において個人が行動するときに生じる、組織と個人との関係性の問題として捉えられる。それらを総括すると、「トップやリーダーの役割」、「組織内外におけるネットワークの構築と活用」、「組織の目標や理念に対する個人のコミットメント」にまつわることに大別することができるだろう。

まず「トップやリーダーの役割」をどのように規定するかによって、組織のあり方は大きく変わる。力のあるリーダーが積極的に組織を牽引していくのか、トップはあまり口を出さずにボトムアップ型の意思決定システムを築いていくのかは議論が分かれるところだろう。また、リーダーといっても、芸術監督制をとるパブリックシアターの場合であれば、芸術監督と館長ではイニシアティヴのあり方が違う。また、プロデューサーがいる場合や部長級等が強いリーダーシップを発揮する場合もあり、組織の規模や方針、また同

表1　組織で働くアートマネジャーをとりまく問題例

問題の所在 \ 関わる組織	→全般的な組織に見られる	→特にパブリックシアターに多い
↓ 組織全体の デザイン （特に、トップ マネジメント）	・トップダウン型で、個人の創造性が生かされない ・カリスマ的リーダーに依存し、組織としての継続・発展性がない ・強いリーダーが不在で組織の方向性が定まらない ・現場の能力に不釣合いな目標設定に個人が負担を強いられる ・船頭が多くて山に登ってしまう ・組織デザイン自体を行っていない（比較的少人数の組織の場合） ・組織目標やミッションが抽象的で具体性がない、あるいはそれらを複数掲げており、プライオリティが不明確	・財政的説明責任に囚われ、採算性以外の組織目標を軽視している ・補助金、助成金や寄付に頼って採算性を軽視している ・組織デザインが官僚的で意思決定に時間がかかる ・営利企業から学べるノウハウ等の採り入れに無関心 ・芸術上の責任者によって組織の方向性が大きく変わる ・自治体の首長によって組織の方向性、予算規模が大きく変わる ・組織的キャリア教育が行われ難い ・人員の入れ替わりが短期的で、多い ・組織間ネットワークが閉鎖的 ・外部組織に依存。連携ではなく丸投げの事業制作
↓ グループ ワーク	・顧客等に関する情報の共有不足による作業の重複等が起こり、効率が悪い ・グループ内での責任の所在が不明瞭 ・グループワークの効率化に無関心 ・グループ同士のコミュニケーションが不足し、内輪での自己評価しかしない ・事業や職能による役割分担が曖昧、事業同士、職能同士の連携が不足 ・作業・ミーティングスペース、配席等物理的な職場環境の問題 ・グループワーク自体が少ない	・一人で行う仕事が多いため、情報の共有が図られない、また個々の事業が完結的で担当者も事業毎が多く、反省が共有・蓄積できない
↓ 個人の 資質・ 意識・ 処遇	・自身の能力に不釣合いな目標設定に燃え尽きる ・業務に必要な情報・知識を備えていない ・「がんばれば良い」と思っている（それ以外の成果の評価軸がない） ・事業成果が眼に見えにくく、自己評価できない ・「顧客」に対する認識の薄さ（独善的になりがち） ・所得が安定しない、労働時間が不規則 ・個人の学歴や職歴が業務に生かせない ・個人の嗜好、信念が強すぎて組織コミットメントしない	・アートマネジャーという職業が専門職として確立されていないため、個人の能力評価軸が曖昧 ・事業の成果について、作品の質や観客の満足度が対外的に示し難いため、動員数や収支等、数字を求めがち ・芸術の内容に関する専門知識に偏重、その他の知識獲得、スキル向上に無関心 ・実務的な知識・技能は備えているが、芸術的な知識が不足している ・自治体職員であれば短期での異動、嘱託であれば雇用年数の制限が多く、組織に従事するモチベーションがあがらない

組織内の部署によっても異なる質のリーダーシップが存在する。しかし「結局は人」で片付けるのではなく、組織デザインについて、各パブリックシアターがより綿密に考えていく必要があるだろう。

次に「ネットワーク」の問題として、まず組織内部における個人のネットワーク構築と活用について考える。組織内でコミュニケーションが十分にとられなければ、作業の重複や見落としが起こり、非効率的になる。例えば、各人がそれぞれに似たような広報・営業先リストを作成していることも少なくない。コミュニケーション不足の要因として、ときにパブリックシアターの制作業務は複数のプロジェクト(事業)の並存(≠積み重ね)であり、1つの事業を少数の制作スタッフが担当するため、その事業が担当だけで閉じられ、事業間の有機的な繋がりが生まれ難いということがある。それでは、個々の仕事を客観的に見て評価・改善する姿勢が薄れ、組織の一員として事業を担当する意義を見失ってしまいかねない。

一方、組織外部でのネットワークに関しては、たとえ個人が広い人脈を持っていたとしても、それは組織間ネットワークとして発展し難いということが指摘できる。

現実的に今、我が国で発展していると考えられるパブリックシアターのスタイルは、清水裕之が提唱するような、「オープン型パブリックシアター」(1999、p.209)であるといってよいだろうが、そこでは組織の外部とのネットワークが要になる。清水は、パブリックシアターが経験的に構築してきた外部とのネットワーク、そして外部からのアイディアや創造能力を、トップ(芸術監督やディレクター、場合によっては事務方のトップでも可能だろう)がイニシアティヴを発揮しながら束ねていくことを「オープン型パブリックシアター」の運営作法として述べている。しかしながら現状では、個々の担当者が広い人的ネットワークを持っていたとしても、「個人」の人脈と「組織」のそれが別個に認識されてしまい、個人の人脈が組織的に活用できない場合も多い。「オープン型パブリックシアター」として機能するには、個人の持つネットワークを組織でも共有し、さらにそれをトップが束ねることがより必要である。

最後に、「組織の目標や理念に対する個人のコミットメント」に関する問題についてはどうだろうか。理念とは何か、なぜそのミッションを掲げるのか、

何のために組織が存在するか等が組織内で咀嚼されなければ、そこで働くアートマネジャー個人も姿勢が定まらず、働き難さを感じてしまうことにつながるだろう。そのような各組織の存在意義だけでなく、全般的な「パブリックシアター」また「アートマネジメント」の存在意義、その公共的価値に対しても同じことがいえる。

　このように問題例をみると、パブリックシアターの場合は、その職能の社会的認知の浅さによる問題も大きいと分かる。というのは、前に挙げた「トップの役割」、「ネットワーク構築」、「個人の組織や職務に対する姿勢」等に対して、一定の社会的水準や指標が明確ではなく、定まったイメージを持ち難いからである。一見、それは制度的な問題に思われるが、実際にはアートマネジャーが自身の職能の全体像や社会的位置づけを認識できていない場合も多く、したがって組織内部の意識の問題といってよい。そのように、個人が職業人として果たすべき役割を認識できなければ、適切な目標が立たず、職務の〈成果〉が見えなくなり、能力の発揮はますます阻害されるだろう。

　とはいえ本章において特に重視するのは、定められた〈成果〉を生むことよりも、アートマネジャー自身が「成果とは何か」を常に考え、自分なりに〈価値〉を見出していくことである。その〈価値〉とは、外部からの多角的視点による評価や地域住民・アーティストらとの交流を通して、また組織内部での議論や教授によって自己内発的に徐々に形成されていく、個人や社会の望ましいあり方を表すものである。それは個人的なビジョンではなく、社会の成員が普遍的に抱くものを想定する。つまり〈価値〉は、関係性によって徐々に創出されていくのであり、「相互主観性」[3]を帯びている。そのようにして創出された〈価値〉をもとに、自らに必要な能力や知識は何かを見つける、或いは逆に、得た知識等から〈価値〉を創出し、そこから実践の枠組みを設定できるような人材が、"優秀なアートマネジャー"といえるのではないだろうか。

　その「実践の枠組み」を設定する手掛かりとして考えられるのが、「ナレッジマネジメント」である。

3. パブリックシアターの組織と「知識」
3−1.「知識」とは
なぜ、「知識」に注目するのか

「知識経済」、「創造経済」という新しい経済の出現は、1960年代にはピーター・F・ドラッカー[4]によってすでに指摘されていた。そして、90年代に「ナレッジマネジメント（知識経営）」が野中郁次郎らによって確立、普及され、さらに「知識」が注目されるようになったといえるだろう。そこではモノや情報ではなく、「創造される知識」が価値を持つ。また、結果的に創造されたのが有形のモノであっても、そのモノを利用する、という行為の中に何らかの意味、知識が内蔵されていると考える。「知識」が経営学上で重要視されるようになった背景には、価値観の多様化、流通の変化等によって、ヒト、モノ、カネの量的優位性だけでは経済的優位性を得難くなったこと、次に重要な経済資源となった「情報」では、その処理に限界があり、信頼性、持続性の高い資源として扱い難いことが指摘されるようになったという状況がある。その中で野中は、どのような価値を顧客に提供するかを重視し、新しい価値を顧客に提供しうる組織づくりをなしている企業の優位性に着目した。とはいえ現実には、知識を中心とした社会へは未だ移行中であるといえる。それどころか、相変わらず知識ではなく情報ばかりが氾濫し、リテラシーの欠如が甚大である。その反省もふまえ、再び「知識」に注目することは、現在の社会に求められているのではないだろうか。

「知識」の概念

では、その「知識」とは何か。野中は、「正当化された真なる信念（Justified True Belief）」であるとプラトンを引きながら定義する。しかし注意しなければならないのは、この定義だけでは主体が明示されていないことである。つまり、誰によって「正当化された」のか、真を規定するのは何者なのかが明確ではないため、解釈に幅がありすぎるのだ。プラトンであれば、「真」とは理性によってのみ得られる認識であり、それを「正当化」するのは永久不変の絶対的価値基準ということになろう。しかしながら、この永久不変の「イデア」を「信念」の根拠とするのは、価値観の多様化しすぎた現代では現実的ではない。そこで筆者は「知識」について、絶対的、普遍的

なものではなく、相互主観的性質を想定する。そのような相互主観的立場からは、「コミュニケーションによる合意を通して」[5]、「妥当性」や「正当性」が獲得されてこそ「知識」たりうるといえる。

また知識の特性として「知識は情報とは違うこと」、「知識の生産と活用の非分離（『顧客』は消費者だけでなく知の生産者たりうる）」、「知識には形式知と暗黙知[6]があること」等が挙げられる。すなわち知識とは、「私たちにとっての行動の指針、問題への処し方、判断や意思決定の基準、さらには生きるために必要な実践的方法」（野中、紺野1999、p.101）である。具体的には、単に「知っていること」ではなく、「この行動によって、このような結果が得られるのではないか」、「このような概念を顧客に伝えるべきではないか」、「自分は職業人としてこの役割を果たすべきなのではないか」などの指針となるすべての「知恵」や「勘」、さらには「美的感覚」や「信念」等を指すのである。

3-2.「ナレッジマネジメント」とは
ナレッジマネジメントの概念

「ナレッジマネジメント」の定義について、広義には「知識の創造、浸透（共有・移転）、活用のプロセスから生み出される価値を最大限に発揮させるための、プロセスのデザイン、資産の整備、環境の整備、それらを導くビジョンとリーダーシップ」（野中、紺野1999、p.53）とされる。一般的には、「形式知の共有・活用による作業の効率化」という狭義が想定される傾向が強い。しかし、野中らが一貫して主張するのは、知識の集積、活用だけでなく、知識から新たな知識、そして価値が創造される過程（知識創造プロセス）であり、形式的、可視的な知識の操作だけでなく、暗黙知の組織内での創造、共有、さらに、そのために必要な個々のナレッジワーカー[7]の「審美眼」、「美的感覚」の重要性である。

この点でアートマネジメント分野におけるナレッジマネジメントの導入は、単に後者の前者への応用という方向だけでなく、前者から後者への創造的寄与という面でも有効なのである。なぜなら芸術・文化の分野は、本来的に審美眼の養成、そして知識創造のインキュベーター（孵化器）であるといえるからである。

ところで、審美的能力について紺野登は、その原動力となるのは「最終顧

客」[8]に対する真摯さであると述べている(紺野2008)。そのうえで、最終的には自身の価値観によって、最終顧客に対し何を提供すべきかを判断する能力も、「知識」と位置づけているといえる。自身の価値観といっても、独善的なものを指すのではない。個人が「こうしたい」、「こうあってほしい」という考えに社会的関係性を持たせて、「こうあるべき」という〈信念〉へと高める相互主観的なプロセスこそが、価値観の「妥当性」と「正当性」の根拠となる。自身の価値観を〈信念〉の出発点と考えるのは、「知識」が絶対的な普遍性を持つのではなく、社会が〈了解〉することによって普遍性を得ると考えているからである。ただし〈了解〉とは「理解して認めること」であり、理解を通さずに鵜呑みにされたものは「普遍性を得た」とはいえない。

　最後に、知識創造には「コンセプト創造」という概念があることを加えたい。3-1で述べたように「知識」自体は無形であるが、知識創造の概念上では、有形のモノであっても、そのモノを利用するという行為の中には何らかの意味、知識が内蔵されている。そのような意味、知識が「コンセプト」である。それは社会の姿が、ある視点によって切り取られ、明示化されたものであり、また新たな価値、行動を展開させるものであるといえる。

ナレッジマネジメントの方法論
●ナレッジマネジメントの枠組み

　知識が共有・移転・活用され、増幅・創造されるプロセスは、暗黙知と形式知の変換プロセスであるとされる。それが、「SECIプロセス」[9]である。SECIプロセスは、以下、4作用のスパイラルによって繰り返される。
・共同化…暗黙知から新たに暗黙知をえるプロセス。共体験、観察、模倣、練習によって職人芸的に知識を共有することで新たな知識をえる。
・表出化…暗黙知から新たに形式知をえるプロセス。メタファー、アナロジー、コンセプト等になって知識が明示的になる。
・結合化(連結化)…形式知から新たに形式知をえるプロセス。コンセプトを組み合わせてある知識体系をつくり出す。
・内面化…形式知から新たに暗黙知をえるプロセス。"Learning by doing"、マニュアルの実践など他人の追体験により、明示的な知識が身体化される。

　これらの作用は常に循環し、知識は発展を続ける。各作用には、「場(Ba)」

が不可欠であり、その「場」づくりのイニシアティヴをとるリーダーが必要とされる。

●ナレッジマネジメント実践の場

知識創造プロセスの場として、SECIプロセスの作用に準じて、以下の4つが想定される(野中、紺野2003、p.268)。

A　創発場(共同化—暗黙知獲得共有の場)
B　対話場(表出化—暗黙知から形式知を生み出す場)
C　体系場(連結化—形式知を組み合わせる場)
D　実践場(内面化—実践を通じて形式知を身体化する場)

場は自然発生的にできるのではなく、ある程度調整を行うリーダーが必要とされる。そしてリーダーには、ただ場を生み出すだけでなく、人と知識と場を有機的に結び付ける「生態系」を構築する、「場のリーダーシップ」が求められる。では、そのようなリーダーシップを発揮する人は組織のなかでどのように配置されるべきか。

●ナレッジマネジメントを実践するための組織構造

組織の意思決定構造について、典型的には「トップダウン型」と「ボトムアップ型」があげられる。「トップダウン型」の長所は、意思決定経路が一方向的で明確なため、責任の所在が突き止め易く、意思決定が効率的であるということ、「ボトムアップ型」の長所は、各自が自律したリーダーの役割を持ち、個人の信念、自律性を尊重されることだといえる。

しかしながらナレッジマネジメントを行うには、両者ともにデメリットは大きいと野中らは述べる。トップダウンでは、知識を創造する主体がトップであり、ミドルやボトムはそれをいかに実行するかということが重要である。実行するために知識を活用するという意味で、ボトムがナレッジワーカーとして生産的な仕事をすることも、またボトムからミドルに、ミドルからトップに知識を伝えることも可能ではある。しかし、数名のトップが掲げる組織の目的の範囲内でしか彼らの能力は活かされない。トップから「命令」や「指示」、またボトムから「提案」や「要求」が通る場合があっても、「対話」は存在し難いのがトップダウン型組織である。

一方、ボトムアップではボトムのワーカーが知識創造の主体となる。彼らを突き動かすのは命令や指示ではなく、自律性である。しかし、彼らの組織

は相互作用の場ではなく、あくまで個人がそれぞれに知識を創造、活用し、実行する傾向にある。各人の責任感は強いが、それゆえに知識を共有することも少ない。知識は個人の所有物であり、組織に還元するためのものではないと考えるからである。あるいは、現場のチームワークが良く、組織内で「対話」する機会があったとしても、そこから表出された知識を知識として抽出し、整備する役割が存在しないため、知識創造の方向性は定まらず、時間がかかる。

　そこで、トップダウン、ボトムアップ双方のデメリットを克服する、「ミドル・アップダウン型組織」が提案される。野中らは、ドラッカーはじめ何人かの経営学者には不必要とさえいわれてきた「ミドル＝中間管理職」の役割に注目し、彼らが組織の上下に対して知識を調整するという形態がナレッジマネジメントに適した組織構造であるとしている。「ミドル・アップダウン型」では、ミドルマネジャーが、ボトムのグループが行う知識創造プロセスの整備に努め、創造された知識を総括して、トップと対話し、組織の意思決定を進めていく。或いは、トップの掲げるコンセプトを、ボトムに浸透し易いように解釈し、ボトムの現実認識のプロセスを、ある目的のための知識創造として方向づける。

　次に、組織の行動単位について考える。野中、またドラッカーも、知識労働のあり方として、「プロジェクトチーム」を行動単位とする組織運営が望ましいと述べる。それは、例えば広報、企画、製造等、職能別のグループではなく、ひとつのプロジェクトを遂行するために必要な、一連の、異なる分野の専門家からなるチームである。

　しかしながらプロジェクトチームは都度編成、解散する完結的なもので、単にそれらが並存するだけでは、ノウハウや知識が組織として蓄積され、新たな知識創造をもたらすことは難しい。そのため、従来的な職能別の組織構造も必要とされ、それとプロジェクトチームを媒介することで、知識の流動性を高めることが求められる。

　そこで野中らが提案しているのが、ハイパーテキスト型組織である（野中、竹内〔梅本訳〕1996、pp.250 - 257）。ハイパーテキスト型組織は、ヒエラルキーで表され、タテの指揮経路が明確であるために効率的であるという利点を持つ官僚制組織と、フラットなプロジェクトチーム内で対話が繰り返さ

れ、知識の創造が行われるという意味で創造的であるという利点を持つプロジェクト型組織の双方が両立している組織である。前者のような官僚的組織のヒエラルキーは効率的運営を目的とし、後者は知識創造を目的とする。こ

表2　アートマネジャーが共有・移転・活用する知識

	主な知識共有・移転・活用先	知識の性質		
		業務プロセス上の知識	知識資産	組織・事業価値
組織外部	顧客（市民）	・顧客サービス ・広報、普及活動のツール ・入場料の設定基準等、経済的感覚	・アーティストに関する情報・知識 ・事業における芸術学的知識 ・鑑賞態度、マナー	・芸術に関する美的感覚 ・芸術の内容に関する知識 ・施設のミッション、理念 ・時代のニーズ （・作品の対価）
組織外部	評論家、研究者	・事業における芸術学的知識 ・専門知識の表現手法	・事業における芸術学的知識 ・研究者ごとの専門性	・芸術に関する美的感覚 ・事業や施設の社会的価値
組織外部	外部マネジメント組織	・制作業務のノウハウ ・広報、普及活動のツール	・アーティストに関する情報 ・組織同士のネットワーク	・事業や施設の社会的価値
組織内部	アーティスト（芸術上のディレクター等も）	・事業の内容に関する知識、アイディア、コンセプト	・アーティスト同士のネットワーク ・施設の地域的特性、役割 ・事業の内容に関する知識、アイディア、コンセプト	・芸術に関する美的感覚 ・時代のニーズ ・施設のミッション、理念
組織内部	組織のエグゼクティブ	・個々のスタッフの技能 ・顧客サービス ・事業に対する予算組み ・制作業務のノウハウ	・個々のスタッフの個性、能力、趣向、技能、知識 ・個々のスタッフの組織コミットメント度合、関係性 ・施設の地域的特性、役割 ・施設顧客特性	・事業や施設の社会的価値 ・施設のミッション、理念 ・経済観念
組織内部	他部門（経理等）	・会計等の規定に関する知識 ・制作業務の段取り		
組織内部	他部門（技術系）	・公演の内容に関する知識 ・制作業務の段取り ・安全管理 ・舞台技術に関する知識		
組織内部	近親部門（広報）	・公演の内容に関する知識、アイディア、コンセプト ・顧客サービス ・広報物作成のノウハウ ・広報ツール	・施設顧客特性や地理的特性 ・アーティストに関する情報 ・広報物作成のノウハウ	・時代のニーズ ・施設のミッション、理念
組織内部	同部門内（制作系）	・公演の内容に関する知識、アイディア、コンセプト ・顧客サービス ・事業に対する予算組み ・制作業務のノウハウ（各種手配等の事務的な情報も） ・個々のスタッフの技能	・個々のスタッフの個性、能力、趣向、芸術の技能、知識 ・個々のスタッフの関係性 ・施設の地域的特性、役割 ・施設顧客の特性 ・アーティストに関する情報 ・アーティスト、他組織間の関係	・芸術に関する美的感覚 ・事業や施設の社会的価値 ・施設のミッション、理念

の2つの組織形態を異なる層として併せ持ち、かつ両者を自在に行き交うことのできる、迅速・自在な、知的機動力のある組織がハイパーテキスト型組織である。

3-3. アートマネジャーが関わる知識

　ここまで、ナレッジマネジメントについて概説してきたが、実際にアートマネジャー個人はどのような「知識」と、どのように関わっているのだろうか。ここからまずはアートマネジャーがどのような知識を、誰と共有・移転・活用しているのかということを例示し、そのうえで、その知識を共有・移転・活用することによって、どのような知識を創造可能かということを考察したい。そこでアートマネジャーが関わる知識について、パブリックシアター業務の現場に見られるものを「知識の性質」と「知識の共有・移転・活用先」で区分し、表2に示す。「知識の性質」については、以下3つに区分する。
・業務プロセス上の知識
　…実務上必要な即時的知識。直接的、対面的な関係から移転・共有される。
・知識資産
　…組織内に意図的に蓄積される、または組織内外で観察や研究を以て見出される知識。
・組織・事業価値
　…反復、知識創造プロセス、対話と合意の繰り返しによって形成されていく知識。

　表中で特に重要なのは、組織の理念やミッションを「知識」と捉える視点である。この視点は、単に組織や個人の行動を規定する指針、いわば「生産の動機」としてそれらの理念やミッションを想定するものではない。むしろ、相互の関係性の中で形成され続けていく「生産物」としてそれらを捉え、アートマネジャー自身がその生産の主体となることを意図している。当然、施設の理念やミッションは開館時から設定されている。しかし後から赴任したアートマネジャーが、それらの意義を問い続け、またそれらのプライオリティを整理していく中で、既に明示的な理念やミッションの背景にある暗黙的知識を見出し、また明示化して市民、アーティスト等と共有することは、彼らの重要な仕事となりうる。

このような一連の過程は、「学習」という言葉によっても表現できる。ピーター・M・センゲの「学習する組織」という言葉はよく聞かれるが、「学習」とは単に知識や情報を収集し、分析するだけの行為ではない。クリス・アージリスによると「学習」には、「シングル・ループ学習」と「ダブル・ループ学習」（ハーバード・ビジネス・レビュー編2007、p.90）があり、両者は「学習」の目的に対する意識の仕方において区別される。「シングル・ループ学習」は、「既存の方針を維持・継続したり、目的を達成したりするプロセス」である。一方、そもそもの「基本方針や目標など」に疑問を持って見直すのが「ダブル・ループ学習」であり、さらにそこには「事実について疑問を提出するだけでなく、事実の背後にある理由や動機も検証する」（p.173）ことも含まれる。

　例えば、多くのパブリックシアターで理念の1つとして認識される「公共性の担保」を例に考えてみる。本章では「公共性」の本質については議論しないが、一般的に、それについて「多くの住民の参加、鑑賞」や「質の高い芸術作品の創造」等の目標を掲げ、それらに必要な知識をえるのがシングル・ループ学習であるといえるだろう。しかしながら、「公共性の担保は果たしてそのような目標を達成すればなされるものだといえるのだろうか」、という懐疑的な思考を持ち、さらには「そもそもなぜ公共性を担保せねばならないのか」と考え、その根拠を探ろうとするのがダブル・ループ学習である。また、その根拠についての理論的実証だけでなく、実際に住民と交流することによってえる「顧客知」や、経験、実感からえる暗黙知的知識もダブル・ループ学習に必要な要素であるといえるだろう。この場合、「学習する組織」づくりにおいて重要なのは、「公共性とは何か」ということを、常に考え学習し続ける姿勢を持てる環境にあるということである。

4．パブリックシアターにおける「知識経営」

　では「知識」が実際に、パブリックシアターでどのように扱われ、活用、創造されるのかを検証するため、5つのパブリックシアターの、計7名のアートマネジャーに対するインタビューを行った。各施設や個人を判別できるような記述を控えるため、その回答は詳述せず、分析と考察のみを述べる。

4-1. インタビュー調査概要

調査の目的

以下に集約された4つの仮説を検証、また再構築するため、パブリックシアターの組織としての知識活用の実態や個々のアートマネジャーが持つ、組織とその知識をめぐる考えを調査し、その組織運営への影響を分析することが調査の目的となる。

仮説：ナレッジマネジメントの実践が可能な組織は（では）、

(1)「知識創造」可能な組織デザインを整備する、またその核となるリーダーが存在する。

(2)組織（グループ）内で知識共有・深化・知識の創造の機会を持つ。

(3)個人が組織に対してコミットメントし、自発的に組織・グループのために知識を活用しようとする。

(4)組織や個人が、組織または"パブリックシアター"の社会的存在意義を学習し続けている。

調査対象

●対象施設

国内のパブリックシアター。その属性を目安として以下の4項目によって示す（表3）。

(1)組織規模　(2)芸術上の責任者（芸術監督、顧問等）の有無　(3)プロフェッショナル志向が強い／住民参加や地域団体との連携に重点を置く
(4)組織内部でのプロダクション機能の有無

●インタビュー対象

舞台芸術制作等に携わる、管理職ではないアートマネジャー

調査日程

2008(平成20)年11～12月（各1時間程度）

主なインタビュー項目

Ⅰ. 組織（施設）について（資料による事前調査をふまえ）
　　施設概要、構成、理念等、事業内容についてなど
Ⅱ. 事業制作部局について
　　部局の構成・構成員、事業制作（企画会議・定例会議等の内容・頻度、報告・反省・評価等）、日常的な知識共有・活用、リーダーの存在・役

割など
Ⅲ. アートマネジャー個人について
現組織での役割、他施設・他業種での勤務経験、組織の理念・方向性に対する考え、知識活用についての課題など調査をふまえ、前述の仮説を検証していく。

表3　調査対象施設の属性

	1. 規模	常勤者数	2. 芸術上の責任者	3. プロフェッショナル志向	4. プロダクション機能
A	大	40	芸術監督	強い	有り
B	中	22	芸術監督	強い	有り
C	中	17	芸術面を掌る役職がある	強い	有り
D	中	21	なし	あるが自主事業でも市民活動に重点	有り
E	小	7	なし	強いが、市民活動も重視	有り

※常勤者数は社団法人全国公立文化施設協会ウェブサイト参照(2009(平成21)年1月時点)。施設が劇場・ホール以外の機能を含む場合もある。

4-2. 分析・考察

(1)ナレッジマネジメント実践組織は、「知識創造」可能な組織デザインを整備し、そこには核となるリーダーが存在する

　芸術監督を置く組織の場合、リーダーとしての芸術監督の意識の違いが組織の行動に大きく影響している状況が見られる。それは、未だ日本においては芸術監督の役割が制度化されていないことも関係しているだろう。しかし、公的組織の改革が進められる現在だからこそ、「芸術監督」の意義や役割[10]を再考して社会的に認知されるよう整備すべきである。

　それに関してインタビュー調査から、芸術監督はアーティストの代表であり、パブリックシアターにとっての「コンセプト創造の体現者」であると考えられた。芸術監督以外でも、アーティストは社会に「コンセプト創造」を期待される者であり、社会に〈了解〉されるようなコンセプトを体現できるアーティストこそ「公共的な存在」であるといえるのではないだろうか。そのような存在が組織内または周辺にいるということが、公共的機能の根拠の1つであるといえるだろう。ただし「公共的な存在」となりえるのは、万人から受け入れられるものを提供する者ではなく、何者にもとって代わることのできない強い個性、いわば「固有名」を背負い、「その者である責任」を負うことで〈了解〉をうる者である。

では、そのように「芸術監督」が社会的に位置づけられたとして、組織内における彼らと現場のアートマネジャーとの関係性は具体的にどのように結ばれうるのか。
　幾つかの組織では、芸術監督が組織図の中では宙に浮いたように示されることがあり、制度化されていない印象を受けるが、それはむしろ、芸術監督の役割を考えると自然なことではないか。というのは、そこでの芸術監督は〈権限〉を持つのではなく、彼のコンセプトが組織や社会に〈了解〉されるのであり、その〈了解〉を以て組織が意思決定をすると考えられるからだ。その限りでは、芸術監督自身は意思決定の経路に存在するわけではない。
　しかしながら、全てを一人で決めてしまう芸術監督の強い意思に従って事業を進めることもあり、それが現場の職員にとってはむしろ楽な面もある。ただこの場合、コンセプトが〈了解〉されたとはいい難いものになる可能性もある。逆にあまり細かく発言せず、現場職員にある程度の意思決定を任せる芸術監督の下では、職員の発言力、責任の範囲は大きくなるが、「その担当者の事業」で終わってしまう恐れがある。総括して「組織の事業」として取り纏めるシステムがなければ、結局担当者が抱え込むことになる。その点では、施設Bには現場の声を吸い上げて取り纏める部長級がおり、或いは現場から直接、芸術監督に意見を述べる術もある。どちらもフォーマルな場で行われるわけではないが、声が反映されているという実感が現場にはある。ここでトップの資質だけではなく、ミドルの役割が組織に及ぼす影響が見えてくる。芸術監督が存在しない施設Dでも、ミドル（部長）が、長い年月をかけた知識の蓄積によって力を発揮していることが現場スタッフから強く語られていた。一方、施設Eではあまりミドルが機能しておらず、その分トップ（館長）の発言力が強い組織といえる。
　いずれにしても、それぞれにミドルの役割を果たす人物がおり、またミドルへの期待感があった。ただ、実務に携わる人手が足りず、組織の上下に対して知識を調整すべきミドルマネジャーも現実には実務に追われ、その機能を十分に発揮できていないという意見も多かった。ただちに改善することは現実的に容易ではないが、実務の一部をボトムに渡してでも、ミドルマネジャーが全体を見渡すことができるだけの余裕をつくることが、最終的には組織運営の円滑化を促進するだろう。

一方、それとは全く異なる「ミドル・アップダウン型」運営を想定することができる。その時の「ミドルマネジャー」こそ、インタビュー中で施設B・Cの職員から設置の必要性や可能性について言及された「ドラマトゥルク」[11]である。ただしここでのミドルは、ヒエラルキー中での上下の仲介役ではなく、プロジェクトのヨコのネットワークにおけるミドルである。「プロジェクトマネジャー」として想定されるのは個々の制作担当のアートマネジャーであり、ドラマトゥルクがイニシアティヴを執るわけではないが、彼らはプロジェクト内で、実務に携わる制作者と芸術監督や演出家・指揮者などを仲介する役目を持っている。このようにドラマトゥルクという職能もまた、知識の管理者として「中間管理職」と呼びうるのではないか。ただ、彼らはそれぞれの専門性が高いため、すべてのプロジェクトに対して仲介役となることはできない。その場合、単一の組織だけでなく、他の組織、施設とも連携する必要が生じるため、ドラマトゥルクの設置は、全国的規模で行われなければ十分に機能しない[12]。

　そして、そのプロジェクトを束ね、それらとヒエラルキーを媒介するもう1つの存在として、シアター付きのプロデューサーを挙げることができる。彼らには常に、組織の意思と個々のプロジェクトの方向性をすり合わせ、全体のバランスを考慮することが求められる。また、プロデューサーはヒエラルキー中のミドルを兼任することもあるが、その場合、プロジェクトの総括者とミドルマネジャーの役割との両立が必要となるだろう。

　繰り返しになるが、パブリックシアターはプロジェクトによって動いているといえるが、それらは多くの場合、並存に終わり、知識の蓄積がなされているとはいい難かった。そのため、プロジェクトのプロセスによって得た知識を組織のものとして蓄積し、知識創造の資源とするしくみが求められる。そのしくみの例として挙げられるのが、3-2で述べたプロジェクトとヒエラルキーを媒介する機能を持つ、ハイパーテキスト型組織のモデルである。以上の分析を、野中らの想定するハイパーテキスト型組織のマトリクスを参考に図示すると、図1のように描くことができる。

　だが、仲介者や媒介者が多く、かえって意思決定に非効率をもたらすとも考えられること、また実際、パブリックシアターは組織規模が比較的小さいことから、"有効な兼任"（例えば芸術監督とプロデューサー、プロデューサー

と館長や部長級、制作担当とドラマトゥルク等)も視野に入れねばならないだろう。

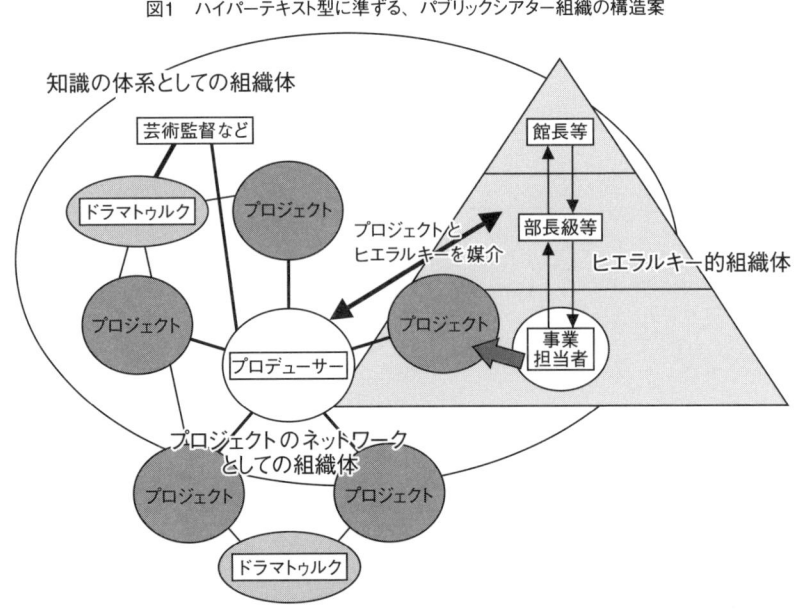

図1　ハイパーテキスト型に準ずる、パブリックシアター組織の構造案

知識の体系としての組織体
芸術監督など
ドラマトゥルク
プロジェクト
プロジェクト
プロデューサー
プロジェクト
プロジェクトとヒエラルキーを媒介
プロジェクト
プロジェクト
ドラマトゥルク
プロジェクトのネットワークとしての組織体

館長等
部長級等
事業担当者
ヒエラルキー的組織体

(2)ナレッジマネジメント実践組織は、組織(グループ)内の知識共有・深化・創造の機会を持つ

　まず現状として、情報の共有不足を切実に感じている者が多く、実務的な情報をもっと共有しなければならないという認識は強かった。一方、芸術の中身に関する知識は個人の責任で習得するものと考え、また制作ノウハウ等の「技能」的知識に関しては「習うより、慣れろ」という発想が強い。個人で習得可能な知識は自ら責任を持って習得する、という考えはもっともであるが、何を習得すべきか、また個人が持っている知識が組織の中でどのように役立つかを判断するには、互いが持っている暗黙的な知識について知る機会が必要なのではないだろうか。そのような機会を持つことで、知識のありかを把握するだけでなく、対話(表出化)による、意識されていなかった暗黙知の顕在化が期待される。

　また制作ノウハウについて、それぞれのアートマネジャーによって仕事の

作法が異なるという現状がある。これは職能的評価基準の曖昧さにも因るため、組織として一定の基準を設定しながら、個人が職能の全体を俯瞰する視野を養うための機能が求められるが、それは職能別のヒエラルキーの中で果たされるのではないか。従来、ノウハウの伝達は職人的な共同化によって行われることが多く、その有効性も十分に認められる。しかし、ノウハウは単に伝達されるものではなく、組織的に〈更新〉されていくものである。そのためには、職能別の集団において、ノウハウの体系を構築することが望ましいだろう。

　次に、日常的なナレッジマネジメントの現状を述べると、組織内で対話とノウハウの蓄積が時間をかけて行われている施設はあったが、同時に組織外からの刺激が少なく、アイディアの行き詰まりなど、創造性の限界を感じているようである。この解決に必要な組織間ネットワークの未熟さは回答者たちも実感していたが、公式的にそれを構築するには、施設だけでなく設置者である自治体の上層部の働きかけが必要だという意見もあった。しかし、指定管理者制度の問題もあって、ますます困難になっているため、まずは幾つかの組織のイニシアティヴによるインフォーマルなネットワーク形成を、全国的な知識創造実践の足がかりとすべきだろう。

　さて、これまで述べた実情から考えると、パブリックシアターの現場で行われているナレッジマネジメントは、「実践場（形式知から暗黙知を創造）」と「創発場（暗黙知から暗黙知を創造）」に偏っていて、「対話場（暗黙知から形式知を創造）」と「体系場（形式知から形式知を創造）」があまり創られないという傾向がある。それはつまり、明示化された知識の方が比較的軽視されがちだということである。しかしそのように、暗黙知を形式知に変換し、また形式知を結合する過程がなければ、いつまでも既存のマニュアルや、職人芸的な技能に頼らざるを得ない。また、グループ内での対話の機会はあるとは考えられるが、対話をしても明示的な知識へと変換する能力を発揮するのが難しい。その問題の解決手段として第一には、前述のドラマトゥルクの設置が考えられる。しかし、まだその必要性が強く認識されているわけではなく、すぐに各劇場に設置するのは難しい。すると次に学問（大学等）との連携の可能性が挙げられる。学術機関には形式知を結合して体系化する「体系場」が存在する。しかし、大学等にはまだ十分な「対話場」が形成されていないと

いう問題がある。今後、パブリックシアターがナレッジマネジメントの実践を活発に行う組織となるためには、この「対話場」をいかに創出するかが現場、学問双方にとって課題であろう。

(3) ナレッジマネジメント実践組織では、個人が組織に対してコミットメントし、組織のために知識を活用する

インタビュー全体を通して、やはり基本的に「個人の知識は組織の知識」という認識は薄かった。トーマス・H・ダベンポートもナレッジワーカーは当然、自身の知識を他人には渡したがらないものだと述べていたが（〔藤堂訳〕1996）、中には、組織への貢献も意識はするが、その職場での勤務には年限があるので個人のノウハウ獲得や人脈形成を優先しているという回答もあった。組織にコミットメントしていないわけではないが、アートマネジャーという職業は、永年勤続が約束されないことも多々あり、比較的転職が多いため、組織への貢献意識が薄らいでしまうことが考えられる。しかし、無理にその組織だけにコミットメントする必要はない。もし、組織ではなくアートマネジャーという〈職業〉に対してコミットメントしているなら、組織への貢献が最終的にはアートマネジメント業界への貢献につながるという意識を持つことで、組織に貢献することができる。

しかし、〈職業〉に対する貢献意識すらも、職の全体像が見えていないために持ち難いことが多い。実務に携わるアートマネジャーは、組織でも〈職業〉でもなく、より近視眼的な、個々の事業に関する〈職務〉へとコミットメントする傾向が強いのが現状だ。しかしそれでは俯瞰的な視野を持ち、職業人としての自身の役割を認識できない。改善を図るには、前述のように、現場のアートマネジャーが自身の〈職務〉に閉じ籠らないよう、方向付けを行うミドルマネジャーの存在も必要であろう。

(4) ナレッジマネジメント実践組織では、組織や個人が、組織の理念や存在意義等について学習し続けている

真の「学習する組織」は、パブリックシアターだけでなく、他の企業や機関であっても稀少である。しかしながら、少しの意識づけにより、「学習する組織」へと移行していくことは可能であろう。例えば今回、筆者がインタビューしたことで、普段現場で意識されない問題に触れ、改めて自身の考えを整理するきっかけとなった回答者もいたようだ。するとなおさら、組織内、

或いは組織同士の連携の中で、意識されない部分に触れ、引き出し、取り纏めて明示化する役割を担う者が必要であると考えられる。はっきりした役職が規定できずとも、常に組織内で何らかの知識的刺激を与える者がいれば、あるいは組織外でも対話の機会があれば、アートマネジャーの意識に変化が表れ、組織や職業に対するコミットメントは強くなるのではないだろうか。外部からの刺激ということでは、指定管理者制度の導入が、組織のミッションを見直すきっかけになったという意見もある。これは一歩間違えると、〈評価〉のための学習、単なる合理化のためだけの部分的なナレッジマネジメントに終わってしまう可能性がある。しかし、このように行政改革の波にさらされることが、時には学習の一助となることもあるだろう。

5. おわりに──真の知識創造組織となるために

　以上、インタビュー回答を根拠に、ナレッジマネジメントの可能性と展望を仮説的に考察してきた。

　それにより、組織内部での意識改革に基づく、組織の環境整備による問題解決の追究は、ナレッジマネジメントの実践によって可能になることが分かってきた。その実践の「場」があってこそ、「パブリックシアターのアートマネジャーが、ほんとうにめざすべき〈成果〉を最大限に生みだせる」といえよう。しかし、〈成果〉とは何かを規定することが本章の目的ではない。定められた〈成果〉を生む組織体制ではなく、〈成果〉とは何かを考え続ける中で実践の枠組みをつくれる体制をいかにしてつくるかが重要なのである。

　めざすべき〈成果〉について学習し続ける、真の知識創造組織となりうる可能性がパブリックシアターには十分にある。リチャード・フロリダの「クリエイティビティ」概念[13]を借りれば、芸術・文化に携わるアートマネジャーは本来的に他分野をも牽引するような創造性を持っているはずである。また、専門的知識と実務的知識の両方を必要とし、常に人と対しながら職務を行うアートマネジャーだからこそ、知識を創造できる多くの場を与えられている、あるいは場を創りだせるのだといえる。実際、インタビュー中で語られていた「知識」は、各々の経験の中で繰り返し創造されている「信念」が表出したものであるという実感をえた。

　現在、ニュー・パブリック・マネジメントの渦の中で、営利企業に倣うこ

とが強いられつつあるパブリックシアターだが、むしろ真の知識創造組織となることで、他に倣われる組織モデルをつくることをめざすべきではないだろうか。

・注
1 「アートマネジャー」は制度的に規定された職業ではなく、その定義づけにはさまざまな議論があろうが、本章では、「芸術に関する事業の運営に従事する、高い専門性を持つ職業人」と仮に定義して使用する。
2 「組織」の定義について、おおよそ「複数の人数が、共通の目的のために活動するために構築されたシステム」であると理解してよいだろう。ただし、どのような状態でその定義が適用できるかということには、社会学的にさまざまな見解がある。金井壽宏1999参照。
3 「相互主観性」(または「間主観性」〈Intersubjektivität〉)は、フッサールによって唱えられた現象学上の概念。木田元他編1994参照。
4 1909年生、2005年没。オーストリア生まれの社会学者、経営学者。ナチスを避けてイギリス、アメリカへ移住。ニューヨーク大学、クレアモント大学院教授等を歴任。現代経営学の祖とされる。
5 ユルゲン・ハーバマスによると、「意志」が「個別意志」ではなく「一般意志」として「合意される」ことで、正当性を得る。その「一般意志」が形成されるためには、「公共の場における協議」が必要であり、協議のほかの参加者がおかれている状況やほかの参加者のパースペクティヴを理解し、自分自身の状況やパースペクティヴと同じように重きを置くことが求められる。キャルホーン〔山本他訳〕1999参照。
6 『暗黙知(Tacit Knowledge)』は、マイケル・ポランニーが1966年に著書 *The Tacit Dimension* において提唱した概念である。野中は暗黙知を〈言語化されずに個人や集団の中に内在されている知識〉と捉えて使用しているが、ポランニーのオリジナルの概念では、〈創造や発見のために作用した知識または、その作用の〈方法〉」であるといえる。ポランニー自身は著書においては『暗黙知』に関して明確な定義づけを行っていないが、『暗黙知』とはいってみれば〈〈既存の知識〉と〈存在〉を結びつける、別の潜在的な知識」だといえるだろう。野中はこの『暗黙知』の概念を誤解または曲解して使用しているということが指摘できるが、本章においては野中の示すような〈言語化されずに個人や集団の中に内在されている知識〉を『暗黙知』として便宜的に使用する。
7 「ナレッジワーカー(知識労働者)」は、ホワイトカラー(管理者層)とは違った新しい労働者層として近年登場した概念で、1960年代にはドラッカーが提唱していた。ドラッカーによると、ナレッジワーカーは専門知識を生産手段として所有している労働者を指す。ドラッカーは「知識労働者」と「サービス労働者」を区別しており、前者は知識を直接的な生産手段としており、後者は事務作業や顧客対応によって情報を処理したり、提供したりする仕事で、事務所や売り場で行われていること以外は工場労働者と変わらないと述べている(ドラッカー1989)。一方、ダベンポートによると、ナレッジワーカーは「高度の専門能力、教育または経験を備えており、その仕事の主たる目的は知識の創造、伝達または応用にある」人材であると定義される(ダベンポート2006, p.28)。
8 『最終顧客』は通例、流通において最後に財を購入する者として使用される。或いは、購入はしなくても、その財を最終的に消費する者を指す。例えば学校教育の『最終顧客』は税金や学費を支払う大人ではなく、教育を受ける子供である。しかしより先まで考えていくと、子供が受けた教育は、その教育を受けていない周辺の人間や、さらに先の世代や将来的な社会にまで影響を及ぼす。そうすると、始めに親が支払った教育という財の『最終顧客』は、はっきりと規定することができない。むしろ、供給した財が影響を及ぼすものすべてを『最終顧客』として捉えるのであれば、それは未

来も含めた社会全体であるということもできる。
9 SECIプロセスの前身となる考えは野中の以前の著書にも登場するが、それが確立、普及されたのは野中と竹内弘高の共著 *The Knowledge-Creating Company* (Oxford University Press, 1995)においてである。本章では1996年の邦訳等を参照。
10 芸術監督について、役割だけでなく「権限」も規定すべきだという考えもある。実際、欧州における芸術監督は、「権限」も規定されていることが多い。彼らの権限は、1．芸術的なコンセプトやそれに関連するプログラミング等、芸術的な成果に関すること、2．人事、3．予算執行において行使される。しかし、わが国の現状から芸術監督の権限に関する規定をどのように展開させていくのか、またどの程度その必要性があるのかは、欧州とは異なるコンテクストから議論しなければならないだろう。
11 ドイツの劇場において、文芸の専門家として学術的立場から作品に関わる職。演出家の補助をするほか、プログラミングへの関与や、観客、市民に向けた広報物等の作成も含めた普及活動等も担う。
12 しかしながら、現状ではドラマトゥルクの全国的な設置は現実的ではない。大学との連携によるドラマトゥルク的な機能への期待もあるが、連携が密でなければそれも十分機能しないだろう。したがって現状では、現場のアートマネジャーにドラマトゥルクの役割を果たしうる人材を置くことが最も現実的な対応であるように思われる。また、ドラマトゥルクは劇場に設置されるだけではなく、演出家等とのチームに組み込まれていることもある。日本の劇場では、芸術監督等に就任しない限り、演出家と劇場が密接に関係を持つことは少ないが、欧州においては劇場組織を考える際に演出家の存在は無視できない。しかしながら本章では演出家を個別的な存在ではなく、一アーティストとしての扱いにとどめる。
13 以下参照「技術・経済分野のクリエイティビティは芸術・文化分野のクリエイティビティによって育成され、両者は互いに作用している」(フロリダ2008, p.8）。

・参考文献
DIAMONDハーバード・ビジネス・レビュー『組織能力の経営論』ダイヤモンド社、2007年〈本章参照分：Argyris, Chris. *Double Loop Learning in Organizations*. Harvard Business Review, 1977〉
金井壽宏『経営組織』日本経済新聞出版社、1999年
木田元他編『現象学事典』弘文堂、1994年
C・キャルホーン編(山本啓、新田滋訳)『ハーバマスと公共圏』未來社、1999年〈原著 *Habermas and the public sphere*, 1992〉
N・クロスリー(西原和久訳)『間主観性と公共性』新泉社、2003年〈原著 *Intersubjectivity*, 1996〉
紺野登『知識デザイン企業 ART COMPANY』日本経済新聞出版社、2008年
清水裕之『21世紀の地域劇場—パブリックシアターの理念、空間、組織、運営への提案』鹿島出版会、1999年
中矢一義他『公共ホールの政策評価—「指定管理者制度」時代に向けて』慶應義塾大学出版社会、2005年
野中郁次郎、竹内弘高(梅本勝博訳)『知識創造企業』東洋経済新報社、1996年〈原著 *The Knowledge-Creating Company*, 1995〉
野中郁次郎、紺野登『知識経営のすすめ—ナレッジマネジメントとその時代』筑摩書房、1999年
野中郁次郎、紺野登『知識創造の方法論—ナレッジワーカーの作法』東洋経済新報社、2006年
T・H・ダベンポート(藤堂圭太訳)『ナレッジワーカー』ランダムハウス講談社、2006年〈原著 *Thinking for a living*, 2005〉
P・F・ドラッカー(上田惇生訳)『「新訳」新しい現実—政治、経済、ビジネス、社会、世界観はどう変わるか』ダイヤモンド社、2004年〈原著 *THE NEW REALITIES*, 1989〉
P・F・ドラッカー(上田惇生他訳)『ポスト資本主義社会—21世紀の組織と人間はどう変わるか』ダイヤモンド社、1993年〈原著 *POST CAPITALIST SOCIETY*, 1993〉

R・フロリダ(井口典夫訳)『クリエイティヴ資本論―新たな階級の台頭』ダイヤモンド社、2008年〈原著　*The Rise of the Creative Class*, 2002〉

M・ポランニー(高橋勇夫訳)『暗黙知の次元』筑摩書房、2003年〈原著　*The Tacit Dimension*, 1966〉

第4章
芸術監督と「公共性」
「座・高円寺」芸術監督としての佐藤信試論

竹内 利江

1. はじめに

　劇作家で演出家の佐藤信[1]は、故寺山修司、鈴木忠志や唐十郎らとともに、1960年代小劇場運動の担い手とされ、劇団黒テント[2]で全国各地を移動公演する一方、80年代以降は、民間から公立までさまざまな劇場・ホール計画にも参加し、世田谷パブリックシアター（1997年開館）劇場監督を経て、2009（平成21）年5月、杉並区に開館した座・高円寺の芸術監督に就任した。

　本章は、都市のなかの「公共」と「劇場」を見続けてきた、佐藤信に注目し、座・高円寺を中心に、芸術監督としての佐藤の「公共」概念を読み取っていく試みである。そして、佐藤の劇場づくりを通して、芸術監督の役割、公共文化施設の今後の方向性について、1つの示唆をえたいと考えている。座・高円寺は、小規模施設ながら、芸術監督制を導入し、指定管理者は、地元の劇作家たちが結成したNPO法人である。また、演技や戯曲、舞台技術のみならず、劇場運営やワークショップリーダーまで、劇場という場で幅広く活躍する人材の育成を目的とする、常設の教育施設「劇場創造アカデミー」を創設した。これは公共劇場としては初の取り組みといってよい[3]。

　日本において、「公共劇場」という、舞台芸術の場の専門性を表象する名称が使われるようになるのは、90年代に入ってからである。1990（平成2）年、水戸芸術館[4]の誕生を1つの契機として、その後、舞台芸術の専用施設を備えた公立の文化施設が、全国各地に建設されることになった。しかし、「ハコモノ」優先の反省から、そのハード面を使いこなす、プロデューサーやアー

トマネージャーといった専門家が必要とされ、その育成が大きな課題となってきた。そして近年、専門家としては頂点に立つ、芸術監督制を導入する施設も増加しつつある（表1参照）。

　芸術監督とは、日本では、一般的に「劇場や劇団、歌劇団、舞踊団、芸術祭などで活動方針、演目、出演者などを決めて組織を運営する芸術的責任者」[5]として説明されている。公共文化施設における芸術監督制の歴史が浅い日本では、現在、さまざまな形での芸術上の責任者が存在する。フランスやドイツのように予算や人事の権限を持つ、財団法人静岡舞台芸術センターの事例や、プロデューサーが芸術面の責任も担い、あるいは館長を兼務して、館全体の運営管理を任される場合もある。そして、芸術監督の任命権、また役割と責任範囲は、個々の設置自治体あるいは運営母体に委ねられているのが現状である。

　では、プロデューサーが芸術上の責任を担うのであれば、そもそも芸術監督は本当に必要なのか、また芸術監督の選任方法や成果指標はどのように設定されているのか、日本ではどのような芸術監督制が望ましいのか、といった問いが浮かんでくる。本章はこれらの問いに答えるものではないが、今後、「劇場法」（仮称）とも関わる問題である。まずは、芸術監督に関する現状と課題について確認したうえで、座・高円寺を中心に、佐藤の劇場づくりを辿っていく。

2. 芸術監督をめぐる現状と課題

2-1. 公共劇場における芸術監督とは

　全国公立文化施設協会（以下、「全公文」と略す）は、2006（平成18）年3月に「公立文化施設の活性化についての提言―指定管理者制度の導入を契機として」を発表した。そのなかで、公立文化施設を「芸術文化を主目的とした『劇場』としての役割と『公の施設』としての役割の両面を担うもの」と定め、今後の望ましい方向として、(1)公演芸術作品創造を中心とするモデル、(2)地域住民支援を中心とするモデル、(3)鑑賞機能を中心とするモデルという3つのモデルを提案し、個々の公立文化施設が設置自治体の文化振興政策や、その他の条件を勘案して、これらのモデルを参考に個性あるミッションや事業内容を明確にすることを求めている。

表1　演劇・舞踊関係の芸術監督（館長含む）が就任した主な公共文化施設一覧（芸術監督制導入年順）

施設名	開館	タイトル	就任者名	任期	特記事項
ピッコロシアター（兵庫県尼崎青少年創造劇場）	1978	館長 劇団代表	山根淑子 秋浜悟史 別役実 岩松了	1978～2002 1995～2003 2003～2009 2009～現在	専属劇団
水戸芸術館	1990	芸術総監督 芸術監督	鈴木忠志 松本小四郎	1990～1997 1990～現在	専属劇団
藤沢市湘南台文化センター	1990	芸術監督	太田省吾	1990～2000	
兵庫県立芸術文化センター	2005	芸術監督	山崎正和	1991～2002	2003より芸術顧問
静岡芸術劇場*	1995	芸術総監督	鈴木忠志 宮城聰	1995～2006 2007～現在	専属劇団
オーバードホール（富山市芸術文化ホール）	1996	芸術監督	永曽信夫	1995～2004	2004芸術監督制廃止
世田谷パブリックシアター	1997	劇場監督 芸術監督	佐藤信 野村萬斎	1997～2002 2002～現在	
新国立劇場	1997	演劇芸術監督	渡辺弘子 栗山民也 鵜山仁	1997～2000 2000～2007 2007～2010	2010より宮田慶子
		舞踊芸術監督	島田廣 牧阿佐美	1997～1999 1999～現在	2010よりデビット・ビントレー
まつもと市民芸術館	2004	館長兼芸術監督	串田和美	2004～現在	
りゅーとぴあ（新潟市民芸術文化会館）	1998	演劇芸術監督 舞踊芸術監督	笹部博司 金森穣	2005～現在 2005～現在	専属ダンスカンパニー
キラリ☆ふじみ（富士見市民文化会館）	2002	芸術監督	平田オリザ 生田萬 多田淳之介	2005～2007 2007～2009 2009～現在	
那覇市民会館 パレット市民劇場	1970 1991	芸術監督	平田太一	2005～現在	那覇市の芸術監督
彩の国さいたま芸術劇場	1994	芸術監督	蜷川幸雄	2006～現在	
青森県立美術館	2006	舞台芸術監督	長谷川孝治	2006～現在	
しが県民芸術創造館	2006	館長	北村想	2006～2007	任期途中で退任
アーラ（可児市文化センター）	2000	館長兼劇場総監督	衛紀生	2008～現在	
調布市せんがわ劇場	2008	芸術監督	ペーター・ゲスナー	2008～現在	
北九州芸術劇場	2008	館長兼プロデューサー	津村卓	2008～現在	
国立劇場おきなわ	2004	企画制作課長兼芸術監督	幸喜良秀	2009～現在	
座・高円寺（杉並区立杉並芸術会館）	2009	芸術監督	佐藤信	2007～現在	
東京芸術劇場	1990	芸術監督	野田秀樹	2009～現在	
神奈川劇場	2011	芸術監督	宮本亜門	2010（予定）	

＊正確には財団法人静岡舞台芸術センター（SPAC）の芸術監督

2010年2月現在

また、社団法人日本芸能実演家団体協議会(以下、「芸団協」と略す)は、2001(平成13)年12月、国が文化芸術振興基本法を制定して以降、劇場法の研究を続けながら、「劇場」としての法的枠組みを打ち出してきた。国が地方自治体と協働し、公共文化施設が、単なる「公の施設」以上の創造機関となることを目指し、2009(平成21)年2月、「社会の活力と創造的な発展をつくりだす劇場法(仮称)の提言」を行っている。

　これまで、地方自治体が建設してきた公立文化施設は地方自治法で定めた「公の施設」(第224条)であり、住民の福祉を増進する目的で設置され、その目的の多くは「地域文化の振興」、「地域住民の鑑賞や参加」であった。例外的に「舞台芸術の創造と公演」を掲げている施設もあるが、従来、公立文化施設では創造の主体としての劇場は想定されてはいなかった。近年の動向として、公演芸術作品の創造型施設の割合は少ないものの、全公文の提言にもあるとおり、望ましい公立文化施設の1つのモデルとして考えられるようになっている。

　公共劇場では、「創造・公演・普及・教育」といった目的を達成するうえで、専門家の参加を必要とし、芸団協による「劇場法(仮称)」案では、専門人材として、経営責任者(事業計画・予算の策定と事業実施などの経営責任)、芸術責任者(芸術事業方針とプログラムの作成と実現)、技術責任者(芸術プログラム実現と安全確保)を置くことを盛り込んでいる。いうまでもなく、この芸術責任者が芸術監督に等しい。一方、全公文の提言においては、経営面での責任者(ミッションに基づき施設を運営、収支管理、予算獲得、行政等との対応等)は、館長(インテンダント)を想定し、(1)公演芸術作品創造を中心とするモデルにおいてのみ、芸術監督が必要とされる。伊藤裕夫は、この全公文の報告書をまとめるにあたって、「経営面での責任者(館長)」と「芸術面の責任者(芸術家またはプロデューサー)」の役割(権限と責任)、ならびに両者の関係、設置者との関係などについて、特に頭を痛める問題であったと述べている[6]。

　また、全公文は、設置自治体等との関係から、指定管理者制度導入にあたっての留意事項の1つに、芸術監督やプロデューサー、およびフランチャイズなどで実演家団体を擁する施設では、施設のミッションと事業のあり方を綿密に検討し、今後の方向性のなかでこれらの職能を位置づけ、職員の所属

や契約形態を十分に検討しておく必要性を記している。

表1に見るとおり、2000(平成12)年以降、著名な演劇人を芸術監督に招き、施設の個性を強調する傾向がある。芸術監督制か、プロデューサー制かという選択権は、現状では設置自治体や運営団体が主導権を持っている[7]。芸術監督と設置自治体や運営団体との良好な関係は、前者がその地域や施設のミッションを達成できる芸術性や創造性を提供し、後者はその成果を正しく評価できるかどうか、ということになろう。そして公共劇場の責任者ともなれば、設置自治体や運営団体は、選任や評価の正当性を公開する義務がある。

2−2. 誰が芸術監督になるのか

日本の公共劇場のなかでも頂点に立つ新国立劇場(以下、「新国」と略す)において、2008(平成20)年、演劇部門の芸術監督交代に関する人事の選考過程をめぐり、演劇人との間で生じた確執は、演劇関係者のみならず、改めて芸術監督制について考えさせる出来事であった[8]。これらのやりとりについては、当初、各紙面でも取り上げられ、新国と日本劇作家協会のサイトで、それぞれの回答や見解、声明が公開されている。この騒動のあと、当時、芸術監督であった鵜山仁は次のように語っている。

> 芸術監督になるまで、『公』を肌で感じて仕事をしたことがなかった。『国立』をどう利用するか、利用することでどういう責任が生じるのかについて、僕自身も無知だったと思います。いま改めて思うことは、社会全体に向かってどう芸術発信し、その結果の責任をどうとるのかという認識を、現場の人間が持たなければいけないということ。公共劇場、特に国立劇場は、そういう問題意識をみんなが持ち寄るべき場所です。(中略)みんなの批判を、いいかえればみんなの『夢』を、どうやって具現化するかについて、したたかな言葉を持って語り合うことで信頼感を培っていかなければならないと感じています。個と公とがいかに良き確執を醸すかが大事だと思います[9]。

当時、次期監督に決定した宮田慶子は、「オリジナリティを求められ、狭い作業のなかで育ってきた芸術家が、公共劇場の顔としての立場になるとき、

個々の演劇人は試行錯誤のなかで葛藤しているはず」だと述べ、「そのためには、芸術監督としての覚悟が必要」であり、「また、若い世代に自分の演劇活動に専念したいといった、個を追求するタイプが増加していることに危機感を持ちながら、芸術監督は、芸術と現実をつなぐアートマネージャーとの二人三脚が不可欠」であると発言している[10]。未だ、制度が整わないなかで、芸術監督のあり方は、個々の芸術家にも委ねられているという現実的な問題を指摘することができよう。

　新国と演劇関係者の確執が高まるなか、2008年、野田秀樹が東京芸術劇場へ、2009年には、宮本亜門が「神奈川芸術劇場」(2011年開館予定)の芸術監督に就任するという、2人の著名な演出家の話題は、既存の芸術監督をもクローズアップさせることになった。野田は、「以前は劇団が人を育て、芝居を打ち、演劇界を引っ張ったが、今はその力はない。劇場主導型に移行している。NODA・MAPで活動中だが、金銭面を含めて個人の力には限界がある。昔の『夢の遊眠社』の時代は企業の支えがあったが、近年はなくなった」[11]という。「20歳のときからの劇団では、芝居を黒字にすることを意識してきた。ここではそれに加え、演劇界の活性化や人材育成といった『文化的な黒字』も生み出していきたい」[12]とも語っている。

　一方、宮本亜門の芸術監督就任が決定した神奈川芸術劇場は、神奈川県民ホールと一体化して運営し、演劇、ミュージカル、ダンスなどの舞台芸術専用ホールとして構想されている。新ホール開設委員会において、今回は県が宮本を選任したが、開館後、芸術監督は指定管理者と契約し、芸術監督は人事権、財政権は持たないが、指定管理者と一緒に事業の企画に携わる、ということが説明され、それに対して、「芸術監督の責任範囲は曖昧にしておいて、アドバイスだけもらう、実質を伴わない劇場の顔としてだけの芸術監督に陥らないようにしてほしい」、また「やはり問題は、次回だと思う。(中略)そのときは、指定管理者が手をあげるときに芸術監督の候補も一緒に提案し、県が最終的にそれも含めて指定し、指定管理者を選定することで、芸術監督を決めて、指定管理者と芸術監督が契約するのが自然ではないかと思う」といった意見が出されている[13]。誰が芸術監督の任命権を持つのか、いい換えれば、誰が任命した責任を取るのか、ということが問われているといってよい。

　例えば、フランスでは、国立劇場の芸術監督は、文化・コミュニケーショ

ン省の大臣によって直接任命され、「芸術監督」という名称ではなく、「ディレクトゥール」、単なる「監督」というポストである。例外的に「コメディ・フランセーズ」では、劇場監督を「アドミニストラトゥール・ジェネラル」(総支配人)と称し、財務面を担う「ディレクトゥール・ジェネラル」(事務局長)はじめ、技術やプログラムの「ディレクトゥール」も存在する。演劇の地方分権化に関する契約を定めた政令(1972年)[14]によって、劇場の監督は、施設の使命やプログラムを遂行し、財務上の責任(権限)を持つことが規定された。その後、この政令を元にした95年の法令[15]によって、芸術家(演劇人)が劇場の監督になることを定め、また国立演劇センターにおいても、監督就任にあたり、文化・コミュニケーション省の承認をえることができれば、財務担当の「アドミニストラトゥール」を置くことが認められるようになった。地方にある国立演劇センターや国立舞台[16]は、国よりも地方自治体の助成の割合が大きく、そのために芸術監督の任命にあたっても発言権を主張するようになってきたという[17]。

　佐藤康は、日本では「国や自治体が公共劇場の運営をつかさどる団体を個別に作り、各理事会(多くは芸術監督を構成員に入れない)が理事長の責任で芸術監督を任命するというスタイルは、公共劇場のステータスを曖昧にするばかりか、公共劇場を国や自治体の広い意味での政策のひとつとして位置づける基盤を脆弱にしている」[18]のではないかと指摘する。安藤隆之は、アンジェ市(パリ西部300キロに位置)の事例研究において、「日本では契約書が交わされる以前の談合現象や契約後の調整現象のために、芸術監督が十分能力を発揮できないことが起きる。そして出る杭は打たれ、すべてのことが横並び的、没個性的、没独創的になってしまうきらいがあるが、芸術創造を考えるとき、決定以後の調整など考えられないのがフランスである」[19]と述べている。

　自ら劇場を運営する平田オリザは、「フランスでは国立の劇場が各地にあり、芸術監督人事は地元の大きな関心事。スター的な監督なら街がにぎわうし、引き抜かれたら打撃を受ける。監督は街の象徴の要素を持つ大事な地位だ」と述べ、芸術監督に求められる資質は、「コネと資金獲得能力。そして芸術家として尊敬を得られるか」どうか、しかし「日本でも、監督を置く劇場が増えれば、競争が激化し消える劇場も出るだろう」[20]と予測し、「プログラムを

第4章　芸術監督と「公共性」　——　109

組むにも専門家が必要だし、(専門家を置くことで)上演にかかる適正価格も分かる。税金の無駄遣いが少なくなる効率のいいシステム」ではあるが、「成功させるには行政やスタッフのサポートが重要で、芸術監督が自分でプログラムを決めて助成金も取ってくるような状況ではいけない」[21]と語っている。世田谷パブリックシアター現芸術監督の野村萬斎は、古典と現代劇をつなぐ企画や次代に残る演目の創造を軸に劇場ファンの観客を育てることを目標とし、「理想を実現する突破力と総合的な調整力が求められる芸術監督の役割は宗家や家元にも通じる」という。しかし、日本ではまだ立場の弱い芸術監督について、「英国では地方の劇場で頭角を現した芸術監督がロンドンの劇場へステップアップする環境がある。経験のない人が突然就任する日本では、スタッフの支えがより重要となる」と述べている[22]。

　芸術監督を引き受けた演劇人の試行錯誤の状況と、芸術監督の任命権と運営の人事権を巡って、設置自治体あるいは運営団体とのせめぎ合いの現状が見えてくる。そのなかで、芸術監督を支えるしくみも強く望まれているといえるだろう。

3.「座・高円寺」の誕生
3-1. 杉並の文化芸術振興の独自性

　座・高円寺は、老朽化した高円寺会館を改築して建設された、小規模な公共劇場である。座・高円寺に先立って、杉並区では2006年6月、音楽専用の杉並公会堂が開館した。旧杉並公会堂(1957年開館)は、音響の良さから「東洋一の音楽の殿堂」と称され、区民の芸術文化活動に貢献してきた施設である。「杉並21世紀ビジョン」のもとで、1996(平成8)年に現在地で音楽専用ホールとして建て替えることは決定していたが、2002(平成14)年、改築に際し、区の直営ではなく、民間資本を活用したPFI事業として実施された[23]。公共文化施設のPFI事業は全国初の試みであり、2004(平成16)年、高円寺会館の改築に際しても、いち早く指定管理者制度の導入を決定している。両施設は、山田宏前区長[24]主導の「杉並改革」[25]が進展するなかで誕生し、民営化を推進する前区長の意思が強く働いたものと考えられよう。

　山田区長時代には多数の条例が制定され、全国初の条例[26]や、住民自治や教育面での先駆的な施策も多い。1998(平成10)年に「特定非営利活動促進

表2 杉並区の文化芸術振興に関する流れ

年	月	内　容
1988年	9月	杉並区基本構想策定
1989年	3月	杉並区文化懇談会設置
1991年	3月	杉並区文化懇談会報告書「だれもが住みやすいまちの創造を目指して」
	10月	杉並区文化人フォーラム開催(第1回)、第2回(92年12月)、第3回(93年10月)
1993年	10月	杉並区長期計画(1994〜2003年度)策定「文化・芸術のかおり高いまちを創造するために」
1994年	7月	日本フィル・ハーモニー交響楽団との間で相互協力の覚書締結
	10月	文化人フォーラムのあり方懇談会開催
1995年	10月	杉並区実施計画(1996〜98年度)策定⇒98年度に文化芸術の協会設立を計画
1996年	10月	杉並区行財政改革推進計画(1997〜99年度)策定⇒97年度に施策の体系化等
	12月	杉並公会堂を現在地で単独改築する事を決定
1997年	1月	杉並区における文化・芸術振興のあり方懇談会設置
1998年	2月	杉並区における文化・芸術振興のあり方懇談会報告書「(仮称)文化・芸術振興協会と公会堂のあり方について」
	4月	文化・交流課設置
	9月	杉並区文化振興協会設立
2000年	4月	杉並区文化・交流協会発足
2004年	10月	杉並区都区内高等教育機関との連携協働に関する包括協定書締結
2005年	3月	杉並アニメーションミュージアム開館
2006年	1月	文化芸術振興に向けた支援策について報告⇒(仮称)文化芸術活動の助成基金の創設等
	3月	第1回杉並演劇祭開催「美しい日本語を伝える」・「命の大切さを伝える」が基本コンセプト
	4月	杉並区文化協会発足(交流協会と分離)
	6月	杉並公会堂開館
2007年	1月	日本劇作家協会と「杉並区立芸術会館に関するパートナーシップ協定書」締結
	5月	女子美術大学と「杉並区とのデザインに係る連携協議に関する協定書」締結
2009年	5月	座・高円寺(杉並区立芸術会館)開館
		杉並区立角川庭園「幻戯山房すぎなみ詩歌館」開館
	9月	杉並区庁舎2階ギャラリー改装オープン

平成12年度第1回杉並区文化・芸術に関する懇談会」会議資料2を基に筆者作成

法(NPO法)」が制定されていたが、区長就任後、「NPO・ボランティア活動及び協働の推進に関する条例」(2000年3月)[27]、2002年末には、「杉並区自治基本条例」(都内初)と「杉並区まちづくり条例」を公布した。これら3つの条例を基に、「人・まち・夢プラン 協働による新しいまちづくり」(2003年10月)を策定し、2006年4月には、「すぎなみNPO支援センター」や、区民のボランティア活動を支援する「すぎなみ地域大学」を開設して推進体制を整えていく。教育面においても「学校づくりはいいまちづくり」を合言葉に、学校と地域の協働を図り、特筆すべきことは、区の費用で小学校教員を養成する、教師養成塾「杉並師範館」(2006年開塾)を立ち上げたことであろう。こ

の独自採用も、全国初の施策となった。

　だが、杉並区では、文化芸術に関する条例は制定されてはいない。2001年12月に「文化芸術振興基本法」が制定されて以降、全国の自治体において、また都内においても、次々に同様の条例がつくられている[28]。座・高円寺開館後、2009年11月、同年度第1回「杉並区文化・芸術に関する懇談会」（佐藤信も委員の一人として出席）が開催され、このとき、委員の一人から、杉並区には「文化基本条例といったものがない」という言葉が投げかけられた。区側が、「他自治体の条例も理念だけや施設建設だけになりがちな面」もあり、「条例にこだわらず、区の施策の中で付加していけるのでは」という思いを伝えると、「（前略）さまざまな意見を出していって、少しきめ細やかな中期目標を設定することも大事だ」といった意見も出された（同会議録より一部引用）。

　今後のゆくえはわからないが、杉並の文化芸術振興は、文化人、芸術家たちとともに、1つひとつの施策を実現してきた。表2に見るとおり、2000年に、杉並区文化・交流協会を発足させ、とりわけ杉並公会堂が開館する2006年は、文化芸術振興施策が充実することになる。文化・交流協会は、文化協会として独立し、文化芸術活動助成基金も創設された。第1回「杉並演劇祭」が開催されたのも、この年である。こうした区の動きのなかで座・高円寺改築の準備も進んでいくのである。

　では、座・高円寺開館までの、具体的な動きを見ていこう。

3-2. 座・高円寺の誕生

　杉並区には一線で活躍する劇作家や演出家が多く居住し、小学校での演劇授業など、演劇人たちが地域での活動に力を入れてきたという背景がある。現館長の斎藤憐は、「高円寺会館の建て直しを知った6年前に、すぐに区役所に問い合わせた」[29]という。斎藤ら演劇人の提言を取り入れながら、区が示した基本的な考え方は、劇場内に「演劇を中心とした小劇場」、「区民の多様な文化活動の場の提供」、「地域の個性と結びついた文化の創造の場」という、3つの空間をつくることであった。

　施設内容は、1．小劇場（250席程度）、2．区民活動中心のホール（200から250席程度）、3．阿波踊り中心のホール（200㎡程度）、4．ワークショップ、5．アーカイブ、以上の5点とし、阿波踊りは、戦後、高円寺の地域文化と

して根付いてきたものである[30]。運営の基本方針として、指定管理者制（小劇場事業運営に重点をおく）、芸術監督制（指定管理者が選任）の導入、演劇団体と高円寺阿波おどり振興協会とのパートナーシップや協力協定、利用方法（料金・時間）の柔軟化、「運営評価連絡会議」を設置する、といった項目が掲げられた[31]。

　座・高円寺の建築設計は、2005（平成17）年、「せんだいメディアテーク」（2000年）や「まつもと市民芸術館」（2004年）を設計した伊東豊雄[32]建築設計事務所に決まった。その決定に際し、審査委員の一人であった佐藤信は、次のように講評している。

佐藤信（東京学芸大学教授）

　劇場というのは「在る」ものではなくて「成る」ものである。立派な建物や設備よりも、そこでおこなわれる営みこそが、劇場の善し悪しをつくり出す。長年、演劇づくりを中心に自分自身の仕事場として劇場にかかわってきた者の偽らざる実感である。

　審査の議論では、わたくし自身は、演劇、劇場関係者という自分の立場と、もう一つ、杉並区の納税者のひとりという思いを根拠にした発言と判断とをこころがけた。

　わたくしの観点は、これからの公共劇場の役割と内容ということにつきる。すなわち、納税者の税金によって建設（改築）、運営される公共劇場のあるべき姿についてのそれぞれの建築家の理解、および理念を、提案された具体的な形から読み取ることを第一義とした。

　「資質評価型プロポーザル」のほんとうの成否は、今後の設計者、区、区民、そして劇場専門家をふくむ施設の実際的な運営にあたるメンバーの四者よりなる共働体制づくりと、そこから生み出される内容によってあきらかになるだろう。なによりも、真のオーナーである杉並区民のための実りのある成果をこころから期待している。

　　　　　　　　　　（杉並区公式サイト「審査講評」一部抜粋）

　伊東は、劇場のイメージづくりとして、江戸時代の芝居小屋「弘化勧進能」（1848（弘化5）年）の絵図を参考に、芝居小屋の持つ、1．庶民的な親し

みやすさ、2．仮設的な軽さ、3．秘めやかさ、4．フレキシビリティを重視したという[33]。当初の提案は四角い箱型であったが、佐藤らと話し合いを進め、屋根の部分をテントのような形に変更し、劇場2階にはカフェ、地下1階にはギャラリーも設置することになった。伊東は、「杉並区長はじめ、担当者の方からして、いわゆる行政の人、役所の人という感じではないんですよね。さばけていて、普通の言葉で議論ができました。芸術監督の佐藤信さんも審査員だったし、館長の斎藤憐さんはじめ、ずっとこの企画に関わってきた方々が、プロポーザルのすぐ後から加わって、どういう劇場にしていこうかという議論がスタートしたので、とても理想的なプロセス」[34]であったと語っている。佐藤の審査講評にあるとおり、「四者よりなる共働体制」のなかで、建築設計も進んだことになる。

　2005年末には「杉並区立杉並芸術会館条例」が定められ、翌年には、斎藤憐、別役実、鴻上尚史、坂手洋二、マキノノゾミ、鈴木聡らがつくった「NPO劇場創造ネットワーク」(2005年7月設立、以下CTNと略す)が、指定管理者に決定した。NPO活動を支援する、区の施策とも合致するものである。

　佐藤の芸術監督就任は、区民生活委員会(2007年7月30日)において、任期は4年間(2007年7月10日〜2011年6月30日)、区の非常勤職員待遇といった、処遇等が報告された。監督決定の経緯について、区は、佐藤監督が杉並芸術会館の基本方針や事業計画をつくり、また運営主体に決定したNPOと関係が深いため協力できると答弁したという[35]。当初の基本計画と違う点は、芸術監督を、指定管理者ではなく、直接、区が選任したことと、劇場創造アカデミーが創設されたことである。

杉並区では年に3〜4回程度、「区政モニターアンケート調査」を実施しているが、2007年度第2回調査は、「杉並芸術会館(座・高円寺)について」(2008年3月、回答数107)であった。その結果、当時、区民にとって、座・高円寺の認

座・高円寺の外観（出所：伊東豊雄建築設計事務所）

知度は低いものであった[36]。指定管理者への期待について、「誰もが気軽に参加でき、楽しみを分かち合えるような事業を企画する」、次いで「地域の活性化や子どもの育成などに役立てられる取り組みを行う」という回答が多く、芸術監督の役割に対しても、同様の回答が多く見られた。記述式の自由な意見64件のうち、認知度の低さと相俟って、情報公開が進んでいる杉並区においても、PR不足といった意見が約3分の1を占めていた。多くの自治体において、受け手の関心やアクセスの問題、またその手法も含め、情報発信力は課題となっていることである。新たな「ハコモノ」に対する財政面を懸念する声もあったが、座・高円寺に対する期待も高く、「透明な事業運営を。小劇団向けの施設は都内各地にあるので、地域密着型で杉並区に拠点を置く劇団を優先的に利用してもらい、成長を支援すべき。またドラマツゥルグ（演劇の学芸員）を複数年契約で置いて、阿波おどり研究にとどまらず、コミュニティー・アートとしての演劇についてなど、知財の蓄積もできれば、アートセンター的な発展が望めるだろう」といった、専門的な意見も寄せられている。

　区の基本計画や建築設計の段階から、佐藤は委員として参画してきた。指定管理者となった演劇人たちとともに綿密な事業方針と事業計画をつくり、開館後、着実にそれらを実現していくことになる。佐藤康は、日本では運営母体の理事会の構成員に、多くの場合、芸術監督が入らず、理事長の責任で芸術監督を任命することは、広い意味で設置自治体の政策の1つとして位置づける基盤を脆弱にしていると指摘した（前述）。それに対して杉並では、区の文化芸術振興に深く関わってきた佐藤信が、区や指定管理者との協働体制のもとで芸術監督に就任し、座・高円寺の開館は、区の文化芸術振興政策の1つとしてしっかりと位置付けられていた、といえるだろう。

3-3. 座・高円寺が目指すもの

　座・高円寺の館長には、CTN理事長の斎藤憐、支配人には、多くの劇場運営にも携わってきた、舞台照明家の桑谷哲男が就任した。座・高円寺開館の記者会見で佐藤は、「最先端の舞台芸術を紹介することで"オンリーワン"の存在になった世田谷に対して、座・高円寺では、他の自治体が劇場をつくろうとするときにモデルケースとなるような存在を目指し、芸術的なものから

大衆性のあるものまで幅広い演劇のパノラマを見せたい」[37]と述べている。
　では、座・高円寺が重視する関係性から、その活動や特徴を整理してみよう。

地域とともに
　座・高円寺は、区がバックアップする「杉並演劇祭」をはじめ、ライブハウスと古着の街の魅力を凝縮した「高円寺フェス」、寄席の伝統に注目した「高円寺演芸祭」、「純情商店街」など、10もの商店街とつくる「びっくり大道芸」、古本の街を活かす「古本市」など、幅広い世代と協力しながら、多様で、固有の地域活動を積極的に支援し、座・高円寺が発行するフリーマガジンにおいても、地域の食や高円寺の生活文化を大きく取り上げている。同時に、地域住民によっても、座・高円寺を応援する、「『座・高円寺』地域協議会」が結成されている。

子どもたちとともに
　毎週土日は、子どもたちに劇場を開放し、ワークショップや絵本の読み聞かせを行う「あしたの劇場」事業を行っている。これは、子どもとの対話を重視する、座・高円寺の自主企画である。数多くの演劇ワークショップを実践してきた佐藤は、最初はやはり教育という側面から入り「子どもへ」という視点だったが、実際に子どもたちと作品をつくるなかで、「子どもから学ぶ、これが演劇の持つ役割」[38]だと考えるようになったという。また区内の小学校と連携し、小学4年生全員が舞台を鑑賞する事業も確立し、自主制作の1本に子ども向け作品を組み込んでいる。

専門家とともに
　付設の「劇場創造アカデミー」[39]は、舞台関係の専門家集団はもとより、立教大学や東京学芸大学といった研究機関や、全国各地の公共劇場とも連携して運営している。将来的に同アカデミーから芸術監督が誕生することを、佐藤は期待する。また良質の作品の再演に力を入れ、他の公共劇場との共同制作や全国の旅公演も実施し、日本劇作家協会の全面協力によって開設した「演劇資料室」(現代演劇のアーカイブ)は、今後、日本の演劇文化の発展に貢献するものとなろう。

　座・高円寺の事業活動を見ていると、その本質に、ネットワークをつくる、

いかす、ひろげる、ということが、第一義にある。指定管理者であるNPO法人の名称にも、その思いが込められているといえようか。だが、これらの数多く結ばれたネットワークは、けっして一朝一夕に実現できたものではないはずだ。志をともにする芸術家、専門家たちが集い、地域とつながり、互いに働きかけ、長年に亘って活動してきた結果である。

　杉並区は行財政改革を推進するなかで、個々の施策の結果をネット上でも広く公開し、区民にその評価を問うてきた。区内に居住する佐藤をはじめ、CTNのメンバーは、納税者である一方、地元にある座・高円寺の芸術監督として、あるいは指定管理者として、区民に対して果たすべき役割と責任も重い。多額の税金でつくられた座・高円寺を、区の貴重な財産として、「きちんと適切に使い切っていく工夫、それが公共ホールが果たすべきサービス」[40]であると、佐藤はいう。

　座・高円寺では、「どれだけの予算があるのか、もらえるのか、ではなく、与えられた予算をいかにうまく使うか」ということから事業を組み立て、さまざまな助成金を獲得するための、ファンドレイジング専門の担当者も配置した。担当者が助成金を申請、獲得する過程で、スタッフ全員が使う目的を明らかにするといった効果も生み出しながら、最終的に基本予算の3倍の事

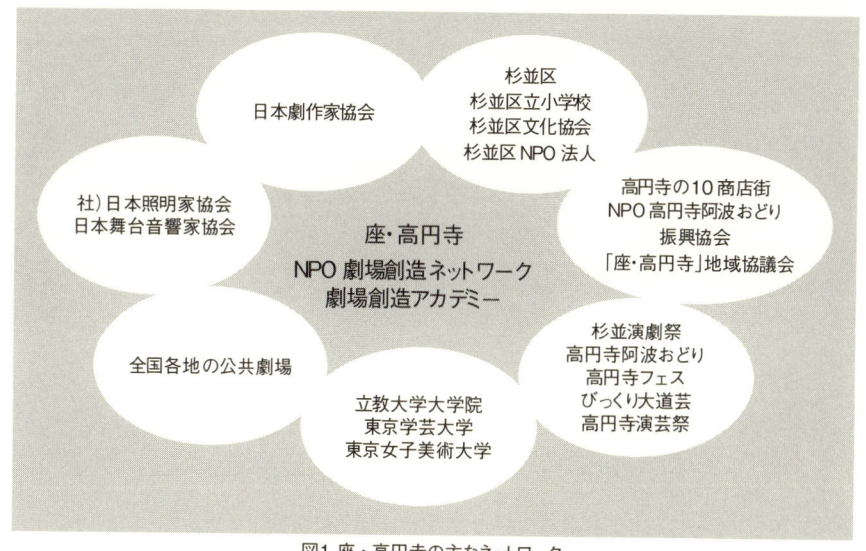

図1　座・高円寺の主なネットワーク

（中央）座・高円寺 NPO 劇場創造ネットワーク 劇場創造アカデミー

日本劇作家協会

杉並区
杉並区立小学校
杉並区文化協会
杉並区NPO法人

社）日本照明家協会
日本舞台音響家協会

高円寺の10商店街
NPO高円寺阿波おどり振興協会
「座・高円寺」地域協議会

全国各地の公共劇場

立教大学大学院
東京学芸大学
東京女子美術大学

杉並演劇祭
高円寺阿波おどり
高円寺フェス
びっくり大道芸
高円寺演芸祭

業で返すという目標を持つ[41]。4枚綴りのチケット回数券「なみちけ」以外に、ロビーに置きチラシの場を安価で貸し出す「道草カウンター」や、区民ホールの座席に有料の個人プレートをつける「座・高円寺フレンズ」といった取り組みもある。斎藤が提案した「カフェ・アンリ・ファーブル」は、CTNが経営する独自の収入源ともなっている。これらは、単なる効率化や事業化を追求しているのではない。劇場利用者の利便性を高めるため、エコ活動の一環として、そして座・高円寺の支援者を増やすという、確かなコンセプトを持って実施されている。

4. 佐藤信の公共概念――今、劇場は「広場」から「空き地」へ
4-1. 佐藤信の劇場づくり

　佐藤信は、自らの劇団自由劇場の拠点となったアンダーグランド自由劇場、移動公演の黒テントをはじまりとして、民間施設では銀座博品館劇場(1978年開館、以下、開館年)、スパイラルホール(1985年)、Bunkamuraのオーチャードホール(1989年)、公立の施設としては、座・高円寺以外に、愛知県の碧南市芸術文化ホール(1993年)、世田谷パブリックシアター(1997年)、いわき芸術文化交流会館アリオス(2008年)の劇場計画や運営に携わってきた。座・高円寺を特集した「建築ノートEXTRA UNITEDPROJECT FILES 02」のなかで、これまでの経緯を詳細に語っている。それらを援用し、一部引用しながら、佐藤の劇場づくりの流れを見ていこう。

　1966(昭和41)年、佐藤がはじめて手掛けたアンダーグランド自由劇場は、コンクリート打ちっぱなし、約30坪の地下室ながら、当初、緞帳も設置したプロセニアム型の劇場だった。狭い劇場を広く使うために、セノグラフィー(舞台構成)から客席までデザインしていくなかで、佐藤は、空間を規定する意匠を排除した「ブラックボックス」[42]の概念にたどり着く。また黒テントによる移動公演は、佐藤にとって、「建築的に、都市論的に劇場はどこにどう置かれるべきか、また劇場が存在することで街にどんな影響を与えるのか」ということを検証していく場でもあった。そして劇場という場を「如何にトータライズするかというデザインが重要だ」と考えていた頃、佐藤がはじめて関わった他の劇場が、民間施設の銀座博品館劇場である。

　当時、小劇場ミュージカルを行っていた佐藤に、ミュージカル上演を計画

していた博品館側が声をかけ、東京キッドブラザーズの故東由多加と宝塚歌劇団の故白井鐵造とともに上演プログラムの計画に携わることになる。このとき、それまで蓄積した演劇の知識や技術を、作品上演とは違うルートで活用し、「むしろ逆に公平に出来る」と感じたという。そして、経営者の側に立ってアドバイスすることが、佐藤が劇場計画に参加する際の基本スタンスとなった。

座・高円寺ロビー（筆者撮影）

　青山にあるスパイラルと渋谷のBunkamuraは、周知のとおり、ともに先進的な芸術文化を発信する民間の複合施設である。スパイラルホールでは、運営に関する全体のコーディネーションとして参加し、1年交代の芸術監督制を提案して、1年目を佐藤が務めている。一方、Bunkamuraは、運営母体の東急がソフト優先の設計思想を具現化するために、建設前からプロデューサーズ・オフィスを発足させ、指揮者の岩城宏之らとともに、音楽専用オーチャードホール・プロデューサーの一人として加わった。これら民間ホールに関わるなかで、佐藤は、制作者育成の重要性と、芸術監督といった地位をつくっていくことの必要性を実感したという。

　佐藤にとって、はじめての公立の施設は、碧南市芸術文化ホールである。ここでは、コンサルタントとして劇場計画に参画し、名古屋大学教授の清水裕之とともに、この街の規模に見合った、比較的小規模の音楽ホールと劇場という、2つの専用ホールの開設を提案した。公立の施設は、佐藤にとって、「社会的な立ち位置を意識する必要があり」、黒テント時代の「公有地運動」[43]を蘇らせ、再び、「公共」という意味を考えさせるきっかけとなった。

　世田谷パブリックシアター（以下、世田谷と略す）は、「パブリックでも専門的な劇場ができる」と、佐藤が意気込みを持って関わった劇場である。ヨーロッパモデルの近代劇場づくりをめざし、3年をかけて劇場計画の答申をつくり、準備室時代も含め、世田谷は、10年もの年月を費やして開館した。

第4章　芸術監督と「公共性」　――　119

現在の指定管理者は財団法人せたがや文化財団だが、当初の運営母体は、コミュニティ振興と国際交流を目的とする、コミュニティ振興交流財団（96年設立）であった。世田谷での佐藤の考え方や果たした役割については、衛紀生の研究に詳しい（「周到に用意された『公共劇場』のデザイン」『地域に生きる劇場』、2000年）。

　世田谷は、ワークショップなど、積極的なアウトリーチ活動によっても、評価を高めてきた公共劇場である。学芸・教育普及担当スタッフを配置し、また教育業務を技術スタッフにも義務付けている。当時、劇場監督であった佐藤は、「予算上、3分の1をアウトリーチ・プログラムに使う」という縛りをかけ、「継続的にやることが＜世田谷＞に残せたパブリックの痕跡」だと語る。その一方、質の高い芸術作品を上演し、早い時期から自主制作に取り組んできた。公共劇場の自主制作は、観客のためだけではないと、佐藤はいう。「劇場自身のためにものをつくる必要があり、ものをつくることによって初めて劇場人が育つ」と考えているからだ。すなわち、アウトリーチ活動も自主制作も、劇場の専門家を育成するという目的を併せ持つ。

　いわき芸術文化交流会館アリオスでは、佐藤は、劇場計画プロジェクトチームを率いてきた。2001年に市が基本計画を策定し、2003年から、佐藤らが具体的な劇場のスペックについて検討を重ねる一方で、施設はPFI方式の事業手法に移行し、2008年4月に第1次オープン、2009年5月にグランドオープンした。同館の特徴的なことは、ホール運営だけは市の「直営」にしたことである。そのために、「専門スタッフを、市の嘱託職員として採用」し、「専門性を効果的に組み合わせることによって、利用者の視点に立った新たな劇場運営のスタイルを追求」するといった決意が、同公式サイト上で、明確に示されている。これらの言葉のなかに、佐藤の思いも込められていよう。そして、座・高円寺は、これまでの取り組みを確実に発展させたものとして、理解することができるのである。

　佐藤は、次世代公共文化施設の要点の1つとして、「場所を生かし、場所を育てる」ということを挙げている。そのためには、「長期的ではなく中期的な展望を持つ必要があり、専門家の話を聞くよりも、むしろ地域の中に人を見つけ、育てていくことを事業に組み込み、その人材によって、中期的な展望と施設の発展を合わせていく」ことだという[44]。佐藤の劇場づくりは、建築

設計から、運営、人材育成において、その場の特質を見極め、その場を生かし、育ててきた。その要点は、劇場の創造に関わる個々の要素を有機的に結び付け、トータライズする力であり、初期の演劇活動の中に、その力の源泉を見つけることができるだろう。

では、公共劇場の芸術監督として、佐藤は「公共」というものをどのように捉えているのか、本章のまとめに入っていきたい。

4-2. 芸術監督・佐藤信の公共概念

劇団黒テントでの移動公演は、都市のなかの劇場を見る目を養い、「公有地運動」は、佐藤が「公共」と関わるはじまりであった。佐藤曰く、「公共ホールでの挑戦も基本的には同じ」だが、「テントのように社会に対する"カウンター"という発想が出来ないのが制約」でもあり、「行政が持っている一種のパワーを自分も帯びてしまう」側面もある[45]。だが、自ら感じたとおり、芸術家が劇場づくりに関わること、それ自体に、まず公共的な価値があるとする。

> 芸術家は蓄積した技術や知識を、どうしても作品をつくる方向に向けてしまう。その知識っていうのは実は作品に使わなくてもすごく有用で公共的な価値があるんだってことですよね。芸術家としてはイデオロギーを持つべきなんだけど、技術はそのためにだけ使わなくてもいいんじゃないかってことですよね。

同様に、劇場という場についても、佐藤は、次のように語る。

> 劇場の建物なんかでもそう思うんですが、自分が使いやすいということよりも、汎用性というか、いろんな人たちが使えるということを重視すべきだと思うんですよね[46]。
> 文化行政として考えるから権威化して難しくなるのであって、(公共劇場は)まちづくりというところから考えるべきだし、逆にいうと劇場側もそこで垣根を設けるべきではない[47]。

劇場を多くの人が使うことのできるもの、あるいは「まちづくり」の1つとしてつくっていくことに、佐藤は力点を置く。だが、80年代日本で盛んにいわれてきたような、「劇場を文化のシンボルとして位置づけて、その周辺に街をつくっていくという考え方が妥当なのか」という疑問も呈している。佐藤がモデルとする劇場空間は、インドネシアの「プンドコ」であるという。これは「神社の境内で拝殿がそのまま劇場に転用されるようなシステム」で、「人々が集まってくる空き地みたいなもの」。そこは「権力のシンボルではなく、精神的なシンボルとして機能している空間。だから中央になくてもいい」と説明する。ここに、これからの人間が生きていくための、新たなコミュニティのあり方や可能性を、佐藤は見出すのである[48]。

　　専門性に依拠した個人の計画だけではだめなんだということですね。それで説得していくだけではなくて、本当に何か地域とかそういうものが、極端にいえば演劇の社会的意味とか場所が変化していく必要があるんじゃないかと考えているんです。その時にとりあえず「演劇」というカッコを外してみたらどうか、「劇場」というカッコを外してみたらどうかと、思っているんです[49]。
　　（座・高円寺は）最低限の間仕切りのほかは、大きな階段でつながった区切りのない自由な空間になっています。「広場」というか、「空き地」という自由さや開放感をもってふらっと立ち寄ってみる。そんな空間になるといい、そう思っています[50]。

　今、佐藤は「演劇」という枠組みも、「劇場」という枠組みも外そうとしている。劇場を「広場」にするという考え方は、さまざまな分野の芸術家や人々の交流を目的に、佐藤らが世田谷で実現しようとしたものである。しかし、座・高円寺では、もはや誰かに設計された「広場」でもなく、まだ使われかたが決まっていない、「空き地」としての劇場づくりをめざす。女優・渡辺えりが、座・高円寺の開館記念式典で語った言葉がある[51]。

　　芸術監督の佐藤信さんが、「広場ではない、空き地にするんだ」とおっしゃってた言葉が非常に印象的です。私たちが子どもの頃は、空き地で

どんなことでも出来ました。かくれんぼでも鬼ごっこでも、座談会でも。座談会じゃないか、泣きながらの人生相談とか（笑）。空き地っていうのはなんでも出来るんですね。ゲームだけではなくて、いろんな喧嘩も。

　座・高円寺開館1年を振り返り、佐藤が重視してきたことがある。座・高円寺では「何を上演したか」ではなく、「何が起きたか」[52]。象徴としての〈空き地〉は誰がどのように使ってもいい場所である。「空き地」は忍び込むには多少の勇気がいるときもある。今はまだ、みんなの「広場」、さらに「空き地」となるための、しかけが必要である。最終的に、劇場が「空き地」として、色々な人々によって色々な使われ方がされるようになるとき、そこに佐藤が理想とする、公共劇場の〈公共性〉が見出されるであろう。改めて、座・高円寺建築審査講評での佐藤の言葉を復唱しておきたい。

　　　劇場というのは『在る』ものではなくて『成る』ものである。
　　　立派な建物や設備よりも、そこでおこなわれる営みこそが、劇場の善し悪しをつくり出す。

　多様な人々、数多くの人々が参加することによって「公共圏」が成立する。劇場を1つの公共圏と想定すれば、この佐藤の言葉にある「劇場」を、「公共性」に置き換えてみることができる——公共性というものは、『在る』ものではなくて『成る』ものである。そして、そこで行われる営みこそが、公共性の善し悪しをつくり出す——。ここに佐藤の「公共」概念の核がある。公共文化施設における公共性とは何か、ということに対する、1つの答えがあると考えられよう。
　座・高円寺開館間近、佐藤は、地元杉並区民に対して、次のようなメッセージを送った。座・高円寺芸術監督としての役割は、「作り手代表」ではなく、「観客代表」だといい表している。芸術監督としての佐藤信試論の締めくくりとして、最後に紹介しておきたい。

　　　芸術監督とは、単純にいえば、どんな施設にするのか、そこで何をやるかを構想する人。この劇場ではどんなことをやっていくのか、ひとつ

の価値観にそって自分の責任において決めていく人が「芸術監督」なのですね。僕は座・高円寺で、ジャッジをする役割をしようと思っています。最初はなるべく広い範囲の人たちに劇場を使ってもらい、お客さんの反応を見ながら、少しずつ丁寧にこの劇場にふさわしい出し物や使い手を見つけていこうと思っています。最初から良いとか悪いとか決めつけずに、多角的に見て判断していきたいですね。普通のお客さんよりも少しだけ多く芝居や舞踊を見てきた経験をふまえながら、先入観を持たずに作品を見る。それと、お客さんの反応をお客さんと一緒に舞台を見ながら受け止めていく。ここでの僕の役割は、作り手代表ではなく、この劇場に最も多く通う観客代表であること、だと思っています。

(「すぎなみ学倶楽部」2009年4月28日掲載)

5. むすびにかえて

　公共文化施設の芸術監督は、上演作品や事業活動における芸術の質を、高めるだけではなく、地域や専門家とのネットワークをつくり、舞台芸術と地域の、創造的「公共」の責任者である。

　今回の事例は演劇分野の芸術監督と、小規模な公共劇場を対象としたため、その考え方は演劇固有の表現形態や特性に依存する側面もある。同じ演劇人であっても、劇作家、演出家によって、理念や手法も異なり、劇場のつくりかた、作品の選びかたにも、当然のことながら芸術家の個性が発揮される。また音楽分野の芸術家が芸術監督に就任している施設、美術分野も含めて、それぞれの芸術監督を配する複合施設もある。全国の公共文化施設には、個々の地域特性もあれば、施設規模の違いもある。芸術家が多く居住する関東地域には優位性がある。だが、芸術家の誰もがすぐに芸術監督になれるわけではない。

　佐藤がいう、芸術家が芸術監督になるという、それ自体の公共的な価値を踏まえると、芸術監督の役割は、ただ与えられた職務をこなすだけではなく、公平な視点で、自らの知識や技術を、新たな公共的価値へと転換し、自ら芸術監督としての地位を確立することであろう。同時に、設置者である自治体あるいは運営母体は、中長期の文化振興ビジョンをつくるなかで、自らの文化施設の方向性を位置づけ、その施設に即した芸術監督あるいはプロデュー

サーを任命、指定管理者を選定し、そして成果指標をつくる必要がある。

　これまで、そして今も、劇場やホールで体感できる非日常性は、舞台芸術の魅力の1つである。それによって、とりわけ民間の劇場では、熱狂的な愛好者を惹きつけてきた。座・高円寺は芸術の質を担保する事業活動を充実させる一方で、佐藤信が今、座・高円寺で提唱する、いわば、地域コミュニティの「空き地」哲学は、これまでの劇場・ホールの軸を大きくずらす、パラダイムシフトである。ありふれた日常空間のなかに劇場らしきものが存在し、社会の多様性を包摂する。

　これまで規定されてきた、例えば、「公立」という制度的枠組み、そこから生じる意識、そして劇場やホールという施設には、決められた機構がある。だが、今、地域のすべての人に開かれた空間となるために、設置者である自治体は、今一度、施設のあり方と劇場やホールの持つ可能性を再検討すべきである。公立の文化施設が、「公立」ではなく、「公共」の意識を持った文化施設であろうとするとき、すべての公立の文化施設が、地域での創造的活動を可能にするのではなかろうか。

　本稿は、佐藤信の劇場論としても到底及ばないが、60年代小劇場運動の担い手となった演劇人たちが、「公」と「共」に開いた芸術監督という今日の姿は、1つの大きな功績だと考えている。

　研究者として理念や言葉で「公共性」について語ることも、もちろん容易くはないが、公共文化施設という現場で、目の前にある課題に身をもって直面し、運営に携わることもけっして容易なものではないだろう。芸術監督あるいはプロデューサーの考え方を蓄積しつつ、今後も公共文化施設のありかたについて、真摯に研究を進めていきたい。

・注
[1]　1943(昭和18)年、東京生まれ。1964(昭和39)年、俳優座養成所で知り合った串田和美、斎藤憐らと、「アンダーグランド・シアター自由劇場」をつくり、『イスメネ・控え室・地下鉄』や『あたしのビートルズ』などの公演で活躍する。その後、「演劇センター68」、「68/71黒色テント」(現黒テント)の結成に加わり、1970(昭和45)年以後、黒テントの作、演出を担当して、全国120都市におよぶ移動公演を行う。1969(昭和44)年に『おんなごろしあぶらの地獄』で紀伊國屋演劇賞受賞、1971(昭和46)年は『鼠小僧次郎吉』で岸田戯曲賞受賞。1980年代からは東南アジアを中心に海外の現代演劇や演劇人との交流を深め、劇団の活動以外に、オペラ、舞踊、人形芝居(結城座)、ショウやレビューなど、さまざまな分野の舞台づくりに参加。東京学芸大学教育学部教授を9年間務め、現在、個人劇

団「鴎座」を主宰する。(日本演出家協会『演出家の仕事——六〇年代・アングラ・演劇革命』(れんが書房新社、2006年、p.267)、鴎座公式サイト等参照)。
2 「演劇センター68」を前身として、3つの小劇団「六月劇場」(津野海太郎ら)、「発見の会」(瓜生良介ら)、「劇団自由劇場」が、既存の組織に頼らずに全国公演をおこなうネットワークづくりを目的に結成。1971年に「68/71黒色テント」、1990年に「劇団黒テント」に改称した。1976(昭和51)年にいったんテント公演による活動を休止し、1979(昭和54)年から「PETA」(フィリピン教育演劇協会)を通じて、アジアの演劇人やソーシャルワーカーたちと交流し、新しい創作活動を開始した。2005年、神楽坂岩戸町に「シアター・イワト」を開設し、新たな活動を展開する(早稲田演劇博物館、黒テント両公式サイト、松井憲太郎「演劇の公共圏に向かって——世田谷パブリックシアターの活動」京都造形芸術大学舞台芸術研究センター『舞台芸術05「劇場と社会」』(月曜社、2004年)等参照)。
3 これまで、世界の演劇人に影響を与えた「スズキ・メソッド」を開発した鈴木忠志の取り組み、公共劇場としては先駆的な、演劇・舞台技術学校を併設する兵庫のピッコロシアターがあり、世田谷パブリックシアターはワークショップやアートマネジメント講座など、積極的なアウトリーチ活動を行っている。「スズキ・メソッド」とは、俳優が身体をコントロールするために、重心や呼吸を体感し、自己の身体を客観化するための方法として生み出された俳優訓練法である(菅孝行『戦う演劇人』而立書房、2007年参照)。
4 水戸芸術館は、音楽、演劇、現代美術の専用施設を備え、芸術家の館長のもと、各部門に芸術監督制を導入し、自主企画事業を軸に、専属の楽団や劇団を置くという、画期的なものであった。演劇部門の初代芸術監督は鈴木忠志である。当時の水戸市長の文化政策(市の予算の1％を同館の管理運営に充てる)は、施設整備と貸し館事業を中心としてきた各自治体の文化政策に多大な影響を与えた。
5 扇田昭彦、山本健一「芸術監督」『知恵蔵』2005年版、朝日新聞社。2005年版より「芸術監督」の項目が加えられている。
6 財団法人舞台芸術財団演劇人会議『季刊演劇人』第22号、2006年、p.130。
7 例えば、オーバードホール(富山市民文化事業団運営)は、1996年の開館とともに芸術監督制を導入していたが、2003年に廃止し、プロデューサー制へ移行した。りゅーとぴあ(新潟市芸術文化振興財団運営、1998年開館)は、2004年、レジデンシャル・ダンス・カンパニーの設立とともに、芸術面を強化するため、それまでのアドバイザリー・プロデューサー制から芸術監督制に切り替えている。
8 新国の運営財団は、2008年6月30日、次期演劇芸術監督に宮田慶子の就任を決め、開館以来はじめてオペラ部門と舞踊部門合わせて3部門芸術監督が同時交代することを発表した。それにより、2007年に就任した鵜山仁が任期半ばに1期3年で退任することが決定した。これに対し、演劇関係者からの疑問が相次ぎ、演劇人有志と関係団体が再三にわたって「芸術監督選定のプロセス開示を求める声明」を発表したが、2009年、新国の理事であった小田島忠志と永井愛も辞任し、同年6月の新国側の記者会見で、事実上幕引きとなった(新国立劇場、日本劇作家協会公式サイトより整理)。
9 AICT(日本演劇評論家協会)センター『第二次シアターアーツ2009冬(41)』晩成書房、2009年、p.4(インタビュー「鵜山仁氏にきく——新国立劇場と芸術監督」)。
10 社団法人全国公立文化施設協会主催「平成21年度全国公立文化施設アートマネジメント研修会 舞台芸術フェア・アートマネジメントセミナー2010」プログラム5「私のやりたいこと——新国立劇場の次期芸術監督予定者として」(講師宮田慶子)、2010(平成22)年2月18日開催。
11 『読売新聞』2009年6月19日。
12 『朝日新聞』2009年9月7日。
13 「第7回神奈川県立新ホール開設推進委員会」会議録2009年8月31日開催(神奈川県公式サイト)。
14 Décret n° 72-904 du 2 octobre 1972 RELATIF AUX CONTRATS DE DECENTRALISATION DRAMATIQ.
15 Arrêté du 23 février 1995 fixant le contrat type de décentralisation dramatique.
16 1950年代当時、フランスでは地方において文化施設が不足し、国立演劇センターが開設されるとともに、多数の小規模の「文化の家」が設立されてきた。1990年代に入ると、「文化の家」は「国立舞台」という名称に統一して整備され、演劇、サーカス、ダンス、音楽、人形劇、映画上映等、多様

な芸術や施設を持たない劇団に上演の場を提供している。

17 クリスティアン・ビエ、クリストフ・トリオー［日本語版監修:佐伯隆幸］『演劇学の教科書』国書刊行会、2009年、p.612。
18 財団法人舞台芸術財団演劇人会議「季刊演劇人」第18号、2005年、p.41。
19 安藤隆之・井関隆『地域と演劇』勁草書房、2003年、p.107。
20 前出、『読売新聞』。
21 『産経新聞』2009年10月20日。(　)内は筆者補足。
22 前出、『朝日新聞』。
23 設計は(株)佐藤総合設計、施工は(株)大林組が担当し、施設の緑化整備、雨水の再利用や省エネルギーに配慮した施設となる。運営は京王設備サービス(2006年〜2036年、30年間契約)、音響コンサルタントとして永田音響設計が関与し、世界3大ピアノといわれるスタインウェイ、ベーゼンドルファー、ベヒシュタインを「大ホール」「小ホール」「グランサロン」に設置している(杉並区公式サイト「杉並公会堂改築並びに維持管理及び運営事業提案審査講評」(2002年11月26日)参照)。
24 1958(昭和33)年、東京八王子市生まれ。京都大学法学部を卒業後、松下政経塾(2期生)に入塾。1985年に東京都議会議員に最年少で当選し、衆議院議員も1期(1993年当選)務めたが、1996年、石原伸晃に敗れて落選し、1999(平成11)年に杉並区長に立候補し当選した。3期目を約1年残して、2010年5月に区長を辞職。現在、日本創新党(2010年4月創立)党首。同党は、前中田横浜市長らとともに、新しい国づくりを目指す「日本志民会議」(2009年10月31日設立)を母体とする(「松下政経塾」、「日本創新党」、「日本志民会議」、「山田宏」各公式サイト参照)。
25 1999年当時、約940億円を超える区債を抱えた杉並区の、行財政改革を中心とする山田前区長の取り組みが「杉並改革」と呼ばれるものである。区職員の接客の向上や仕事を見直す「5つ星区役所運動」を開始、任期3期目には、職員千人削減早期達成、869ある区役所の事務事業の6割を民営化、すべての区債残高の返済(2009年度までに109億円の償還)、財政基本条例の制定、土日区役所・土日議会の実現、区職員の採用や昇任についても、区独自の人事委員会の設置を公約に掲げ、改革を進めてきた。同改革の成果指標の一つに、近年における『全国市区の行政比較調査データ集』(日本経済新聞社調査)での高い評価(2008年度［第6回］調査における行政革新度(総合)：全国3位、利便度：全国1位)を挙げることができよう。
26 全国初の条例として、多選自粛条例である「杉並区長の在任期間に関する条例」(2003年3月)や「レジ袋有料化等の取組の推進に関する条例」(2008年3月)がある。2010年3月には「杉並区減税基金条例」案が区議会で可決された。これは毎年一般会計予算から基金を積み立て、利息分を区民税減税の原資に充てるというもの(『産経新聞』2010年3月13日、『毎日新聞』同年3月12日、杉並区、杉並区議会公式サイト等参照)。なお、多選自粛条例は、田中良新区長のもとで廃止されている(2010年12月)。
27 都内では、板橋区が「板橋区ボランティア活動推進条例」(1997年)を定めているが、NPO活動の推進に関する条例は杉並区だけである(2010年2月現在)。
28 都内では、2002年に目黒区(2007年に題名改正)、2004年に千代田区と立川市、2005年に練馬区、渋谷区、足立区、板橋区、2006年に世田谷区、2007年に港区と小金井市、2008年に昭島市、2009年に西東京市などが制定。
29 鼎談「座・高円寺はじまりの一年を振り返って」(座・高円寺発行フリーマガジンNo.3、2010年3月5日)。
30 高円寺阿波おどりは、1957(昭和32)年、現高円寺パル商店街振興組合に青年部が誕生し、その誕生記念行事として実施されたもの。隣接する阿佐ヶ谷の「七夕祭り」(1951(昭和26)年開始)が商店街の売り上げに貢献しており、それに奮起した高円寺が徳島の阿波踊りを始めたことによる。第1回大会では、参加者38名に観客2千人であったが、第9回(1965(昭和40)年)には800名の参加に、28万人の観客を迎え、66年、初の独立連の結成以後、本場徳島との連携を深め、2004年には参加連70、7,000人の踊り手と120万人の観客を動員するまでとなった(「NPO法人東京高円寺阿波おどり振興協会公式サイト」参照)。

31 杉並区民生活部管理課「高円寺改築について」参照(杉並区公式サイト)。
32 1941(昭和16)年、京城市(現ソウル市)生まれ。東京大学工学部建築学科卒業。1971年、(株)アーバンロボット(URBOT)設立(1979年に(株)伊東豊雄建築設計事務所に改称)。AIA(アメリカ建築家協会)名誉会員、RIBA(王立英国建築家協会)名誉会員、RIBAの「Royal Gold Medal」は、丹下健三(1965年)、磯崎新(1986(昭和61)年)、安藤忠雄(1997年)に次いで、2006年に伊東も受賞。2010年高松宮殿下記念世界文化賞受賞。公立文化施設としては「八代市立博物館・未来の森ミュージアム」(1991(平成3)年)や「長岡リリックホール」(1996年)なども手掛けており、舞台デザインや照明デザインなども行う(「伊東豊雄建築設計事務所公式サイト」、「Royal Gold Medal公式サイト」他参照)。
33 「世界劇場会議国際フォーラム2010」での講演より、2010年2月12日、愛知芸術劇場にて開催(同実行委員会発行『世界劇場会議国際フォーラム2010論文・報告集』同年3月31日も参照)。
34 『建築ノートEXTRA UNITED PROJECT FILES 02』誠文堂新光社、2009年、p.25。
35 杉並区議会議員藤原淳一(区民生活委員会委員長)「議会だより」(藤原淳一公式サイト)参照。
36 問1)施設の目的を知らない(54.2%)、問2)設置場所と開館時期の両方とも知らない(70.1%)、問3)どのような施設が設けられるのか知らない(76.6%)、問5)事業方針の内容を知らない(81.3%)(杉並区公式サイト「区政モニターアンケート調査」参照)。
37 「演劇情報サイト・ステージウェブ」2009年3月19日。
38 同前。
39 劇場創造アカデミーは、現代演劇やダンス、伝統芸能の領域で、第一線で活躍するアーティスト、スタッフ、批評家、研究者たちを講師陣に迎え、2年制のカリキュラムを提供する。選択できるコース(対象)は、1．演技コース(俳優、俳優トレーナー、ワークショップリーダー)、2．舞台演出コース(演出、美術・照明・音響プランナー、技術スタッフ)、3．劇場環境コース(制作、劇場運営、地域活動、劇場・演劇研究)の3つ。提携先は、立教大学大学院21世紀社会デザイン研究科、東京学芸大学教育学部、協力先は、日本劇作家協会、社)日本照明家協会、日本舞台音響家協会、いわき芸術文化交流館アリオス、まつもと市民芸術館、伊丹市立演劇ホール(アイホール)、北九州芸術劇場で、入所試験はこれらの公共施設の協力によって、各地巡回で実施する(「劇場創造アカデミー公式サイト」参照)。
40 「すぎなみ学倶楽部」芸術に関わる人(4)佐藤信取材記事、2009年4月28日掲載。
41 前出、「世界劇場会議国際フォーラム2010」での講演。
42 通常、演劇を目的とした空間の場合、完全な暗転の実現や照明のハレーションを避けるために内装を完全に黒にする場合が多い。しかし単なる黒いハコというだけではなく、作品を舞台に創造する際のコンテクスト(文脈)がゼロという意味も大きい(前出、『建築ノートEXTRA UNITED PROJECT FILES 02』、p.53)。
43 1975(昭和50)年、沖縄市での『阿部定の犬』公演使用許可取り消しをめぐる裁判に端を発し、松井憲太郎は、「演劇が「私的」な芸術表現として完結することはありえず、そもそも「公共」的に開かれた表現行為であるという、演劇表現が営まれる「場」の性格、あるいは演劇と社会の関係を問う運動」であると説明している(前出、『舞台芸術05「劇場と社会」』、pp.181-182より引用、高橋宏幸「公共という問題と黒テントの位置」発表資料(日本演劇学会秋季大会2009年11月1日)参照)。
44 前出、「世界劇場会議国際フォーラム2010」での講演。
45 前出、『建築ノートEXTRA UNITED PROJECT FILES 02』、p.35。
46 同前、p.37。
47 同前、p.119。( )内は、筆者の補足。
48 同前、p.117。
49 同前、p.37。
50 前出、「すぎなみ学倶楽部」。( )内は、筆者の補足。
51 「演劇情報サイト・ステージウェブ」2009年4月28日。
52 前出、「座・高円寺フリーマガジンNo.3」。

・引用文献

社団法人全国公立文化施設協会「公立文化施設の活性化についての提言―指定管理者制度の導入を契機として」2006年3月

社団法人日本芸能実演家団体協議会「社会の活力と創造的な発展をつくりだす劇場法(仮称)の提言」(平成20年度文化庁芸術活動基盤充実事業) 2009年3月

財団法人舞台芸術財団演劇人会議『季刊演劇人』第18号(2005年)、第22号(2006年)

AICT(日本演劇評論家協会)センター『第二次シアターアーツ2009冬(41)』晩成書房、2009年

クリスティアン・ビエ、クリストフ・トリオー［日本語版監修:佐伯隆幸］『演劇学の教科書』国書刊行会、2009年

安藤隆之、井関隆『地域と演劇』勁草書房、2003年

菅孝行『戦う演劇人 戦後演劇の思想』而立書房、2007年

日本経済新聞社産業地域研究所『2008年度(第6回)全国市区の行政比較調査データ集(行政革新度・行政サービス度)』日本経済新聞社、2009年

『建築ノートEXTRA UNITED PROJECT FILES 02』誠文堂新光社、2009年

『世界劇場会議国際フォーラム2010論文・報告集』同実行委員会、2010年

日本演出家協会『演出家の仕事―六〇年代・アングラ・演劇革命』れんが書房新社、2006年

京都造形大学舞台芸術研究センター『舞台芸術05「劇場と社会」』月曜社、2004年

衛紀生、本杉省三編著『地域に生きる劇場』芸団協出版部、2000年

朝日新聞社『知恵蔵』2005年版

＊新聞関係、インターネットサイトについては省略。

2部

地域社会との新たな連携がつくる「公共性」

第5章
ホールボランティアの可能性と課題
パティオ池鯉鮒(知立市文化会館)の事例を通して

宮治 磨里

1. パティオ池鯉鮒(知立市文化会館)とは

　愛知県の知立(ちりゅう)市は、三河地方にある人口7万人の小さな市である。周りを豊田市、刈谷市、安城市に囲まれ、東海道五十三次の39番目の宿場町「池鯉鮒(ちりふ)の宿」として江戸時代より栄えてきた。

　知立市文化会館(愛称：パティオ池鯉鮒、以下パティオ池鯉鮒)は、市制30周年を迎えた2000(平成12)年に開館した。1,004席の大ホールと293席の小ホール、リハーサル室やワークショップ室、4つの中庭(パティオ)を備える劇場で、毎年20万人以上の来館者で賑わう会館となっている。

　パティオ池鯉鮒が出来るまでの市民の文化活動の拠点は、市営の公会堂や公民館、市内の小学校の体育館であった。1970(昭和45)年に知立市文化協会が設立され、加盟団体はじめさまざまな文化団体の活動の場所に限界が生じると、次第に市民会館要望の声が高まるようになった。開館の15年ほど前から知立市の総合計画のなかで市民ホールの建設が検討され、建設研究会が組織された。そして、開館の4年前に「市民ホール活用協議会」が設立され、公募による一般市民がホールの施設や企画運営について研究、協議し、市に対して提言する機会が設けられた。これがパティオ池鯉鮒における、市民が参加する文化会館としての出発点であった。

　会館の運営組織としては、開館の前年に任意公益団体のちりゅう芸術創造協会(以下協会)が設立され、館長・芸術監督としてNHK出身の伊豫田静弘があたり、「顔なじみの文化」づくりに尽力した。氏の退任後、協会は2006

(平成18)年より指定管理者として知立市に指定され、現在職員17名(うちプロパー職員4名)が、さらなる地域文化の発展のために力を合わせている。

知立市の文化政策の観点から、パティオ池鯉鮒を確認すると、「知立市文化会館条例」は「知立市例規集」の「教育の編」、「社会教育の章」に収められている[1]。「知立市の芸術文化振興と福祉の向上を図るため会館を設置」するとされ、会館は、「芸術文化の振興に寄与する事業、会館の利用促進に関する事業、その他会館の設置目的を達成するために必要な事業」を行うことと規定されている。この条例を遂行するために、現在協会は、第5次知立市総合計画[2]、及び知立市生涯学習都市宣言[3]を基本理念とし、地域社会の文化向上に貢献している。

公立文化施設の多くは、社会教育施設と芸術文化施設としての両面をもち、ふたつの機能のバランスの加減は各地域の事情によって異なるといわれる[4]。パティオ池鯉鮒は生涯学習の理念を礎に、社会教育施設の機能に重きをおいたコミュニティシアターをめざしている。それは、公民館での市民の文化活動に限界が生じたことが、市民会館の建設につながった経緯からも明らかである。

パティオ池鯉鮒の運営事業費については、総支出として開館してから現在まで、毎年3億円ほどの経費がかかっている。2008(平成20)年度の実績を取り上げると、支出は、施設管理費が245,762千円、自主事業費支出が66,519千円、貸館事業費支出が4,858千円となっている。収入は、知立市からの指定管理料が246,926千円、自主事業収入が23,799千円、貸館事業収入が23,130千円、受託事業収入[5]が12,378千円、補助金収入[6]で11,120千円となっている。

こうしたなかで、自主事業は、「鑑賞」、「創造」、「育成」、「連携」という4つの柱に沿って、年間40企画ほど行っている。「鑑賞事業」は、質の高い舞台芸術に市民が触れるための機会を提供するもので、多くが「買い公演」といわれるものである。これに対し、自主制作するものが「創造事業」で、一線で活躍するアーティストとともに、地域でオリジナル作品を制作し発信している。そして、「育成事業」と「連携事業」は、主に地域住民との協働で手掛ける事業である。文化芸術に親しむアマチュア市民や若手アーティストを育成、応援すること、そしてホールボランティアや地域の文化団体などと連携することで、幅広く地域の文化振興に寄与している。

2. パティオ池鯉鮒のホールボランティア

　パティオ池鯉鮒では、ホールボランティアとの協働で行う事業を「連携事業」の主たるものとして位置づけている。ここでは、ボランティアの実態について、具体的に考察していく。

　ホールボランティアは、フロント接遇や技術支援など、自主事業の表方や裏方を担当することで、地域住民がホール運営に関わる１つの形として、この10年ほどで全国的に定着してきている。もともとはホールの人手不足を解決するためだったところもあるが、行政が地域住民をホールに取り込んでソフトを充実させていくための方法でもあった。

　清水裕之らが2003（平成15）年に全国2,768の公立文化ホールを対象に実施した調査によると[7]、回答1,200施設のうちの25％の施設で、何らかのボランティア活動が実施されている。内容は、チケットもぎりなどのフロント接遇が一番多く、次に自主事業の企画運営への参加、さらに技術支援、楽屋接遇などである。そしてホールボランティアには、行政や施設が取りまとめる形式のものと、自立した組織として、行政や施設と対等の関係を築くものがあり、多くは前者である[8]。

　パティオ池鯉鮒のホールボランティアも、こうしたボランティアの典型例である。行政、施設職員が一般市民に呼び掛ける形で、開館の前年にボランティアセミナーを開催した。参加者は建設中の会館を見学し、研修会等で劇場についての知識を深める機会が設けられた。前述した「市民ホール活用協議会」から、引き続き参加した市民が当初は７割程度を占めていた。ボランティアは「パティオ・ウェーブ（波）」と命名され、市民によるパティオ池鯉鮒の応援団として活動がスタートした。

　活動内容については、「企画制作」、「広報」、「フロント」、「舞台美術」、「舞台技術」という５つのセクションで発足した。「企画制作」「広報」「フロント」「舞台技術」については、前述の全国調査の動向と共通している。珍しいのは、「舞台美術」の分野があり、また５つものセクションが開館以降、継続的に活動をし続けているという点である。

　セクションの内容をもう少し詳しくみてみる。「企画制作」は、月１回のロビーコンサートや新人演奏家のデビューコンサートを自ら企画し、当日の運営も職員とともに行っている。「広報」は会館の文化情報誌の作成に関わり、

自らが記事の内容を考え取材も行っている。「フロント」は、多くのホールボランティアと共通するように、自主事業時の接遇業務にあたっている。「舞台美術・技術」は、自主事業時の裏方スタッフとして活躍している。「舞台美術」は、市民参加型の演劇公演で、舞台道具や衣裳の作成を担当、「舞台技術」は、舞台セットの設営のほか、照明仕込みや音響オペレートといった専門的な分野も担当するようになってきている。これらの参加はすべて無償であり、活動の状況によりポイント加算をするといった還付のシステムも一切ない。メンバーの「特典」として、年に2回程度、自主公演に家族を招待する「家族鑑賞会」を設けている。

　メンバー数については、立ち上げ当初は100名ほどでスタートし、2年ごとに更新するシステムとなっており、ここ数年は70名〜80名ほどで落ち着いている。2009（平成21）年度のメンバーは70名で、うち、企画制作は10名、広報は9名、フロントは31名、舞台美術は9名、舞台技術は11名となっている。知立市在住者が7割で他は刈谷市、安城市、豊田市といった近隣市町村在住で、男女比は3対7、年齢は30代〜70代である。このうち50代〜70代が7割以上を占める。

　パティオ池鯉鮒も、全国のホールボランティアと同様に、高齢化は否めず、「後継者育成」の問題が早くに浮上した。そのため、次世代に劇場の魅力やボランティア活動を伝えていくことを目的に、「パティオ・ウェーブ」の発足から5年ほどして、「ヤングパティオ・ウェーブ」を発足させた。これは知立市内の中学生、高校生によるボランティアであり、職員と「フロント」セクションの指導のもとで、フロント業務を体験し、その後に公演を鑑賞するというものである。「劇場が部活」を合言葉に、中高生に社会実習の場を提供している。2009年度は、中高生7名と保護者10名がメンバーとなっている。

　ボランティア全体の組織としては、代表者や責任者を置かないフラットなものである。行政主導で立ち上げられ、その後も市民組織として施設から切り離されることはなく、筆者ら施設職員が「事務局」を担当している。「創造考房」というボランティア専用の部屋はあるが、そこに常駐スタッフがいて専用電話があるわけではない。どの自主事業でどの程度のボランティアの力が必要となるかの判断や、それらをメンバーへ打診する業務は、すべて職員が行っている。また、多くのホールボランティア同様、舞台公演の専門的な

部分も手掛けるため、定期的に研修会を実施しているが、こうした機会の提案も、職員が行っているのが実情である。パティオ池鯉鮒のホールボランティアは、職員が「ボランティア・コーディネーター」の役目も務め、ボランティアとの距離を調整して事業を展開している。

3. パティオ池鯉鮒のホールボランティアの課題

　以上のようなパティオ池鯉鮒のホールボランティアは、全国的にみれば積極的な展開をしている例として報告できる。しかし、発足して10年を経た現在、活動が定着したからこそその新たな課題が生じている。以下、課題を2つ取り上げてみる。

　まずは、メンバー同士のコミュニケーションについての問題である。前述したとおり、「事務局」を施設職員が担当しているため、メンバーと職員のコミュニケーションは取りやすく、職員が配慮を怠らない限りは、問題は生じにくい。しかし、メンバー同士の交流や意思疎通にはどうしても限界が生じてしまう。セクションの内部で「定例会」を自主的に実施しているところもあるが、継続的な協議を必要としないセクションは、実施しておらず、メンバー全員が会し議論する機会が少ない。また、親睦を深めるために新年会や視察ツアーなども開催しているが、日常的なコミュニケーションは希薄になりがちである。これらを懸念し、セクションの垣根を越えて、メンバーの自由な交流を促すための「サロン」を始めた。これはボランティア自身からの発案で、気楽に立ち寄って集まったメンバーが自由に話し合いをする会であり、2008年の秋より、隔週で開いている。スペースも、これまでの「創造考房」を飛び出して、会館のオープンスペースに設け、より開かれた形での会合を目指している。これらサロンの試行数回は職員が参加したが、その後の参加は控え、メンバー同士の自由な交流や親睦、そして議論の場所となるように心掛けている。

　次の課題は、メンバーのやりがいについての問題である。これは「企画制作」「広報」「フロント」「舞台美術」「舞台技術」の5つのセクションのうち、「企画制作」に顕著になっている。「企画制作」以外のセクションは、基本的に、自主事業の表方や裏方のサポートという形にとどまるため、自主事業に関わるなかで、それぞれにやりがいや楽しさを感じやすいようである。もちろん、

さらに積極的な活動を意識しているメンバーにとっては、その受動的な役割に戸惑いもあるようである。しかし、全体としては、今後も充実した研修会を職員が用意するなどで、さらなるステップアップが期待できる。これに対し、「企画制作」セクションは、自らが企画して成し遂げること自体を目的としている。そのため、ホールの方針や方向性と合致せず、企画が実現しないことが重なると不満が蓄積しがちである。また、限られた範囲での企画制作業務は、現実的にやりがいにつながりにくい。やりがいを追求するならば、ある程度の自主性を尊重する必要があるため、解決策として、例えば具体的に一定の予算を渡し、その中で自主的に企画制作をしてもらうという方法もあるかもしれない。しかし、根本的な解決を考えるならば、ボランティア組織のあり方そのものを問い直す必要があるだろう。次に、パティオ池鯉鮒の後に開館した、東海地方の2館のホールボランティアと比較することで、この課題を考えたい。

4. 可児市と武豊町のホールボランティア

まず取り上げるのは、人口約10万2千人の岐阜県可児市の事例である。可児市では、文化創造センターala（アーラ）が2002（平成14）年に開館した。それを支える市民組織が「alaクルーズ」[9]である。「alaクルーズ」も、文化創造センター開館前に、その母体が立ち上げられている。もともとは、行政により立ち上げられた組織が、「市民懇談会」、「市民活動研究会」、「市民の会準備会」、「alaクルーズ」発起人会という形を経て、段階的に行政から切り離され、自立した市民組織へと移行している。そして開館の約半年前に「alaクルーズ」が会員124名で設立され、その2年後にはNPO法人となっている。現在「alaクルーズ」は、「自主運営組織として各種事業を展開するとともに」、文化創造センターの指定管理者である「（財）可児市文化芸術振興財団が行う諸事業と連携し」、「市民の文化芸術の創造と発展に寄与することを目的とし」、活動している。具体的には、コンサートや展示などを企画実施する「創造・企画グループ」、財団事業のフロントスタッフ協力などの「支援グループ」、広報誌の発行などの「広報グループ」の3つのセクションで展開されている。「alaクルーズ」は、財団の事業のサポートのみならず、文化創造センターを拠点に、独自の公益的な文化活動を展開しているといえる。

もう1つは、人口約4万2千人の愛知県知多郡武豊町の事例である。武豊町では、町直営の館として、2004(平成16)年に武豊町民会館「ゆめたろうプラザ」が開館している。この会館は、地域住民によるNPO法人が運営を担っている。こちらも開館前から、町民を対象としたワークショップで施設のあり方が議論された。そして自主事業については、準備事業実行委員会が結成され、開館前から町民会館プレ企画として鑑賞事業を実施している。そして開館後は実行委員会をもとに、開館後NPOたけとよ(NPO法人武豊文化創造協会)[10]が設立され、町からの支援を受けて、町民会館の受付窓口業務や一部自主事業に関わる業務を引き受けている。また、これとは別に、町民ボランティアとして「ゆめたろうスタッフ」が接遇業務などに携わっている。この会館は、行政とNPOが連携して町民会館の運営を担うという、全国的にみても珍しいケースである[11]。

　可児市や武豊町の例は、自主事業の表方や裏方の「サポート」というボランティアのスタイルとは一線を画し、NPOという形態の自立した市民組織として、ホール運営に関わっている例と捉えることができる。そして、どちらも財団や町が実施する自主事業とは棲み分けをする形で、地域住民自らが企画制作する事業を実施している。

　これに対しパティオ池鯉鮒は、前述したように、行政主導で立ち上げられた後も、市民組織として切り離されることはなく、現在に至っている。発足後しばらくして、メンバーのなかから組織の責任者や代表者を置こうという意見も出た。しかし最終的に、代表は置かず、全体の方向性や課題への対応は、各セクションの代表(世話人)で構成される「世話人会」で担うことが決められた。各セクションから世話人2名が選ばれ、年4回世話人会を実施している。この世話人も固定ではなく、2年ごとに交代されるようになっている。この流れは今も続いており、ボランティアのなかに責任者を求め、自立した組織となることを望む声はあがってきていない。職員が調整役に徹する「非自立型」組織が、パティオ池鯉鮒の形なのである。

　知立市も可児市も武豊町も、会館がオープンする前に、公募で選ばれた市民が施設について議論する機会が設けられ、それがホールボランティアや市民組織へと繋がった点では共通している。段階的に行政や施設からどのように切り離されたかによって、最終的なボランティアの組織の形が異なったと

いえる。

5. パティオ池鯉鮒のホールボランティアの可能性

　ここでホールボランティアを理論的に捉えた清水裕之の考察を取り上げてみたい。清水はユルゲン・ハーバマスの「市民的公共性」、「文芸的公共性」の概念をもとに、公立文化施設のあるべき姿について論じている[12]。公立文化施設は、「開かれた公共圏発生装置」となるべきで、「他者を意識し、相互理解を涵養する装置として、極めて重要な存在」[13]としている。そして、ボランティア活動についても、互助福祉活動や自己実現を超えて、「むしろ、新しい市民的公共性の登場と本質を同じくし、市民自らが社会に要請されるさまざまな意思決定に主体的に参加する新しい形の公共的な仕組みとして捉える必要がある」[14]という。さらに、こうした新しい公共性を担うためには、行政や施設側がとりまとめる形態のボランティア組織が我が国では多いとしながらも、最終的には、ボランティアが自立した組織を構築し、行政や施設と対等の関係にあるものが、「役割分担が明確で」「好ましい」としている[15]。これらを踏まえると、パティオの池鯉鮒のホールボランティアの方向性や課題はどのように把握できるだろうか。

　新しい公共性の担い手として、ホールボランティアを捉えるならば、清水も指摘するように、ある程度自立し開かれた市民組織となるべきだろう。可児市や武豊町の例は、その意味で理想的といえる。パティオ池鯉鮒も、メンバーのやりがいを追求するなかで、やがて自主性が大きな問題となった場合は、組織のあり方を変えていく必要が生じるかもしれない。

　しかし、パティオ池鯉鮒をはじめ、多くのホールボランティアが、行政や施設の調整のうえで成り立ってきた我が国の状況を踏まえるなら、「非自立型」として出発したボランティアが将来どのように進んでいくべきなのか、現実的な方向も考えなくてはいけない。実は職員として現場にいる筆者は、「非自立型」のボランティア組織のメリットも感じている。

　まずは、地域住民が広く参加しやすい環境をつくりやすい点である[16]。事務局を施設職員が担当し、ボランティアをケアする状況は、初心者にとっては「入りやすい」と感じるだろう。ホールボランティアに興味をもって気軽に参加してみようという人を取り込みやすく、結果的に広がりのある住民参

加を促しやすい。この点では、自立した市民組織よりはメリットがあるように思う。職員のケアとボランティア自身の人的ネットワークの相乗効果によって、地域住民に開かれた環境をつくり出すことが可能となる。

　そして、自主事業の制作の観点からもメリットを感じている。パティオ池鯉鮒では、ボランティアの企画セクションが自ら事業を企画する場合にも、アーティストとの交渉などは職員が行い、アーティストとボランティアの間を取り持っている。プロのアーティストが安心して舞台公演に臨めるような環境づくりは職員が主役で行い、ボランティアはサポート役となっている。ボランティアからの提言をもとに、市民の目線に立った企画を、職員が専門的に制作していくことができれば、絶妙な「連携プレー」となり、事業に広がりが出てくるだろう[17]。可児市や武豊町などの場合は、文化芸術に関心をもつ市民が責任をもってアーティストと接し、その意味ではアーティストとの信頼関係は築かれているだろう。しかし、自主事業の広がりという点からは、施設と市民組織それぞれの自主事業で棲み分けを試みるよりも、連携して事業展開を試みた方が、より効果があるのではないだろうか。施設に自主事業の制作に携わる専門職員がいる場合はなおさらである。

　それではパティオ池鯉鮒で、今後、こうしたメリットを生かしながら、なお且つボランティア自身のやりがいを追求し、自主性を高めていけるような方法はあるのだろうか。前述したように、部分的、実験的に任せる部分も必要となってくるだろう。自主事業の制作は職員がメインで行う方がベターであっても、事業によっては、アーティストとの交渉を全て「企画制作」セクションのボランティアが行うのも方法かもしれない。また、ボランティアのスキルを磨く研修会も、ボランティア自身が考えていく機会を設ける方がいいだろう。やりがいを追求し、自分自身をより高めるために、こうした要望は出てきて当然とも思う。一方で、職員は新しいメンバーのために入門としての研修を継続して用意するべきである。さらに、メンバーへの事務連絡は現在職員が行っているが、今後は、セクションの「世話人」に伝えることで、メンバー全員に伝わるような「連絡網」のシステムも必要かもしれない。

　いずれにせよ、こうした動きは、一部のメンバーに過度の負担がかかる危険性があり、これまで築き上げてきたボランティア同士のネットワークや、ボランティアと職員とのつながりに亀裂が生じる可能性もある。こうしたこ

とのないよう、その時々で1つひとつ課題に向けた解決策を焦らずに検討し、実行する他ない。そこには、土地柄や地域住民の気質も関係してくるだろう。筆者は、代表者を求めないパティオ池鯉鮒の「非自立型」組織のあり方は、穏やかな「三河人」気質も手伝っているように思っている。コミュニティシアターとして生き続けるためには、こうした風土を大切にすることを忘れてはならない。

　ボランティアの自主性については、最終的には市民社会の成熟度に関する問題ともいえる。阪神淡路大震災を機に、ボランティア活動が全国的な広がりをみせ、特定非営利活動促進法の制定につながった。この15年ほどの間にさまざまな市民活動が展開されるようになり、市民社会は成熟期を迎えたともいわれる。しかし、文化芸術の分野においては、市民による公益活動はまだ始まったばかりといえるだろう。「箱モノ行政」と批判された公立文化施設が、ホールボランティアという仕組みにより地域住民を取り込んだ功績は大きいが、本当の意味で市民社会が到来し、市民自治が行われるようになるには、まだ道のりは長い。

・注
1　知立市のホームページを参照、引用した（http://www.city.chiryu.aichi.jp/d1w_reiki/reiki.html）。
2　基本構想（2003～2014（平成26）年）には、知立市は将来像「輝くまちみんなの知立」の実現のために「まなびのまち」として、学びたい人が気軽にさまざまな知識や技術、芸術文化に触れるまちを目指すことが謳われている。そのために、文化会館の有効活用、地域文化財や伝統芸能の保存と伝承に努めることが具体的に定められている。http://www.city.chiryu.aichi.jp/0000001332.html参照。
3　2001年に制定された宣言で内容は以下。「私たち知立市民は、知をたてて、理想をかかげ、ゆっくりと、うるおいもとめ、生涯学ぶことを決意し、ここに生涯学習都市を宣言する」（http://www.city.chiryu.aichi.jp/0000000255.html参照）。
4　古賀弥生『芸術文化がまちをつくる―地域文化政策の担い手たち』九州大学出版会、2008年、p.71。
5　受託事業とはパティオ池鯉鮒が制作した公演を主催者から委託されて行うもの。職員がマネジメントを担当し、小中学校や他地域のホール等で開催している。
6　補助金収入の主なものは、文化庁（芸術拠点形成事業）、地域創造によるものである。
7　清水裕之他『新訂アーツ・マネジメント』放送大学教育振興会、2007年、p.124。
8　前同、p.124、139。
9　以下「alaクルーズ」については、ホームページを参照した。http://www.kpac.or.jp/alacrews/参照。
10　NPOたけとよ（NPO法人武豊文化創造協会）については、ホームページ及び、下記論文を参照した。
・　http://www.yumetaro.net/npo/index.html
・　竹本義明「地方公共ホールの事業マネジメント―武豊町民会館の管理・運営を例に」『世界劇場会議国際フォーラム2009』論文・報告集vol.12、世界劇場会議国際フォーラム2009実行委員会、2009年、pp.138－140。

11 前同、p.140。
12 清水裕之『21世紀の地域劇場』鹿島出版会、1999年、pp.140－150、清水裕之他『地域に生きる劇場』芸団協出版部、2000年、pp.8－28、清水裕之他『新訂アーツ・マネジメント』放送大学教育振興会、2007年、pp.119－123。
13 清水裕之他、前掲書、2000年、pp.12-13。
14 清水裕之他、前掲書、2007年、p.122。
15 前同、p.139。
16 清水も民間の組織に行政が意識的に関わることで「申し込みやすさ」があると指摘し、そこに「官民連携の妙」があると述べている(前同、p.139)。
17 制作を職員がした方が事業に広がりが出るという見解は、10年以上前に津村卓が主張している。津村は「企画制作」をボランティアの仕事とすること自体を難しいとしている。吉本光宏他「ボランティア整理学」『地域創造 Autumn1997,vol.3』地域創造、1997年、p.21。

・参考文献
上野征洋『文化政策を学ぶ人のために』世界思想社、2002年
古賀弥生『芸術文化がまちをつくる―地域文化政策の担い手たち』九州大学出版会、2008年
小林真理他『指定管理者制度―文化的公共性を支えるのは誰か』時事通信社、2006年
清水裕之『21世紀の地域劇場』鹿島出版会、1999年
清水裕之他『地域に生きる劇場』芸団協出版部、2000年
清水裕之他『新訂アーツ・マネジメント』放送大学教育振興会、2007年
竹本義明「地方公共ホールの事業マネジメント―武豊町民会館の管理・運営を例に」『世界劇場会議国際フォーラム2009』論文・報告集vol.12、世界劇場会議国際フォーラム2009実行委員会、2009年
中川幾郎他『指定管理者制度は今どうなっているのか』水曜社、2007年
吉本光宏他「ボランティア整理学」『地域創造 Autumn1997,vol.3』地域創造、1997年

第6章
まちづくり、ひとづくりへの挑戦
さきらジュニアオーケストラ・アカデミー（栗東芸術文化会館さきら）

小石 かつら

1. はじめに

　背中にヴァイオリン、手には教材がぎっしりつまった大きな鞄をいくつも持って子ども達が集まってくる。チェロの子ども達は文字通り楽器を引きずっている。小さな弟妹の手をひいた父母はそれぞれに談笑し、ちょっとしたピクニックの雰囲気も漂う。栗東芸術文化会館さきらの毎週土曜日の光景だ。
　地域社会との新たな連携による公共性、ということを考えるとき、滋賀県栗東市の栗東芸術文化会館さきらにおける「さきらジュニアオーケストラ・アカデミー」（以下さきらJOA）の取り組みは注目に値すべきものである。2005（平成17）年6月に開校したさきらJOAは、弦楽器を初めて手にする子どもから経験者まで、県内に住む小中学生を対象にした「アカデミー」[1]だ。学校でもなく、一般的な音楽教室でもない。これは、芸術をとおして「まちづくり、ひとづくり」をめざす地方公共ホールの先鋭的な取り組みの例である。本章は、このさきらJOAに注目し、前例が無いが故の手探りの運営、これまでの成果、そして問題点を浮き彫りにしていくものである。
　それではまず、栗東芸術文化会館さきらの概要から記そう。

2.「栗東芸術文化会館さきら」の概要
2−1. 栗東市の位置と人口規模
　滋賀県の南部に位置する栗東市は、旧東海道・中山道、東海道新幹線、名神高速道路等が通る交通の要所として製造業・商業・流通業など数多くの企

業が立地し、現在、発展を続ける街である。1991(平成3)年にJR琵琶湖線栗東駅が開設されたことから京都、大阪、神戸への通勤圏となり、大規模な住宅整備が進み、人口増加が続いている。2010(平成22)年1月1日現在、世帯数23,570戸、人口64,727人を擁する。ただし栗東市は近隣市と平地で隣接し、交通の便もよいことから、生活圏としての状況を考えるとき、北西に接する草津市、北東に接する守山市、野洲市を加えて捉えるほうが現実的であろう。実際、JR栗東駅から守山市域へは徒歩10分圏内であるし、草津市域もほぼ同様の地理関係にある。この4市を広域圏とすると、人口は約30万人となる。

2-2. 「栗東芸術文化会館さきら」の概要

「栗東芸術文化会館さきら」は1999(平成11)年10月、JR栗東駅前に開館した。以下その概要を簡単に紹介する。

設立の経緯・理念

栗東芸術文化会館さきらの構想準備が始まったのは1983(昭和58)年、バブルに突入するころだ。しかし他の自治体の趨勢とは異なり、栗東では常にハードよりもソフトを重視する姿勢で準備が進められた。その一環として、音楽振興会(1988(昭和63)年)、少年少女合唱団(1993(平成5)年)、演劇祭実行委員会(同年)等が順次立ち上げられる。構想準備開始から12年を経た1995(平成7)年、既にバブルは終わっていたが、「(仮称)町民会館建設準備室」が設置され、本格的に計画が始動する。建設準備とともにプレ・オープニング事業[2]が実施され、設備・備品計画と共にピアノ購入のための楽器選考等も進められた。ジュニアオーケストラ計画が出現するのもこの時点であり、これ以降、「オーケストラをつくる」ということが常に念頭におかれることとなる。

栗東芸術文化会館さきらの創設にあたり掲げられた基本理念は以下の3点だ。1点目は、ホールが、まちづくり・ひとづくりの拠点となることであり、これは、ホールが鑑賞の場であると同時に自らが参加して創造する場であるという前提から、自己実現の場をめざすという考えに立脚している。そして2点目は、ホールが観客・出演者・スタッフ・訪問するすべての人々の交流の拠点となることであり、3点目は、芸術文化情報の受発信の拠点となるこ

とである。

　施設の名称「芸術文化会館」にもこだわりがある。これは設立の目的を芸術に特化し、芸術の中の芸術文化、という位置づけを基本に据える姿勢を示すものである。実際、大ホールの座席数は800席であり、これは一般的な自治体のホールに比べて小さい。多目的ではなく音楽専用を意識した所以である。また、愛称である「さきら」は、「才気」「先端」「将来」を意味する古語で、「新しく挑んでいく」ことを念頭においていることを表している。

　つまり栗東芸術文化会館さきらは、いわゆる社会教育(生涯学習)施設としてだけではなく、芸術文化に重点を置くことにより、まちづくりの起爆剤的効果をめざし、近隣公共ホール(県内)との棲み分けを構想当初より意識し、隣接市(広域圏＝草津市、栗東市、守山市、野洲市)を巻き込んだセンター構想を中核に据えて計画が進められたのである。このような「新しい地域文化の創造」を最大の目標と掲げた栗東芸術文化会館さきらは1997(平成9)年7月着工、1999(平成11)年2月末に竣工し、開館準備や市民文化活動への無料開放期間を経て、同年10月1日に開館した。

事業内容

　2000(平成12)年度よりレギュラーシーズンを開始した栗東芸術文化会館さきらが、前述の理念のもと展開する事業の概要は以下のとおりである。

　まず「鑑賞事業」としては、初めて芸術に接する地域住民に、いかにプロデュースしていくのか、ということに主眼が据えられている。具体的には、プレレクチャーやアフタートークで鑑賞をフォローする等、プロデューサーの企画意図が明確な事業展開がめざされている。

　次に「育成事業」としては、音楽や演劇のワークショップとして、本章で中心的に扱う「ジュニアオーケストラ・アカデミー」および「演劇トレーニングセンター」があり、さらに市民参加の公演と舞台の創造事業として、「創造ミュージカル」を開催している。

　この他「賑わい事業」として、お祭りづくりが手がけられており、交流の拠点である会館前の広場を使った催しが企画されている。さらには市民による文化ボランティアにも力を注いでいる。いずれも確固たるスタンスに基づくものであるが、とりわけオーケストラ、演劇、ミュージカルを擁する育成事業は栗東芸術文化会館さきらの独自のものであり、設立構想段階から培わ

れたソフトが脈々と受け継がれていることを示すものである。

3. さきらジュニアオーケストラ・アカデミー（さきらJOA）

このような栗東芸術文化会館さきらの事業の中でも、創造的育成事業として位置づけられ、大きな役割を担っているのが、2005(平成17)年に開校した「さきらジュニアオーケストラ・アカデミー」だ。以下、設立準備段階からの取り組みをたどったうえで、さきらJOAの目的、授業内容、行事等を順に記していこう。

3-1. さきらJOAのあゆみ

さきらJOAの設立構想は前述のとおり、開館前の1995(平成7)年にさかのぼる。栗東芸術文化会館さきらの開館は1999(平成11)年10月であるが、5年半にわたるソフト先行事業の中で準備が既に始められていた。ここにその概略を記そう。

準備段階の取り組み

1995(平成7)年より、ホール建設に向けて、音楽専用ホールにすることや、それに伴う楽器庫の設計及び楽器の購入の検討が開始される。滋賀県においては中学、高校、大学等のクラブ活動としてもオーケストラの存在が希薄であったため、オーケストラの設立や、その拠点となりうることを念頭においた計画が立てられた。実際には1999(平成11)年2月に楽器が購入される。購入楽器は表1のとおりで、子どものための弦楽器及び個人で所有しにくい管楽器が中心であった。

表1　購入楽器一覧

ヴァイオリン：1/8、1/4、1/2、3/4の分数楽器をそれぞれ2〜3台。フルサイズ3台
ヴィオラ：フルサイズ3台
チェロ：1/8、1/4、1/2、3/4の分数楽器をそれぞれ2〜3台。フルサイズ3台
コントラバス：2本
管楽器：バストロンボーン、バリトンサックス、チューバ、アルトクラリネット、バスクラリネット
打楽器：ティンパニ、鍵盤4種：マリンバ、シロフォン、グロッケン、ビブラフォン、チャイム、ゴング、バスドラム、和太鼓、コンガ、ドラムセット、スネアドラム

開館前の取り組み(1995(平成7)年～)

　上記のハードの充実と同時にソフト事業もまた、市内公民館や学校を会場としてさまざまに繰り広げられた。この間に行われたオーケストラ関連の取り組みは表2の通りである。

表2　開館前のオーケストラ関連の取り組み

```
■1996(平成8)年度
 9月26日(木)栗東町立中央公民館大ホール
 文化のまちづくり事業・(仮称)栗東町民会館建設プレ事業～ハートストック栗東～
 「NHK交響楽団シュトス弦楽四重奏団室内楽コンサート」
 「子どもたちを育む芸術鑑賞事業」
 京都フィルハーモニー室内合奏団コンサート

■1997(平成9)年度
 5月18日(日)栗東町立中央公民館大ホール
 文化のまちづくり事業・(仮称)栗東町民会館建設プレ事業～ハートストック栗東～
 「ヤン・チャイコフスキーピアノコンサート」(共演：京都フィルハーモニー室内合奏団)
 関連企画：ペーター・アイヒャー教授ピアノ公開レッスン

■1998(平成10)年度
 1月31日(日)栗東町立中央公民館大ホール
 文化のまちづくり事業・(仮称)栗東町民会館建設プレ事業～ハートストック栗東～
 「N響シリーズコンサート　大林修子ヴァイオリンリサイタル」
 終演後「ヴァイオリンを触ってみよう、弾いてみよう」企画開催

 2月21日(日)栗東町立中央公民館大ホール
 文化のまちづくり事業・(仮称)栗東町民会館建設プレ事業～ハートストック栗東～
 「N響シリーズコンサート　金管五重奏コンサート」
 「子どもたちを育む芸術鑑賞事業」
 保育園児から小学校2年生まで「ロバの音楽座　愉快なコンサート」
 小学校3年生から中学生まで「関西オールスターズ　ジャズコンサート」
```

　このように、NHK交響楽団の協力をえて4つの事業(コンサート)が開催され、その内の2回では、聴衆の参加可能な催しが追加されている。これと同時に1996(平成8)年度から始められた「子どもたちを育む芸術鑑賞事業」は、栗東市内の保育園に通う幼児から中学生まで全ての子どもたちを対象にしたものである。子どもに音楽と触れる機会を提供し、参加可能な場をもうける、という点において一貫した姿勢がこの時点から既に明確に示されている。この事業はこの年以降、音楽ジャンルと演劇ジャンルを隔年開催し、栗

東芸術文化会館さきらのオーケストラ関連・育成関連の中心的役割を担う取り組みとなったが、開館後の2004(平成16)年、至極単純に予算の都合で廃止された。後述するが、これは「公共」ホールの運営が自治体の政治によって左右され、長期的な育成事業の実施が大変難しい状況にあることを示している。そのような中、栗東芸術文化会館の場合、現場で働く担当者が変わらないことが救いとなっている。構想段階より現在まで中心となって現場で働く企画・開発係長山本達也氏のインタビューをここに記そう。

企画・開発係長　山本達也氏インタビュー：設立への夢と熱いおもい

　小学生のころよりトランペットクラブでの活動が楽しくて、中学校も高校もブラスバンドに夢中でした。大学生になってからは、小中時代からの仲間が集まって地元栗東にブラスバンドを結成。補助金の申請等で市役所に出入りし始めたのもこの頃です。同時に、近隣のホールを活動場所として使う中で、その使いにくさが身にしみました。地元の栗東町に「ホールを作る」という計画があることを知り、公務員として栗東町に就職します。1988年に立ち上げられた音楽振興会では当初より理事として仕事をし、1995年に町民会館建設準備室が出来てからは、ひたすらホール見学、コンサート見学、資料収集に明け暮れ、ヨーロッパへの視察も行いました。利用者だった自らの経験を踏まえて、栗東に新しく作るホールは、フランチャイズのオーケストラ等の演奏団体が拠点とするような場であってほしいと考えました。実際、設立10周年を迎えた現在まで、貸し館としても利用者の方々には使いやすいといっていただき好評で、稼働率もとても高いです。
　大都会でも田舎でもない栗東の地理的特徴に、人口流入が多く、流出が少ないということがあります。新しい街として、人と人のつながりを保存すること、また人と人がつなぐ役割がとても大きいと感じています。人が生活の中で時間を過ごすところ、例えば家の外に遊ぶ場所があってお茶を飲む場所がある、というようなヨーロッパ感覚の街の利用ができる街になれば素敵だな、と思い描いています。「さきら」が地域コミュニティにとって必要不可欠な存在になることが目標です。そしてコミュニティを維持するためには、次々と新しいことをやる必要性を感じています。劇場に行ったことのない人が初めて劇場に来て、その体験で人生が変わるような仕事がしたいと思っています。

　山本氏のインタビューからは、十分な準備期間の内に、建設されるホールそのものだけではなく、新しい街としての都市計画までが視野に入れられ、住民のコミュニティ形成の拠点となるべく構想されてきたことが確認できる。2-2に記した設立の経緯の全てにも山本氏が関わり、理念の設定にも携わっていた。このように長期的視座に立った担当者が存在するということが、栗東芸術文化会館の何よりの長所であり、それ故に、持続的取り組みが大前提となる「教育」分野への挑戦が可能になったことは明確である。

開館後の取り組み(1999(平成11)年10月～)

　1999(平成11)年10月に開館した後は京都フィルハーモニー室内合奏団と協同し、弦楽器ワークショップを開催することがオーケストラ関連事業の中心となった。開館後のオーケストラ関連事業は表3の通りである。

　表3からは、まず何より事業費が毎年大幅に減少していることがわかる。最後の2003(平成15)年度は初年度の4分の1以下である。それに対して事業数はむしろ増えている。事業費および事業数は会館全体のものであり、オーケストラ関連事業のみの数字ではないことから正確なことはいえないが、次に記すように、事業が継続開催できないことや、開催数や時期が一定しないことは、事業費の削減、ならびに事業数等に示される運営上の縛りがその原因にあることは否めない。2年目の2000(平成12)年度に始まった「オーケストラとあそぼ。」は継続開催をめざすものであったが、翌2001(平成13)年度は開催できず、2002(平成14)年度、2003(平成15)年度は後述する弦楽器ワークショップの最終回と合わせての開催となった。もうひとつの取り組みであり、オーケストラ関連事業の中核をなす「弦楽器ワークショップ」は3ヶ月おきの開催をめざし、2001(平成13)年度よりレギュラー化した。2001(平成13)年度には1回、2002(平成14)年度には3回、2003(平成15)年度には2回開催された。「オーケストラとあそぼ。」と「弦楽器ワークショップ」は、京都フィルハーモニー室内合奏団の弦楽器奏者5～6人が指導者となり、ヴァイオリン、ヴィオラ、チェロ、コントラバスでの参加が可能で、子どもから成人までを対象にしたものであり、2001(平成13)年度のワークショップからは初心者も対象に加えている。弦楽器ワークショップは、毎週1回開催し、約2ヶ月半、全10回の最後に成果発表の機会を設けるスタイルを取っている。参加者は最初の2回は24名、3回目からは35名～47名で推移していた。結果として実際に、この時期のワークショップに参加して、さきらJOAに入校し、本格的に楽器を始めた子どもたちが相当数存在する。さきらJOAの準備事業としても成功した事業だといえるだろう。

本格始動(2004(平成16)年夏～)

　上述のような開館前のソフト先行時代の約5年半、開館後の弦楽器ワークショップを中心とした約5年間の取り組み期間を経て、単発の催しではない創造的育成事業としての「ジュニアオーケストラ・アカデミー」の設立が本

格的に始動する。長期的視点を有すること、持続可能なシステムを構築する

表3　開館後のオーケストラ関連事業

■1999（平成11）年度：事業数35、事業費約220,000千円
　12月3日（金）栗東芸術文化会館さきら大ホール
　　　　　オープニング事業
　　　　　「N響メンバーによるさきらスペシャルコンサート」
　1月29日（土）栗東芸術文化会館さきら大ホール
　　　　　「さきらニューイヤーコンサート　ウィーンはあなたの夢の街」
　　　　　京都フィルハーモニー室内合奏団
■2000（平成12）年度：事業数47、事業費約140,000千円
　3月25日（日）栗東芸術文化会館さきら大ホール
　　　　　さきら・京フィルプロデュース　こども・親子・家族のためのクラシックコンサート
　　　　　「オーケストラとあそぼ。」
　　　　　関連企画：みんなでオーケストラ企画
　　　　　　　　　　子ども〜大人16名が参加、5回の練習　≪威風堂々≫を共演
■2001（平成13）年度：事業数42、事業費約120,000千円
　10月〜12月「さきら弦楽器ワークショップvol.1」　10回開催、24名参加
　12月23日　「さきらフェスティバル―音楽―」にて成果発表会（小ホール）　クリスマスソングを演奏
■2002（平成14）年度：事業数48、事業費約80,000千円
　5月30日〜7月27日
　　　　　「さきら弦楽器ワークショップvol.2　第1期」　10回開催、24名参加
　7月27日　「さきらフェスティバル―こども―」にて成果発表会（中ホール）
　10月24日〜12月23日
　　　　　「さきら弦楽器ワークショップvol.2　第2期」　10回開催、47名参加
　12月23日　「オーケストラとあそぼ。」に出演（大ホール）
　　　　　≪フィンランディア≫を共演
　1月23日〜3月26日
　　　　　「さきら弦楽器ワークショップvol.2　第3期」　10回開催、35名参加
　3月26日　「京フィルミニコンサートと成果発表会」（中ホール）
　　　　　≪カノン≫、≪キラキラ星≫、≪大きな古時計≫、≪セントポール組曲≫を演奏
■2003（平成15）年度：事業数50、事業費約50,000千円
　5月22日〜7月26日
　　　　　「さきら弦楽器ワークショップvol.3　第1期」　10回開催、35名参加
　7月26日　「さきらフェスティバル―こども―」にて成果発表会（大ホール）
　　　　　≪ちょうちょう≫、≪ファランドール≫、≪ルーマニア狂詩曲≫を演奏
　11月8日〜1月24日
　　　　　「さきら弦楽器ワークショップvol.3　第2期」　10回開催、45名参加
　1月24日　「オーケストラとあそぼ。」に出演（大ホール）
　　　　　≪ダッタン人の踊り≫を共演

ことが何よりの課題であった。そのために必要な芸術監督的役割を果たす人材として、地元の音楽家である中谷満氏(元大阪フィルハーモニー交響楽団打楽器奏者)、ヴァイオリニストの藤井允人氏(元大阪フィルハーモニー交響楽団コンサートマスター)を迎え、音楽的な総轄を委任し、子どもに特化した育成系の取り組みとして開始した。子どもに特化したのは、人口急増地域の特性を鑑みてのことであるが、この判断には予算規模等の問題もはらんでいる。また、持続可能なシステムであることを大前提に据え、楽器を個人持ちとする、受講料を設定する等の措置がとられた。

さきらJOAは2004(平成16)年夏にワークショップを開催、その成果発表を兼ねた演奏会を「スペシャルジュニアオーケストラ」として開催(10月1日、開館5周年事業の一環)してスタートした。その後、生徒募集等の準備期間を経て、2005(平成17)年6月、正式に開校した。小学1年生から中学2年生までの30名の参加者に、講師は、ヴァイオリン担当が先述の藤井氏を含めて3名、音楽基礎担当が中谷氏や歌の指導者を含めて5名であった。運営費は、主催事業としての事業料(栗東芸術文化会館さきら)、受益者負担(受講者受講料)、および助成(文化庁「文化芸術による創造のまち」支援事業と栗東市)の3種でまかなわれた[3]。

3-2. さきらJOAの内容

さきらJOAの内容を記述するにあたり、まず校長の藤井允人氏のインタビューを紹介しよう。

> **校長 藤井允人氏インタビュー：掲げる理想**
> ジュニアオーケストラをつくろう、という時、まっさきに思ったのは「自分の意志で弾ける子どもを育てたい」ということでした。「先生が教えた通りに弾ける」という人材は多くいます。でも、そういう人材が例えばオーケストラに入ったら、指揮者のいう通りにしか弾けないのです。「長いものに巻かれる」、「権力に弱い」という実態が、残念ながらオーケストラにはあります。これは社会の実態とも共通することです。「自分はこう弾きたいけれど、指揮者／先生はこういっている」と、違いがわかって演奏できる人材が必要なのです。ただ楽譜を表面的に読めるだけではなく、この音符にはどういう意味があるのか、この和音にはどういう意味があるのか、正確に読み取れる能力とセンス。そしてこのような「楽譜を正しく読む、あるいは正しく分析する」という行為は、大作曲家と直接相対することに他なりません。楽譜を通して天才たちと一対一で会話できるなんて、なんて贅沢な経験でしょう！ 子どもたちの発想は柔軟で豊かで多

> 彩で、いつも、多くのものを教えられていることも白状しなくてはなりません。教えるために、とてもたくさんの勉強も必要です。さきらJOAは「オーケストラ革命」だと思っています。昨今のメディアの発達により、自宅で安易に音楽が聴けるようになって、演奏会に来るお客さんにも意志が無くなってしまったのが現状です。意志を持って教え、意志を持って勉強し、意志を持って演奏し、意志を持って聴く。これは市民生活においても重要なこと。まちづくり、ひとづくりの理念とも一致することだと信じています。

藤井氏が語るように、さきらJOAは楽器演奏だけでなく、楽譜を読むこと（理解すること）、すなわち作曲家と向き合う力を養うことを目標にしている。そのために、楽典や歌を学ぶ「音楽基礎」の授業を必須としている。これは「アカデミー」としても、また授業内容としても、テクニックだけではなく音楽そのものと向き合うことを重視することで、真理を探究する力を身につけることをめざしているからである。このように演奏家を育てることを目的とするのではなく、人格形成の媒体として音楽の存在を位置づけていることが、さきらJOAの最大の特徴である。そして初心者を対象としていることもまた、この延長線上にあり、他に例を見ない特徴の1つである。「経験者のみを対象とし、アンサンブルの場を提供する」という事業を展開している自治体や公共ホールは他にも多くある。しかし楽器を個人で探して入手し、先生を探してコンタクトを取り、教育を受けさせる、という一連の手順には多くの困難を伴う[4]。楽器に触れたことが無い、楽譜が読めない、親も同様である、それでも楽器を演奏してみたい、という子どもたちが、楽器を手にし[5]、音楽基礎の授業を受けて楽譜読解を学び、楽器演奏の手ほどきを受け、仲間とアンサンブルを楽しむことのできる場が、さきらJOAなのである。ちなみにこのようなさきらJOAのあり方は、ドイツ、イギリス、フランスといった国々で展開されている公的な音楽教育と極めて近い性格を有している[6]。

授業目的・内容・独自性

カリキュラム

さきらJOAの授業は月3回、土曜日のおよそ10時から20時まで、栗東芸術文化会館さきらの4つの練習室や楽屋をフル回転で使用して行われている。クラス編成は表4のとおりで、グループレッスンを基本としており、子どもたちの習熟度やその時々の意欲に応じて、臨機応変に人数調整、レヴェル調整を行っている（1クラス何名ずつといった規定は設けず、結果的に個人授

業になることも可としている)。

　2010年1月現在は、アンサンブルクラスが3クラス編成(1クラス2～9人)、ヴァイオリンクラスが2クラス編成(1クラス4～5人)、チェロクラスが3クラス編成(1クラス2～3人)、音楽基礎クラスの内、楽典・ソルフェージュが8クラス編成(1クラス2～8人)、歌が2クラス編成となっている。一人ひとりの子ども達は、楽器の授業(レッスンやアンサンブル)、楽典・ソルフェージュの授業、歌の授業の三種類に参加する(音楽基礎クラスのみ受講の場合は楽器の授業は受けない)。登校時間、下校時間はそれぞれ異なり、個人によっては途中に待ち時間があることもある。

授業の内容

　授業の内容についても、従来の音楽教育における概念や伝統にとらわれず、独自のスタイルを自由に築くことを是としている。根底にあるのは、「テクニックではなく音楽そのものと向き合い、真理を探究する力を身につけること」であり、そのために、「いかに譜面を読み取るか」に重点を置き、その時々の完成度よりも子どもたちが将来的に自立できる力をつけることをめざす内容を常に模索している。和声感、リズム感といった基本事項についても、表面的理解ではなく身体で自然に感じられることを目指している。これは、音楽の背景にある言語感覚・民謡その他の感覚として、西洋文化を共有しない日本人が西洋音楽に関わる際に潜在的に発生する問題をなるだけ回避するためでもある。教材選定においても現代音楽や邦人作品を積極的に利用し、作曲を専門とする講師による、子どもたちの現状に合わせた編曲も活用している。それと同時に、個人主義、能力主義とは距離を保ち、アンサンブル主体の教育を展開していることも大きな特徴である。

　具体的には、音楽基礎(楽典・ソルフェージュ)の授業においては、オーケ

表4　クラス編成

```
クラス編成―楽器演奏クラス― アンサンブルクラス
                ― 初心者弦楽器クラス
                          ヴァイオリンクラス
                          チェロクラス(2006年度より開講)
        ― 音楽基礎クラス(必修)― 楽典・ソルフェージュ
                      ― 歌
```

ストラ総譜読解に必須のト音記号、ヘ音記号、ハ音記号を満遍なく使用し、単旋律から四声体、さらにはオーケストラ総譜を用いた書き取り（聴き取り）・読み取りに毎時間取り組む他、和声法基礎、楽曲分析にも初級クラスより取り組んでいる。これはト音記号主体、単旋律主体で進められる日本における従来の音楽教育とは全く異なるものであるが、子どもたちは柔軟に吸収し、アンサンブルに自然に生かしている。歌のクラスでは、歌によるアンサンブルが体得できるよう、複数声部に分かれた取り組み、および原語による歌唱をしている。さまざまな言語のデクラメーションを体験することは、楽譜理解の一環でもある。初心者弦楽器クラスは基本的に3年間でアンサンブルクラスに進級するように設定され、それぞれの進度に合わせた指導が実践されている。アンサンブルクラスでは、種々の組み合わせによるアンサンブルを通して、楽譜から音楽を学び構築することはもちろん、他者との呼吸の合わせ方、主張の仕方を模索し、センスを磨くことにも積極的に取り組んでいる。以上のようにさきらJOAの授業内容は従来の日本の一般的音楽教育の内容とは一線を画しているが、現場の教師の声を次に紹介しよう。

楽器演奏クラス（アンサンブル・初心者ヴァイオリン）講師　中村公俊氏インタビュー

　さきらJOAではあらゆることについて、独自のスタイルをとっています。技術面でいえば、例えばヴァイオリンを初めて教えるとき、最初に弓のボーイングを、トレモロ、アルペジオ、スピッカート、スタッカートと幾種類も教えます。これは普通ではやりません。技術的に難しいとされているからです。でも、教えたらできるようになります。「弓をまっすぐ使いなさい」とか「力を抜きなさい」といっても、とても難しい。いって出来ないといわずに、別の方法を考えるのがさきらJOAなのです。開放弦を弾く時に、ボーイングで「やさしい」「きつい」「くらい」「元気よく」「しょんぼり」といったことに気をつけると、全く初めて楽器に触れる子どもでも、本当に変わります。子どもだからできないとか初心者だから無理とか、本当は無いのです。グループレッスンは長所だけではなく、欠点もあります。けれども表現をすることについては関係ありません。それぞれの子どもたちが自分にあったやり方で自由に取り組めるように、授業を展開することを心がけています。教本も使っていません。その時々のクラスや子どもたちに合わせたものを、その都度用意しています。

音楽基礎クラス（楽典・ソルフェージュ）講師　井藤麻依子氏インタビュー

　さきらJOAが掲げる理想が、理想として一人歩きするのではなく、やんわりと浸透していくように心がけています。例えば、「楽譜を読みましょう」といっても、それはとても難しいこと。いろんなことを発見できる耳を持てれば、視覚で発見することができるようになります。知らず知らずの内にそういう力がついていけばいいな、と思っていますが、実際には、授業で作品を聴いている時に、子どもたちが「メロディーに寄

> り添っているヴィオラの音ってこんなんやったんや！」等といって教えてくれることが次の新しい発見につながって、私自身、子どもたちと一緒に経験を積んでいっています。また、さきらJOAでは障がい者の方のグループとのセッションがあったり、外国の同年代の子どもたちのオーケストラとの合同公演があったり、普段の教育とは別のアプローチの企画がたくさんあり、その経験を子どもたちが深く感じていることを、現場で感じられることがとても新鮮で、その企画側に私がいる、ということはとてもうれしいことです。

このインタビューからも明確だが、さきらJOAでは講師もまた、確立されたシステムやメソードに従って働いているのではない。それぞれの講師が「意志を持って」考え、教えている。理想として掲げられる姿が体現されているという事実は、さきらJOAのあり方が、市民生活の理念と本来的に一致していることを具現しているといえよう。

また以上のような通常授業の他、夏期講習や特別授業を随時開催し、そこでは、種々のアンサンブル、歌、打楽器、音楽史など、通常の授業で扱いきれない内容の補完を行っている。例えば普段問い直すことを忘れがちな「音楽とは何か、なぜ演奏するのか」という根源的問題を提起・議論したり、また音楽史では、記譜法の歴史、オーケストラの歴史、楽器の歴史といった音楽史をひもとき、「楽譜」という資料からいかに音楽を読み解くかということを背景からも学べるよう工夫している。また例えば2009（平成21）年の夏期講習では「室内楽」に取り組み、参加者は演奏だけでなく、成果発表会の舞台を裏方—広報制作、舞台スタッフ、レセプション—まで含めてつくりあげることで、マネージメントにまで視野をひろげる経験とした。

行事
(1)成果発表会
　さきらJOAでは毎年、指揮者の秋山和慶氏を迎えて年度末に成果発表会を開催している。これは異なる参加年数・レヴェルの子ども達が、それぞれの成果をアンサンブルで発表できる機会となっている。楽器演奏クラスだけでなく、音楽基礎クラスの内、歌クラスの発表も行い、また、講師の編曲により、音楽基礎クラスのみの参加者（ヴァイオリン、チェロをやっていない）も含め、あらゆるレヴェルの参加者が全員で合奏できる機会も設けている。このような行事の企画はもとより、通常の授業運営に携わる事業担当部長の西

> **事業担当部長　西川賢司氏インタビュー：感じる手応え**
>
> 　一番うれしいのは、成果発表会の記録DVDを見て、子どもたちが毎年大きくなってきていると実感する時です。知らなかった子どもの成長を、一緒に過ごして見ていられる、ということは、とてもうれしいことです。さきらJOAの運営は失敗の繰り返しで、とりあえず続けていられることが成果だという状態です。役所と話し合っていると、何のために頑張っているのかわからなくなってくることがあります。「良いことをやっているから頑張る」というだけでは続かないのが現実です。でも、そんな逆風の中、楽器を始めたばかりのヴァイオリンクラスの子どもたちの演奏にも音楽が感じられる、というのが私の実感です。本物に対する妥協がまったく無いからこその成果だと思います。講師も指揮者も本物揃い。初心者にも一日体験の参加者にも、まったく同じことを教えてもらっています。私自身は素人で、どこまで音楽的に成長しているのか等はわからないのですが、必ず「音楽的な感動」を子どもたちはくれるのです。その音楽的な感動は、「子どもが頑張っているから感動する」という安直なものではなくて、音楽の本質的なものだけがつくりだせる実感としての感動です。

川賢司氏は次のように話している。

　開校1年目より年度末に開催されている成果発表会で、西川氏が語るように、本物の音楽が成果として表れていることについては、本章末頁に掲載した朝日新聞の記事も参照されたい。

（2）講師によるコンサート

　義務教育から専門音楽大学に至るまで、日本の学校現場における音楽教育は、参加型教育に重きが置かれ、自ら楽器を演奏することや自ら創作することを重視してきた。鑑賞教育は根本的に不足していたといえる。しかし、自ら楽器をたのしみ、仲間とアンサンブルをたのしみ、演奏会・劇場文化をたのしみ、それらの芸術文化に対して批評できるという、文化を支える人材の長期的育成を考える時、鑑賞教育は極めて重要である。というのも、「鑑賞」という行為は本来受け身では成立しえないからだ。真に芸術を鑑賞し、文化を享受するためには、対象のバックグラウンドを知り、それについて自ら思考し、判断し、自らの思考を表現し、周囲と議論できる力が不可欠である。「鑑賞力」、「聴衆力」ともいうべきこの力を体得するためには、持続的に身近に演奏会を設定し、本物の演奏に接する場、聴く場を提供することが必要である。この考えに基づき、さきらJOAでは講師にエキストラの奏者を加えて、カルテット等さまざまな形態のアンサンブルを組み、演奏会の機会を設けている。これまでに栗東芸術文化会館さきら主催では2回、講師独自の主催で

は、県内のびわ湖ホールで3回、その他、大津、京都等の近隣で多数回開催している。これらはほぼ全て通常の授業と連動しており、アンサンブルの形式や楽曲分析・楽曲解説、音楽史的理解等の知識を得たうえで鑑賞できるように準備されている。また、聴衆として演奏に接することは、自ら演奏する際への刺激ともなると期待している。一番新しい講師コンサートを例として以下にあげよう。

　この講師コンサートは「こどものための」ものと銘打っているが、一般にありがちな聴きやすい名曲コンサートでもなく、子どもの

授業の風景（アンサンブルの様子）

成果発表会での合奏

講師コンサートの一例：
「さきら こどものための室内楽コンサート」（2010年1月11日）
RITTOパフォーミング・アーツ・シティ実行委員会、文化庁・平成21年度「文化芸術による創造のまち」支援事業
栗東芸術文化会館さきら 小ホール
プログラム
ヘンデル：「9つのドイツアリア」より第5番「歌え、霊魂よ、神を称えて」
モーツァルト：「すみれ」「魔法使い」
ヴォルフ：「イタリア歌曲集」より
井藤麻依子：メンデルスゾーンへのオマージュ《パッセージ》～弦楽四重奏のための～
メンデルスゾーン：ヴィオラ・ソナタ　ハ短調
メンデルスゾーン：弦楽四重奏曲第4番　Op.44－2　ホ短調

演奏会アンケートより抜粋
- 子連れでこんなすばらしい演奏会に参加できてよかったです。一昨日初めてヴァイオリンに触れたばかりなので、神業以外の何ものでもないと思いました。激しい演奏で、ヴィオラの方の馬の毛が2回程切れてしまって、なんだか更に興奮してしまいました。しびれるような素晴らしい演奏でした。感激しました。
- たくさんのテクニックが盛り込まれた長い曲が多く、たっぷり聴けて充実しました。

力強い演奏、きれいなメロディー、おもわずこちらも気持ちが入って楽しめました。
- 子ども向けにしては濃い内容で、本物の音楽に触れられるとても良い機会だと思いました。器楽の経験者からみても、とても質の高い演奏で良かったです。近所にこのようなアカデミーがあり、興味もあるので、今後また参加できたらなと思います。子どもは4歳ながら目を丸くして聴いていました。
- 家族で参加しました。素敵な演奏に感動しました。
- 「子どものための室内楽コンサート」でしたが、大人の私も楽しませていただきました。日頃、ご指導いただいている先生方の「演奏する姿」と音楽を見せていただいたり聴かせていただいたりすることは、他のコンサートとは違った何かが子どもの中に芽生えた気がします。

歌のアレンジでもない、全く妥協のない室内楽コンサートとして企画された。全プログラムの演奏時間70分以上が休憩無しで開催された。「こどものための」と題した理由は、年齢を問わず入場可能であり、演奏者は子どもを真の聴衆として尊敬をもって演奏し、それを聴いた子どもがその感想を近くに座る人に小さな声でなら話してもよく、メロディーやリズムに合わせて身体を動かしてもよい、ということを前提としたからである。栗東芸術文化会館さきらとしても、このような設定は初の試みであった。しかし初演も含む難解なプログラムは、掲載したアンケートのように受け入れられ、一般的な「子どものための」コンサートのあり方に見直しをせまる結果となっている。さきらJOAの子どもと保護者だけでなく一般にも開かれたこの時の催しは栗東芸術文化会館さきらの小ホールが満席であった[7]。

この他、特別の催しとして、地域との関連事業の展開、弦楽器ワークショップへの参加等がある。これについては、次節で詳述する。

参加者の推移

開校以来の参加者の推移は表5の通りである。

表5から、新規に入校する者、辞める者がいて移動があるにもかかわらず、おおよそ、人数が25名から35名の間で一定していることがわかる。学年については、小学校中学年から高学年が中心となっており、同一人物が1年ずつ移動していっているのがわかる(初年度については出入りが多く傾向がつかみにくいが、2006(平成18)年度から見るとわかりやすい)。

参加者の通学範囲については、出入りの多かった初年度2005年度を除くと、2006年度以降の栗東市域からの参加者は2名→5名→6名→6名と増

表5　参加者の通学市域と学年の推移

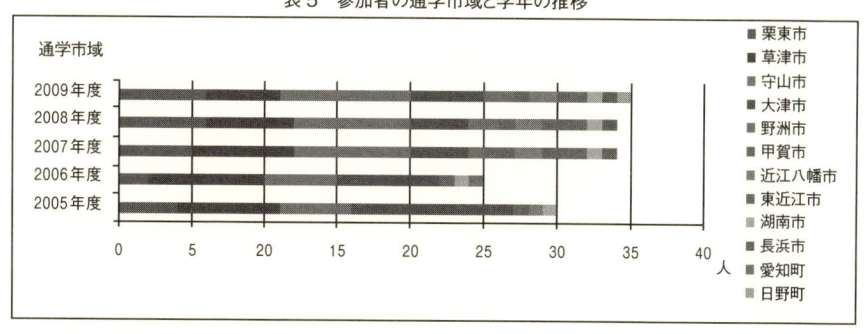

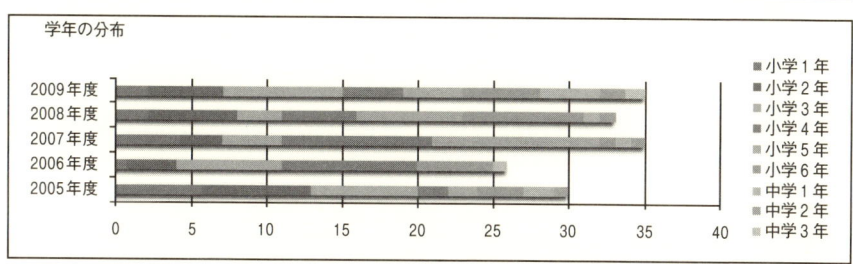

(通学市域グラフ：2005年度～2009年度、凡例：栗東市、草津市、守山市、大津市、野洲市、甲賀市、近江八幡市、東近江市、湖南市、長浜市、愛知町、日野町)

(学年の分布グラフ：2005年度～2009年度、凡例：小学1年、小学2年、小学3年、小学4年、小学5年、小学6年、中学1年、中学2年、中学3年)

加、徒歩圏も含まれる守山市域からは5名→8名→8名→9名と増加、また、大津市については、表5上では明示されないが、2009年度5名のうち3名は最寄り駅が普通電車で一駅3分の草津駅となる市域からの参加者となっており、近隣住民がわずかずつではあるが増えている傾向にあることがわかる。隣接広域圏としての栗東市、草津市、守山市、野洲市の4市を総合してみると（初年度を除く）、22名→24名→24名→25名となり、辞める者もいる中で、全体として微増傾向が見られる。また、上記隣接広域圏以外の遠方といえる県内からの参加者は、3名→3名→10名→10名→10名と安定して推移しており、遠くからでも同一人物が熱心に通学する姿がうかがえる。

3-3. 関連事業とのタイアップ

以上のようなさきらJOAの事業は、関連事業とも密接につながり、相互に連動することで、直接的な意味でのまちづくりにも寄与している。

地域との関わり

地域との関わりをもつものとして、栗東市内中学校吹奏楽部へのアウトリーチ、糸賀一雄記念賞音楽祭との共演、国際交流事業との関わりの3つが

あげられる。以下、順に紹介しよう。

栗東市内中学校吹奏楽部へのアウトリーチ

栗東市内全中学校(栗東中学校、栗東西中学校、葉山中学校)の吹奏楽部の活動を支援すると同時に、地域の音楽文化の活性化をめざして実施している。具体的には、管楽器のパート指導、吹奏楽合奏指導を実施し、ジュニアオーケストラ設立後[8]の管楽器・打楽器パートの養成につなげ、連携関係を築くことも目的にしている。このアウトリーチは2005(平成17)年度(さきらJOA開校と同年度)より開始しており、これまでの取り組みは表6の通りである。

表6 栗東市内中学校吹奏楽部へのアウトリーチ活動

■2005(平成17)年度(6月にさきらJOA開校) 　　文化庁「文化芸術による創造のまち支援事業」(1年目) 　　夏休み期間、全三中学校へ計15回ずつ程度のアウトリーチ実施
■2006(平成18)年度 　　文化庁「文化芸術による創造のまち支援事業」(2年目) 　　夏休み期間23日間、9～3月まで断続的に20日程度のアウトリーチ実施 　　9月、三中学校吹奏楽部活性のための顧問会議を実施 　　10月、「栗東市市制5周年記念式典コンサート」にさきらJOAと共に全三中学による合同演奏 　　12月、全三中学によるアンサンブル合同演奏会を実施 　　3～4月の春休み期間に全三中学へのアウトリーチ実施
■2007(平成19)年度 　　文化庁「地域人材活用による文化活動支援事業」 　　12～1月に全三中学へのアウトリーチ実施
■2008(平成20)年度 　　夏休み期間、および12～1月のホール練習の推進、合奏指導等の実施
■2009(平成21)年度 　　夏休み期間、および12～1月のホール練習の推進、合奏指導等の実施

この間、2005(平成17)年度、2006(平成18)年度のさきらJOAの成果発表会に中学生が出演、また、2008(平成20)年度のさきらJOAの成果発表会では「オーケストラ体験」として、客演者に交じる形で中学生3人がオーケストラ演奏に参加した。その他、2008(平成20)年度には、栗東西中学校が吹奏楽コンクールにおいて滋賀県内3校に選出され、関西大会に出場している。これはアウトリーチ活動の成果の1つと考えられよう。

糸賀一雄記念賞音楽祭との共演

2002(平成14)年度より滋賀県内で開催されている福祉社会の実現をめざ

した音楽祭「糸賀一雄記念賞音楽祭」に、さきらJOAは2008（平成20）年の第7回音楽祭より参加している。県内の障がい者施設である近江学園のワークショップグループと合同で同じ舞台をつくりあげるという内容で、講師が編曲を準備するところから活動は始まり、通常練習、合同練習を経て本番を迎える。その時々に互いに驚きの連続をもって取り組む、充実したものとなっている。

糸賀一雄記念賞音楽祭の合同練習風景
近江学園のワークショップグループと

栗東市国際交流事業とのかかわり

さきらJOAは栗東市の国際交流事業にも積極的に関わっている。2008（平成20）年4月に行われた「滋賀県栗東市・中国湖南省衡陽市友好締結15周年記念　友好の響演～音と人の架け橋」では、中国からきた民族楽器を演奏する青年たちと合同演奏を行い、2009（平成21）年4月に来日したドイツ・マンハイム市立音楽学校付属青少年シンフォニーオーケストラの演奏会でも合同演奏をおこなった。外国の同年代の子ども達が一緒になって練習し、互いの演奏を

マンハイム市立音楽員付属
青少年シンフォニーオーケストラとの合同演奏

聴き、合同で音楽をつくりあげる体験は、子ども達だけでなく、講師にも刺激あるものとなっている。

弦楽器体験ワークショップ

弦楽器体験ワークショップ

既に述べたように（3－1参照）、弦楽器ワークショップはさきらJOA開

校以前から地道に続けられてきた事業であるが、開校後も、地域の子ども達が初めて楽器に触れる場として、継続開催されている。地域文化の裾野をひろげることを目的とする他、未就学児が短期体験する機会であり、さらに、さきらJOA入校のきっかけとなることを期待している。2005(平成17)年度以降の実施状況は表7のとおりである。

広報としては栗東市の広報誌に募集を掲載している。そのためもあると思われるが、栗東市からの参加が圧倒的に多くなっている。また、2006(平成18)年度新春、2007(平成19)年度の栗東市内の参加者が多いのは、小学校を通じて広報を行ったためと思われる。本ワークショップにはさきらJOAの子ども達が積極的に参加し、初体験の子ども達のアンサンブルをサポートしている。また、実際に本ワークショップからさきらJOAに入学する子どもも多く、2006(平成18)年度5名、2007(平成19)年度6名、2008(平成20)年度1名、2009(平成21)年度4名がワークショップを経て入学した。

4. 公共の中でのさきらJOA

さきらJOAの子どもたちは多くの場合、楽器や音楽が好き、指揮者や演奏家になりたい、オーケストラにあこがれをもっている、などが理由で集まってきている。同時に、保護者は音楽教育を通じた人間形成に大きな期待を寄せている。現在、学校教育現場に多様な難題があるなかで、公共文化施設が情操教育を担う可能性はあるのだろうか。

4-1. さきらJOAの位置

さきらJOAは自治体の公共文化施設でおこなわれている事業であり、学校という枠組みとは別ではあるが、「公共」であるが故に、一般的な習い事でもない存在である。つまり、既存の尺度では存在しえない、中間的・補完的な位置にあるといえる。このようなさきらJOAだが、公共文化施設を教育現場の1つとして位置づけることは、継続性のある芸術文化振興を担保することにもつながると考えられる。また、教育現場における課題の補完が、既存の尺度の外にあるさきらJOAの存在意義の1つでもあるだろう[9]。そして、このような中間的・補完的位置づけでの役割を果たすということはまた、芸術文化が市民に如何に有益か、そして公共文化施設が地域文化の発展に如何に

表7　弦楽器ワークショップ実施状況と参加者の居住地

- 2005(平成17)年度
  　実施せず
- 2006(平成18)年度（この年度のみ、夏と新春の2回実施）
  　夏:39名参加　（栗東市17名、草津市13名、守山市5名、大津市3名、湖南市1名）
  　新春:115名参加　（栗東市78名、草津市8名、守山市16名、大津市6名、湖南市3名、長浜市1名、東近江市1名、三重県2名）
- 2007(平成19)年度
  　新春:112名参加　（栗東市81名、草津市8名、守山市7名、大津市2名、湖南市1名、長浜市3名、東近江市5名、彦根市2名、京都府1名）
- 2008(平成20)年度
  　新春:63名参加　（栗東市37名、草津市4名、守山市5名、大津市11名、東近江市1名、近江八幡市2名、愛荘町1名、甲賀市1名、山口県1名）
- 2009(平成21)年度
  　新春:62名参加　（栗東市33名、草津市1名、守山市9名、大津市12名、野洲市2名、近江八幡市1名、日野町1名、東近江市1名、愛荘町1名、京都府1名）

有用性が高いかを示す機会でもあるだろう。次節では、開校以来5年が経過する2010(平成22)年1月現在の参加者へのインタビューを掲載し、公共の中でさきらJOAが担う役割を確認したい。

4-2. 参加者の声

　参加者の実際の声を知るために、2010(平成22)年1月の授業日に、休憩時間を利用して、子ども達と保護者にインタビューを試みた。質問内容は、さきらJOAの何が楽しいか、さきらJOAに参加してどう思うか、さきらJOAに参加するようになって何か変化したことはあるか、どんな毎日を過ごしているか等、一般的かつ抽象的に質問し、自由に語ってもらう形式を取った。以下の文章は、できる限りインタビューの様子を保存するように編集したものである。なお、子どもたちの参加クラスに偏りが無いようにした他は、無作為にインタビューしたものである[10]。

アンサンブルクラス（ヴァイオリン）A君とお母さんインタビュー
（現在小学校4年生。小学校1年生の時に弦楽器体験ワークショップに参加。この時が初めてのヴァイオリン体験。小学校2年生の5月に初心者弦楽器クラスに入校。）

　ヴァイオリンの練習は、できない日もあるけど、だいたい毎日30分から1時間くらい練習してる。今度学校でヴァイオリン弾くことになった。引っ越す友達のお別れ会で、ひとりで弾こうと思ってる。同じクラスにピアノが弾ける男の子がいるから伴奏してもらって弾こうと思ってる。

　お母さん：さきらJOAに入校してから、家にいるときはずーっと何かを歌っています。ご飯を食べている時以外は、勉強している時もトイレでもとにかく歌いっぱなし。さきらJOAは、きっと彼の居場所なんだと思います。とにかく好きみたいです。ヴァイオリンも好きですけど、さきらっていう枠が良かったんだなあと思っています。お友達と一緒に弾けるし、グループでやるから楽しい。ひとりで個人レッスンだったら続いてなかったと思います。一人っ子なので、大きい子どもたちにかわいがってもらったりするのもすごくいいです。

アンサンブルクラス（ヴァイオリン）Bさんとお母さんインタビュー
（現在中学校1年生。幼稚園の時に弦楽器体験ワークショップに参加。ヴァイオリンはその1年前に開始。その後も継続して弦楽器体験ワークショップに参加。小学校3年生の5月、さきらJOA開校と同時にアンサンブルクラスに入校。）

　ドレミの歌の全員合奏で、初めての小さい子を教えるのが好き。あと発表会も好き。オーケストラも好き。学校から帰ったら基礎の練習して、おやつ食べて、練習曲して、ご飯食べて、曲の練習してる。習い事は習字とピアノと家庭教師とヴァイオリン。それに、さきらJOAと大津管弦楽団にも入ってる。さきらJOAは有名な人と一緒にできるところも良い。指揮者の秋山さんとか下野さんとか、ヴァイオリニストの玉井さんとか長原さんとか。楽屋に行ってしゃべったりできるし。

　お母さん：大変なこともあるけれど、楽しいことも多いなあと感じています。娘が舞台でヴァイオリンを弾いているのを見ると、ああ、やらせてよかったなあ、と思います。特にさきらJOAは皆と楽しそうにしているし、それを見るのが親としてうれしいです。専門にヴァイオリンを習おうと大阪までレッスンに行くようになったのですが、その先生がおっしゃることと、さきらJOAで教えてもらうことが同じで、なんだかとてもうれしくなりました。専門とか趣味とか関係なく、難しいことをちゃんとやっているというのがすごく良いと思います。私としては、専門に進むかどうかは別として、ヴァイオリンやオーケストラが好きでいてくれたらと思います。さきらJOAに初めて来たときは一番小さくて、いっぱい可愛がってもらいました。それが今、大きくなって、自分たちが小さい子どもたちを可愛いと思う気持ちが育ってくれていることが、すごくよかったと思います。主人も私も体育会系で音楽のことはまったく無縁でしたが、さきらJOAの授業を一緒に聞いているうちに一緒に音楽が好きになっていったことも、とても良かったことです。お母さんたち同士も仲良くなって、一緒に演奏会に行ったり、ランチに行ったり楽しく過ごしています。さきらJOAに入校する前から習っている個人の先生も、さきらJOAのお友達の先生同士がつながって、合同で発表会をしたりしています。こんないろんな輪がずっとつながっていけばいいなと思っています。

アンサンブルクラス（ヴァイオリン・ヴィオラ）　Cさんインタビュー
（現在中学校1年生。3歳よりヴァイオリンを開始。小学校3年生の5月、さきらJOA開校と同時にアンサンブルクラスに入校。）

　さきらJOAには、気がついたら来ていた感じ。さきらJOAはみんな仲が良くて、小さい子がとってもかわいくて、一所懸命やってるのとか、できなくて泣いてるのとか、もう、ヨシヨシしたくなっちゃう。教えてあげるのもうれしい。基本的にさきらJOAは好きだし、辞めるつもりも全然ないけど、中途半端な時期とかに宿題がたくさんあったりすると、たるいなあと思うことはある。ああ、もうやめたいなあ、とか思ったり。音楽基礎の授業は難しくて、楽曲分析なんか半泣き。かしこい人はすごいと思う。この秋からヴィオラを始めて、今ヴィオラがめっちゃ楽しい。楽器の大きさも違和感無いし、音程も、どっちみち私は音程悪いし気にならへん。ハ音記号も難しくないです。

アンサンブルクラス（チェロ）　Dさんインタビュー
（現在中学校1年生。小学校5年生の10月から初心者弦楽器クラスに入校。）

　ずっと前からオーケストラに入りたくて、ヴァイオリンがやりたかったけど、どこで習ったらいいかわからなくて、ピアノをやっていた。お母さんが図書館でさきらJOAのチラシを見つけてきて、それでさきらJOAに行きたいと思って申し込んだ。面接の日は忙しくてバタバタしてて、準備もしてなくて、で、何故かヴァイオリンじゃなくてチェロをすることになった。やってみたらチェロがおもしろい。でも始めてみたら甘くなくて、とにかく忙しい。毎日練習している。チェロがすごく好きで、レッスンに行ったら感動するし、先生のことをすごく尊敬してる。さきらJOAはめっちゃ楽しい。毎日全部土曜日やったらいいのにと思う。発表会も楽しいし、やりがいがある。

アンサンブルクラス（チェロ）　Eさんとお母さんインタビュー
（現在小学校6年生。幼稚園の時に弦楽器ワークショップにチェロで参加。小学校4年生の5月から初心者弦楽器クラスに入校。）

　父母はヴァイオリンをさせたかったけど、弦楽器ワークショップの申し込みの時にヴァイオリンが定員いっぱいで、チェロしか無かった。やってみたらチェロがおもしろかった。さきらJOAが出来た時、チェロクラスが無かったから、チェロクラスができるのを待っていた。もっと早くからさきらJOAにチェロクラスがあったら、絶対始めていた。もっとうまくなっていたと思う。毎日、お母さんとしゃべりながら練習してる。お母さんは「しゃべってばっかり」って怒ってるけど、お母さんもしゃべってる。しゃべりながら練習するのがめっちゃいい。お母さんが仕事で、ひとりで練習する時は、没頭してしまってすごく疲れる。お母さんと一緒に練習したらすごく良い感じ。さきらJOAは友達がいっぱいいるし、おしゃべりしたり、一緒に楽器弾いたり、お弁当食べたり、宿題したり、休憩時間がもっといっぱいあったらいいのにって思う。チェロ大好きやし、楽器も買ってもらって、良い音するし、ずっと続けるつもり。

　お母さん：弦楽器ワークショップのチラシを見て、3ヶ月だしやってみようかな、と思って来たのが最初です。ヴァイオリンがいっぱいでチェロにしましたが、チェロは音が良くて気に入っています。マンションだけど近所迷惑にもならないし。個人的に習おうとは思いませんでした。どこに習いにいけばいいかもわからないし。さきらJOAにはひとりで電車で通わせています。通ってみたら本人は楽しいというし、実際とても

楽しそうだし、チェロだけじゃなくて他の授業も好きみたいです。保護者が付いて行くのが基本みたいな感じですけど、事務の方もしっかり見てくださっていて、他のお母さん方にも良くしてもらっているみたいで感謝しています。私は付き添っていませんが、色々と本人から聞いて知っています。私も主人も土曜日は仕事をしているので、実はとても助かっています。

音楽基礎クラスF君とお母さんインタビュー
(現在小学校4年生。小学校1年生の時、弦楽器ワークショップ（ヴァイオリンの親子クラス）に参加。その時がヴァイオリン初体験。2年生の5月から音楽基礎クラスに入校。)

　友達がいるから、さきらJOAが大好き。男の子も多いし。授業も書き取りがおもしろい。ピアノをやってるけど、ヴァイオリンもやってみたい。オーケストラがやりたい。家には車が2台あって、大きい車と小さい車で、お母さんは小さい車しか運転できなくて、お父さんは大きい車も運転できる。大きい車にはチャイルドシートがなくて、助手席に大人のシートベルトで乗せてもらえる。さきらJOAには、お父さんが大きい車で連れて来てくれるから、それがいい。助手席に乗ってさきらJOAに来るのがかっこよくて好き。

　お母さん：栗東市に住んでいるので、市の広報誌に弦楽器ワークショップの案内が載っていて、参加してみました。そのあと、さきらJOAのことを知って、そのまま入校しました。ピアノをやっているので、音楽基礎クラスのみの参加にしました。さきらJOAに来るようになって、さきらの別の催しや企画にもよく参加するようになりました。段ボールで家を作るとか、すごくおもしろかったです。子どももそういうのが楽しいみたいですし、下の子も一緒に参加して、親も楽しいです。下の子は今、年中組ですが、さきらJOAに行くって決めているようで、小学生になったら入校します。

初心者弦楽器クラス（ヴァイオリン）G君とお母さんインタビュー
(現在小学校3年生。小学校1年生の時に弦楽器ワークショップに参加。その時が初めてのヴァイオリン体験。小学校2年生の5月から初心者弦楽器クラスに入校。)

　さきらJOAのヴァイオリンのレッスンは、最初ひとりだけで、それがとても嫌やった。友達もできなかったし。でも、途中から一緒にレッスンを受ける男の子ができて、その子と友達になって、楽しくなった。休み時間は、お弁当を一緒に食べたり、トランプしたりしてめっちゃ楽しい。いろんな行事の時に、控え室でチェロクラスの人とかアンサンブルクラスの人とか大きい人が声をかけてくれて、一緒に楽器弾いたりしたら、最高におもしろい。この前は初心者同士で一緒に楽器を弾いて、すっごい楽しかった。友達と一緒に楽器を弾くのが一番おもしろい。土曜日はめっちゃ楽しいし、いつまでもさきらに居たいって思う。家に帰りたくない。

　お母さん：テレビで「のだめ」を見て、指揮者がかっこよかったから、やってみたくて。オーケストラのコンサートに行ってみたいと思ったけれど、オーケストラって小学校の音楽の授業で聴いたことしかなくて、どうして探したらいいかもわからなくて。ちょうどそんな時、小学校から弦楽器体験ワークショップのチラシをもらってきて、それが、オーケストラ体験だと勘違いして参加したのが最初です。参加してみたけれど、なんか間違ったなあ、と思っていたら、トイレで会ったおじいさんに「ヴ

ァイオリンやらへんか？」っていわれて、運命みたいなものを感じて。あとでわかったのですが、校長先生でした。そんなこんなで入校してみたけれど、やっぱりすごい間違いで、授業も何をやっているのか親の私もわからないし、先生が何をいってるのか、何をするのか、さっぱりわからなくて、間違ったと思いました。それで、最初のコンサートが終ったらやめようって決めていたんです。本人は、最初のコンサートより前にやめるっていってたんですけど、なんとなく、コンサートには出てからやめようと。そのうちに、本人も、コンサートの曲を全部弾けるようになりたいっていい出して、とにかく必死でした。先生に「やめます」っていいに行くつもりだったんですが、その直前、コンサートの最後に司会者が、「次はマンハイムとの合同演奏会です」っていわれて、「マンハイムって外国やん？すごいやん？」って思ってしまって。そうしたら、本人もその時、辞める気持ちが無くなったみたいで、先生にいいに行かなかったら、その後、やめようと思っていたことも忘れちゃいました。マンハイムまっしぐら！みたいな感じでした。母親から見ても、息子はさきらJOAが大好きです。最初、オーケストラが何なのかもわからなかったころ、ネットで色々探して聴いてみた時に、息子が「指揮者によって同じ曲も違う」といったことあったんですけど、私にはそれがわからなくて、同じ曲は同じにしか聞こえませんでした。でも、1年間さきらJOAの授業に付き添って、授業で先生が何をいっているのかはよくわからなかったのですが、息子が弾くのとお友達が弾くのとで、同じ曲でも違うっていうのがわかって、それが、自分の表現だとわかって、びっくりしました。小学校も、さきらJOAみたいだったらいいのになあ、と思います。表現の違いとか、ひとりひとりの子どもの姿を見てくれたらいいのになあ、と。さきらJOAに入校して、子どもと一緒にいる時間が長くなりました。それまでも、子どもを見ているつもりでしたが、今では、息子の表情の違いとか、うれしいとか、おもしろいとか、今本当に楽しいとか、しんどいとか、悲しいとか、困ってるとか、わかるようになりました。それ以外にも、3ヶ月に1回はさきら以外のコンサートに行く機会を作っています。そういう時はお父さんも一緒で、話題もできるし、家族でいる時間が増えて、とても良い感じです。

さきらJOAはアンサンブルが主体であるため、楽器の上達や取り組みかた、友人関係、人との比較のことなど、さまざまな問題があると思われるが、それぞれが意外なところで楽しんでいる様子がインタビューから窺える。「さきらJOAは、きっと彼の居場所なんだと思います」とA君のお母さんが語るが、中学校1年生のDさんは「毎日全部土曜日やったらいいのに」と語り、小学校3年生のG君も「土曜日はめっちゃ楽しいし、いつまでもさきらに居たいって思う。家に帰りたくない。」という。居場所だというさきらJOAで得た自信を、4年生のA君は小学校のクラスでヴァイオリンを演奏するという形で表現する。そのA君のお母さんはまた、「一人っ子なので大きい子ども達にかわいがってもらったりするのもすごくいい」と語るが、この点については、中学1年生のBさんのお母さんも同様に、「さきらJOAに初めて来たと

きは一番小さくて、いっぱい可愛がってもらいました。それが今、大きくなって、自分たちが小さい子ども達を可愛いと思う気持ちが育ってくれていることが、すごくよかったと思います」と指摘する。Bさんは、さきらJOA開校前の弦楽器ワークショップ時代から7年以上にわたって継続参加しているため、子どもの成長を振り返っての発言だ。この他、Bさん、Cさん、G君も、小さな子ども達、大きな人達と一緒に楽器を演奏したり、遊んだり、教えてもらったり、教えてあげたりすることを、さきらJOAが楽しいことの理由に挙げている。

　さきらJOAが楽器を演奏するということのきっかけを提供することができた例が、Dさん、Eさん、G君だ。彼らは、「どこに行けば習うことができるかわからなかった」という状態から、生活に溶け込むまでの様子を語ってくれている。そしてその「生活の中の音楽の実際」を語ってくれたのがA君のお母さん、Bさんのお母さん、Eさん、F君、G君である。小学校4年生のF君にとってさきらJOAは「お父さんの大きな車で助手席に乗って行く」という特別な日だし、小学校6年生のEさんは、仕事で忙しいお母さんとの団欒・語らいのひとときがチェロを媒体として自然に形成されている様子を実に楽しそうに語ってくれた。Eさんには弟がいるそうだが、チェロの練習の時間はお母さんを独り占めし、おそらく半分くらいおしゃべりに興じている。なんとすばらしい姿だろうか。そして奇しくもG君のお母さんが「小学校もさきらJOAみたいだったらいいのに」と語るのだ。G君のお母さんの台詞は示唆に富む。テレビ番組の「のだめカンタービレ」と小学校でもらったさきらJOAのチラシが、きっかけの全てだったと力説するG君のお母さんは、「演奏者によって異なる表現（音楽）」という、音楽の真髄とでもいうべき最も重要な点をぴたりといい当て、そこから全くぶれることがない。そしてその点をターニングポイントとして、親子の関係、家族のあり方を実感としてつかみ、小学校（公教育）における現在の教育の問題点をずばり指摘する。「ひとりひとりの子どもの姿を見てくれたらいいのに」と。

　音楽に真剣に向き合うことで他者との違いに気づき、それぞれを尊重し、アンサンブルを模索する。それによって自分の存在を実感し、校区や学年を超えた人間関係を築き、親子関係・家族のつながりを豊かにする。ここに指摘した例は、さきらJOAが果たす中間的・補完的な存在意義の一面を裏付け

るものであろう。公共文化施設が情操教育を担う可能性。その問いへの解答は、参加者が語る中におのずと、そして明確に表れているのではないだろうか。

4−3. 今後の展望と運営の諸問題

　さきらJOAでは、これまでの形の発展形として、アンサンブルクラスの子ども達を中心に、団友を一般公募(小学生～高校生)し、ジュニアオーケストラを設立することが計画されている。2010(平成22)年6月結団式、2010(平成22)年11月28日に第1回演奏会が予定されている[11]。

　今後の運営上の最大の問題は、このような「アカデミー」(およびジュニアオーケストラ)を誰がつくるのか、という設置者・運営者の問題に尽きる。

　栗東芸術文化会館さきらは2006(平成18)年4月より指定管理者制度を導入し、株式会社ジェイアール西日本総合ビルサービスが管理運営を行っている。指定期間は5年であり、2011(平成23)年3月までの予定である[12]。指定管理者制度にはマイナスイメージがつきまとうが、客観的に変化したこととして、制度導入により、表8の6つの行動指針が掲げられたことがあげられる。

表8　指定管理者制度導入により掲げられた6つの行動指針

(1) 市民のニーズに応える多彩な事業を企画実施する
(2) 市民がそれぞれの立場で気軽に参加し、力を発揮できるプログラムを展開する
(3) 賑わいと交流を生み出す事業を実施し、より多くのさきらファンを獲得する
(4) さきら発の文化を発信できる人材やソフトを育成する
(5) 民間の知恵と工夫で、事業収入の多様性を高める
(6) JRグループの広域ネットワークを活用し、ダイナミックな取り組みを展開する

　この行動指針の導入により、具体的には、コミュニティアートプロジェクトが新たに始まった他、さきらJOAなどの育成事業を核として事業展開を推進することとなり、また広報面では、『さきらスタイル』という独自の広報誌を創刊したり、JR各駅での広報を行ったり、民間の手法を取り入れることも可能となった。

　一方で、指定管理者制度導入による問題点は、何より、館を運営する者が5年毎に変わる点であり、そのために、次の5年のビジョンが立てられないことにある。さらには、制度が複雑化することにより、「公共性」の責任が不明瞭になることも問題だろう。

このような長期的視点の欠落は「教育」を念頭に考える時、致命的問題である。5年間のことしか計画できない、「その先」はあるのかどうかすらわからない、というのでは行動できないからだ。しかも運営のための予算は5年ではなく、より短いスパンで自治体の政治によって大幅に左右される。例えば2007(平成19)年の財政健全化法施行等により栗東市財政は緊迫し、現在はさまざまな給付・補助金等が縮小・廃止される状況にある。栗東芸術文化会館は設立構想時に栗東市だけでなく隣接市を巻き込んだセンター構想を掲げ、それを実現しつつあるが故に、「栗東市」という単独の自治体が金銭的に支えることを難しくしているという側面もある。文化庁を始めとする各種助成は、受けられるかどうか不確実であるばかりか、助成開始の直前まで採否がわからないのが現状である。運営の困難さは3-2で紹介した事業担当部長西川賢司氏のインタビューにある「とりあえず続けていられることが成果だという状態です」という台詞が全てを語っている。

　更に、これに付随する問題として以下に述べる2つの点も指摘しなければならない。1点目は受益者負担額(受講料)である。一般的なお稽古事と比較すれば、さきらJOAの受講料は極めて安価である。しかしながら受益者負担額の多寡によって参加可能者が限られるのも事実だ。公共文化施設が「公共」として実施する以上、全ての人に開かれたものであるべきなのは大前提である。この点については、3-2で言及したヨーロッパの公教育としての音楽学校制度が参考になるかもしれない。例えばドイツ・ライプツィヒ市の音楽学校の受講料は表9の通りである。

　ユーロ為替は日々大きく変動するので日本円に換算するのは容易ではないため、為替ではなく、日常的実感として1ユーロを100円と考えると、さきらJOAと同様のヴァイオリンのグループレッスンを受ける場合1ヶ月3,600円となり、また、社会福祉割引が適用されれば1ヶ月1,800円となる。楽器レンタルが14ユーロ／月なので、それと合わせて感覚的に1ヶ月5,000円(3,200円)である。ちなみにこれは、毎月支給されるキンダーゲルト(子ども手当)の約8分の1にあたり、理論的には、全ての家庭の子どもが受講可能であるということになっている。これは、さきらJOAの現行受講料のほぼ半額程度である(但し、感覚的換算なので、為替で比較するとほぼ同額にもなり得る)。

表9　ライプツィヒ市音楽学校の受講料規定（2006年7月24日）

入校料10ユーロ		
7歳までの初期教育（6人以上のグループ）	45分／週 60分／週	12.50ユーロ／月 16.60ユーロ／月
楽器の授業　　　（3人以上のグループ） 　　　　　　　　（2人のグループ） 　　　　　　　　（個人）	45分／週 60分／週 45分／週 30分／週 45分／週	27.00ユーロ／月 36.00ユーロ／月 33.75ユーロ／月 38.50ユーロ／月 57.50ユーロ／月
音楽基礎等の基礎教育	楽器の授業受講生は無料 単科受講生13.50ユーロ／月	
割引等 1. 社会福祉割引：ライプツィヒ市が認めた一定収入以下の世帯で市に申請し許可された者は受講料の50％を減額する 2. 兄弟割引：一家庭より複数の子どもが受講する場合以下の割引を適用する 　（2人：それぞれ10％減額、3人：それぞれ20％減額、4人以上：それぞれ30％減額） 3. 同時に複数クラス（楽器）を受講する場合、それぞれ15％減額する 4. 1年につき最長3ヶ月を限度として長期欠席を認める。その期間は80％減額される 5. 18歳以上は50％の割り増し料金を支払うこと 　（ただし、学生の場合は27歳に達するまで割り増しは適用しない） 6. ザクセン州の定めた特に優秀な生徒・学生は受講料を免除する		
楽器貸与　　　255ユーロまでの楽器 　　　　　　　256-500ユーロの楽器 　　　　　　　500ユーロ以上の楽器	7.50ユーロ／月 10.75ユーロ／月 14.00ユーロ／月	

　２点目は講師の雇用問題だ。現状では時間給のアルバイト状態であり、講師の良識と熱意に全面的に依存している。身分の保障はもちろん無い。この状態で長期的計画が立てられないのは必至だ。暫定的な状態で既に5年が経過してしまっている現状も含め、講師の雇用問題、身分の保障は緊要の課題であろう。

　以上を解決するための基盤として、理念・理論を再確認、再構築することも必要不可欠だ。つまり、現場で働く人材が変化しても受け継がれる理念・理論の構築である。

　公共文化施設の新たなあり方を模索する中で、さきらJOAは、文化がさまざまな社会問題を解決する一助となる可能性を示してきた。福祉や公共性を

考える時、その中心に「文化」を据える、もしくは、文化を考える時に「福祉や公共性」を視野に入れる。まちづくり、ひとづくりの根幹に芸術文化を置くことが有益であることは、これまでのさきらJOAの成果が明確に示している。このさきらJOAの長期的存続のためには、自治体にも指定管理者にも長期計画が無い現状においては、政治や行政に左右されない仕組みづくりが緊急の最重要課題であるといえよう。

　本章をまとめるにあたって、企画・開発係長山本達也氏、事業担当部長西川賢司氏の手をおおいに煩わせた。両氏の協力なしには本章執筆はまったく不可能であった。また、インタビューには多くの方々にご協力いただいた、ここに感謝を記したい。

・注
[1] プラトンが開いたアカデメイアに由来する学問・芸術に関する教育機関のことで、ルネサンス期のイタリアに始まり、16世紀半ばよりヨーロッパ各地に設立された。例えば1648年に設立されたフランス王立絵画彫刻アカデミーは、「芸術」や「芸術に携わる人々」の地位を確立し、その後の西欧の芸術をリードしていく存在となった。またモーツァルトが活躍した時代には、アカデミーは演奏会を意味していたことが、彼が残した書簡や姉ナンネルの日記などからも分かっている。
[2] プレ・オープニング事業の内、オーケストラ関連のものについては、3 - 1で扱う。
[3] 文化庁の助成金は2005〜2006年度の2年間のみで、2007〜2008年度は助成金は栗東市からのもののみであった。2009年度は文化庁の「文化芸術による創造のまち」助成金の一部をさきらJOAに充てることができたが、その一方で、栗東市からの助成金(負担金)は2008年度で打ち切られた。更に2011年度よりは指定管理料減額が予定されており、事業予算の先行きも不透明な状況である。
[4] 実際に、楽器がやりたいがどこでどのようにやればいいのかわからない、という声がインタビューで多数聞かれた。「4 - 2. 参加者の声」参照。
[5] さきらJOAでは最初の半年間に限るものの、楽器貸与のシステムを有している。
[6] 個人的に楽器を探して入手し、先生を探してコンタクトを取り、音楽教育を受けさせるということのハードルの高さは現代日本に限ったことではない。イギリスでは社会階層に関わらず、等しく音楽教育を受ける機会を提供することが公的機関の使命であるとされているし、ドイツでは、都市の大小に関わらず、各地域に公立の音楽学校があり、生後4ヶ月の乳児から社会人・高齢者までが、専門教育を終え身分を保障された(音楽大学を卒業し国家資格を得た公務員の)教師のもとで教育を受けている。これらについては稿を改めて執筆する予定である。尚、3 - 3で記述するが、2009年4月にさきらJOAが栗東市の国際交流事業の一環で合同演奏を行ったドイツ・マンハイム市立音楽学校は、この公立音楽学校にあたる。
[7] 講師コンサートはこれまでに開催した大津、京都等でのものも含め、全て一般にも開いた催しとしており、プログラム内容や入場料は多岐にわたるが、いずれもほぼ満席(最低でも80％以上の集客率)である。
[8] さきらJOAは2010年度にさきらジュニアオーケストラの結成を目指している(4 - 3参照)。
[9] 学校教育現場においては現在、既成の枠組みをより強化し、その枠に入らない子どもを別の枠へと分類する傾向が大きくなっている。例えば、一般論として「問題がある子」という位置づけをされる子どもが、現状では教育現場で「増加」している。
[10] インタビュアーである筆者は、さきらJOA設立時より、音楽基礎講師の病気等による欠席時の代替講師をつとめている。したがって、子どもたち及び保護者とは初対面ではなく、平均して1回から数回これまでに会ったことのある関係である。
[11] 本稿校正中に予定通り、ジュニアオーケストラは設立された。
[12] 2011(平成23)年4月からは株式会社ケイミックスが指定管理者として選定された。

朝日新聞 (夕刊) 2010年(平成22年)3月17日 水曜日 3版 4

芸能

アートを支える 街・人・金 ③

「芽」育むオケ 嵐の船出

チェロを始めて1年もたたない小学生2人が、目で合図しあって合奏する。かと思えば、弾き慣れた中学生2人が独奏で、秋山和慶の指揮でモーツァルト「バイオリンとビオラのための協奏交響曲」を披露する――。

滋賀県栗東市の芸術文化会館さきらで6日あった「さきらジュニアオーケストラ・アカデミー(JOA)」の成果発表会。県内の小中高校生向けに2005年開講した弦楽器主体の音楽教室で、35人が在籍する。演奏力はそれぞれだが、呼吸を合わせるので聴き心地がいい。物おじしない弾きぶりには、すでに舞台人の心構えがにじむ。

こうした子どもたちの心を育つのも、ホールで毎週土曜日に、技術に偏らない独自システムで教えているから。楽器のレッスンに加え、楽典や歌を学ぶ音楽基礎が必修なのだ。「楽譜の感じ方や行間を読む力を育てたい」と語る校長の藤井允人は、大阪フィルハーモニー交響楽団の元コンサートマスター。指揮界の重鎮・秋山も含めて、滋賀県出身の元大フィル団員・中谷満の人脈で豪華な講師が集う。

開講時に初心者で入学したバイオリンの小学5年生、デビューリィ雪乃さんは「学校でチラシが配られ、おもしろそうなので参加した。街の教室と違い、いろいろな子と一緒に合奏できるのがいい」と話す。

栗東市は滋賀県南部にある交通の要衝で、豊かな税収を背景に手厚い市民サービスで人口が急増し、2001年に町から市になった。経済誌の「住みよさランキング」で全国1位になったこともある。この街は現在約6万5千人が住む。

公立文化施設の多くがハコ先行・ソフト後追いの中、さきらは全国でも珍しいソフト先行型のホールだ。99年の開館前から行政が地域の文化団体設立に協力し、ここを拠点にできる市民の活動を盛り上げた。JOA開講は、施設のシンボルとなるジュニアオーケストラのメンバーを一から育てる狙いだ。企画・開発係長の山本達也さんは「事業の個性を際立たせるには対象を絞ること。人口急増地域なので子どもに焦点をあてた」と語る。

だが、いざ開講すると運営は逆風続きだった。開講翌年に指定管理者制度が導入され、運営は市文化体育振興事業団からジェイアール西日本総合ビルサービスの手に。JOAの存続も議論され、年間約1千万円の運営費のうち市が約300万円を負担して継続が決まった。ところが、新幹線新駅の計画中止で財政難に陥った市は、08年度で負担金を打ち切った。追い打ちをかけるのが指定管理料減額だ。11年度からの管理者公募で従来の約2億円から1億2800万円に減らすと表明。ホール管理費は年1億円かかり、減額分の多くは事業費にしわ寄せされる。これではホールの負担額を増やしてやりくりするJOAも、新管理者が継続するかどうかわからない。

栗東市民の受講生が少ないことへの風当たりもある。35人中6人が、隣の守山市からは1人、草津市と大津市と栗東市民に限定されていない。栗東市民に限定すれば、JOAやオーケストラは成立しがたい。

「結果としてこの施設が広い地域をカバーし、市がそれを支えきれなくなった」と、さきらの西川賢司・事業担当部長はほぼ、「子どもたちの夢を何としてもつなぎ続けたい」と、大人たちはこの春、自らの都合に子どもを振り回されずに済む仕組みを模索する。荒波の中、7月にジュニアオーケストラが船出する。初の演奏会は11月28日だ。

(星野学)

秋山和慶の指揮で成果を披露するさきらジュニアオーケストラ・アカデミーのメンバー=滋賀県栗東市

第6章 まちづくり、ひとづくりへの挑戦――173

第7章
オルタナティブスペース
既存の公共文化施設との連携の可能性

小林 瑠音

1. はじめに

　1990年代以降の日本において、オルタナティブスペース、つまり既存の文化施設とは異なり、個々のアーティストによって独自に運営される制作・表現の場が注目をあびてきた。そこでは、既成の枠組みや制度にとらわれない自由な芸術創造と、ジャンルを超えた人々の交流が繰り広げられ、若手の芸術家を中心としたダイナミズムが生まれてきている。この動きはさらに、2000年以降の文化芸術系NPOの台頭とその社会的認知の促進、そして指定管理者制度の導入といった行政との連携の促進によってより一層発展を遂げているといえる。とりわけ最近では、全国各地で行政とのコラボレーションが進み、新たな公共性、つまり、それぞれの地域が抱える社会問題に対して風穴をあけるような存在としての、オルタナティブスペースの役割に、期待がもたれている。しかし、これまで日本におけるオルタナティブスペースの変遷と位置づけ等の問題を取り上げ、その特性を分析した研究は数少ない。

　そこで本章では、日本のオルタナティブスペースの歴史と現状を概観し、対既存の文化施設として台頭してきたそれらの活動を分析することを通して、オルタナティブスペースとは対極にある公共文化施設の公共性について再考を試みたい。また、それとともに、近年注目されつつある、「公共文化施設とオルタナティブスペースの連携」[1]の可能性についても分析を進めたい。まず第2節では、オルタナティブスペースの定義とその歴史的流れについて触れる。次いで第3節では、オルタナティブスペースを4つのカテゴリーに分類

し、その詳細について考察する。さらに第4節においては、それらの抱える問題点を指摘し、最後にオルタナティブスペースと公共文化施設の連携の可能性についてのインプリケーションを述べ、結びとする。

2. オルタナティブスペースとは
2−1. 定義

そもそも「alternative」とは「2者（時に3者）のうちどちらか1つを選ぶべき、代わりの」[2]、あるいは「（既成の社会的基準に基づかず）新しい、型にはまらない」[3]と訳される形容詞である。本章でとりあげる、文化芸術領域におけるオルタナティブスペースに関しては、美術館、文化センター等の文化施設を既存の社会的基準ととらえたうえで、それに代わる新しいシステムという意味で理解することができる。しかし実際には、オルタナティブスペースといえども、その意味する領域は大変広範囲におよぶ。アトリエ開放型のスペースやギャラリーカフェといった比較的個人的なものから、アーティストレジデンスタイプのもの、また行政との連携によるアートセンターや、工場や小学校跡地を利用した再生型ホール、さらには民間企業の運営する小劇場やライブハウスを含める場合もある。ジャンルに関しても、狭義の美術に限ったものから、演劇、ダンス、音楽といった複数のジャンルがクロスオーバーしコラボレーションする空間をさす場合もある。このように、「既存の美術館やホールではないもの」すべてが「オルタナティブ」として安易に使用されがちな昨今のアートシーンにあって何が「オルタナティブ」であるかを再考することが必要とされている。このことは、「インスティテューション化が不完全な段階で、しかもオルタナティブな脱インスティテューション型発想が入り込んできたことによる日本特有の混乱」[4]が指摘される中で、重要視されるべき課題である。

さて、2009年に文化庁から「芸術活動基盤充実事業」として委託を受け、近年のオルタナティブスペースの活動状況について概観し、それらを網羅した調査書を編集・発行したBankART1929（2009）では、オルタナティブスペースとは、「市民文化センターでも既存の美術館でもないスペース」[5]であり、「アーティスト自らがたちあげた新しい自由度のある運営チーム」と規定されている。この意味では、既存の文化施設ではない、アーティストラン（主

導)による表現と制作の場として、"広義のオルタナティブスペース"が定義される。一方これに先立ち、アジアのオルタナティブスペースに関して調査を行なった国際交流基金編集の報告書の中で、原(2001)は日本のアーティストラン(主導)スペースを大きく3つに分類した。まず第1に、「アトリエやスタジオをシェアすることを主目的とする場合」。古くは、数多くの漫画家を輩出した「ときわ荘」やピカソの「洗濯船」など作家の個人的な創作スペースが含まれよう。第2に、展覧会などのプレゼンテーションの場として、あるいはワークショップやレクチャーなどを催すなど「公共性を重視した活動を主目的とする場合」。ここでは、ギャラリーカフェや文化芸術情報スペース、複合アートセンター等が挙げられる。そして、第3に「その両方の目的を兼ね備えた場合」が加えられる。ここで第2、第3の分類に着目するとオルタナティブスペースの定義の中から、作品制作を重視するアーティストの個人的な共同アトリエ、集合事務所やレジデンスは省かれることとなり、その意味で"狭義のオルタナティブスペース"が選択されている。

　そこで本章においては、美術に限らず幅広いジャンルを調査対象とし、また対既存の文化施設という立ち位置そのものに着目して分析するため、前者のBankART1929(2009)に基づき、広義のオルタナティブスペースの概念に立脚して議論を進めることとしたい。すなわち広義のオルタナティブスペースとは「美術館や劇場など既に確立された文化施設にかわる新しいオルタナティブとして、立ちあげられ、アーティストまたはアートディレクター自らが運営を行う作品制作、発表の場」と規定され、本章の分析対象は、アーティストの住居兼スタジオといった個人的かつ小規模なものから、クリエーターの集合拠点、さらには公共性を重視したアートセンターや大学の研究機関と幅広い活動に及ぶことになる。

2–2. 変遷

　前述のように、オルタナティブスペースの定義の中に、アーティストの集合アトリエを含めた場合、その起源を探ることは大変困難であり、未だどの時点をもって発祥の地とするかについては議論が分かれるところである(以下、表9を参照されたい)。例えば古くは前述の「洗濯船」「ときわ荘」、土方巽を中心とした舞踏の稽古場兼スタジオとしての「アスベスト館」(1950年)、

またネオダダメンバーの吉村益信の住居兼アトリエであった「ホワイトハウス」(1960年)など幾多の例が挙げられよう。しかし、オルタナティブスペースの定義を、前述のように「既存の文化施設ではない、アーティストまたはアートディレクター自らが運営を行う作品制作・発表の場」とした場合、その先進的な例として、終戦直後の1947年にオープンしたロンドンの「Institute of Contemporary Arts」(以下ICA)が挙げられる。ICAは、既存の概念やアートフォームの境界線に挑戦する実験室として、リチャード・ハミルトンをはじめとするアーティスト、作詞家そして作家によるイニシアチブのもと創設されたスペースである。そして、その後のオルタナティブスペースの潮流はニューヨークに移り、1960年代後半から1970年代前半にかけて、自らをオルタナティブとして自覚的に位置づけるスペースが多数出現し始めることとなる(Evans, 2009)。竹下(2009)は具体的に、この時期の代表的なオルタナティブスペースとして、ニューヨークの「PS 1」(1971年設立)、「Artist Space」(1972年設立)、「New Museum of Contemporary Art」(1977年設立)などを挙げている[6]。

　これら1960年代以降のオルタナティブスペース出現の背景に関しては、主に3つの要因が指摘できるだろう。すなわち、既存の芸術表現の場に対する懸念、ポストモダニズムによる影響、そして工場跡地など都市部における空きテナントの増加である。まず第1の要因として、Shaw (2005)は既成の支配的カルチャー、つまりコマーシャルギャラリーや美術館システムに対する懐疑的見解の高まりを指摘している。とりわけ、このような見解の出現は、政府の関心が若手アーティスト支援や実験的芸術分野のネットワーキングといったソフト面への財政支援ではなく、美術館・劇場といった基礎的インフラ整備等のハード面の重点政策であったことに起因する。既存の文化施設では認められなかった実験的な芸術表現、あるいはまだ価値の定まらない若手作家の作品を、規定にとらわれず自由に発表する場としてオルタナティブスペースが生まれてきたのである。第2に、このような既存の概念やシステムに対する反発の背景には、ポストモダニズムの影響が挙げられる。ポストモダニズムは「工業資本主義のもとで発展したモダニズムの終焉であり、(それら伝統的な社会理論に代わる)オルタナティブなテクノロジー、文化、社会によって象徴されるポスト工業化社会」[7]と広く定義される(Hassard, 1993)。

そしてその影響下にあった1960年代後半から1970年代前半には、多様性や伝統からの解放といった権威からの脱出が求められ、同時に現代アートシーンにおいてもオルタナティブスペースの存在価値が重要視され始めたのである。さらに、ポストモダニズムは、アメリカで花開き、ヨーロッパ中心主義からの脱却を促しながら、革新的な現代アートを次々と生み出した。この変遷をBradbury（1995）は「実験的芸術の方向性はパリからニューヨークへ、ピカソからポロックへ、(中略)バウハウス（Bauhouse）からアワーハウスへ（our house）と移り変わった」[8]と説明している。このようなポストモダニズムの潮流に乗って、若手作家の創生の場であるオルタナティブスペースもまた、アメリカ、とりわけニューヨークを中心に出現し始めることとなり、やがて世界的ムーブメントとして広がっていったのである。そして第3に、実際的な要因としてインナーシティの衰退による空きテナントの増加と値下げが挙げられる。Shaw（2005）は、ベルリン、アムステルダムそしてメルボルンにおけるオルタナティブスペースの発展を例にしてこの点を説明している。つまり、1960年代から1970年代にかけてみられた産業構造の転換によって空地となり、居住スペースとしては買い手がつかなくなった都市部の工場跡地などが、後に格安物件として需要を生み、それらがアトリエやスタジオあるいはレジデンスとして活用されるようになったというケースである。これらの工場跡地を利用したオルタナティブスペースの増加は、1980年代のイギリスにおいて特に、文化芸術を通した都市再生のストラテジーとして常用され、文化政策の一環として世界的に認知されることとなる。

　そして、1970年代の創生期を経て、1980年代に入ると、オルタナティブスペースは日本に上陸し始めることとなる。まず、日本におけるオルタナティブスペースの先駆けとなったのが、東京中野に1982年に誕生した「planB」とその翌年に設立された「佐賀町エキジビット・スペース」である（原, 2001）。ともに100%自主財源でありながら、自主運営のスペースを設立した経緯には、次のような状況をみてとることができよう。つまり「劇場やスタジオや画廊を借りて自主発表を企画しても、釘は打てない、水や火は使えない、大音響は出せない、搬出入、設営、リハーサルの時間は限られている」[9]ことや、「公共の美術館では評価の定まった作家の発表が中心となり、ファインアートの定義の枠も限られていた」[10]ことなど、既にある芸術表現の場に

彼らが見出した幾多の限界に端を発している。このように日本においても、既成の枠にとらわれない芸術表現活動を、自分達のできる範囲から始めるということから、オルタナティブスペースは誕生した。

さらに、1990年代には東京以外の地域においても、新しいスペースが増加し始める。大阪では現在の「クリエイティブセンター大阪(CCO)」の先駆けとなる「STUDIO PARTITA」が1993年に、愛知では「＋Gallery」が1998年に、全国のオルタナティブスペースを紹介する企画を立ち上げた「N-mark」が1999年に設立されている。これらの中で特に日本において、共同アトリエという概念を越えた場を創出し、オルタナティブスペースのフレームワーク的存在として後によくとりあげられるのが、1994年に始まる「スタジオ食堂」である。須田悦弘を中心とするコアメンバーによってスタートしたスタジオは当初、自分達の作品制作スペースを求めるのみにとどまっていたのだが、徐々にサロン的要素をもつ公共の場—アーティストインレジデンス(以下AIR)としての存在意義—を拡張していくことになった(中山, 2009)。また、神戸では行政とのタイアップが全国的にもいち早くみられた。公立の総合アートセンターの先駆けとして「神戸アートビレッジセンター」が阪神淡路大震災の翌年1996年に、「C.A.P（芸術と計画会議）」の「CAP HOUSE」が1999年に設立されている。茨城と山口では、行政主体によるAIRとしては初の「アーカスプロジェクト」が1995年に、「秋吉台国際芸術村」が1998年にオープンしている。

このように、全国的規模で徐々にオルタナティブスペースが設立され増加していく中で、2000年に入ると、行政と連携をもつ組織がますます多くみられるようになる。大阪では2000年に大阪市主催の「築港赤レンガ倉庫」と、市立の総合文化施設「芸術創造館」がオープンし、2002年には、4つのアートNPOが同居する「新世界アーツパーク事業」が始まった。とりわけ新世界アーツパークを拠点に活動を行った4つのアートNPO、「ビヨンドイノセンス」(現代音楽)、「remo（記録と表現とメディアのための組織）」(映像メディア)、「Dance Box」(コンテンポラリーダンス)そして「こえとこころとことばの部屋(cocoroom)」(アートを通した自立・就労支援など)は、大阪あるいは日本のコミュニティーアートムーブメントを牽引する存在として注目をあびた。さらに、2004年にはBankARTの開設を筆頭に、横浜でのオル

タナティブスペースの集積ラッシュが始まる。ここでまず「北仲BRICK&WHITE」、「ZAIM」、「本町ビルシゴカイ」といったクリエーターの集合事務所、ついで「Art Autonomy Network」や、「ミアカビデオアーカイブ」などのアートイベントやスペースに関する情報を収集、公開するリソースセンター、さらには横浜市クリエイティブシティ構想の一環として設立された大型舞台芸術施設である「急な坂スタジオ」まで多様かつ幅広い形態の活動が集積していることが特徴的である。

　また、2000年代に生じたもう1つの新しい形態として挙げられるのが、大学とオルタナティブスペースの連携である。1999年に東京藝術大学による「取手アートプロジェクト」が始まると、翌2000年には千葉大学「アートプロジェクト検見川送信所2000」、2003年には東北芸術工科大学による「蔵」再生プロジェクトが開始し、2005年には大阪大学「コミュニケーションデザインセンター(CSCD)」、2006年には東京大学を中心とした「柏の葉アーバンデザインセンター(UDCK)」、大阪市立大学「都市研究プラザ」、慶應義塾大学の「三田の家」そして2007年には横浜国立大学の「Y‒GSA」がオープンしている。これらはそれぞれキャンパス内の講義やゲストトークに留まらず、街中に拠点を構えながら、学生主体のアートプロジェクトや地域展開型の展覧会、シンポジウム等を企画する動きがますます盛んにみられるようになっている。

3. オルタナティブスペースの運営形態別分類

　以上、オルタナティブスペースの定義やその変遷の過程についてふれてきた。次に、これらを総合すると、オルタナティブスペースはその運営形態に基づいて大きく次の4つに分類することができる(図1)。まず最も個人的かつ小規模なパターンとして、自宅開放型。2つめが、集合アトリエやNPOなど、より組織的な要素を含む民設民営型。このパターンはさらに、フリースペースとAIRに分類できる。3つめが、大学主導型。そして4つめが最も公的な形態としての公設民営型である。このパターンもさらに、アートセンター、AIR、そして公共文化施設内に設置されたフリースペースの3つに分類される。これらはその性格を、アンチメインストリームとしての「最もオルタナティブな」オルタナティブスペースから、既存の文化施設との協働パ

ターンに至るまで幅広く規定することができる。以下、前節で時系列に沿って概観したオルタナティブスペースを運営形態に基づいて個別に詳しくみていくことにしよう。

```
                    ┌─────────┐
                    │  自宅   │
                    │ 開放型  │
                    └────┬────┘
                         │
┌─────────┐    ┌────┴────┐    ┌─────────┐    ┌─────────────┐
│アートセンター├────┤  公設   │    │  民設   ├────┤ フリースペース │
└─────────┘    │ 民営型  ├────┤ 民営型  │    │(ギャラリー、カフェ)│
┌─────────┐    └────┬────┘    └────┬────┘    └─────────────┘
│   AIR   ├────┤         オルタナティブ         │
└─────────┘    │            スペース           │    ┌─────────┐
┌─────────┐    │                              ├────┤   AIR   │
│公共文化施設│    │                              │    └─────────┘
│内設型フリー├────┤                              │
│ スペース  │    └────┬─────────────┬─────┘
└─────────┘         │
                    ┌────┴────┐
                    │  大学   │
                    │ 主導型  │
                    └─────────┘
```

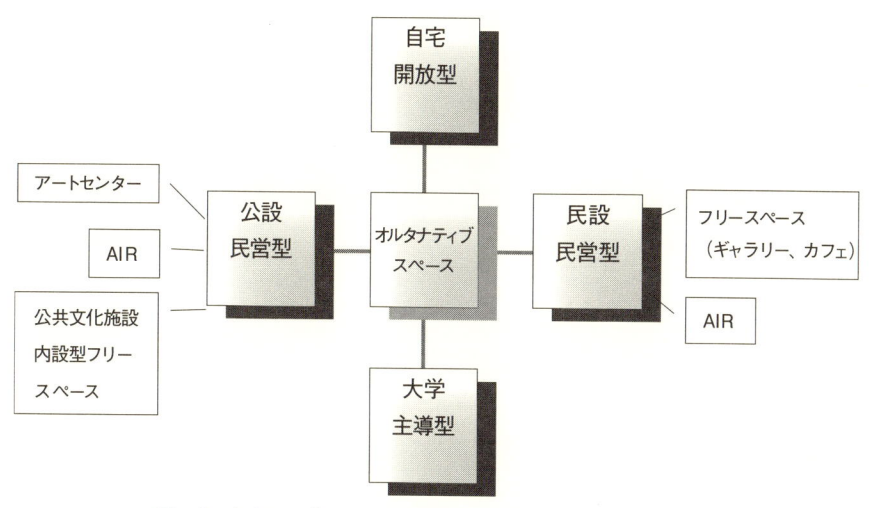

図1 オルタナティブスペースの分類―その運営形態から（筆者作成）

　まず第1に、自宅開放型オルタナティブスペースに関しては、いわゆるアーティストの住居兼制作スペースとして伝説的に記憶されるパターンがある。代表的な例としては、すでにとりあげた「ときわ荘」や「ホワイトハウス」、古くは「洗濯船」が挙げられる。ただこれらは、当事者が必ずしも、既存の枠にとらわれない新しい表現の場としてのオルタナティブ性を意識していたとはいい難く、むしろ自分達の作品制作の場としての機能のみを重視していた側面が強い。しかし近年においては、オルタナティブ意識を伴った美術家の活動が日本においても始まってきた。たとえば美術家の藤浩志による自宅開放スペースとして、鹿児島の実家マンションにてアーティストトークやワークショップを行なう「e – terrace」(1998年設立)などが注目を浴びた (N – mark, 2005)。また2008年度アサヒアートフェスティバルの一企画として関西のオルタナティブアートスペースを紹介する情報センター「築港ARC（アートリソースセンター by Outenin)」が手がけた「住み開きアートプロジェクト」においては、アーティストの住居スペースにて展覧会やライブ、トークサロンなどを定期的に開催する自宅開放型オルタナティブスペー

スが10ヶ所紹介されている。このように、若手のアーティストが表現の場所、交流の場所を持つという際に、テナント賃貸でもなく行政からの委託でもない最も手軽な手段として自宅を開放するというスタンスが、再度注目されているといえる。

　第2に、民設民営型オルタナティブスペースであるが、これらは共同アトリエやスタジオなど、自宅開放型と同様にプライベートスペースでありつつも、より組織的であり、かつ公共性を重視した活動を行っている場合を指す。そしてこれらはさらに、フリースペースとAIRに分類できる。1つめの、フリースペースとは、アーティストやアートマネージャーによって独自に運営される開放型スタジオやギャラリーカフェ、アートセンターなどを指す。これらの多くは、自主財源または民間企業からの助成により運営される。代表的な例としては、古くは先に述べた「アスベスト館」や「佐賀町エキジビッド・スペース」、そして1987年に札幌にオープンした「PLAHA studio 8」がある。「PLAHA studio 8」は建築家やアーティストの手によって病院だった建物を共同アトリエ＋ギャラリーに改造し、展覧会やディスカッションを行なうチームであった。このスペースは80年代の日本におけるオルタナティブスペースの出現期以降活動を続ける場所として、東京の「PlanB」とともに、日本の若手芸術家や舞台制作者に大きな影響を与えてきたといえる。またこの「PLAHA studio 8」は現在も1998年に発足した「PLAHA project」に継承され、同じ場所にスペースが現存している例として大変貴重なケースである。その他には、バーを構えながら、ギャラリーとして展覧会、上映会、演劇さらにはレクチャーシリーズなどジャンルを越えた活動を実施する北九州の「Gallery SOAP」や、地域固有の文化に着目しながらワークショップや子ども向けレクチャーなどを行なう沖縄の「前島アートセンター」などが挙げられる。さらに、90年代後半以降、オルタナティブスペースとして、お寺の存在にも注目が集められてきた。その代表的な例が大阪にある「應典院」であろう。ここでは、かつてお寺が持っていた地域の教育文化の振興に関する活動が重視され、円形型ホール仕様の本堂では演劇公演やトークイベント等が実施されている。これらの民設民営型のオルタナティブスペースは、民主導の新しい芸術文化の交流・発信拠点の創造を目的として既存の枠や既成概念にとらわれず、アーティストが自由に表現活動を行

える場として越境的な活動を行っていることが特徴であるといえる。

　2つめの、AIRはそれらのフリースペース的要素に加えて国内外からのアーティストの滞在を受け入れるという意味で、より開かれた長期間の制作・交流の場となっている。代表的な例としては、元診療所兼結核療養所を改造し1989年から活動を続ける東京の「遊工房アートスペース」や、横浜の寿町で空き物件になった簡易宿泊所を一般のホステルに改造した「Yokohama Hostel Village」、同じく寿町にてスタジオやアーティスト専用レジデンスを整備する活動を行う「寿オルタナティブス」などがある。これらの特徴として指摘できるのは、一過性のイベントや公演に留まらず、国内外からの作家が一定期間在住することによって、地域や住民との交流が生まれ、レジデンスが地域に潜む社会問題に解決の糸口を与える作用を及ぼし始めているということである。そのようなダイナミズムを介し、それぞれの地域が抱える負のイメージを払拭していくことが活動の主要目的のひとつとして掲げられる。このことは、コミュニティの再生やソーシャルインクルージョン（社会的包摂）など、アートがもたらす社会的インパクトに注目が集まる中で、大変重要な役割を担っている。

　第3に、大学主導型のオルタナティブスペースであるが、大学がキャンパスから街に出張してアートスペースを運営し、そこで展覧会やワークショップ、シンポジウムなどのアートプロジェクトを行なうという傾向は、先にも述べたように、1999年に東京藝術大学が取手の街にオープンスタジオを設置した取手アートプロジェクトに始まり、2000年に入って各都市で多くみられるようになってきた。その中でもとりわけ、美術大学や芸術大学ではない総合大学がアートスペースを運営する先進的な例として注目を浴びたのが千葉大学の「Wi‒CANP」である。ここでは、アートに対する学生の経験値を上げるというモチベーションのもと、千葉市の元クリーニング店をリノベーションしたアートセンターで毎年学生主導のアートプロジェクトが繰り広げられている。その後も、大阪大学コミュニケーションデザインセンターと京阪電鉄そしてアートNPO DanceBoxの主催によって地下鉄駅構内に開設された「アートエリアB1」や大阪市立大学都市研究プラザによって企画、運営されている「船場アートカフェ」、そして横浜国立大学大学院／建築都市スクール「Y‒GSA」によるサテライト・スタジオなどがオープンして

いる。大学のもつ知識と若い人材を街に還元し、地域との接触を生むことが、コミュニケーションの欠如に悩む現代社会にあって重要視されているといえよう。このような交流の場として、大学運営型のオルタナティブスペースは位置づけられている。

　最後に、行政が主な財源を負担し民間団体に運営を委託する公設民営型のオルタナティブスペースについては、アートセンター、AIR、そして公共文化施設に内設するオルタナティブスペースの運営の3つに分類できる。既存の文化施設の限界に挑戦する試みに端を発したオルタナティブスペースであったが、やはりアーティストにとって場所を持つということは財政的な負担が大きい。特に業績のない駆け出しの若手アーティストにとっては民間企業からの支援を得ることも困難である。そこで、近年では、そのようなアーティストが運営する制作・表現スペースの財政支援を行政が行なうという、いわゆる行政主催型のオルタナティブスペースが増えてきているのである。その多くは、使われなくなった倉庫や小学校、市立の結婚式場など、行政が抱える空きスペースの再利用手段としてそれらをアトリエやスタジオとして公開するというケースであり、近年では民間の芸術団体が指定管理者として運営する例も多々みられるようになってきた。そのケースが、1つめの各地方自治体による民間委託型アートセンターである。例えば、「京都芸術センター」や、前節でもとりあげた「神戸アートビレッジセンター」、横浜の「BankART」や「急な坂スタジオ」、そして大阪の「築港赤レンガ倉庫」や「新世界アーツパーク」などである。このように行政が主催、財政的支援を行い、民間団体が運営、アーティストやアートディレクターが主導で企画を立案・実施するアートセンターのあり方は、オルタナティブスペースの運営形態の中でも主要な位置を占めてきているといえる。その中でもとりわけ注目を浴びているのが、鳥取市の「鳥の劇場」である。廃校になった小学校を鳥取市との契約で無償貸与する形で、劇団が常駐して作品を制作・上演し、また外部団体の上演や演劇祭の開催なども積極的に行なっている。「上演する場所で稽古ができる」「場所がある、そこにいつもアーチストがいる…人を通じて芸術行為に出会う事ができる」[11]というオルタナティブスペースの持ち味を生かした試みが注目を浴び、アドボカシーとして機能している好例であるといえる。最近では、これらの動きを集約した形で、「21世紀型オルタナ

ティブ・アートスペース」[12]と冠して、千代田区主催のもと2010年6月に設立された「Arts Chiyoda 3331」に注目が集まっている。次に、2つめの公設民営型オルタナティブスペースとしては、AIRがある。一般的に、欧米ではアーティスト主導NPO運営型のAIRが多い一方で、日本のAIRは、行政主催のもと文化財団などのNPOによって運営されるケースが多い(村田, 2009)。例えば、日本におけるパイオニア的存在のレジデンスとして、茨城の「アーカスプロジェクト」、また大型のレジデンス施設として全国的に有名な、「山口県立秋吉台国際芸術村」や、「青森公立大学国際芸術センター」そして「トーキョーワンダーサイト(青山)」がある。札幌のNPO法人「S-AIR」は市の経済局の施設にアーティストレジデンス事業が入っている事例として大変ユニークな例である。3つめに、最も公的な色合いの強いオルタナティブスペース、公共文化施設に内設するオルタナティブスペースがある。一見矛盾した組み合わせのようではあるが、このタイプのスペース運営は今後の民間非営利芸術団体の未来を再考するうえで注目に値する。その一例として、八戸市美術館との連携を行なう任意団体「ICANOF」が挙げられる。八戸市美術館は3週間全館を無償提供し、ICANOFによる新進気鋭の作家を紹介する企画展が開催され、約2,000人の来場者を得た(豊島, 2009)。また、埼玉県立近代美術館では2006年に新たなミッションステイトメントを発表し、その中で「美術館活動の柱の一つに、美術館を交流基地、送受信のアンテナとして、スペース、作品、ソフト、人材、地域特性など美術館周辺のさまざまな芸術資源をつなぎ有効に機能させる活動を位置づけようとする」[13]計画を加え、オルタナティブスペースとの連動を示唆している。また横浜美術館では、実際に、アーティストが横浜美術館を中心に長期滞在しながら作品制作を行い、さまざまな活動を開催する「LIVE感覚のアートプログラム」として「アーティスト・イン・ミュージアム横浜(AIMY)」とそのためのアートギャラリー、さらにはこどものためのアトリエをオープンさせている。このように、対既存の文化施設として発進したオルタナティブスペースが、公共文化施設とのタイアップに帰還しているというケースは、未だ少数ながら大変興味深い例である。しかし、公共文化施設とオルタナティブスペースの連携についてはいくつかの問題点が残る。中村(2009)は、美術館のケースに関して、以下のように難題を提示している。「美の殿堂、啓蒙の装置

という近代西洋を規範とした美術館モデルは理念のうえで既に終焉を迎えていることは周知の通りだが、実態としての美術館の大半はまだその轍から踏み出る術をほとんど持たないように見える。」[14]実際、美術館にとっても、オルタナティブスペースと連携することで、そのイベント性や実験性が過度に強調され、本来の役割である「研究」「保存」「収集」が軽視されるのではないかという懸念もあるだろう。また、オルタナティブスペースにとっても、オルタナティブの意義、つまり何に対するオルタナティブかという設定が曖昧になるという問題点がある。そもそも従来の文化施設やアートフォームに反発する形で出現してきたオルタナティブスペースが美術館に併設されるという現状は、本末転倒ではないかという懐疑論である。さらに、政策的課題も挙げられる。つまり、一方でオルタナティブスペースの強みが、アーティストラン（主導）による、対象範囲や使用規制に関して自由度の高い表現の場であるという点であるとするならば、他方で公的財源を使った文化施設において、私的且つフレキシブルな活動を容認することは、税金使用に関するアカウンタビリティの側面からも困難が伴うといえよう。公共文化施設とオルタナティブスペースの協働においては、このような理論的、政策的課題が残される。

4. オルタナティブスペースの抱える問題点

　以上、これまでオルタナティブスペースの変遷と運営形態について概観したが、次に本節では、現在オルタナティブスペースが抱える根源的な問題点について確認しよう。

4−1. 継続性

　まず第1に、財政的継続性の問題がある。オルタナティブスペースがアーティストによる企画性の高いスペースとして運営される際には常に財政難の課題がつきまとう。つまりオルタナティブスペースのほとんどが自主財源とイベント収入に頼るか、もしくは企業や行政からの助成金に頼ることになっているのだ。しかし、2000年以降増加している行政支援型のスペースに関しては、市の財政状況に応じて、その活動を縮小あるいは終了せざるを得ないケースが多々見られているのである。その代表的な例が前述の「新世界アーツパーク事業」であろう。当初、事業計画は大阪市文化芸術アクション

プランとして10年計画のもと開始され、4つの異なるジャンルのアートNPOが肩を並べる先駆的なアートスペースの集積地として当時の大阪のアートシーンに大きな影響を与えた。しかし市側の財政難を理由に約5年で終止符が打たれる事になったのである。さらに、行政からの助成金支給システムの問題点としては、単年度事業であること、赤字補填型の事業助成であること、さらには欧米の文化助成と異なり事後収入となることなどから、アートスペース運営にとっては、ランニングコストの確保や長期計画を設定することなどの困難が長年指摘され続けている。このように、経済的な問題を抱えるオルタナティブスペースにとってネックとなる公的助成ではあるが、今後その柔軟な対応が可能となる制度改革が必要である。

4−2. アーティストの苦悩——制作活動とスペース運営の両立

経済的側面の問題点に加えて、アーティスト自身の活動スタンスに関わる課題として、制作活動とスペース運営の両立の難しさが挙げられる。原(2001)は日本のオルタナティブスペースの運営当事者が抱える苦悩として「制作活動と、社会のひとりのメンバーとして生きてゆくことを自分の中でバランスを取りつつ、さらにオルタナティブスペースの運営にも関わっていこうとすると、ひとりでたくさんの役割を担わねばならない。(中略)どれもうまく進まなくなりどれかを切り捨てなくてはならなくなるという現実に、常にアーティストたちは直面し悩んでいる」[15]と指摘する。全国のオルタナティブスペースを訪ねながらトークイベントを行う「ミーティングキャラバン」を企画した「N−mark」の主催者も、その報告書の中で、「'スペース運営' と 'アートの自己探求' の面でモチベーションを保つこと」[16]の難しさを説いている。実際に、1980年代の日本におけるオルタナティブスペースの先駆けの1つとして話題になった、「スタジオ食堂」がその解散を余儀なくされた原因の1つは、このジレンマに関わる問題がきっかけとなっている。設立メンバーのひとりである中山ダイスケは次のように2つの命題を投げかけている。つまり「作家は自分の作品表現のみをもって社会と関わればいい」、「アートはもっと広く社会へ浸透させるべきである」である[17]。これらの命題は、政府が支援する芸術は、純粋な創作活動のためのアート(Intrinsic Value of the Arts)か、社会問題を解決するツールとしてのアート(Instrumental Value of the Arts)か、を問う文化芸術の公的支援に関する根源的な議論に直結する課題であり、英国を中心に文化政策実践者の間で目下の重要な問題となっている(Belfiore and Bennett 2007)。

5. まとめ──公共文化施設との連携の可能性

　本章では、公共文化施設を含む既存の文化施設に対するオルタナティブとして台頭してきた、芸術制作・表現の場としてのオルタナティブスペースの変遷とその特色を概観してきた。そこでは、アーティスト自らがスペースを運営することで、既存の枠組みにとらわれない創作活動、自由に使えるスタジオ、制度に縛られない発表の場が保証され、作家の意志と企画性が確保されてきたといえる。そして、当初はそのような柔軟な創作・発表の場としての機能が重視されたオルタナティブスペースであったが、近年においては、それらが行政と連携をとることでより開かれた、公共性を重視した場所へと変容しつつある[18]。そしてそれらの活動は、文化芸術を公的に支援することの根拠付けとして、アドボカシー的役割を担ってきているといえよう。さらには、最も興味深い点として公設民営型の最後の分類の中でみたように、そもそも既成のホールや美術館システムに疑問を抱き、そこから飛び出す形で派生してきたオルタナティブスペースが、今やそれらの公共文化施設の中に併設されるという形で再帰するケースがみられるようになってきたということがある。このように、オルタナティブスペースとパブリックな組織との連携が進展してきた背景にはどのような要因があるのだろうか。

　そこで最後に本章の結論として、オルタナティブスペースの公共性について言及したい。ここでは、主に「地域との密着性」、「若い人材と社会の接点」そして「創作過程へのアクセスビリティ」という３つの特性を新たに付加することが可能である。つまりオルタナティブスペースでは、自宅開放型共同アトリエにせよ、民設民営型のフリースペースやAIR、大学運営型のサテライトスペースそして公設民営のアートセンターにせよ、それぞれの分類において、既存の大規模な文化施設には困難な、小回りのきいた前衛的な芸術制作・表現活動が実施されているのである。そして現代のコミュニケーションレスに悩む社会にあって、それらは、人々の交流の場としての在り方を必死に模索しているようにみえる。したがってその意味で、オルタナティブス

ペースの"公共性"とは、一見閉じられた、あるいはアート無関心層との接点が希薄な芸術創造の場を地域に公開することから生まれ、さらにそれを通して若い先駆的な人材を地域に落とし込むことに見い出されるといえよう。また第3の特徴については、芸術作品が生み出される創作過程へのアクセスビリティを保証することが挙げられる。一方で、公共文化施設の公的役割が、社会的属性や収入、学歴によらない芸術作品そのものへのアクセスビリティを人々に保証することにあるとすれば、他方でオルタナティブスペースが得意とする創作プロセスへのアクセスを保障することは、作家の抱く問題意識やコンセプトに直接触れ、対話するということに、より重きを置いているという点で大きく異なる。廃校跡地を利用した「鳥の劇場」の運営を通して中島諒人は、そのスペースの役割を以下のように端的に表している。「芸術行為そのものがわかりづらいものであっても、アーティストの家であり、私的な空間でもある場所で、人が歩き、食べ、話をすることで人を通じで芸術行為と会うことができる」[19]。このようにアーティストの生活臭と密着性が地域の人々、通りすがりの人々を立ち止まらせ、そこに交流が生まれる、そのコミュニケーションこそがオルタナティブスペースの存在意義でもあるといえよう。

　そこで、今後これらのオルタナティブスペースがもつ公共性をさらに推進していくためには、行政とのタイアップ、とりわけ継続的なテナント確保への公的支援が必須である。このことは慢性的な財政難に加えて、作品制作とスペース運営者の両立という苦悩を抱えるオルタナティブスペースの主催者にとって重要な課題である。その意味で、先に述べたようなアーティストラン（主導）スペースが美術館内に併設される試み、特に八戸市美術館や横浜美術館の試みは新しい。近年ではさらに、このような、公共文化施設とオルタナティブスペースが共存するケースは、とりわけ映像やメディアの領域で多くみられている。その代表的な例が、「せんだいメディアテーク」と「山口情報芸術センター（YCAM）」である。それぞれ仙台市市民文化事業団、山口市文化振興財団に管理運営されている公設民営型の複合アートセンターであるが、それらが市立図書館と併設されているという点で他のケースとは異なっている。つまり市立図書館という、現代アートや映像メディアに接点のない人たちにとっても大変馴染みのある公共文化施設と同居する形で、実験的

な活動を行うギャラリーやスタジオそして映像音響ライブラリー等が設置され、そこで若手アーティストによるワークショップやバックステージツアーなどの教育普及プログラムが展開されているのである。このような市立図書館とオルタナティブスペースの併設によって、「地域との密着性」、「若い人材と社会の接点」そして「創作過程へのアクセスビリティ」という、オルタナティブスペースのもつ３つの公共性がより効果的に実現されており、そこが市民の憩いの場そして対話の場として機能しているのである。このことは、アートと社会との接点を模索しながら、よりパブリックな芸術活動を目指す若手アーティストやプロデューサーにとっても貴重な環境であるといえる。

　今後もこのように、自由度の高い企画スペースや上演後もサロン的役割となるような情報センターなど多様なオルタナティブスペースが公共文化施設の中に継続的に設置される可能性に期待したい。理論的、政策的課題は多々あるものの、オルタナティブスペースと公共文化施設の連携の中で、新たな公共文化施設の公共性が生み出されることは大変重要である。今後の分析課題としては、オルタナティブスペースの研究史分析に加えて、このような連携の事例について海外のケースをも含めたさらなる調査、さらにはオルタナティブスペース助成事業に関する政策評価方法についても考察対象を広げてゆくことなどが挙げられる。

表1　オルタナティブスペースの変遷

年代別特性	設立年	スペース名	備考
	1947	ICA（London）	
	1950	アスベスト館（東京）	
	1960	ホワイトハウス（東京）	
オルタナティブスペース創生期	1971	PS1（NewYork）	
	1972	Artsist Space（NewYork）	
	1977	New Museum of Contemporary Art（NewYork）	
	1978	IAF芸術研究室（福岡）	
日本における創生期	1982	planB（東京）	
	1983	佐賀町エキジビット・スペース（東京）	
	1987	PRAHA studio 8（札幌）	
	1989	p3 art and environment（東京） 遊工房アートスペース（東京）	
全国的波及期	1990	水戸芸術館（茨城）、 ミュージアムシティプロジェクト（MCP）（福岡）	
	1991	Dance Box（大阪）	
	1993	名村造船所跡地（STUDIO PARTITA）（大阪）	
	1994	スタジオ食堂（東京）	
	1995	アーカスプロジェクト（茨城）	阪神淡路大震災
	1996	神戸アートビレッジセンター（神戸）	
	1997	Gallery SOAP（北九州）、應典院（再建）（大阪） RS 75m Gallery（鹿児島）	文化庁メディア芸術祭スタート
	1998	秋吉台国際芸術村（山口）、e-terrace（鹿児島）、 PRAHA project（札幌）、+Gallery（愛知）	NPO法施行
	1999	CAP HOUSE（神戸） N-mark（愛知）、S-AIR（札幌） 取手アートプロジェクト（東京芸大）（取手）	
行政との連携推進期	2000	ICANOF（八戸）、新潟絵屋（新潟）、 築港赤レンガ倉庫（大阪）、芸術創造館（大阪） 京都芸術センター（京都）、WiCAN（千葉大） Gallery ARTE（丸亀）、Graffiti（高知）	越後妻有トリエンナーレスタート
	2001	トーキョーワンダーサイト（東京）、国際芸術センター青森（青森）、 前島アートセンター（沖縄）、せんだいメディアテーク（仙台）	横浜トリエンナーレスタート
	2002	新世界アーツパーク［設立：ビヨンドイノセンス、 remo, cocoroom］（大阪）、前橋文化研究所（群馬）、 harappa（青森）	アサヒアートフェスティバルスタート
	2003	蔵オビハチ（東北芸術工科大）（山形）、 ナノグラフィカ（長野）、山口情報芸術センター （山口）、図口室（宮崎）	指定管理者制度導入、 アートNPOフォーラムスタート、 ミーティングキャラバン（N-mark）
	2004	Bank ART（横浜）、精華小劇場（大阪） はっぴい・はっぱ・プロジェクト（仙台）	
	2005	北仲BRICK&WHITE（横浜）、 Art Autonomy Network（横浜）、 Yokohama Hostel Village（横浜）、CSCD（阪大）	BEPPU Project スタート
	2006	急な坂スタジオ（横浜）、ZAIM（横浜）、本町ビルシゴカイ（横浜）、ミアカビデオアーカイブ（横浜）鳥の劇場（鳥取）冷泉荘（福岡）、UDCK（柏の葉アーバンデザインセンター）（東大、千葉大他）、三田の家（慶應大）、都市研究プラザ（大阪大）、広島アートプロジェクト（広島大）、築港ARC（大阪）	
	2007	舞鶴赤レンガアートスクール構想（京都）、 Y-GSA（横浜国立大学）	
	2008	Art centre ongoing（東京）	
	2009	紺屋2023（福岡）、blanClass（横浜）	
	2010	3331 Arts Chiyoda（東京）	瀬戸内芸術祭、 愛知トリエンナーレ

BankART（2009）、N-mark（2005）等を参考に筆者作成。［　］内は設立主体、（　）内は所在地

1 藤野一夫「びわ湖ホール問題に映し出された現代日本の文化危機」『文化経済学』第6巻第2号、文化経済学会、2008年、p.105。中村誠「埼玉の試み」BankART1929『アートイニシアティブ―リレーする構造』BankART1929、2009年、pp.130－132。
2 小西友七、南出康世『ジーニアス英和辞典 第3版』大修館書店、2001年。
3 同書。
4 藤野、前掲論文、2008年、p.105。
5 BankART1929『アートイニシアティブ―リレーする構造』BankART1929、2009年、p.6。
6 竹下都「アートの定点観測 佐賀町エキビジット・スペース」BankART1929『アートイニシアティブ―リレーする構造』BankART1929、2009年、pp.19－20。
7 Kellener, D. & Baudrillard, J. *From Marxism to Postmodernism and beyond*. Cambridge: Polity, 1988. In Hassard, John. Postmodernism and Organizational Analysis: an Overview. in John, H. and Martin, P. *Postmodernism and Organization*. London: Sage Publication, 1993, p.7．
8 Bradbury, Malcolm, 'What was post－modernism?: The arts in and after the Cold War.' *International Affairs*, 71(4), 1995, p.769.
9 木幡和枝「planB インディーズ系の草分け」BankART1929『アートイニシアティブ―リレーする構造』BankART1929、2009年、p.8。
10 藤野、前掲論文、2008年、p.105。
11 中島諒人「地域社会の中での自立と世界への発信」BankART1929『アートイニシアティブ―リレーする構造』BankART1929、2009年、p.67。
12 Arts Chiyoda 3331 ホームページ（http://www.3331.jp/about/）2010年11月15日参照。
13 中村誠「埼玉の試み」BankART1929『アートイニシアティブ―リレーする構造』BankART1929、2009年、p.132。
14 同論文。
15 原、前掲論文、2001年、pp.66－67。
16 N－mark、前掲書、2005年、p.51。
17 中山ダイスケ、前掲論文、2009年、p.83。
18 この意味で、オルタナティブスペースの定義づけが、第2節で紹介した原(2001)の狭義のオルタナティブスペースにシフトしつつあるといえよう。
19 中島、前掲論文、2009年、p.67。

参考文献

Belfiore, E & Bennett, O. Rethinking the social impact of the arts. International Journal of Cultural Policy, 13(2), 2007, pp.135－151.

Bradbury, Malcolm, 'What was post-modernism?: The arts in and after the Cold War.' International Affairs, 71(4), 1995, pp.763－774.

Evans, Sarah. There's no place like Hallwalls: Alternative-space installations in an artists' community. Oxford Art Journal, 32(1), 2009, pp.95－119.

Foster, Hal. Postmodernism: A preface. In Hal Foster（ed）. Postmodern Culture. London: Pluto Press, 1985, pp.7－14.

Hassard, John. Postmodernism and organizational analysis: An overview. In Hasard, John and Parker, Martin, Postmodernism and Organization. London, Sage Publication, 1993, pp.1－24.

Havey, David. The condition of postmodernity: An enquiry into the origins of cultural change. Oxford: Basil Blackwell Ltd., 1990.

Shaw, Kate. The place of alternative culture and the politics of its protection in Berlin, Amsterdam and Melbourne. Planning Theory & Practice, 6(2), 2005, pp.149－169.

BankART1929「アートイニシアティブ―リレーする構造」BankART1929、2009年

N‐mark「Meeting Caravan—ミーティングキャラバン:日本縦断、アートミーティングの旅」BankART1929、2005年

国際交流基金「アジアのアートスペースガイド—オルタナティヴス2005」淡交社、2004年

後藤和子「文化政策の理論的根拠」後藤和子編『文化政策学—法・経済・マネジメント』有斐閣、2001年、pp.49‐79

小西友七、南出康世『ジーニアス英和辞典 第3版』大修館書店、2001年

木幡和枝「planB インディーズ系の草分け」BankART1929『アートイニシアティブ—リレーする構造』BankART1929、2009年、p.8

竹下都「アートの定点観測 佐賀町エキジビット・スペース」BankART1929『アートイニシアティブ—リレーする構造』BankART1929、2009年、pp.19‐20

豊島重之「風のソシウス」BankART1929『アートイニシアティブ—リレーする構造』BankART1929、2009年、pp.59‐62

中島諒人「地域社会の中での自立と世界への発信」BankART1929『アートイニシアティブ—リレーする構造』BankART1929、2009年、p.67

中村誠「埼玉の試み」BankART1929『アートイニシアティブ—リレーする構造』BankART1929、2009年、pp.130‐132

中山ダイスケ「スタジオ食堂とあの時代」BankART1929『アートイニシアティブ—リレーする構造』BankART1929、2009年、pp.81‐83

原久子「日本のオルタナティブ・スペースの現状」国際交流基金『アジアのアートスペースガイド—オルタナティヴス』炭交社、2001年、p.66‐67

藤野一夫「びわ湖ホール問題に映し出された現代日本の文化危機」『文化経済学』第6巻第2号、文化経済学会、2008年、pp.99‐106

村田真「行政主導のアーティスト・イン・レジデンスの実例」BankART1929『アートイニシアティブ—リレーする構造』BankART1929、2009年、pp.101‐103

Arts Chiyoda（http://www.3331.jp/）2010年11月15日参照

blanClassホームページ（http://blanclass.com/japanese/）2010年11月15日参照

ICA. History. http://www.newmuseum.org/about/history/. Accessed on October, 2010.

Dance Boxホームページ（ HYPERLINK "http://www.db-dancebox.org/" http://www.db-dancebox.org/）2010年11月15日参照

大阪市立大学都市研究プラザホームページ（http://www.ur-plaza.osaka-cu.ac.jp/）2010年11月15日参照

應典院ホームページ
（http://www.outenin.com/modules/contents/index.php?content_id=11）2010年11月15日参照

京都芸術センターホームページ（http://www.kac.or.jp/）2010年11月15日参照

芸術創造館ホームページ（http://www.artcomplex.net/art-space/map.html）2010年11月15日参照

精華小劇場ホームページ（http://seikatheatre.net/）2010年11月15日参照

せんだいメディアテークホームページ（http://www.smt.city.sendai.jp/）2010年11月15日参照

三田の家ホームページ、（http://mita.inter-c.org/）、2010年11月15日参照

水戸芸術館ホームページ（http://www.arttowermito.or.jp/）2010年11月15日参照

山口情報芸術センターホームページ（http://www.ycam.jp/）2010年11月15日参照

遊工房アートスペースホームページ（http://www.youkobo.co.jp/#SlideFrame_1）2010年11月15日参照

第8章
公共性の観点からアートとコミュニティについて考える
「運河の音楽」の事例とともに

沼田 里衣

1. はじめに

　本章では、アートが積極的に社会と関わろうとする動向と、社会の側がコミュニティ創成などの目的のためにアートを活用しようという動向の双方がせめぎ合う地点で生じる諸問題や可能性について、筆者自身が関わったコミュニティアートの事例と共に考察する。

　近年、アートの新しい流れのなかに、密接に社会との関わりを試みるようになってきたものがある。20世紀のさまざまな美術の領域を概観してみても、フルクサス、ランド・アート、グラフィティ・アート、パブリックアートなどは、従来のような美術館やコンサートホールなどの決められた場所から離れ、新たな環境や観客との出会いを求めるものである。音と関わるものでは、都市の空間や森林のなかなどに音の鳴る仕掛けを設置するサウンドアート、あるいはサウンドインスタレーションやサウンドオブジェクトなども同様の潮流である。また、1990年代頃からは、作品の最終形態を設定せず、観客と積極的に関係することが作品を特徴づけていくようなアートが生まれた。フランスの批評家でキュレーターのニコラ・ブリオーは、これを「リレーショナルアート」と呼んだ[1]。さらに、1993年には、地域における問題解決そのものをアートにする「ヴォッヘンクラウズール」というアーティスト集団も現れている[2]。ホームレス、麻薬、難民、高齢化などの社会・政治的問題の解決そのものをアートとする彼らの手法は、芸術に社会的問題の解決という側面があることを凝縮した形で気づかされるものである。しかし、

こうした社会と関係したアートのあり方は、あくまでもアートの文脈上で追求されてきた形態であり、後述するような福祉などの目的がその前提としてあったわけではない。アートは明確なコンセプトを追求して他の作品との差異化を図り、個別性、独自性を主張し続けるのであり、常に公共的な作品を目的とはしない。

　一方、社会の側から「まちづくり」や市民の社会参加・交流などの目的にアートを用いようとする動きも盛んになってきている。過疎化、少子化、高齢化、マイノリティなどのさまざまな社会的問題に対してコミュニティ創成に期待がかけられる昨今、行政や市民団体などがその媒体としてアートに注目するようになったのである。例えば、コミュニティアートやコミュニティ音楽、障害者、高齢者やマイノリティなどの社会参加を主な目的とするアウトサイダー・アートやコミュニティ音楽療法などが挙げられる。

　本章では、アートの公共性の問題を、こうしたアートと社会の双方が互いに関係し合おうとする地点における議論や事例を詳細に検討することにより考えることとする。特に、過去の芸術の遺産の共有という意味でのアートの公共性ではなく、現代的な社会の問題が反映されるコミュニティアートの領域において重要なものとして、アートの創造性の側面に重点を置く。次節では、まず音楽療法やコミュニティ創成などアートが個人レベルから集団レベルのさまざまな問題や課題と向き合う際に使われる場合にどのような問題が生じるのか、関連する議論を整理する。そのうえで、筆者自身が企画・運営に関わった「運河の音楽」というコミュニティアートプロジェクトを例に、ミクロの視点からアートの創造性が関係性の構築のためにどのように働いたのかを考察し、アートの公共性というマクロの視点につなげていきたい。

2. コミュニティと音楽をめぐる諸問題

　本節では、まず現代社会がなぜコミュニティの形成を期待しているのかを確認する。次に、アートがコミュニティのさまざまな目的のために使われているコミュニティ音楽、コミュニティ音楽療法、アウトサイダー・アートを取り上げ、各領域においてアートと福祉の相反した目的がいかに議論されているのか考察する。

2-1. コミュニティへの期待

　近年、社会における個人の存在が際立ち、核家族化や孤独死に象徴されるように個人と社会の中間的存在であるコミュニティが崩壊していることが、問題視されている。そこで、いかに現代社会に合った形でコミュニティを構築できるかが模索されている。公共性の視座からコミュニティについてまとめている広井良典は、現代日本が直面する課題、少子高齢化、都市部への人口の移動、社会的孤立度の高まりなどを整理したうえで、それぞれの地域特性を踏まえた新しい「都市型のコミュニティ」を、個々の「つながり」を重視しながら、どのように構築していけるかについて論じている[3]。広井は、そのような新しいコミュニティ構築の際には、「空間」的な側面に対する認識が重要であるとし、人と人との関係性の質を、ハード面を含む都市空間のあり方と一体のものとして捉え直して行くべきだと述べている。

　同様の関係性と都市空間の問題について、「現代日本のコミュニティ政策から見た『公共』問題」について書いている法学者の名和田是彦は、より具体的にその解決策の一つを提案している。彼は、「共同」というよく似た言葉を取り上げ、「公共」は「不特定多数」であり、「共同」は特定多数、いわば「顔の見える関係」を意味するとして区別を喚起している[4]。名和田によれば、既知の信頼関係ができている「共同」の関係では、「不作法」な閉鎖的コミュニティが出来上がる可能性がある。しかしながら、顔の見える関係「づくり」には、見知らぬ人へのアプローチに努めることにより、広く「公共」に向けて人を呼び込み、公共世界に開かれた礼儀正しいコミュニティを形成する可能性が潜んでいる。こうして名和田は、全国のコミュニティ・カフェや居場所づくりなどの交流拠点づくりを評価している[5]。

　以上のように、公共性やコミュニティに関する重要な問題として、個から公共へ向けたさまざまな段階における関係性の構築と、その関係性を生み出すための場所づくりの2点を挙げることができる。本章では、このような観点から公共性の問題について考えていくこととする。

2-2. アートとコミュニティ

　では、実際に、アートはコミュニティのなかでどのように機能することができるのだろうか。ここでは、平田オリザと川俣正という二人のアーティス

トがコミュニティと関わる際の発言をもとに、アーティストとコミュニティの関係性について考えてみたい。

　昨今、まちづくりのためのアートの制作過程を利用したアートイベントなどは多く行われているが、その大半はアーティスト、鑑賞者、マネージャー、ボランティアなどの役割が限定され、アーティスト以外の者が作品の制作やコンセプトの決定場面に参加する機会がない場合が多い。つまり、そこではアートの技術は直接的にはコミュニティのあり方と関連しないのである。このような状況のなか、アーティストである平田オリザと川俣正は、アートとそれに関わる者の関係性について、次のような独自の見解をそれぞれ示している。

　劇作家・演出家の平田オリザは、芸術文化政策に関する著書『芸術立国論』[6]のなかで、芸術の役割を社会に対して開いていくことによる新たな共同体のあり方を考えている。平田によれば、通過儀礼型の旧来の価値観を新しい者に強要するものが「祭り」だとしたら、そうではない「異なる価値観を異なったままに、新しい共同体を作る」[7]という試みが、地方自治体には求められている、と主張する。そして、その試みの１つの方法が、価値観を擦り合わせる過程を経て創作する「演劇」という形態だとする。平田は、アートリテラシーの観点から、演劇を次は自分が演じる者として鑑賞してもらったり、ワークショップの参加によって演劇のからくりを理解してもらうことにより、演劇を支える諸要素を完全に社会に開くことが、これからの民主主義社会、つまり完成された思想やイデオロギーではなく、市民による不断の努力で維持される社会において必要な芸術文化振興だというのである[8]。ここで、個々の価値観を尊重しながら、それらのどれかに依らない新たな関係性の構築が重視されていることに注目したい。「演劇の諸要素」を媒介にして、「演劇（アート）の創作」と「社会の維持」の双方が目論まれているのであり、アートと社会の関係性として見た場合、価値観の擦り合わせを経た「双方向の変化」が重視されているといえよう。平田は、特に演劇の分野を重視しているが、このように芸術を成り立たせている諸要素を社会に還元して行く手法は、音楽などの他の芸術にも当てはまるだろう。

　美術家の川俣正もまた、芸術と地域社会との関わりについて述べている。美術の分野においては、ビエンナーレやトリエンナーレなどのさまざまな

アートフェスティバルにおいて市民がボランティアやサポーターとしてアートに関わる機会は増えている。彼らは、イベントの管理・運営を行うだけでなく、地元住民とアーティストを繋ぐ役割も果たしているが、アーティストの補助的役割であることが多く、アーティストと参加住民との境界線は比較的明確である。これに対して、地域住民と関わりながらその土地に固有の（サイト・スペシフィックな）作品づくりを行っている川俣は、制作過程において専門家と素人という構図を意図的に回避する戦略をとっており、次のように述べている。「そもそもアート・プロジェクトの政治性は企画者側や関係者が意識しないにもかかわらず、彼らが大きな権力として作動し、公共の場や地域住民に圧しかかることである。そこで戦略として重要なことは、地域と対等な開かれた新たな関係の中で、アートの特権化された部分を有効に利用し、地元に根づいた地域おこしのイヴェントとなるように、双方が仕向けていくことでしかない」[9]。このような彼の主張は、上述の平田の考えとも通じるものであろう。ここで、「アートの特権化された部分を有効に利用」するという言葉に注目しておきたい。彼の作品は、実際は川俣が関わらずに、精神病や中毒・依存症患者のための施設の入居者や地域住民などがつくる場合もあり、制作するうちに予定とは異なる方向に進むことも多いという。「アートレス」という言葉を用いて従来の美術とは異なる性格のアートを模索している川俣にとって、このようにアートの制作過程において社会のさまざまな問題との接点を見出すことは、新しい「アート」としてのあり方の1つの解決法だと考えられる。ここでも、平田の議論で見たように、アートと社会の双方向の変化が目論まれているといえる。

　以上、アートの創造とコミュニティ創成という双方の目的が非常に近似した例として、平田と川俣の考えを見てきた。平田のように参加者の語りやストーリーが劇作品に反映される場合と、川俣のように物を使って作品の制作に関わる場合では、アーティストとそうでない人の関係は多少質が異なるだろう。また、川俣は、あくまでアーティストとして芸術を追求する際の地域住民の関係性のことを述べているのであり、公共性の視点に立っているわけではない。一方で、平田の場合は、芸術文化振興というより芸術の公共性を考慮した考察をしている。しかし、両者の共通点として見出すことができるのは、独自のアートを模索する芸術家としての姿勢を保ちつつも、アートの

技術を参加者に提供し、そこに関わった者が共に新たな価値観を創出するという関係性が重視されている点である。このような関係性の特徴は、「アーティスト」と「個人(非アーティスト)」(共同制作者や鑑賞者など)が、従来のアートのように学芸員、画廊、ホールスタッフなどを介さずに直接関係していることである。そこには、アートマネージャーやキュレーターだけではなく、さまざまな入所施設などの職員、行政・民間組織の職員、地域のコミュニティリーダーなど、従来とは異なる人々が関わる場合も多いだろう。こうした人々を介して、アーティストが「特権化されたアートの技術」を非アーティストに還元しようとし、またその逆に非アーティストである個人が「同時代の社会的課題」を投げかけることにより、双方向の変化が生まれるのである。こうした関係性は、公共性の観点からコミュニティにおける関係性の構築の問題を考える際に、アートが果たすことができる役割についての一つの可能性を示すものであると考えられる。

2-3. コミュニティ音楽とコミュニティ音楽療法

前項では、アーティストと非アーティストが関係することにより、アートと社会が双方向に変化する可能性を考えた。これらのどちらも、アートの新しさを求めるアーティストとしての考え、つまりアート側から社会と積極的に関わろうとする方向性であった。では次に、個人やコミュニティが福祉などの社会的課題のためにアートを使用しようとする場合に、どのような議論が生じるのか確認しておきたい。具体的には、コミュニティ音楽、コミュニティ音楽療法、アウトサイダー・アートを取り上げ、アートと福祉という、相反した目的に関する議論に焦点を当てる。

コミュニティ音楽に関する研究は比較的新しいものであり、2004年に第1巻を発行したInternational Journal of Community Musicというジャーナルで少しずつ議論が始まっている。そこでは、主に音楽教育の視点から、課外活動や生涯教育、そして障害者やマイノリティの社会参加の意義について研究したものが中心であるが、音楽そのものの議論というよりは、その社会的有用性、効果という点が強調されている。その一方、実践家の中には、芸術としての音楽活動を目的とし、コミュニティのメンバーの特性を生かした作曲方法を模索し、その結果えられた技法などをまとめている者もいる。例え

ば、イギリスのコミュニティミュージシャンであるHugh Nankivellやオランダの作曲家Merlijn Twaalfhoven、また日本の作曲家野村誠などは、子ども、高齢者、移民など社会のさまざまな人々との対話を通じて作曲する独特の技法を開拓している。なかでも野村は、同時代の社会と向き合うことを自身のスタイルの特徴としており、しょうぎ作曲と呼ばれる「共同作曲」という手法を考案するなど、音楽教育や音楽療法の領域からも注目されている[10]。

　以上のコミュニティ音楽の領域と近接したものに、コミュニティ音楽療法という音楽療法における比較的新しい実践領域もある。コミュニティ音楽療法とは、従来セラピスト、クライエントという限定的な関係で、病院や学校などの特定の場所で行われてきた音楽療法実践に対して、社会・文化的側面の重要性を加味し、クライエントを取り巻く状況を考慮したうえで、社会におけるさまざまな人々と関係しながら行われるものである。プロジェクト形式をとり、舞台でのパフォーマンスを伴う場合も多い。2000年前後[11]から世界各地でさまざまな形で生まれたが、それは障がいなどの個人の問題をより広く社会全体で捉えていく必要性が認識され始めたためであると考えられる。まだ理論的考察よりも実践報告が多くを占めている段階だが[12]、従来の音楽療法ではあまり行われてこなかったパフォーマンスの治療的意義について[13]など、新たな議論も生まれている[14]。イギリスのSimon ProcterやノルウェーのBrynjulf Stigeなどの音楽療法家は、コミュニティ音楽療法の政治的側面についても言及しており[15, 16]、実践例を挙げながら、クライエントが社会参加を試みることは、コミュニティを育て、その社会を変化させるものだと述べている。

　以上が、コミュニティ音楽とコミュニティ音楽療法の両領域の簡単な紹介であるが、どちらの領域においても、野村らのようにコミュニティと関わるための技法の開発を新たな音楽の形態として模索する音楽家もいるものの、その議論においては、音楽そのものよりは音楽活動の意義や効果が強調される。このような芸術性の追求と活動の意義や効果などの教育・福祉目的が併存する状況は、さまざまな議論を巻き起こしている。

　例えば、音楽療法研究においては、治療を目的とするのか、あるいは芸術を目的とするのか、という議論がみられる。それは、治療のために音楽を限定し、芸術的側面を無視すると、芸術性によって治療がなされる可能性が失

われてしまうし、またその逆に芸術的側面に過度に傾くと、治療の方向性を見失うことにもなるという、音楽療法特有の難しさがあるからである。音楽療法における即興演奏について、「音楽的即興」と、「臨床的即興」を分けて定義し、音楽療法における即興演奏と音楽的な即興演奏とは異なる、と捉える立場もあれば[17]、音楽療法における音楽の芸術的意味を重視して、音楽療法家はclinical musician(臨床音楽家)[18]、musician therapist(音楽家としての療法家)[19]であるべきだと主張する音楽療法家もいるのである[20]。

　同様の議論は、上述のコミュニティ音楽とコミュニティ音楽療法の両領域が近接した状況においても見られる。特にイギリスにおいては、コミュニティ音楽とコミュニティ音楽療法の領域が非常に近接した状況にあり、音楽活動の意義や効果について互いに次のように違いを主張し合っている。まず、「サウンド・センス(Sound Sense)」[21]というイギリス国立のコミュニティ音楽の支援団体は、コミュニティ音楽と音楽療法は明確に異なることを示したうえで、コミュニティ音楽は、療法的な手法をとらないものの、音楽活動に参加することはそれ自体感情に良い働きをするものであるため、音楽そのものへの集中がそもそも療法的なのだ、と説明している。そして、ある障がい者が述べた「私は音楽を作りたい—自分を向上させるために音楽をしたくない」という言葉を引用し、治療を目的とするのではなく、純粋に音楽そのものを目的とした活動であることを示している。これに対して、音楽療法家であり、個人を対象とした療法からコミュニティ音楽における活動の参加へ向けた実践を報告しているStuart Wood、Rachel VerneyとJessica Atkinsonは、サウンド・センスの活動と音楽療法の違いについて、音楽療法は、より個人のプライバシーを重視し、即興演奏を通して関係を築くことが一般に行われるものであり、個人的な成長や変化に深く関わるものであると述べている[22]。

2-4. アウトサイダー・アートにおける芸術——福祉の議論

　芸術性を追求するのか福祉的課題を重要視するのかという問題は、美術の領域ではアウトサイダー・アートをめぐる議論にも見られる。アウトサイダー・アートの歴史は比較的古く、その発端は19世紀後半までさかのぼることができる。その時代の社会的状況からさまざまに解釈され、紹介されてきた経緯があるが、最近は音楽の領域には見られない新たな評価の可能性の

議論があり、ここで取り上げたい。

アウトサイダー・アートとは、正規の美術教育を受けていない者による、既成の芸術の規範とは無関係につくり出される芸術のことである[23]。やむにやまれぬすさまじい創造のエネルギー、そして既成の芸術の枠組みに当てはまらない斬新さなどが評価され、現在では広く認知されるようになっているが、その評価を巡っては、さまざまな議論が展開されてきた。その議論のなかで一般の芸術と異なる点は、製作者が障害を持つなど特殊な存在であるために、鑑賞者が作品を評価する際に戸惑いが生じることである。

まず、大きな議論を呼び起こしているのは、アウトサイダー・アートが美術のメインストリームにあるものか、あるいはその外側のものか、という区分である。アウトサイドというネーミングから、作者である障害者に対する差別的な意味合いが含まれるのではないか、という批判と、美術界においてメインストリームの外側にあり、インサイドを刺激するのだなどという存在意義の主張が互いに絡み合ってしまっているのである。この「アウトサイド」に関する議論は、さらにインサイドの芸術を強固に認める図式をつくりだしているのではないかという批判や、そもそも現代の情報化社会、義務教育が徹底された社会においては美術教育や既成の芸術の影響を受けないこと、つまりアウトサイドであることはありえないのではないか、などの議論を呼び起こしている。

このような作品のネーミングや位置づけに関する議論に対して、精神科医の立場から、そもそも障がい者や病者のつくったものを「作品」と認めることへの否定的な意見もある。アウトサイダー・アートに関する批評を発表し続けている精神科医の斉藤環は、作品の評価は何らかの基準を参照することなしにはありえず、鑑賞する際に、「生であること」や「直接的であること」は幻想でしかないと批判する。そして、作品とは、既存の価値観に基づいた象徴的パフォーマンスとなるための過程を経たものであり、作者が意図していないものを作品とみなすことは、芸術となるための段階を踏んでいないもの、つまり作品に現れた症状の程度や作家の存在そのものを評価することと同義なのだと警告している。しかし、ここで付け加えておきたいのは、最近の批評においては、アウトサイダー・アートの作者の制作過程を収録したDVDを鑑賞したのを機に一転して、「彼らは確かに『作品』をつくっていた

のだ」[24]、「彼らの傍らに寄り添うことが、作品の視線を深くする場合がある」[25]と述べ、「関係すること」をとおして「創造と批評の営みが限りなく接近し、双方の主体に不可逆的な変化をもたらす」可能性を指摘している。

次に、芸術的観点からの評価よりも、福祉活動や社会政策を重視した観点からその存在意義を主張する立場もある。福祉活動としてのアウトサイダー・アートを考える場合、それはあくまで作者と結びついたものとして捉えられるべきものであり、作品が社会に認められることによる作者自身の生活の質の向上が重視される。障害者施設や病院、あるいは行政による展覧会などの活動には、このような福祉的観点が色濃く、障害者差別の問題を意識した社会政策的なものも多い。しかし、上述の美術の一領域としてアウトサイダー・アートを位置付けて行こうとする立場からは、福祉という閉鎖的な世界に閉じ込め、「『美術』という人当たりの良い言葉がこれまでと同じように福祉の向上という気高い(!)理念のために利用されるのではないか」[26]という不安を述べる者もいる。

これらの芸術／福祉といった二元論を超えて、最近では社会学や文化人類学の視点から新たなアウトサイダー・アートのあり方についての考察を行うものもある。社会学者の藤澤三佳は、解釈が交錯した障害者のアートを取り巻く状況を、医療・福祉領域と芸術領域が対立した状況に起因すると捉え、それらの領域の交差点に、「活動としてのアート」という芸術のあり方を提案している[27]。彼女は、社会から切り離された芸術世界、すなわち、何を、どこまでをアートとし、誰がアーティストと呼べるのかを常に問題とする芸術をめぐる領域の内部では、たとえアウトサイダー・アートの芸術性を問うたとしても、芸術、人間そして社会をめぐる新しい変化は生まれてこないとする。そこで彼女は、知的障害者の通う絵画クラブや精神病院の絵画教室において、作者の制作前後、そしてそれを見る者の鑑賞前後の変化を挙げ、作品が「アート」として成立する過程や、作品が鑑賞される際などにおけるさまざまな関係を含めて捉えることが重要であるとする。このように、彼女は、「人が表現するプロセスそのものを『アート』として定義するという発想の転換が求められる」[28]とし、芸術を社会のかかわりの中で捉える「活動としてのアート」の提案により、人間の生の多様性を表現する方法を社会に向けてさまざまな形で示すことによって、社会の価値観に変化を生じさせていく

動きを見出そうとしている[29]。

また、中谷和人は、文化人類学の立場から、「美術界の制度的なシステムやまなざしからこぼれおちて行くような創作・表現」に目を向け、「自らのアートを自らの手で決定しようと試みる」ある施設での例を取り上げる。そのプロセスを、芸術とそうでないもの、障害者と非障害者という関係の相互行為のプロセスと捉え、そこに彼は、「非対称な関係を自明化する権力関係が忍び込むことからは逃れない」事実をみとめつつも、「『芸術(アート)』の多元的な意味合いを胚胎しながら、固定的・非対象的な関係を更新していく契機が潜在してもいる」様子を捉えている。しかし、彼自身がいうように、権力関係から完全に逃れることは不可能であるし、またそれは、アートが本来持つ意味や機能を減じてしまうことにもなると考えられる。そこで彼は、最後にそうした芸術活動のプロセスを「コミュニティ」という分析枠を通した権力関係の考察を今後の課題に挙げている。

藤澤と中谷のどちらも、障がい者のアートが生まれる現場の人間関係やその変化を詳細に捉えることにより、「障がい」をめぐる従来の関係を超えた関係や新たな「アート」の意味を見出そうとする。しかし、藤沢の「活動としてのアート」という提案は確かにその活動に参加した者に豊かな体験をもたらすという点で意義深いと思われるが、芸術のあり方を問いかけるには、さらにアートの文脈にいかに立ち入るのかという戦略や、このような実践が可能になる社会の制度などの具体策も併せて考えていかねばならないだろう。これは、中谷が今後の課題に挙げたように、より広い社会・政治的文脈から考えていくことの必要性と重なる。

以上、アウトサイダー・アートの評価をめぐる議論をたどった。ここにも、福祉的目的とアートそのものとしての目的が交錯する議論が見られる。それは、どこに活動の力点を置くのかをめぐって揺れ動いているのだが、前述の齋藤、藤澤、中谷も述べているように、アートか否かの二元論ではなく、双方向の関係性を含めて活動の現場を捉えて行くことにより、この領域の新たな意味を見出すことが可能となるのではないだろうか。

本節では、コミュニティにおける課題を確認したうえで、アーティストがコミュニティと積極的に関わろうとする際の議論と、コミュニティ音楽、コミュニティ音楽療法、アウトサイダー・アートの領域において、個人、ある

いはコミュニティが、アートのさまざまな機能を用いる際の議論を見てきた。近代的な意味でアートを治療や福祉などの他の目的のために意図的に用いる方法は20世紀になって発達したものであり、アートが社会において新たな意味を持った状況を見ることができるが、同時に、そこには芸術性かその他の目的かという相反した問題にも直面せざるをえない状況が起こっている。しかし、こうした活動においては、作品のみならず、関係性やその変化のプロセスが重要視され、セラピスト／クライエント、アーティスト／参加者、障がい者／非障がい者、アート／福祉などのさまざまな境界が揺れ動くような方向性も重視されている。つまり、さまざまな関係性において双方向の変化が起こる過程で、アートとは本来どのようなものなのか、という根本が問い直され、その意味が変化する可能性が含まれているのである。これは、前述の平田や川俣のようなアーティストがアートを創出する際に重視する内容と重なる部分もあるだろう。

　このように個人レベルからアートと社会の関係性やコミュニティにおける人々の関係性を考えることにより、アートの公共性の問題をよりミクロの視点から捉えることが可能となるだろう。では、その関係性は、具体的にコミュニティアートにおいてどのように構築され、第1節でみたような双方向への変化へ向かうことができるのだろうか。またそれは、参加者、コミュニティ、アートの文脈に何をもたらすのだろうか。この点について、次節では事例を検討しながら考えていきたい。

3.「運河の音楽」

　本節では、「運河の音楽」の概要を説明し、音楽会開催までにどのようなアートの技術が使われ、連携作業が進んでいったのかを述べる。この音楽会の正式な名称は、現代GP「アートマネジメント教育による都市文化再生」事業、神戸運河・コミュニティアートプロジェクト、第26回幻聴音楽会「運河の音楽」である。この「運河の音楽」は、行政、市民グループ、民間企業、学生クラブ、福祉団体、アーティストなどさまざまな人々が関わり、1つの音楽会をつくり上げたものである。その独自性は、公共の「場」（野外）を中心軸に据え、そこからさまざまなネットワークが連鎖的に紡ぎだされていった点である。まず、概要と幻聴音楽会の基本的なコンセプトを確認したうえ

で、制作過程をたどりながら、場所、アートの技法、対話、アートとそうでないものの境界という4つの観点から整理し、最後に参加者の関係性について考えたい。

3-1. 概要

「運河の音楽」は、2009(平成21)年3月21日の晴天の日に、兵庫県神戸市兵庫区の兵庫運河沿いで開催された音楽会である。開催場所は運河沿い約2.5キロにわたる岸壁、橋、ドックや材木加工場などの建物などで、音楽、ダンスなどさまざまなパフォーマンスが行われ、観客は昼の12時15分から16時30分まで移動しながら、あるいはボートに乗って運河の中を巡りながら鑑賞した。出演者は、地元アーティスト、児童館の子どもたち、中学校のブラスバンド、高齢者のハンドベルグループ、神戸大学のアカペラや競技ダンス部などのアート系サークル、地域のコミュニティリーダーなど約340人で、観客数は延べ約1,000人であった。

この音楽会は、神戸大学国際文化学研究科が主催する文部科学省現代GP「アートマネジメント教育による都市文化再生」事業[30]のうち、コミュニティアートプロジェクトの1つとして行われたものである。現代GPの事業では、アーティスト、学芸員、アートマネージャーなどを講師として迎え、コミュニティアートについて学ぶセミナーを継続的に行っていたが、この領域の理解には実践を伴う必要があると考え、筆者が企画したものである。企画の趣旨は、「神戸大学の学生が中心となり、地域のコミュニティと共同で芸術の力を用いたコミュニティ創成の方法を模索し、その結果を新しい形式の音楽会の開催という形で提示すること」であった。ゲストアーティストとして野村幸弘を迎え、2008(平成20)年11月4日に「場所と音楽」という音楽会の場所のあり方を問うコミュニティアートセミナーを開催した後[31]、同氏にプロジェクトの同年度3月まで月に1回来てもらうことで、制作を進めていった。組織は始めに明確に定めたものではなかったが、現代GPの地域連携研究員の筆者自身と学生研究支援員の沼田苑子が中心となり、神戸大学で音楽を学ぶ学生約8名のメンバーと共に進めていくこととなった。制作の過程は、後述するように即興的、流動的であり、次第に地域のさまざまなイベント活動を自主的に組織するコミュニティリーダーの人々や、区役所、市役所、

会場周辺の企業など多数の人と連携した形ができ上がっていった。スタッフは、その過程で主体的に関わり、最終的な音楽会の開催に向けて、さまざまな役割を担っていった。

ゲストアーティストとして招待した野村幸弘は、美術史家として大学で教鞭をとる一方、「場所」をキーワードに、神社、工場、廃屋、草原などさまざまな場所でトラクター、ラジコンヘリ、自転車などのその時に調達可能な装置を使い、若手音楽家・美術家や一般参加者などを登場させて「幻聴音楽会」と題したコンサートを行ってきた。彼は、絵画、写真、小説、映像、デザイン、オブジェ制作など多岐にわたる創作活動を展開する変幻自在なアーティストでもある。次に、彼の幻聴音楽会のコンセプトについて確認する。

3-2.「幻聴音楽会」について

美術史家である野村幸弘は、音楽の領域におけるコンサートのあり方について、視覚と聴覚の両面から解釈し、美術と音楽の領域を超えた視点からの音楽会のあり方を提案する[32]。野村は、「わたしたちはふつうコンサートを『聴きに行く』というが、実はそれ以上に『見に行っている』」と述べ、コンサートとは、聴覚だけではなく、視覚にも訴えるものであると捉える。彼によれば、そうしたコンサートのあり方に反旗を翻したのが、聴覚のみに焦点を当てたジョン・ケージの作品「4分33秒」である。しかし、何も演奏されないその作品は、観客に何をどのように聞いたらいいのか分からない状態にさせ、焦点の当てられない音を聴くことの不自由さを与えるものだという。そこで彼は、新たな音楽の可能性として、視覚情報に対して聴覚情報が前景化したり後景化したりする仕組みを考え、「私たちの精神の皮膜に張り付いて、その襞のなかに沁み通るような音を探せばよいのではないだろうか」[33]と提案している。それが幻聴という、そもそも実際に音がしていないのにあたかも音が鳴っているかのような状態を積極的に生み出す「幻聴音楽会」なのである。

このような幻聴音楽会は、いわゆるコンサートホールでは行われない。ノイズを排除した空間では、その方法に限界があるからだ。そもそも野村は、コンサートホールで、動かず、物音を立てずにじっと座っていることを強いられる状況に疑問を感じていた。そこで、外界に無限に広がる音の数々にシ

ンフォニーのような魅力を感じ、例えば松尾芭蕉の句に見られるような、見えないかもしれないが聴こえてくる音を評価し、そのような聴取体験を皆で共有する場としてのコンサートを提案したのである。過去25回の幻聴音楽会では、会場のいくつかの場所にドラム缶で火をたいて置いたり、荷物を運んだトラックの荷台を一場面の舞台として使ったり、神社の境内に簡単な照明を置いたりすることで、さりげなく、時にドラマチックな舞台を演出してきた。

　この幻聴音楽会のコンセプトには、コンサートホールから屋外へ、そして視覚と聴覚を自由に行き来する、といったように、既存の枠組みを軽快に逆転・反転させて行く野村の技法を見いだすことができる。また、この野村によるコンセプトは、アートの文脈から考えられたものであり、本プロジェクトの企画意図にあるようなコミュニティ創成の目的とは異なる。

3-3. 制作過程——場所

　制作は、まず公演の場所を探すことから始められた。この音楽会の大きな特徴は、上述のコンセプトにあるように、通常の音楽会のような第一に内容や出演者、次にそれにふさわしい場所を決めるという方法とは真逆であるところだが、それは、コミュニティアートにおいてどのような意味をもったのだろうか。

　公演の場所探しは、「ロケハン」と呼び、スタッフが事前調査した神戸大学近隣の場所、神戸空港、寺社、廃墟ビル、運河、商店街や公園などを順番に訪れた。スタッフは、「単なる観光ではこれほど楽しめない。ここでどんな音楽会をするだろう、と考えながら訪れると、その場所が全く違って見えてくる」[34]という感想を残している。場所から内容を考える、という方法にスタッフが惹かれたことが分かる。

　公演場所は、野村を迎えて再度検討した結果、全員一致の意見で、神戸ドックや材木引き上げクレーン、多数の船が係留してある地点など、いくつかの魅力的な場所がある兵庫運河の一帯に絞られた。けれども、運河のどの部分で行うのかという具体的な場所（舞台）決定の大きな一因となったのは、区役所の職員とのやりとりの際のことだった。職員から、次年度からの国土交通省の「運河の魅力再発見プロジェクト」が始まるのだが、それに向けて運河を部分的に含む3つのコミュニティの足並みがまだ揃っていないことを聞

き、沼田苑子がそれらの地区をつなぐようなプレイベントになれば、と約2.5キロにわたる地点で行うことを強く希望したのだ。内容や場所の使用許可申請の方法も見当もつかない時点であったが、彼女の地元の要望を踏まえた音楽会への期待がプロジェクトを大きく前進させた。彼女は後の感想で、地元の要望に応えたいという思いと出身地への思い入れが動機としてあったことを述べている[35]。

ロケハンにより音楽会の開催場所が運河一帯に絞られると、スタッフはその土地に何度も足を運び、具体的な場所と出演依頼するアーティストの検討を、場所の所有者、地域住民や区役所の職員などと対話を重ねながら進めて行った[36]。個々の演目は、出演者、スタッフが場所に関して対話を重ねる過程において生み出されていった。工場内で説明を聞きながら、漁船の係留所で漁師と話しながら、企業や行政と使用可能場所について話しながら、その場にある物を中心にさまざまな物を用い、活かす方法が次々に考えられていったのである。使用予定場所に強い思い入れを抱くあまりに、途中で行政の使用許可をえることが難しいために場所の変更の依頼を行うと、始めに決めた場所以外での出演は難しいという反応を見せたアーティストもいた。

このように、2.5キロという広大な「運河」の一部分を起点として音楽会を組み立てていくことは、アーティストの創造力をかきたて、また後述するようなさまざまな中心点がありつつ連鎖的に延長されていくような関係性が成立する土台となった。

3-4. 制作過程——アートの技法と対話

制作過程において、アートの技法はさまざまに提案され、その対話が制作に関わった者のつながりをより強固なものにして行った。ここでは、例として、11月4日に行われたロケハン後のミーティングを取り上げ、さらに即興演奏という技法の有効性についても検討したい。

11月4日のミーティングでは、野村とスタッフ4名により約10のアイディアや意見が出たことがメーリングリストで報告されているが、そのうち次の3つが最終的に採り入れられた。まず、野村により、「演奏者は兵庫運河沿いの陸で演奏し、観客は運河の中で船を漕ぎながら鑑賞するという状況をつくるのはどうか」というアイディアが提案された。ここには、彼独特の「逆

転」の技法を見ることができる。つまり、一般的には、実際にその場所で過去にも行われていたように、出演者が運河の中で船や台船に乗って演奏するという状況を考えがちであるが、その逆に、観客に運河の中に漕ぎ出してもらって鑑賞してもらう、というのである。この方法は皆で共有され、それを可能にするために、スタッフはさまざまな人脈を求め、連携していくこととなった。そのために、特に運河沿いの倉庫を拠点とし、地域のコミュニティリーダーによって運営されているボートクラブには頻繁に通い、練習や大会を見学し、音楽会の趣旨を説明しながら船の出艇数、漕ぎ手、許可申請方法のやりとりを進めていった。ボートクラブに通う地域の人々は、はじめは音楽会の意図がよくわからない、現代美術は理解し難く好ましくない、作品を設置することで運河を汚して欲しくない、といった反応を示した。そこでスタッフは、野村の過去の幻聴音楽会のビデオを見せるなどして説明を重ね、逆にスタッフ側が地元の過去の状況などの話や音楽会に対するアイディアを聞いたりなどするうちに、次第に「楽しいことでできることなら何でもしますよ」といったように理解を得ていった。その過程では、実現可能な形でのボートを使った客席のあり方を共に探るだけではなく、その場所に来ていた親子の対話を交えることでその親子の共演による演目ができたり、その知り合いの漁師を紹介してもらい、漁船による演目が可能になるなど、さまざまな出演者のつながりも生まれた。

　2つ目のスタッフの出した意見は、「兵庫運河に普段関わっている人との対話を通して、その場所の『日常』を知り、それにより『非日常』とは何かを考えて演目にしていくことが重要ではないか」というものだった。アートにおける非日常性は、アートとしての成立要素の1つであるが、この意見では、日常と非日常という対比だけでなく、それをスタッフの立場だけではなく地域の人々にとっての日常も考えて行くべきだという2点が重要視されている。この意見も共有され、実際に地域の人々との対話を通していくつかの非日常的な演目が生まれた。例えば、スタッフが地域の神社の社務所で行われるコミュニティリーダーによる会合に出席し、そこで運河のイメージを聞いた結果、「うちらにとって運河の音楽といえば『ほら貝』やろ！」[37]という意見が出たことにより、法螺貝の演奏という演目の可能性が模索されることとなった。この会合に出席した沼田苑子は、「運河に浮かべるものの案として、船だ

けではなく、はしけ、いかだ、丸太があることなど、昭和初期ごろからの運河のイメージとともに、舞台装置のアイディアや地域の日常と共にある音楽についても語られた」[38]と記録している。しかし、地域の人々は、運河沿いで練習をしている法螺師の音を日常的に聞いていたが、名前や住所は知らなかった。最終的に神社の宮司の仲介で依頼が可能となり、その出演依頼の際、法螺師は、法螺の演奏を始めるきっかけに、阪神大震災の際に友人の娘を助けることができなかった生々しい体験があったことを語った。この法螺師には、音楽会のオープニング、各演目のつなぎ、最後の締めまでの出演を依頼した。地域の人々は、この演目に次のような感想を述べている。「非日常の面白さがあった。普段の運河でもないことだった。」、「法螺貝が良かった。衣装を着て来てて、法螺貝におじいちゃん、おばあちゃんがベルをチリーン、チリーンと鳴らしながらついていく様は、インパクトがあった。怖かったけど」[39]。

　また、3つ目のアイディア「いくつかの地点を使って音楽会を行う場合、プログラムによって時間帯を分けては」というものも、そのまま採用され、神戸ドックという巨大な船の修理場一帯でオープニングの演奏が始められた後、漁船がたくさん係留してある場所、橋、岸壁、運河脇のプロムナード、材木引き上げクレーンとその隣の材木加工工場など、運河沿いを移動しながら鑑賞するプログラムとなった。

　以上のようなスタッフが提案したアイディア以外に、招待したさまざまなアーティスト自身も場所から想起する方法で独自の技術を披露したのだが、上述のように、アーティストのみならず、スタッフや地元の人々が提案したアイディアも同様に演目を生み、つながりを形成していったことに注目したい。制作過程において、アートの技術がスタッフにも採り入れられ、制作を推し進めたと考えることができる。このようなアートの技術の介在による関係性には、互いの役割が逆転する現象も見られた。スタッフによる「日常と非日常を転換する」というアイディアは、野村のアイディアに触発されたものと見ることもできるが、あるミーティングにおいて、野村は「今回のスタッフのみんなは、僕はアーティストだと思っている」[40]と発言している。最終的に全員のスタッフが出演をも果たしたように、スタッフの役割は、時には自分自身をプロデュースしたり、演目を考えたりなど、本来の役割を超えたり反転したりした。このようにプロジェクトを導いたゲストアーティスト

である野村の関わり方は、現代GPの統括シンポジウムで「触媒」のようであったとも評されている[41]。

このほか、さまざまな関係性を構築するうえでのアートの技法として有意味であった、即興演奏という形態について、高齢者や知的障害者の例も述べておきたい。地域の福祉施設で活動する高齢者のハンドベルグループは、普段は童謡や民謡を演奏しているが、即興による指揮と演奏を依頼した結果、「それが『幻聴』音楽会ということですね」とすぐに快諾し、練習の結果独自の指揮法と演奏を生み出した。指揮者を務めた施設職員は、次のような感想を述べている。「本当のことをいいますと、『幻聴』という言葉は職業がら病気により聞こえるものと、不安なものと、あまり良いイメージではありませんでした。当日の演奏では、頭の中では考えも付かない音が数々と飛び出し、流れ、音の無い音楽も重なり、新鮮な気持ちと、戸惑う気持ちが入り混じりました。(中略)この演奏を目を閉じて聴いていると、不思議に心が落ち着きました。センター職員にも同様に聞いてもらったところ、『頭の中で雲が出てきたり、急に寂しくなったり、天から光が見えたり、海が見えたり、心が和んだ』といってもらいました。この幻聴音楽を聴いて、型にはまらない想像ができると分かりました。自然と自分の想像力に酔いしれることができると思い、『幻聴音楽』を聴くということはすばらしいことだと思いました」[42]。この感想から、指揮をしながら「新鮮な気持ちと、戸惑う気持ちが入り混じり」つつも、新しいアートの価値観を自ら解釈し、演奏を楽しんだ様子がうかがえよう。そして、このグループとは、終了後も交流が続き、音楽会の映像作品が完成して地元で上映会とミニコンサートを開催した時には、筆者と学生と共に作曲した作品「そよ風：竹林の語り」が披露された。このように、単に普段の演目を出演依頼した場合とは異なり、そこに価値観の交換と共に新たな関係性が生まれたことを指摘できる。

また、筆者は、知的障がい者と音楽家で即興音楽を行う「音遊びの会」を主宰しているが、「運河の音楽」の出演においては、中学生のブラスバンド部、地域のブラスバンドに所属するユーホニウム奏者、即興表現を得意とするダンサーとのコラボレーションも可能となった。ここでは、「即興音楽」という媒体が、言葉でのコラボレーションが難しい知的障がい者がコミュニティと関わる際に重要な役割を果たしていたと考えられる。この共演後、ユーホニ

ウム奏者は次のような感想を書いている。「私たちは楽譜を正しく演奏することや上手に聞かせることが目的になっていて、心の中を音で伝えるという人の音楽の根元のところがおざなりになっていることを教えていただきました。体全身で気持ちを表現していた子がいましたね。あの子が表現したい音楽をどうやって表すか考えながら吹きました。」「演奏の際にほんとに色々考えるようになった。」[43]この感想には、知的障害者との即興演奏による共演が、彼にとって音楽を考える有意義な機会であったことが伺える。

3-5. アートとそうでないものの境界

「運河の音楽」は、これまで述べたようにさまざまな場所で、さまざまな技法や対話を通して制作されたのだが、結果として、アートとそうでないものの境界が非常に曖昧で、さまざまな価値観を内包し、中心点が拡散した状態の音楽会となった。次に、この音楽会の中心的テーマは何であったのか、感想や評価を通して考えてみたい。

本来美術を専門とする野村によるこの音楽会は、まず美術と音楽の境界が曖昧であった。美術専攻の生徒による「絵をつなぐ」というパフォーマンスや、即興を得意とするダンサーによる「水辺でダンス」という演目、さらには神戸大学学生の競技ダンス部による演目や材木引き上げクレーンの操縦というものもあった。最終的に映像作品になることが目的の1つでもあったこの音楽会は[44]、釣り人が「役者」のように登場する「釣り人インスタレーション」という演目があるなど、全体的には芸術のさまざまなジャンルをまたいだものになっていた。さらに、演者や演出と、そうでないものの枠組みそのものも曖昧であった。野村自身も、往来の車や飛行機の音など日常の中で見えないところから聞こえてくる音と地続きで行われるのが幻聴音楽会なのだと説明しており[45]、観客からは、建物を解体中のブルドーザーも演出のうちに見えた、という感想もあった。

このような音楽会をめぐっては、その評価もさまざまであった。例えば、地域住民にとっては、昔は稼働していたが、現在は全く使われていない運河沿いの材木引き上げクレーンが動いたことは大きな感動であったし、知人が出演している演目を見ることが鑑賞の大きなポイントであった。一方で、別の町からの鑑賞者は、「町中に、静かに寄り添うようにして鳴る、という音楽

のあり方」は、「とても魅力的」[46]という音楽会のあり方を評価している。また、個々の演目に対する意見の差異も際立っていた。高齢者のハンドベルの演奏に対しては、「あれが一番印象的で、胸にぐっときた」という感想も多くある一方で、「音楽ではなく、予防的活動でしかない」というものもあったり、競技ダンス部による演目に対しては、「スポーツであってアートではない」という意見もあれば、「大変面白くて、いいアイディアをもらった」という感想もいくつか聞かれた[47]。

　このようなさまざまな価値観の差異が内包された状態は、いいかえれば、1つの組織、あるいは音楽会の価値観の中に、中心点が拡散した状態であったともいえる。終了後のスタッフの感想文には、「私にとっては祭りそのもの」[48]、「コミュニティアート、映像作品など多様な側面でまとめ上げられていったように思います」[49]などがあった。すなわち、この音楽会は、第1に「音楽会」であったのだが、また「映像撮影会」でもあり、そして「お祭りのようでもあった」。「鑑賞の方法が分かりにくいために、逆に能動的な評価法を促した」[50]、と振り返っている者もいる。このような中心点が拡散した状態のままで成立しているアートのあり方に、絶対的な評価の基軸を据えるのは困難であろう。

3-6. まとめ—参加者の関係性、継続性について

　以上、「運河の音楽」の制作過程を「場所」、「アートの技法と対話」、「アートとそうでないものの境界」という点からまとめた。これらの制作過程に関わった者を大きくゲストアーティスト、スタッフ、出演者・関係協力者に分けてその関係性の構図を考えてみたい。一般的には、核となるアーティストや企画者が頂点に立ち、その下に運営スタッフや出演者・関係協力者があるという明確な構図が考えられよう。そのような場合、アーティストが自らのコンセプトや細かいアイディアを指示し、それをスタッフや出演者、関係協力者が実現するという関係性となる。しかし、この音楽会では、前述したようにゲストアーティストは演目を考えだすだけではなく、触媒のようにさまざまな人をつなぐ役割も果たし、音楽会の当日は、ステージマネージャーのように音楽会を進行させながら撮影も行った。また、スタッフは、場所の使用のための許可申請の統括、コンセプトの統括、出演者の補助や統括などの役

割を果たしながら、すべての者が出演した。そして、出演者・関係協力者は、すべてではないが、出演を果たす一方でボートを漕いだり受付を準備するなどのスタッフ的な役割も担った。これらの参加者の関わりの度合いや方法はそれぞれ異なっており、個々の意思に任される部分が大きかった。互いが直接会うことすらできなかった者もいたが、関係は連鎖的に延長され、構築されていった。よって、本音楽会における参加者の関係性は、各々がさまざまな中心点を担いながら互いに連携し合う構図で捉えるのが自然であろう。個々の関わり方がさまざまであったため、非常に複雑な関係性が構築されていったのだが、「場所」そのものの魅力、そして「場所」から想起する音楽会のあり方に対する魅力などによって一人ひとりの参加者が連鎖的につながっていったのであり、単純明快な権力関係のなかに組み込まれていったのではないという点が重要である。

　最後に、継続性の問題についても考えておきたい。この音楽会は、1回限りのものであったため、継続的なコミュニティ形成を目的とした場合には、あくまで導入の一例を提供できるに過ぎない。しかし、このようなプロジェクトの評価の際にしばしばいわれるのだが、単純に継続し、コミュニティを維持すればよいというものでもないことも指摘しておきたい。区役所の職員は、「今後も、運河周辺でのイベントに携わるうちの係りとしては、事前の地元調査、競技ダンス、音楽の広場、アカペラの練習風景など、その行動力や発想は、参考になることも多々あり勉強になりました。」[51]「特に夕暮れの運河での競技ダンスは、これまでにない雰囲気で、今後の運河でのイベントでも使えるネタの1つとして参考にさせていただきます」[52]などの感想を述べている。平田は、前述の著書で「芸術の継続性とは行事の継続のことではない。継続されるべきはその精神であり、蓄積されるべきはその技術である」[53]と述べているが、こうしたアートの意義については、今後の課題としてこうした視点も含めて細かく検証していく必要があろう[54]。

4. おわりに

　本章では、アートとコミュニティの双方の目的が近似、あるいは一致した活動において、どのように人々の関係性が構築され、さまざまな境界線が変化する可能性があるのかを、コミュニティアートに関連した議論をたどり、

事例を検討することにより考えた。最後にこれらの議論を公共性の観点から振り返ってみたい。

　第2節では、アーティスト、教育者、療法家などがアートに関わる際に目的が非常に近似した場合の議論を取り上げた。まず、アートはアート以外のものとの境界を常に敏感に意識するのだが、リレーショナルアートや川俣や平田のコンセプトに見られるように、新たなあり方を求めてコミュニティと関わろうとするものがあることを確認した。そこでは、新たなアートを考えるうえで、アーティストと非アーティストの双方向の関係性が重視されていた。一方で、個人あるいはコミュニティが、福祉などのアート以外の目的を含んだ活動をする場合にも、その過程で関係した者同士の関係性が揺れ動き、そこに新たなアートの側面や活動の意味が生まれる可能性を見た。第3節の「運河の音楽」のコミュニティアートの事例においては、そうした場面を、アートを生み出そうとする力と、さまざまな人をつないでいく力が、互いに刺激し合うように働くことにより、さまざまな価値観が交換される過程に見ることができた。この音楽会においては、特に「場所」を起点とすることによって、多様な人が関係し、演目が作られた結果、組織や価値の中心点がさまざまに存在する音楽会ができあがった。こうした活動は、繰り返されていくことによって、今後、アートと社会の双方がさらに変化していくと考えられる。

　このように、アートの公共性について、個人がアートに向き合う際の課題やコミュニティにおける関係性というミクロの視点から考えることは、現代の価値観が多様化した時代においては重要な意味を持つのではないだろうか。公的な資金を、どのアートにどのように分配すればよいのかは、現代においては非常に難しくなっている。しかし、コミュニティ音楽療法やアウトサイダー・アートなどのさまざまな場面や、「運河の音楽」の具体的な場面にも見られたように、個人の生活にアートが必要不可欠なものとして存在していることも確かである。震災の生々しい体験から法螺貝の演奏を始めた法螺師は、運河でしばしばその音を響かせつつも、そのコミュニティと関わることはなかったのである。音楽会の制作過程では、関係性を連鎖的に網目のように創出しながら、関係した個々人にとって重要なアートがつくられていき、それが価値観の差異を内包した1つのアートイベントとしてゆるやかに共有され

ていくのを見ることができた。その過程は、互いに異なる価値観、これまでとは異なる関係性を創出する過程、いわば「異を創る」過程でもあるといえよう。そのような場をつくりだすためには、自らもさまざまな役割を変幻自在に果たす「触媒」としての役割も重要であるといえる。このように、多様な価値観がひしめく社会においてアートの公共性を考える際には、アートの「現場」や「臨床」を見据えつつ、いかに「双方向の変化」を意識した活動の場をつくりだしていけるかという視点が重要であると考える。

　最後に、今後の課題として、組織のあり方や、社会における仕組みづくり、政策などの点からの考察を挙げておきたい。アートマネジメントや社会包摂の観点から、障がいのある人や災害の現場におけるアート活動について述べている中川眞は、今後の問題として資金調達や政策の問題に触れ、次のようにボトムアップのガバナンスを提案している[55]。「政策は通常、上方から下達されるものであるが、これからはその発想を変える必要がある。すなわち、市民活動が到達した成果から滲み出てくる、下からの政策、ボトムアップのガバナンスを実現するということである[56]」。本章で見たような、アートと社会が共に変化していくような関係性を考えていくには、第2節のアウトサイダー・アートの議論に見られたように、さまざまな人が参加するアートの現場において、アートの権力がどのように作用しているのかということについても微視的に見ていく必要があろう。異を産むための双方向の変化を促すためには、触媒としての役割のように、従来のアートの領域にはなかった特殊な役割が新たに必要になるのかもしれないし、そのような関係性においてアートの権力が効果的に働くためには、中心を少しずつずらすような、役割を交代しながら循環させて行くような制度の構築が必要となるのかもしれない。そのように考えると、ボトムアップのガバナンスとは、アートと制度の関係を互いに刺激し合うものであるべきかもしれない。これらの点については、今後さらなる検討を加えていきたいと考えている。

・注

[1] Bourriaud, N. Relational Aesthetics. Les presses du réel, 1998.
[2] 次のページを参照。http://www.wochenklausur.at/
[3] 広井良典「コミュニティとは何か」広井良典他編著『コミュニティ』勁草書房、2010年、pp.11 – 32
[4] 名和田是彦「現代日本のコミュニティ政策から見た『公共』問題」小野塚知二編著『自由と公共性――介入的自由主義とその思想的起点』日本経済評論社、2009年、pp.181 – 209

5　同上、pp.204 - 205
6　平田オリザ『芸術立国論』集英社、2001年
7　前掲書、p.52
8　同上、pp.203 - 207
9　川俣正『アートレス』フィルムアート社、2001年、p.183
10　野村誠は、乳幼児からお年寄りまでさまざまな人々と共同で作曲する手法を模索しており、「即興演奏ってどうやるの」(あおぞら出版社、2004年)を始めとした方法論に関する著作も多い。
11　実際には20世紀に音楽療法のパイオニアが活動を始めたころより行われていたものであるという指摘もある。次の文献を参照のこと。
　・Bunt, L. Mary Priestley interviewed by Leslie Bunt. Voices: Main Issues Vol.4 no.2. Released July 1, 2004. Retrieved October 1, 2009, from http://www.voices.no/mainissues/mi40003000155.html
　・Tyson, F. Psychiatric Music Therapy. Creative Arts Rehabilitation Center, 1981:23 - 45.
12　日本における活動の報告には次のものなどがある。
　・Numata, R. EinScream!: Possibilities of New Musical Ideas to Form a Community. Voices: A World Forum for Music Therapy. Retrieved March 8, 2010, from http://www.voices.no/mainissues/mi40009000304.php（コミュニティ音楽療法において、多様な音楽的価値観を持つ者がそれぞれを生かした形で創造的な音楽づくりの方法を筆者自身の実践報告と共に音楽の形態に着目してまとめた。）
　・赤羽美希『「うたの住む家」プロジェクトの2年間—共同作曲の可能性についての一考察』Voices: A World Forum for Music Therapy. Retrieved April 13, 2010, from http://www.voices.no/mainissues/mi40009990150j.php（「共同作曲」という観点から自身の実践における音楽づくりの特徴をまとめている。）
13　Ansdell, G. Being Who You Aren't; Doing What You Can't: Community Music Therapy & the Paradoxes of Performance. in Voices: Main Issue, Vol. 5, No. 3 Released November 1, 2005, Retrieved July 13, 2009, from http://www.voices.no/mainissues/mi40005000192.html.
14　筆者は、音楽の内容に焦点を当てた次の論文を投稿した。沼田里衣『コミュニティ音楽療法における音楽の芸術的価値と社会的意味—アウトサイダー・アートに関する議論を手掛かりに—』日本音楽療法学会誌第10巻第1号、2010年、pp. 95 - 109
15　Procter, S. Playing Politics: Community Music Therapy and the Therapeutic Redistribution of Music Capital for Mental Health. in Pavlicevic, M., Ansdell, Pavlicevic, M., Ansdell, G. eds. Community Music Therapy. Jessica Kingsley Publishers, 2004 : 214.
16　Stige, B. Culture - Centered Music Therapy. Barcelona Publishers, 2002 : 119 - 123.
17　Wigram, T. Improvisation: Methods and Techniques for Music Therapy Clinicians, Educators and Students. Jessica Kingsley Publishers, London and New York, 2004: 36 - 37.
18　Lee, C. The Architecture of Aesthetic Music Therapy. Barcelona Publishers, 2003: 1 - 2.
19　Clive Robbins interviewed by Brynjulf Stige: - It's so universal!. Nordic Journal of Music Therapy 7 (1) 1998: 70 - 75.
20　さらに興味深いことに、このような「療法的」即興演奏と「音楽的」即興演奏の違いを明確にしようと、実験を行った者もいる。音楽療法家であるM. Pavlicevicは、彼女自身が音楽療法士と二人でセラピストの役割とクライエントの役割で即興演奏したものと、両者とも音楽家として演奏したものの二種の録音を判定者に聞いてもらい、どちらの種類の演奏であったかを答えてもらうというものである。実験結果によれば、判定者のうち音楽療法士は、どれが「療法的」でどれが「音楽的」即興演奏か分かったという。その理由として、「音楽療法」のセッションの場合、音楽療法士がクライエントの特異な演奏を補佐して、一緒に歩んでいくために、どこで、どのように、即興演奏を「方向転換」させたのかが分かる、と答えたという。それに対して、「音楽」のセッションでは、即興演奏の流れがもっぱら音楽の流れによってのみ決定されている、と判定者は指摘した。しかしPavlicevicは、議論を続け、音楽療法士は療法過程において、時にはセラピストに、時にはクライア

ントになることもあれば、音楽家として演奏を楽しむ時もある、と指摘し、セラピストはその切り替えができる者だ、と述べている。そして、そうしながら、セラピストは最も重要であるクライエントの自己表現を促すのだ、と述べている。(Pavlicevic, M. Music Therapy in Context. Jessica Kingsley Publishers London and Philadelphia, 1997: 128 – 129.)

21 「サウンド・センス(Sound Sense)」(http://www.soundsense.org/)
22 Wood, S. Verney, R. Atkinson, J. From Therapy to Community: Making Music in Neurological Rehabilitation in Pavlicevic, M, Ansde'll G. eds., op. sit.: 48 – 49.
23 フランス人の画家ジャン・デュビュッフェは、1945年頃に「芸術的教養に毒されていない人々が制作した作品」を「アール・ブリュット」と呼んだ。その後、アウトサイダー・アートはアール・ブリュットの英語訳のように用いられているが、それらが指す内容は異なるとの見方もある。また、アウトサイダー・アートが含む作品内容は、編集者や展覧会の主催者によって少しずつ異なり、明確な規定が難しいものである。アウトサイダー・アートについてまとめている学芸員の服部正は、その著書の冒頭において、「アウトサイダー・アート」という言葉が指し示す作品を正確に分別するのは難しいことを述べている。(服部正『アウトサイダー・アート−現代美術が忘れた「芸術」』、光文社、2003年、pp.14 – 15)
24 斉藤環「『関係すること』がアートである」『美術手帖923号』美術出版社、2009年7月、p.90
25 同上、p.91
26 服部正「エイブルがアートであるために」、同上、p.50
27 藤澤三佳「『障害者』とアウトサイダー・アート」宝月誠、進藤雄三編『社会的コントロールの現在』世界思想社、2005年、pp.95 – 111
28 同上、p.105
29 同上、p.109
30 現代GPとは、文部科学省が現代的教育ニーズにふさわしい取り組みをしている大学・学部を選抜し、全国のモデルケースとなるように支援するプログラムである。
31 次の報告書を参照。『文部科学省現代GPアートマネジメント教育による都市文化再生 平成20年度事業報告書』2009年、pp.41 – 44
32 野村幸弘『幻聴音楽会とは何か—音楽の場所と聴取形式の問題について』BGM協会、1999年
33 野村幸弘「幻聴音楽とは何か」『幻聴音楽会』(パンフレット)、幻想工房企画・編集、1995年3月30日。
34 2008年10月26日のロケハン時のスタッフの会話より。
35 プロジェクト終了後の感想で、沼田苑子は次のような感想を残している。「具体的なきっかけは、制作を始めた当初に、『運河の魅力再発見プロジェクト』や、レガッタ実行委員会の方々の活動を知った事で、おせっかいにも『一緒に活動すれば必ず相乗効果がある』と思い込んだ事。そこから私の暴走は始まったのだと思います。」また、他の制作メンバーと比べて神戸を地元とする意識が強いことも述べており、その後、彼女は周囲企業に使用・侵入・借用許可を得たり、市役所、みなと総局、建設局、国土交通省などに許可申請を行うなど精力的に制作を進めていった。(「感想」『運河の音楽報告書』(記録DVD付録)、p.36)
36 区役所の協力は、その後も地区例会に参加するなどして自治会長を始めとした地域のさらなる協力を得たり、児童館に通う小学低学年の子供、高齢者のハンドベルグループなどの音楽資源の掘り起こしを可能にした。
37 2008年12月6日に和田神社社務所内で開催された地域のコミュニティリーダー、神社の関係者、氏子が集まる第一土曜の会で出された意見である。
38 沼田苑子「活動経緯」、『運河の音楽報告書』(記録DVD付録)、p.6
39 2010年2月6日に和田神社の社務所に集まった地域の人々に筆者がインタビューしたもの。
40 2009年1月16日のミーティングにおける野村幸弘の発言。
41 「パネルディスカッション アートマネジメントによる都市文化再生」『文部科学省現代GPアートマネジメント教育による都市文化再生平成21年度事業報告書』、藤野一夫監修、2010年、p.205

42 藤代敬子「感想」、『運河の音楽報告書』(記録DVD付録)、p.42
43 2009年4月2日に筆者に送られた感想文より。
44 この音楽会は、撮影者4名によって記録され、後に野村幸弘が編集して映像作品となり、2009年5月30日にその上映会が開催された。このように、本音楽会は映像撮影会としての側面も存在した。
45 「運河の音楽」パンフレット、p.1
46 「池谷石黒ウェブログ」『運河の音楽報告書』(記録DVD付録)、p.46
47 どの意見や感想も、筆者が個別に聞いたものである。
48 中島香織「感想」、同上、p.35
49 藤井まどか「感想」、同上、p.38
50 松井真之介「感想」、同上、p.38
51 伊賀正師「感想」、『運河の音楽報告書』(記録DVD付録)、p.32
52 松岡武士「感想」、同上、p.39
53 平田オリザ、前掲書、p.49
54 筆者は、知的障害者と音楽家による約40名の参加者から成る即興音楽の会「音遊びの会」を主宰しており、開かれたコミュニティとしての在り方を模索しているところである。これについては、また別に論述したい。
55 中川眞「社会包摂に向き合うアートマネジメント―ボトムアップのガバナンス形成へ向けて」、佐々木雅幸、水内俊雄編著『創造都市と社会包摂』、水曜社、2009年、p.213－236
56 同上、p.234－235

3部

「公共性」の歴史的変容と国際比較

第9章
京城府府民館と「公共性」
植民地朝鮮に建設された公会堂

井原 麗奈

1. はじめに

　1935(昭和10)年12月10日[1]、日本が植民地支配を行っていた朝鮮半島最大の都市である京城(現ソウル)に1,800席の大講堂ほか集会室、社交室などさまざまな機能を備えた複合的文化施設が開館する。京城を統治していた行政機関である京城府が府民の教化娯楽のために設置したもので、その建物は国立劇場や国会議事堂など、さまざまな変遷を経て「ソウル特別市議会」の会議場として現存する。当時は「京城府府民館」と呼ばれ、朝鮮半島を代表する集会施設であった。1945(昭和20)年8月の植民地解放までの約10年間、各種会議、大会、集会、式典、演劇、音楽、映画、舞踊、結婚式など多様な用途で、日本人・朝鮮人に関わらず多くの人々に利用されていた。

　本章では、当時発行された新聞や雑誌などの一次資料をもとに、「京城府府民館(以下、府民館)」の実態を明らかにする。これまで公会堂に関する研究は、日比谷公会堂をはじめとする都市部の公会堂運営に着眼した新藤浩伸の論考[2]があるが、外地に設置された公会堂についてはほとんど目が向けられてこなかった。しかし植民地の公会堂において欠けていた施設運営は、そのまま内地の公会堂運営においても欠けていた部分を示唆したり、もしくは植民地特有の状況を反映したりするなど、大いに研究対象となりうるのではないかと期待している。よって建物の規模や運営方法、催事内容から府民館とはどのような施設であったのか辿りながら、植民地、もしくは近代において「公共性」という概念が京城府民(1936(昭和11年当時の京城の人口は67万

7,241人で、朝鮮人54万1,828人、日本人12万6,735人その他外国人8,678人であった。京城府『京城府勢一斑』昭和12年版より)にどのように認識されていたのかを、考察したい。

　次に先行研究について簡単に言及したい。府民館に関する日本語による先行研究は無く、近代文学研究者が朝鮮近代演劇の脚本に関する研究の中で若干言及している程度である。韓国人研究者の柳敏榮[3]や金瑚然[4]、宗芳松[5]などによる研究は幾つか存在する。これらの研究では、主に当時の演劇界で活躍した人の自叙伝や新聞をもとに演劇人と劇場をとりまく状況を中心に語られているが、施設の役割や運営については言及されていない。近代建築に関する研究論文にも若干の言及が見られるが、施設の規模や建築資材、建築様式にのみ着眼されている。本章と論点、着眼点を同じくする先行研究は、黄秉周の「植民地期における公的空間の登場と公会堂」[6]と尹海東や並木真人らの研究[7]である。黄は公会堂が植民地近代を代表する公的空間であり、朝鮮人に対する規律化をはかるための施設であったと指摘している。しかし、内地の公会堂との比較検討がなされておらず、公会堂が支配者による支配のための施設であったかのような感が否めない。本章では、一国史的な観点からではなく、日本と朝鮮半島の双方の公会堂建築の流れを意識しながら府民館という施設を捉えていきたい。一方尹・並木らの研究は文化施設を対象としてはいないが、植民地という近代史を考える時に「収奪」と「抵抗」という二分法では説明し得ない部分(=「グレーゾーン」)が存在すると説き、そこに「公共性」の存在を認めている。この立場は歴史学の分野において「植民地的公共性論」と呼ばれているが、朝鮮人の政治参加の部分にのみ主眼がおかれており、活動の主体が曖昧にしか想定されておらず、ハーバーマスの「市民的公共性論」に照らして考えると論点がずれる。本章では、これらの先行研究を参考に、運営や利用の実態から府民館を植民地における「公的領域」と捉え、植民地における新たな「公共性」を再考したい。

2. 府民館設置までの背景

　ここでは府民館が設置されるに至る背景や状況についてみていく。
　李氏朝鮮の首都であった「漢城府」(現ソウル)は併合に伴い、「京城府」と改められた。京城府には植民地支配の中枢である朝鮮総督府が設置され、

1930年代には政治経済の中心都市として近代化を遂げていた。1932(昭和7)年、電力会社である「京城電気株式会社(以下、京電)」から京城府へ公共事業施設費として金100万円[8]が寄附されることになり、府議会を経て府民病院と府民館の設置資金に半分ずつ使用されることになった。

　実は100万円の寄附の裏には、大きな住民運動があった。当時の京城は近代化の進む都市として電気の需要が非常に高く、京電は相当な利益を上げていた。こうした状況を背景に府民の間に京電に対する不満が広がり始め、府議会が府民の意見を反映させるために、京電の行う電気ガス事業の府営化という案を打ち出した。京電にとっては収益構造が大きく変わる可能性のある話で、なんとしても阻止する必要があった。その代案として提示されたのが寄附であった[9]。府議会でその寄付金の使途として公共文化施設建設の案が挙がった事は、当時京城府民の多くが文化的側面の充実を望んでいたことを反映している。

　　社説—三つの建物が欲しい　公會堂、劇場、美術館
　　　京城にふさはしい公會堂と劇場と美術館がないことは、國際都市として面目の上からばかりでなく全く寂しい□(1字判読不能)である。公會堂は、現在あるにはあるが商工會議所の二階借りであつて定員千人に満たない貧弱なものである。これでは京城四十萬府民の名を冠する京城公會堂としてはあまりに貧弱である。といって差當り新しい大公會堂出現の話も聞かないから當分は現状で我慢するより外はないかもしれない。しかし公會堂の如きは府民の集會場であるから京城公會堂と僭稱する以上、少なくとも府の體面に相當する實質を備へ、府自身が經營しても然るべきものである。貧乏な府の世帶では、それどころでないといへば、何時まで經つても目鼻はつくまいから、思ひ切つて京電寄附の百萬圓也でも一部應用したらどんなものであらう[10]。

　朝鮮半島では1920〜30年代にかけて、公会堂の建設が大変盛んに行われており、『東亜日報』[11]などの記事を見ると、小さな村単位にまで設置されていたことが窺える。京城には府民館の設立以前に「京城公会堂」と呼ばれる施設が存在しており、上記の記事中の「公會堂」とはそれを指している[12]。

しかし、規模や設備の点から、現状の「公會堂」では満足はしておらず、京電からの寄付金を充当させれば良いというアイデアがここで提案されているのである。実際に全くその通りに話が進んでいく。

　先の社説の中に「京城四十萬府民」とあるが[13]、この人口規模の都市に対して、当時の京城には大観衆を収容できる文化施設が無かった。当時、京城府には20ヶ所の劇場があり[14]、その殆どが日本人経営者による私設劇場であった。しかし施設の規模や設備には観客も興行者も満足しておらず、不満を寄付金によって解消すべく、府民館建設の計画が進んでいった。日比谷公会堂や大阪市中央公会堂のように、安田善次郎や岩本栄之助のような富豪の心意気によって建築費が寄付されたのではなく、このような大都市規模の公会堂建設に住民の意見が反映されることは、内地と比較しても非常にめずらしいだろう。ここに私的な利害ではなく共同の生から発生する「公的領域」の存在を見ることはできないだろうか。

　また「少なくとも府の體面に相當する實質を備へ、府自身が經營しても然るべきもの」として京城府の税金で運営される以上、質が保証されるべきであるという価値観が示されている。これは現在の公共文化施設の問題意識とも繋がり、非常に興味深い。しかしこの「実質」は、おそらくハード面を指していて、ソフト面の充実のために上演される作品の質をチェックするシステムは採用されていない。ハード面の充実を図ろうと腐心していた様子は、第3節で建築規模について述べながらみていくことにする。ソフト面については上演されるものの「質」ではなく「催事内容」しかチェックされていなかった。それについては第5節で詳述する。

3. 府民館の建築的規模

　ここでは『京城彙報』(1936年1月号)を基に、府民館がどのような規模の施設であったかを把握したい。まず総工費は61万853円40銭であった。充当できる寄付金は50万円であったはずなので、11万円程度の赤字であるが、それがどのように補填されたかはわからない。

　位置は京城府庁(現在のソウル市庁舎)の道路を挟んで西側、「徳寿宮」(現存)の北側である。徳寿宮と日本基督教青年会館の一部を買収し、敷地面積は1,780坪で、かつての王宮であった「景福宮」から真っ直ぐ南に伸びたソ

ウルの要路に面している。

　起工は1934(昭和9)年7月30日で、竣工は翌年12月10日である。鉄筋コンクリートづくりの建物を500日程度で仕上げたことになる。大講堂、中講堂、小講堂の他に特別室、集会室、畳の間、談話室、理髪店、食堂などを備えた大規模な集会施設であった。照明や音響なども最新の設備を備え、当時の京城では珍しい冷暖房も完備されていた[15]。

　次に外装と内部設備について見てみよう。『京城彙報』(1936年1月号)に掲載された建物の外見に関する説明を以下に引用する。

表1　各室坪数および利用法

	大きさ・席数		用途
大講堂	1、2、3階 計301坪	固定席1,800席	講演会、演劇、音楽会、舞踊会、拳闘、映画、能楽　等
中講堂	147坪	立食1,000人、着席400人、講演900人	大宴会、講演会、各種展覧会、見本市陳列場、結婚式、室内体操
小講堂	40坪	定席160人	小講演会、講習会、町洞総会、児童活動写真、絵画其の他の展覧会
特別室 (社交室)	14坪	座席11人	特別来賓の休憩、又は一般会合社交室、一般の休憩室
集会室	37坪	座席60人	大講堂及び中講堂使用時の休憩室、展覧会、小集会
畳の間	27坪	22畳と12畳の2間	結婚式、囲碁、将棋、謡、小集会、茶会
付属室	7坪	座席16人	各室の控え室、小会合室
談話室	20坪	座席32人	食堂の控え室、小会合室、一般の休憩室
食堂	着席25人及び70人の2室		一般会食、結婚披露宴、歓迎送別宴会、大講堂使用時の食堂
公衆食堂	定席88人		一般外来食堂、室内付属食堂
理髪室	理髪座席4席		内外一般利用

＊京城府『京城彙報』1936(昭和11)年1月号より作成

表2　戦前期に建設された内地の代表的な公会堂

施設名称	座席数	設立年
大阪市中央公会堂(現存)	1,167席	1918年
日比谷公会堂(現存)	2,085席	1929年
名古屋市公会堂(現存)	1,994席	1930年
神戸市立御影公会堂(現存)	550席	1933年
新潟市公会堂 (現新潟市民芸術文化会館・りゅーとぴあ)	610席	1938年

(左)現在の様子(2010年9月筆者撮影)
(右)府民館として利用されていた当時の記念はがきに掲載された写真(年代不明)玄関の位置が道路拡張工事により現在は塔の南側に据えかえられているほか、現在「ソウル特別市議会」と書かれた塔は時計塔であったことがわかる。

　即ち一切の装飾を省き、形の洗練と色彩の調和とにつき苦心を拂ひ、目的の達成に努めたのであります。
　特に大講堂に付ては音響と照明の調節に意を用ひ、尚煖房、冷房、換気の装置に付いても最新の進歩したる學理を應用し遺憾なきを期したる次第であります。
　九階の白堊高塔が巍然として大空に聳え立つ壮麗の容姿は、當府に於ける一偉觀である。

　上記の記述から、白いタイルに覆われた外壁や、そびえ立つ塔屋は当時の京城におけるランドマークのような建物であったことであろう。黄秉周は府民館の建物について「発展と威力を可視化したもの」であったと指摘している[16]。確かに当時の朝鮮人住民に対してはそのような印象を与えたのかもしれない。しかし、朝鮮総督府の建物と同じように畏怖の念を抱かせ続けていたのであれば、府民館の建物が現在まで残されることはなかったのではないか。この点については最終節で再度考察することにしよう。
　次に音響設計に関して言及したい。『朝鮮及満洲』[17]や『朝鮮と建築』によると、1927(昭和2)年に日本で初めて音響設計に基づいて建てられた早稲田大学所管の大隈講堂に比肩するほどの、高い音響効果を目指したとある[18]。しかし残念ながら開館約1年後の1937(昭和12)年1月10日の『大阪朝日新聞南鮮版』[19]に府民館の音響を指摘する記事が掲載されている。

第9章　京城府府民館と「公共性」── 227

「音樂會場として全然なつてない　京城府民館の欠陷(けっかん)」
　昨年十二月で開設滿一周年を迎へた京城府民館では府民の識者約千五百名に經營その他に關して意見を求めたところ、各層から非常に眞摯な回答が寄せられ、そのうち音樂會場としての致命的欠陷が半島樂壇權威者たちの一樣に指摘したところであり、これにより府當局では豫算が許せば今年度內に、許さなければ明年度豫算に計上、世界の藝術家たちの東洋の旅の一ステーションたる國際都市京城のステージに恥ないものとするため近く在城樂壇の權威者および建築の技術家をも招き、懇談會を開催、具體案を練るはずである。
　その欠陷とするところは會場の周圍の黑幕が音響を吸收して全體的に音樂的效果を甚だしく抹殺するといふことで現在府當局で考へられてゐる對案は音樂會の場合のみ使用するやう取り外しの出來る適當の防音壁を會場內にはめこまうとするものである。

　綿密に設計していながら、会場の周囲を黒幕で覆ってしまった点は、理解しがたいが、府民館は「國際都市京城のステージに恥ないもの」でなければならないという気概が表れている。それほどまでに周囲の期待が高かったともいえるだろう。このように府民館はハード面については、府の面目をかけて当時としては最新の設備を備えた施設を目指したことがわかる。
　客席数で見ると1,800席の大講堂を備えた府民館は当時内地の大阪・東京・名古屋という大都市の代表的な公会堂(表２)に比肩する規模のものであった。地方都市に建設された公会堂と比較しても、府民館は明らかに大都市仕様の文化施設であったといえる。
　内地と同じ規模のもの、もしくはそれ以上の施設が求められたことは、植民地の支配民への威信を示すためとも理解できる。しかしそれは京城に限ったことではなく、台湾に建設された「台北公会堂」(1936年落成、現「中山堂」)や、満洲の「新京記念公会堂」(落成年不明)などにも同じことがいえるのではないだろうか。

4. 運営方法

　では、次に府民館がどのように運営されていたのかを『京城彙報』(1936

年1月)に掲載されている情報から辿ってみよう。

　まず府民館は使用者から使用料を徴収して場所を貸し出す方法(以下、貸館)を基本とした運営を行った。この方法は既に内地に存在した公会堂の運営方法を踏襲しており、1920(大正9)年に設立された京城公会堂の運営にも採用されている[20]。

　貸館の方法としては、1日を下記のように2区分に分けて貸し出していた。昼夜間というのは終日という意味である。時間を区切って貸し出し、使用していない時間をなるべくつくらないように効率よく貸し出し、稼働率を上げる方法として現在の公共ホールでも一般的である。午後11時まで使用できるのは、現在の日本の一般的な公共ホールと比べると非常に寛容である。

　次に貸館料を見てみよう。上記の時間区分に更に暖房の必要な時期とそうでない時期、そして入場料を徴収するか否か、営利目的の興行か否かによって料金区分を変えている。営利目的であれば、当然利用料金は高くなるが、現在の公共ホールの利用料金と比較してもほぼ同じであるといえる。

　府民館の場合、大講堂で昼間に無料の催事を行なう場合の使用料は30〜50円である。同じ条件で日比谷公会堂で催しを行う場合、当時の使用料は170円(1929(昭和4)年制定)であった[21]。大阪中央公会堂の大集会室の場合は、使用料50円(1918(大正7)年制定)であった。誰に対しても平等に開かれているという意味での公共性には内地も植民地も差違はなかったといえるだろう。

　また貸館料のほかに、オプショナルとして使用した機材、ピアノや屏風、演台などの備品の料金を別途支払うシステムになっている。これも現在の公共ホールの備品の貸し出し方と同じで、備品の内容も蓄音機以外はほぼ同じである。値段も現在の貨幣価値に換算すると同じくらいである。興味深いのはピアノ使用料30円が「儀式の場合は5円」に割引される点である。大阪市中央公会堂でも、同じくピアノの使用料30円が「国歌演奏のみ使用する場合は5円」に割引される制度があった[22]。国歌斉唱を奨励する時代の風潮を反映しているといえるだろう。

　次に府民館で興行する場合の手続き方法を見てみよう。「本館ニ於テ興行ヲ催サルルトキハ所轄京城本町警察署(営利興行ハ開演三日前、営利ヲ目的トセザルル興行ハ開演二週間前)ニ届出デ許可ヲ受ケラルルコト」とあり、興行、集会を行うには警察に届け出る必要があったことが窺える。演劇に関し

ては手続きに際し「当該官署ノ検閲ヲ受ケタル脚本又ハ説明書」を、映画に関しては「フィルム検査証」[23]を提出しなければならず、集会を行うにあたっては内容に対して厳しい監視が行われていた状況がわかる。

大阪市中央公会堂の使用条例には「公会堂ヲ使用セムトスル者ハ左ノ事項ヲ具シ市長ノ許可ヲ受クヘシ其ノ事項ヲ変更セムトスルトキ亦同シ（大正7年11月16日条例第七号）」[24]とある。同じく朝鮮半島に建てられた仁川や木浦の公会堂でも「公会堂ヲ使用セムトスル者ハ左ノ事項ヲ具シ府尹ノ許可ヲ受クヘシ其ノ事項ヲ変更セムトスルトキハ亦同シ」[25]とある。大阪市の場合は「市長」、仁川府や木浦府の場合は「府尹」[26]に申請をすれば良いのにもかかわらず、京城府は「警察」に届けを出さなければならなかった点をみると、テロや暴動などの発生に対して他の都市より、さらに注意が払われていたことが窺える。集会に対して何よりもまず「管理」「取締」に主眼が置かれていたことは、今日の文化施設において「創造」を期待されていないことにも繋がるだろう。

次に府民館がどの程度利用されていたのかを示す資料を提示する。表5は府民館の1936年度から1941年度までの6年間分の「会場別年間使用回数と使用料収入」である。使用回数、使用料収入共に6年間で相当伸びている。部屋数や施設の仕様が似ている大阪市中央公会堂と比較して見ると、ほとんど差が無い[27,28]。都心部の公会堂としては十分に府民の需要に応えうる運営ができていたのではないだろうか。

表3 府民館の使用時間区分

昼間	午前9時〜午後5時
夜間	午後6時〜午後11時
昼夜間	午前9時〜午後11時

＊京城府『京城彙報』1937年1月号より作成

表4 府民館の大講堂の使用料

名称	採暖不要期			採暖必要期			備考
	昼間	夜間	昼夜間	昼間	夜間	昼夜間	
大講堂	30円	45円	60円	50円	65円	90円	入場料ノ類ヲ徴収セザル場合
	60円	90円	120円	80円	110円	150円	入場料ノ類ヲ徴収スル場合
	150円	220円	300円	170円	240円	330円	諸興行其ノ他営利ヲ主タル目的トスル場合

大講堂ノ冷房装置使用申出者ニ対シテハ本表採暖不要期規定ノ料金ニ金百円ヲ加算シタルモノヲ使用料トシテ徴収ス　　＊『京城彙報』1937年1月号より作成　　＊現在の貨幣価値は約2,000対1である。

表5 「府民館の年間使用回数と使用料収入」

	大講堂	中講堂	談話室	小講堂	集会室	付属室	畳間	特別室	全館	合計回数	使用料収入
1936年度（昭和11年）	266	235	117	231	88	138	156	2	2	1235	40,763円
1937年度（昭和11年）	383	198	249	81	122	147	265	15	1	1461	43,265円
1938年度（昭和11年）	478	178	115	243	96	126	237	17	13	1503	43,500円
1939年度（昭和11年）	455	210	113	251	77	100	206	26	21	1459	65,581円
1940年度（昭和11年）	445	200	191	263	131	111	189	39	1	1580	71,289円
1941年度（昭和11年）	435	244	218	47	237	76	208	28	0	1493	76,160円

＊京城府『京城府勢一斑』の1940（昭和15）年度版と1942（昭和17）年度版をもとに筆者作成　　＊1939（昭和14）年の数字は昭和15年度版と昭和17年度版で違いがあったが、後者の数字を改訂版とみなし、表記した。
　＊現在の貨幣価値は約2,000対1である。

5. 催事内容

　表6は府民館における「催事種別開催数」をまとめたものである。使用回数の多い催しが「結婚式」であるという点は注目に値する。「中講堂」は元々「大食堂」という名称でつくられているだけあって、配膳室も隣接していたので、結婚披露宴も同時に行っていたのかもしれない。内地でも公共文化施設の中に結婚式場を備えていた例は多く見受けられるが、府民館が当時の京城府民の生活において集会施設としての機能を期待されていたことがわかる。

表6　1937年1月から1939年11月までの各年の催事種別開催回数

	講演	講習	総会	大会	打合懇談	展覧	音楽	舞踊	演劇	映画	結婚	宴会	碁会	其他
S12.1～12月	70	61	70	8	198	5	82		91	138	272	39	25	55
S13.1～12月	44	47	87	17	135	24	110		86	155	281	22	17	51
S14.1～11月	78	48	72	15	120	45	182			162	203	16	23	78

＊京城府『京城彙報』1937年1月号～1939年11月号より作成

　次に多いのが「打合・懇談」「映画」である。現在、府民館周辺は、ソウル随一のオフィス街となったが、当時でも周辺に府庁や新聞社、領事館、銀行、放送局などが存在したことから、政治・経済・情報の中心であったことが分かる。よって主に会議や商談を行っていたのではないかと思われる。

　府民館で上映されていた「映画」は時局映画や教化映画などのほか、営利業者による上映が相当行われており、その回数の多さが府議会でも取り沙汰されるほどの問題になった。その次に来るのが「演劇」「音楽・舞踊」である。これらに関しては、統計の方法が統一されていないため、確かな数字はわからないが舞台公演が定期的に行われていたと考えられる。その中でも特に「演劇」での利用が多い。1938年当時の京城の演劇をとりまく環境は以下のようであった。

　　1938年当時、ソウルの劇場事情は、商業劇団である青春座と豪華船がソウル唯一の演劇専用劇場であった東洋劇場を交替で使用しており、その他の劇団は全部京城府民館を使用していた。従って柳致真率いる劇芸術研究会(後に劇研座)や村山知義の新協劇団の朝鮮公演はすべてこの

府民館に拠った。(白川豊『植民地期朝鮮の作家と日本』、大学教育出版、1995年、p193。)

　これによると、1938年には京城における殆どの演劇公演が府民館で行われていたことになる。さらに韓国人演劇研究者の柳敏榮によると府民館の開館により、当時の朝鮮演劇界が活性化したということだ。

　　府民館が出来たことで、演劇界にある程度活気を吹き込んだ事は事実である。なぜなら良い劇場が出来たことによって、数々の劇団が組織されたからである。例えば、中央舞台や、花廊院、現代劇場等[29]が、府民館で創立公演を行った。それから府民館は演劇競演大会の会場としても多く使われた。(柳敏榮『韓国演劇史』、ハンギルサ、1982年、p94。)

1938年2月から始まった東亜日報社主催「演劇競演大会」と1942年から実施された朝鮮演劇文化協会主催の「国民劇競演大会」がそれである[30]。
　上記2つの文章から、少なくとも府民館が演劇人たちにとって活動の幅を広げる存在であったことがわかる。少し上演内容にふれておくと「音楽」はクラシック音楽や邦楽が多く、「舞踊」は日本舞踊の公演や京城在住の日本人の発表会が多かった。また石井漠[31]の創作舞踊(モダンバレエ)の公演が巡回してくる場合もあった。このほか門下の崔承喜[32]や趙澤元[33]の朝鮮新舞踊の公演なども行われている。このほか注目すべき公演といえば1940(昭和15)年4月の宝塚歌劇団の京城公演であり、張赫宙作の演劇『春香伝』と『新踊列車』等のレビューやオペレッタとおぼしき作品を上演している[34]。
　上記以外の利用は、「講演会」「講習会」「総会」で、主に「大・中・小講堂」が使われている[35]。『朝鮮及満洲』(1935年7月号)に掲載されていた使用予定の用途には「講演会(＝法律講座、労働講座、婦人講座等)、講習会(＝染色、割烹、生花、算盤、刺繍等)」とあるので、おそらくそのような使われ方だっただろうと思われる。「総会」については、現在もソウル特別市議会の会議場として使用されているので、最も適した用途だったかもしれない。
　このほか、利用数は少ないが「展覧会」や「大会」、「碁会」なども行われている。「大会」については先に引用した演劇関係の大会もそれに含まれるだ

ろう。このほか「府民大会」などの住民集会も開かれていた。住民による請願運動で住環境の改善などを求めるものであったようだ[36]。

最後に「其他」についてであるが、内容は多種多様で、商品陳列、学芸会、追悼会、和歌会、詩吟会、表彰式、祝賀・拝賀式、商品授與式、親族会、慰安会、花祭、会議、審査会、座談会、評議会、役員会、学会、試験、慰霊祭、演芸、研究会、結成式、約婚式（＝結納）、品評会、句会、記念式、卓球大会、結団式、子ども会などであった。これらの中でも特に目立って多いのは「慰安会」と「演芸」であった。「慰安会」は殆ど全て「大講堂」で行われており、レクリエーションの一環としての鑑賞会のようなものであった。「演芸」については落語や講談などの話芸であったと思われる。実にさまざまな種類の催しに対応した多目的施設であり、ここでは施設の「集会機能」と「娯楽機能」が混在していたことがわかる。この混在は日比谷でも起きていたことが新藤論文[37]でも明らかにされており、京城に限った状況ではないことがわかる。テレビというメディアの発達以前にはこのような空間自体がメディアの役割を果たし、媒体として人々とその生活を結び付けていた。

ところで、現代の公共ホールを評価する言葉として「多目的は無目的」という言葉があるが、当時の劇場運営に対しても多目的であることによって中途半端で利用しにくい建物に陥るのではないかという議論があった。1936年に本町（現明洞）に竣工した明治座は映画上映を主目的に建てられたにもかかわらず、舞台面が広くとられ、手回しの回り舞台が設置された。そのことに対して批判が起こり、劇場には専門性が必要であるという議論がなされ、府民館も引き合いに出されている。

　　F氏：今の京城の映画館の舞臺の大きさは、今のところ大劇場がありませんので、あはよくば自分の所（明治座）でやらうか、という気分で作つたのではないんでせうか。若し京城に専門の大劇場ができましたならば、映画館で劇を呼んだりするのは却つて不輕済になりますから、映画専門でやつたほうがよくないでせうか。唯、今の所は他によい劇場がないから仕様がありませんが…。
　　A氏：要するに過渡期ですね。何れ他に専門のよい劇場が出来るやうになれば、自然映画館は映画で獨立するやうになりませう。両方兼ねるこ

とは、結局無駄の出来ることだし、又機能上からいつても現に府民館がさうであるやうに色々なことをやつてをりますが、どれにもピッタリ合はないという中途ハンパなことになるのではないかと思はれます[38]。

　先述の通り府民館は音楽会をするには音響的に問題があり、芸術的表現を求めるには、中途半端な空間であったかもしれない。しかし当時、大観衆を集客したり、生活に根ざした大小の諸集会に場所を提供したり、時代のニーズに応えられる施設であった。多目的であることが公共的なのであり、専門性に走ってしまっては公共性を維持できないという考え方が、ここに反映されているのではなかろうか。

6. 府民館の公共性について

　最後に府民館を通じて当時の京城府民の文化施設の公共性に対する認識がどのようなものであったかを再度整理しながら考察したい。

　まず、第2節で確認したように、府民館の設置に至るまでの経緯が内地の事例と比較しても、非常に珍しいといえる。そもそもは公共事業である電気事業を民間企業が独占して、暴利を貪るのは甚だ遺憾であるというのが運動を推進する論理であった。運動の指導層は府会議員の一部と町洞総代(＝現町会長に相当)であったが、1,000人の会衆のうち「朝鮮人四割、内地人六割程度の割合」[39]であったということから、京城の日本人社会にとっても朝鮮人社会にとっても関心の高い出来事だった[40]。もちろんそこに参加していたのは朝鮮人の中でも都市の知識人やエリート層、また男性が中心であっただろうことは想像に難くない。その枠組みから排除される周辺部の人々がいたことは否めないながらも、一時的に日本人と朝鮮人の公的利害が一致し、大きな組織を動かす世論を形成したことは注目に値する。

　次に府民館の建築が京城の朝鮮人住民に対して威圧感を与えるものであったかどうかという点については、その後の歩みを見れば真実が見えるのではなかろうか。府民館は1930年代後半から1940年代前半にかけて、京城を代表する公共文化施設として多くの京城府民に利用された。1945年7月24日に府民館爆破事件(抗日テロ)が発生し、一時騒然となるが、その後8月15日に植民地解放をむかえ、事件はうやむやのうちに葬られた。このように最

末期の民族独立運動の舞台となったことが、府民館のその後のあり方を方向づけたように感じる。植民地解放以降、1949年まで米軍に接収されるが、紆余曲折の末1950年6月の朝鮮戦争勃発までの約半年間は国立劇場として使用された[41]。終戦後は1975年までは国会議事堂、1990年までは世宗文化会館分館として使用され、1991年3月から現在までソウル市議会の議会場として利用されている。日本統治期に建てられた敵産劇場ではあるが、韓国人たちにとって「自分たちのものである」という共有の意識がより強く残っていたからこそ、このように近代から現代にかけて、利用され続け、残されたのだろう。朝鮮総督府の建物は1995年には撤去されたが、支配の象徴であった建物に対しての憎悪の感情とは別なのではないだろうか。もしも一方的な権力の誇示と押しつけがあったのであれば、府民館は総督府と同じ運命を辿ったかもしれない。

　次に運営方法についてだが、貸館の方法は内地の引き移しとも見えるほど、類似した方法が採られている。会場を「貸す」という点については、日本人であろうと朝鮮人であろうと規則のうえでは差別は無かったと見て良いだろう（個々人の意識の中には存在していたとしても）。しかし会場使用の申請先が市長・府尹か警察かという点については、半島内の他の地域と大きく異なる部分である。警察権力によって規律化を図るという政治的意図が働いていたのは事実で植民地的な特殊事情によるものだ。朝鮮半島の要地としての京城の治安に京城府、もしくは朝鮮総督府が過敏になり、緊張関係にあった様子が窺える。

　最後に多目的な催事に利用されたということは、京城府民は映画や演劇などに特化した劇場に比べると、「生活」の中のより多くの局面で府民館を利用し、その中で行われる催しに触れる機会があったということだろう。生活に密着しているということは、本人たちが気付かないうちに公会堂というメディアから発せられる情報に、無意識に影響を受けているということである。最初は威圧的に見えた建物も、緊張関係にあった警察権力との確執も、儀式の度に演奏される「君が代」も、次第に慣れて生活の一部となってしまっていたのかもしれない。民衆の生の営みをも反映した施設であったともいえるし、大らかに緩やかに上から民衆を包摂していた施設であったともいえる。

7. おわりに

　上記の考察において公会堂の建築に至るまでの経緯や運営方法、催事内容の中にも「公的領域」の存在を見出すことができた。しかし公会堂の利用者として主体となる「京城府民」の姿は、日本人なのか、それとも朝鮮人なのか、漠然としていて未だ実態を掴みにくい。おそらく日本人と一部の朝鮮人知識人なのだろうが、今日提唱されている「市民的公共性」が主体とする自発的な市民と比較すると、植民地権力が合意を調達するために集めた人々という印象が拭えなくもない。しかし、朝鮮人演劇人たちの自発的な活動や、一部の朝鮮人住民による請願運動には主体性の萌芽を見つけることができそうな予感がある。それらは自分達の活動における極限られた範囲の私的な利害に関わることのためのバーゲニング（＝交渉活動）なのかもしれない。しかし、そのような私的領域の中で自らの労力、そして時間的、金銭的な側面を犠牲にしても、自分達の利益が、他の多くの人々のためにもなると信じ、尽くそうとする人々の出現こそが「公共性の発現」といえるのではないだろうか。

・注

[1] ソウル市議会ホームページでは竣工したのは「1934年12月10日」と誤記されている。
[2] 新藤浩伸「戦前期における公会堂の機能に関する考察―日比谷公会堂を対象に」『文化経済学』7（1）、pp.41－50、文化経済学会、2010年3月。及び「都市部における公会堂の設立経緯および事業内容に関する考察―大正～昭和初期を中心に」『日本社会教育学会紀要』(43)、pp.31－40、日本社会教育学会、2007年。
[3] 『韓国近代劇場変遷史』テハクサ、1998年。
[4] 「1930年代のソウル住民の文化受容に関する研究―'府民館'を中心に」『ソウル学研究 第15号』ソウル市立大学ソウル市学研究所、2000年9月。
[5] 「府民館を通じて見る日帝末期の音楽状況―1941年～1945年を中心に」『震壇学報』第80号、震壇学会、1995年。
[6] 『大東文化研究』第69集、成均館大学大東文化研究院、2010年3月。
[7] 尹海東（藤井たけし訳）「植民地意識の「グレーゾーン」―日帝下の「公共性」と規律権力」『現代思想』第31巻第6号、青土社、2002年、並木真人「「植民地公共性」と朝鮮社会―植民地期後半期を中心に」朴忠錫・渡辺浩編『「文明」「開化」「平和」―日本と韓国』日韓共同研究叢書16、慶應義塾大学出版会、2006年、pp.229－230。
[8] 当時の貨幣価値が現在の約2,000分の1であったと考えると、現在の金額にして約20億円。『京城彙報』にも『朝鮮と建築』にも、寄付が決まったのは1933（昭和8）年6月との記載があるが、『京城日報』の新聞記事を追うと、1932年6月であることがわかる。『京城彙報』は京城府発行の月刊誌で、1920年代初めから1944（昭和19）年までは確実に継続的に発行されていた。京城府の各種統計が掲載されており、京城府の公共事業を一覧しうる資料であり、具体的には「官幣大社朝鮮神宮参拝人員数調」「京城運動場入場者状況」「京城府民病院外来患者状況」「京城府公設市場売上状況」「京城府職業紹介所紹介状況」の外に、「府民館使用料金表」「府民館特殊器具使用料金表」「京城府民館使用状況」

などの各種統計が掲載されていた。

9 砂本文彦『図説ソウルの歴史―漢城・京城・ソウル 都市と建築の六〇〇年』河出書房新社、2009年のpp.85－87に一連の流れが詳述されている。

10 『京城日報』1932(昭和7)年6月22日。『京城日報』は京城で発行されていた日本語新聞で、併合以前の1906(明治39)年9月から終戦後の1945年10月までの約39年間ほぼ連続して発行されていた。朝鮮総督府の機関紙であるという点に留意しながら解読しなければならないが、当時の京城に暮らす日本人の生活に最も根ざした新聞と考えられる。

11 『東亜日報』は1920年に朝鮮人資本によって創刊された韓国の代表的な新聞である。1940年8月に一時廃刊に追い込まれるが、1945年12月に復刊し現在に至る。

12 1920年に設立された商工会議所の一部を公会堂として使用していた。場所は朝鮮ホテル(現ウェスティン朝鮮)の向かい側に位置していた。

13 1936年、京城府は周辺地域を合併し府域を拡大、人口は67万7千人余りとなった。

14 京城府『京城府勢一斑』昭和12年度版、p77の昭和11年末の統計「演藝及び活動写真館」。

15 土屋積「京城府民館の設計に就いて」朝鮮雑誌社『朝鮮及満洲』1935年7月号、p.65では京城で冷房を完備しているのは「貯蓄銀行と府民館を以て嚆矢とする」という記述がある。

16 「植民地期における公的空間の登場と公会堂」『大東文化研究』第69集、成均館大学大東文化研究院、2010年3月、p.298。

17 土屋積「京城府民館の設計に就いて」『朝鮮及満洲』朝鮮雑誌社、1935年7月号、p.63。『朝鮮及満洲』であるが、その前身である『朝鮮』も含めると、1908(明治41)年から1941年まで34年間発行。植民地期において最も長命な日本語の月刊総合雑誌である。釈尾春芿が編集・経営・主筆を担当し、中流以下の一般層から商工人・知識人などを読者として想定していた。内容は政治経済産業などのほか、文化・文芸に至るまで幅広い。

18 朝鮮建築会『朝鮮と建築』第15輯第3号(1936年)、pp.19－21。

19 『大阪朝日新聞 南鮮版』は1935年から1944年まで門司にあった大阪朝日新聞九州支社で編集・発行されていた外地版の新聞である。朝鮮版は南鮮・西北(のちに西鮮)・北鮮・中鮮版の4つに分かれており、このほか台湾・中国・満洲版も発行されていた。現在は1941年まで復刻版が刊行されている。

20 朝鮮社会事業研究会『朝鮮社会事業』第5巻第9号(1927(昭和2)年9月)。

21 東京都『日比谷公会堂その30年のあゆみ』1959年10月。

22 大阪教育委員会『大阪中央公会堂50年誌』1968年11月、p.31。

23 おそらく検閲済みのフィルムであることを示したものだろう。

24 大阪市民生局『中央公会堂三十五年の歩み』1954年、p.46。

25 朝鮮社会事業研究会『朝鮮社会事業』第6巻第1号、1928(昭和3)年。

26 仁川府、木浦府の最高責任者。市長にあたる。

27 1936年度は51,636円43銭、1937年度は41,110円53銭、1938年度は36,956円11銭である。大阪市民生局『中央公会堂三十五年の歩み』1954年、p.41。会場使用料と器具使用料を合算した。1939(昭和14)年～1943(昭和18)年は資料がない。

28 また使用回数は1936年度は1,830回、1937年度は1,399回、1938年度は1,178回である。大阪市民生局『中央公会堂三十五年の歩み』1954年、p.41。1939(昭和14)年～1943(昭和18)年は資料がない。

29 中央舞台、花廊苑、現代劇場は劇団名である。

30 京城日報社『朝鮮年鑑』1935年、1936年、1938年。

31 日本の創作舞踊の第一人者であった石井漠(1886年生、1962年没)は1926(大正15)年に京城で初めて公演を行った。その公演に深く感銘を受けた崔承喜は東京の漠の舞踊研究所に入門し、朝鮮を代表するダンサーとなった。その師匠とあって石井漠は1930年代には京城で不動の人気を博していた。その後も彼はモダンダンスのカリスマとして韓国人からも崇拝され、モダンダンスの「家元」制度が植民地にも作られる契機となったことは、今後の研究にとって重要なポイントとなる。

32 『朝鮮中央日報』1936(昭和11)年3月7日。

33 『毎日申報』1938(昭和13)年11月11日、『東亜日報』1938(昭和13)年12月11日。

34 「劇団宝塚ショー来演 十七日から五日間昼夜公演」『東亜日報』1940(昭和15)年4月14日。
35 京城府『京城彙報』1937(昭和12)年2月号～1939(昭和14)年12月号までの「京城府府民館使用状況」より。
36 「東部京城を改善しよう 昨日府民館で住民代表80名が諸施設の陳情を決議」『毎日申報』1939(昭和14)年1月19日。
37 新藤浩伸「戦前期における公会堂の機能に関する考察—日比谷公会堂を対象に」『文化経済学』7(1)、p.46。
38 「映画館に就いての座談会」朝鮮建築会『朝鮮と建築』第15輯12号、1936(昭和11)年、p.12。
39 「京城府民は電気瓦斯府営の烽火を挙げた」『朝鮮及満洲』285号、1931(昭和6)年。
40 「7日夜公会堂で電気問題府民大会 府営達成のための期成会が府民の結束を促す」『京城日報』、1931(昭和6)年12月6日、「電気公営運動の炬火、京城府民大會開催、電気瓦斯府営の絶好時期 明夜 長谷川町公會堂で、ビラ数万枚撒布」『東亜日報』、1931(昭和7)年12月7日。
41 朝鮮戦争中、国立劇場は大邱に移され(旧大邱公会堂を利用)、戦後は戦前に「明治座」として使われていた劇場(現明洞芸術劇場)を国立劇場として使用していた。

・参考文献

柳敏榮『韓国近代劇場変遷史』テハクサ、1998年
金珊然「1930年代のソウル住民の文化受容に関する研究—'府民館'を中心に」『ソウル学研究 第15号』ソウル市立大学ソウル市学研究所、2000年9月
宗芳松「府民館を通じて見る日帝末期の音楽状況—1941年～1945年を中心に」『震壇学報』第80号、震壇学会、1995年
黄秉周『大東文化研究』第69集、成均館大学大東文化研究院、2010年
尹海東(藤井たけし訳)「植民地意識の「グレーゾーン」—日帝下の「公共性」と規律権力」『現代思想』第31巻第6号、青土社、2002年
白川豊『植民地期朝鮮の作家と日本』大学教育出版、1995年
新藤浩伸「都市部における公会堂の設立経緯および事業内容に関する考察—大正～昭和初期を中心に」『日本社会教育学会紀要』(43)、pp.31-40、日本社会教育学会、2007年
新藤浩伸「戦前期における公会堂の機能に関する考察—日比谷公会堂を対象に」『文化経済学』7(1)、pp.41-50、文化経済学会、2010年3月
砂本文彦『図説ソウルの歴史—漢城・京城・ソウル 都市と建築の六〇〇年』河出書房新社、2009年
並木真人「「植民地公共性」と朝鮮社会—植民地期後半期を中心に」朴忠錫・渡辺浩編『「文明」「開化」「平和」—日本と韓国』日韓共同研究叢書16 慶應義塾大学出版会、pp.229-230、2006年

第10章
フランスにおける文化施設の公共性

近藤 のぞみ

1. はじめに

　フランスは文化大国である。芸術・文化に関する政策を司る文化・コミュニケーション省（以下、文化省）は国家予算の1％に迫る予算を持ち、フランス内での優れた芸術文化の創造と普及を担当している。その他にも、積極的な文化外交を展開する外務省、社会教育の面から文化振興の一翼を担う国民教育省なども、文化に関わる施策を行っている。だが、フランスが文化大国だといわれるのは国による支援が手厚いからだけではなく、インターナショナル、ナショナル、ローカルなレベルで、実に多層的に文化環境が形成されているからである。

　フランスの舞台芸術創造・上演の場として、もっともよく知られているのは、パリ・オペラ座やコメディ・フランセーズなどの大型のオペラ座や国立劇場である。ほぼ毎日専属芸術集団による公演が行われ、世界の頂点を極めた質と規模は、世界中から訪れる者を感嘆させる。また国立ではなくともシャトレ劇場やシャンゼリゼ劇場などは、世界中の最高峰の舞台芸術を上演している。地方には演劇センター、振付センターや「文化の家」があり、ナショナルレベルの舞台芸術の創造や公演を行っている。また、もっと小規模な劇場では地元の劇団が公演やワークショップを行い、文化センターではさまざまな文化講座やレッスン、子ども向けの公演が行われている。さらには屋内・野外のフェスティバルも多数行われ、気候のよい春先から夏にかけては町のあちこちで音楽やパフォーマンスが繰り広げられる。

本章では、このような文化大国フランスにおいて、どのように文化の公共性が考えられ、どのような仕組みで多層的な文化環境がつくられ、維持されているのかを、文化施設に的を絞って考察したい。まず、主に文化省から助成されている文化施設の種類・内容を概観したうえで、フランスの一地方都市アミアンの文化環境について紹介しながら、フランスにおける文化の公共性を考察する。

2. 文化省から文化施設への助成
―契約による期限付き助成とカテゴリーわけ

　フランスではどのように文化の公共性が考えられているのだろうか。答えは明快である。芸術・文化は人類の財産であり、共有すべきものであると文化省（当時は文化問題省）は定義し、その設立目的にこう明記した。「文化問題省は人類の、まずはフランスの主要な作品を、できる限り多くのフランス人がアクセスできるようにし、我々の文化財産にできる限り幅広い関心を確保し、そして文化財産を豊かにする芸術と精神の作品の創造を推進することを使命とする」（1959年7月24日の文化省設立に関する政令）。つまり、芸術文化は人々によって共有されるべきものであり、そのような芸術文化を創造し、人々の芸術文化へのアクセスを保証することを、文化省の第一目的とした。

　この目的を果たすために、文化省はさまざまな施策をとる。フランスの文化助成の特徴は、文化省と該当施設・団体とが直接交渉をして取り交わす契約制度にある。地方歌劇場や国立舞台、振付センターなどを対象とする目標協定（convention d'objectifs）と、演劇センターを対象とする分権契約（contrat de décentralisation）などがあり、そこには複数年度にわたる具体的な目標や該当団体の活動が明記され、それと引き換えに助成金が与えられる。

　以下、国が関与する舞台芸術に関する文化施設をカテゴリー別に見ていこう[1]。

A：国立文化施設（établissements publics nationaux）

　今日のフランス文化省の文化関連予算は約27.86億ユーロ[2]で、このうち7.62億ユーロが芸術文化の創造活動に充てられる[3]。さらにこのうちの約85％にあたる6.40億ユーロが舞台芸術文化に関する予算として割り当てられる。そのうちの46％が国立文化施設に、54％がその他の公共文化機関へと配分さ

れる[4]。その他の公共文化機関とは後ほど取り上げる演劇センターや国立舞台などで、その約85％は地方に存在し、文化省の地方出先機関であるDRAC (direction régionale des affaires culturelles) を通して助成金が交付されることが多い。

　国立文化施設とは文化省が直接管轄する文化施設を指す。舞台芸術に関するものとして、演劇分野では、コメディ・フランセーズ、オデオン座、ストラスブール国立劇場、コリーヌ劇場、シャイヨー劇場、そして2005年からオペラ・コミック座が国立劇場となった。これらはストラスブール国立劇場を除いてパリにあり、それぞれが独自の使命をもっている。コメディ・フランセーズはフランス演劇の、オデオン座はヨーロッパで制作された作品の、ストラスブール国立劇場は演劇高等学校を併設し俳優養成の、コリーヌ劇場は現代作品の、シャイヨー劇場はダンス公演の、そしてオペラ・コミック座はオペレッタの保存・制作・発展・普及を、それぞれ担っている。音楽・ダンス分野に関しては、パリ・オペラ座、国立ダンスセンター、音楽博物館シテ・ドゥ・ラ・ミュージック、そしてラ・ヴィレットにある文化施設と音楽ホールグラン・ダールの4つが、国立文化施設である。これらの国立文化施設は、商工業的性格の公設法人EPIC (établissement public à caractère industriel et commercial) として運営される[5]。

　上記した国立文化施設以外にも、「国立 (national)」という名称をもった文化施設がある。例えば、地方にある国立演劇センターや国立歌劇場などである。これらは国によって設立され、国によって管理運営されているという意味での国立 (national) ではなく、文化省との活動内容と助成金に関する契約の下、国から「国立」という名称を使うことを認定された文化施設・文化機関である。

B：国立演劇センター (centres dramatiques nationaux／CDN)、地方演劇センター (centres dramatiques régionaux／CDR)

　演劇センターは、第2次世界大戦後しかし文化省の設立前から、演劇の発展およびパリと地方の文化的不平等の是正という文脈の中で、国の主導によって地方都市に設置された演劇の創造と普及を担う機関である。2006年時点で39ヶ所 (32の国立演劇センター、7の地方演劇センター) 存在する。これらは通常、有限会社や株式会社など独立した商業法人格を持つが、関連する

法律に基づいて[6]文化省によって選ばれた演劇人がディレクター(経営者)として任命される。ディレクターは演劇の制作と社会的ミッションに関して、文化省と3年間の契約「演劇の分散化に関する契約(contrats de décentralisation dramatique)」を結ぶ。契約は2回まで更新が可能である。その際、以下の事項に関しての義務が明記される。

・制作：少なくとも年2つの新作を発表すること。
・役者の雇用：可能であれば最低6ヶ月雇用すること。また、被雇用者全体の3分の1は役者であること。
・地域活動：所在地域での最低公演回数は契約時に決められる(通常、契約期間中全体で240回まで)。
・受入れ：最低でも1シーズン5作品の他劇団または国立舞台による作品を受入れること。
・演劇アトリエ：学校、大学、市民を対象として行うこと。
・雇用に関する注意：芸術家、技術者、事務担当者ともプロパー(正規に雇用された専門家)であることが望ましい。
・運営原則：事務や技術に関する費用は予算の50％を超えてはならない。チケット収入などの自己収入は最低20％を満たすこと。関係する義務・法律を遵守すること。

C：**地方歌劇場**(théâtres lyriques en région)

1996年から地方歌劇場の認識を高めるため文化省が始めた政策により、「国立歌劇場」という名称が、一定の基準を満たす歌劇場に期限付き契約によって与えられるようになった。リヨン歌劇場が1996年に、ストラスブール歌劇場が1997年に、ボルドー歌劇場が2001年に、モンペリエ歌劇場が2002年に、そしてナンシー＝ロレーヌ歌劇場が2006年にそれぞれこの名称を与えられた。このように「国立」という名称認定をされているところが2007年時点で5つ、されていないところが8つあり、13の地域歌劇場が助成を受けている。

国によって支援される地域の歌劇場のもつ使命は、レパートリーの上演とコンテンポラリー作品の制作である。これらの地域歌劇場と国との関係は実に多様で、リヨン歌劇場のように地域の威信をかけたものや、マルセイユ歌劇場のように市の文化政策によってつくられ、国との関係は二次的にすぎないものもある。組織の法人格もさまざまで、多くは市の直営や組合形態をと

るが、私法に基づく企業体であるリヨン・オペラ座やモンペリエ歌劇場のほか、文化協力公設法人EPCC（établissements publics de coopération culturelle）[7]であるルーアン＝ノルマンディ歌劇場などがある。

　国とこれらの歌劇場の責任元である地方公共団体との間にとりかわされた5年間の協約の中で次の事柄を守ることが要求される。

・制作：卓越した質、新作の最低制作数、バロックからコンテンポラリーまでのバランスよいプログラム。
・職業に関する目標：正規雇用芸術家集団の維持、若い芸術家の登用。
・地域に関する目標：地域からの発信。拠点歌劇場以外での公演最低数。
・社会活動：新しい観客の開発。文化アクションの実施。

D：国立振付センター（centres chorégraphiques nationaux／CCN）

　国立振付センターは全国に19ヶ所あり、関連する公文書に基づいて[8]、舞踊及び地方の文化機関の発展を目的に国の主導によって設置された。舞踊制作の他、例えば独立カンパニーへの制作支援、教育現場での活動、プロフェッショナルの養成などを担う。エクサンプロヴァンスとアンジェを除いて、通常振付センターは稽古場であり、出来上がった作品を他の文化施設に買ってもらう。運営は多くの場合関連自治体・団体による連合形態をとる。ディレクターは舞踊家で、文化省による選出のあと、非営利協会の運営委員会によって任命される。任期は3年で、以下の目標を明記した協定を結ぶ。

・制作と公演：3年で2作品以上の新作。
・地域での公演活動回数：公演設備による。
・独立カンパニーへの支援：「受入れスタジオ」として舞台裏方技術協力や共同制作支援。
・学校教育現場での活動：該当地域の学校との協働。
・アマチュアやプロのダンサーを対象とした活動：該当地域の公共施設との協働。
・財源等：舞踊関係者、一般に公開すること。

E：国立音楽創造センター（centres nationaux de création musicale／CNCM）

　国立音楽創造センター（CNCM）は、関連する公文書に基づいて（2005年10月11日の国立音楽創造センター設置に関する仕様書）、2007年時点で全国に7ヶ所あり、関連する自治体・団体との連合により運営される。1人または

複数の作曲家をディレクターに迎え、音楽制作と新作公演の他、コンテンポラリー作品の普及、教育活動、音楽情報研究などの使命を担う。設備として録音スタジオ、ミキサー室、講義室をもつ。マルセイユのセンターでは、作品を公開するための約50席のスタジオがある。ディレクターは志願者の中から文化省による選出のあと、運営委員会によって任命される。任期は例外を除き3年。明記されている目標として以下のものがあげられる。

・制作支援：作曲家の長期レジデンス（平均4人／年）、制作アシスタントの短期受け入れ、作品の委託、音楽技術アシスタントの勤務。

・公演制作と上演：シーズンコンサート、公開リハーサル、ミニコンサート、フェスティバル。

・教育普及活動：地域の学校や公共施設との協働。

・研究：作曲家レジデンスにあわせて作曲や演奏補助ツールの開発。

F：国立舞台（scènes nationales）

かつての「文化の家」（1960年代に建設）、文化活動センター（1970年代に建設）と文化発展センター（1980年代に建設）が、1992年に「国立舞台」という名称に統一され、ネットワーク化された。国立舞台は2006年時点で70施設にのぼり、その使命を「(1)現代のさまざまな芸術文化の、ナショナルレベルでの制作をすること、(2)現代作品の制作を特に重点的に扱いつつ、芸術様式を普及また対峙させること、(3)芸術創作とその社会的受入れという視点から、地域の文化的発展アクションに参加すること」[9]とする。

例外を除いて（有限会社が1つ、混合経済会社SEMと呼ばれる第三セクター方式が2つ、EPCCが3つ）ほとんどの場合、1901年法に基づく非営利協会運営の形式をとっている。国立舞台という名称は、文化省から芸術と文化に関するプロジェクトの協約をしている間授与される。この目標契約書（contrat d'objectifs）は、DRACとDMDTS（direction de la musique, de la danse, du théâtre et des spectacles：文化省の中にある一部署）の監督対象となる。運営委員会とDRACによって、毎年シーズン末に評価査定が行われる。目標契約の最終年では、DMDTSによる評価がDRACと一緒に行われ、期待された目標が達成できたかどうかの結果が審査される。契約の主たる内容は以下の通りである。

・公演：映画から現代アートまで、複数ジャンルにまたがる質の高い公演

の実施。
・制作：アーティスト・イン・レジデンス、共同制作、その他。
・文化アクション：観客開発、社会教育機関や非営利協会とのパートナーシップなど。

G：**協定舞台**(scènes conventionnées)

協定舞台とは、関連する公文書に基づいて[10]、国が劇場・文化センターなどの公演・制作施設での芸術文化プロジェクトの一部を支援したり、奨励したりするものだ。その目的は、一般市民に提供される芸術文化の多様性、現代作品の創造や観客開発を奨励することにある。助成は文化省から行われ、具体的なアクションプログラムの形式をとる。よってその機関への運営助成ではなく、3年間の事業助成である。2007年時点でダンス・演劇・音楽から青少年プロジェクトまで107が該当する。1つの施設で複数の協定を結ぶこともある。

協定舞台となるには、一定以上のクオリティをもっている必要がある。例えば、質の高いプログラム、その芸術分野での知名度、地域での活動、一般市民による参加、経営の職業専門性、芸術的方向選択の独立性などが重要である。協定舞台のほとんどは1901年法に基づく非営利協会の形態をとっているが、ごくまれに市直営のこともある。

協定舞台は対象となる芸術文化プロジェクトの目標を明確にした協約によって結ばれる。この協約は国と該当する舞台施設との間で取り交わされると同時に、その施設全体の維持・管理・運営と該当プロジェクトを保証する地方自治体もまた署名する。DRACによる監督とDMDTSを加えた評価査定が行われる。

H：**ポピュラー音楽舞台**(scènes de musique actuelle／SMAC)

1980年代初頭から文化省がポピュラー音楽への助成に取り組み始め、1991年にはカフェミュージックというプログラムが始まった。これは芸術的というより、町のイメージアップなどの社会的な思惑から、これまで市場に任せきりだった公演活動や音楽活動への助成をするものであった。1996年にカフェミュージック・プログラムは廃止され、1998年にこのポピュラー音楽舞台(SMAC)がロック、ポップス、ジャズなどの音楽を対象にして始まった[11]。SMACはポピュラー音楽の普及、練習、育成、創造、文化的アクションを行

表1　A～H文化施設の公的助成金出資割合（％）2006年度

	文化省	地域圏	県議会	市町村	（合計）	収入比公的助成金割合
演劇センター	57	9	7	27	100	71%
地域歌劇場	15	9	3	73	100	84%
振付センター	48	19	5	28	100	69%
音楽創造センター	62	15	8	15	100	71%
国立舞台	32	9	12	47	100	77%
協定舞台	13	11	14	62	100	（データなし）
ポピュラー音楽舞台	21	15	11	53	100	（データなし）

（出典：Bureau de l'observation du spectacle vivant（2008）より近藤作成）

う。関係する自治体・団体の連合で運営されることが多いが、法人格としては独立した法人、直営、EPCCなど多岐にわたる。2006年時点で140ヶ所にのぼる。

　以上、文化省から文化施設への助成を中心に概観した（表1に2006年度の上記文化施設の助成金割合の平均を示す）が、その他にも各種フェスティバルや、演劇・ダンス・声楽・大道芸・人形劇などのカンパニー、オーケストラなどの芸術文化団体への助成も多く行っている。また、施設の改修工事、もっと小さな規模の地域文化団体への支援を目的とした助成も、地方自治体を通して行われている。

　ここで、フランスで考えられている文化施設の公共性の特徴について考えてみよう。本書1部1章で、日本では(1)施設設置者あるいは運営者の属性、(2)住民参画による運営形態、(3)議論する聴衆、(4)施設で行われる活動の質、(5)芸術のもつ外部性の5つの観点から、文化施設の公共性が考えられていることを述べた。しかし、先述したように、フランスでは文化省の設置目的が、文化は共有されるべきものという考え方に基づいており、そういう意味で、芸術文化作品そのものが公共性を帯びたものとして捉えられている。そして、人類の共通財産である芸術文化を創造するためには、専門家の育成と配置が必要であり、人々はそれを鑑賞活動や芸術文化活動によって共有し、また教育によって文化を継承するのである。これがフランスにおける文化の公共性といえるだろう。

　それでは次に、人類の共通財産である芸術文化を共有するために、もっと身近なレベルでどのような政策が行われているのかを、アミアン市を例に紹介する。

3. アミアンの芸術文化ネットワーク
3-1. アミアンの文化環境

　フランス文化省による手厚い文化政策は、文化大国の一翼を担っている。しかし実際には、文化に費やされる支出全体の約半分は地方自治体から拠出されており、その大部分を一番小さな自治体単位であるコミューン（市町村）が賄っている。文化省による支出は、文化に関わる支出全体の28％でしかない[12]。また一般市民にとっては、むしろ自分たちの身の回りで、何がどのように提供されるのかという地元の文化環境の方が大切である。そこで、次はもっと身近な文化環境として、アミアン市を例に取りながら、文化施設の公共性について考えたい。

　アミアン市はパリから120kmほど北に行ったところにある、人口およそ13万の中規模都市で、ソンム県の県庁所在地であり、またピカルディ地方（地域圏）の中心都市でもある。フランスの文化政策史の中では、1960年代に文化大臣マルローによって実現された「文化の家」建設プロジェクトに参加し、「文化の家」として設計・建設されたものでは最初の「文化の家」が存在する町として知られている。確かにパリやリヨンといった大都市と比べて、人口十数万のアミアン市は小さく、地味である。しかし、フランスの都市の多くは人口十万から三十万からなり、アミアン市も平均的な中規模都市である。フランスにおける地方都市の文化政策を調査するのに、アミアンは格好の町だといえるだろう。

　アミアンの文化政策はアミアン市単独で行われているのではなく、アミアン・メトロポールと呼ばれる広域行政（アグロメラシオン）が基本単位となっている。アグロメラシオンは1999年に整備された広域行政の制度（EPCI= établissement public de coopération intercommunale）の１つで、人口１万５千人以上の町を中心に、その周辺の町々と合わせて人口５万人以上の地域をアグロメラシオンとして申請すると、いくつかの分野での権限が委譲されるというものである。もともとアミアン市は、この制度ができる前から周辺の町と広域行政を試みており、それが制度改革によってアグロメラシオンという形で落ち着いたと見ることができる。現在アミアン・メトロポールはアミアン市を中心にした27のコミューンによって構成されており、対象となる総人口は約18万人となる。

アグロメラシオンに認められる権限の中に、文化・スポーツに関する施策も含まれており、これを根拠にアミアン・メトロポールは文化政策を行っている。ただし、芸術文化施設のほとんどはアミアン市に集中し、人口もアミアン市が際立って多いため、アミアン・メトロポールの文化政策はアミアン市のそれといっても過言ではない。

　アミアン・メトロポールの文化政策には4つの柱がある。1つ目は芸術文化の公演制作活動であり、優れた芸術文化鑑賞の機会を市民に提供することを目的とする。2つ目の柱は育成活動であり、国立地方音楽院（コンセルヴァトワール）や市立音楽教室、演劇アトリエなどが対象となり、プロ、セミプロ、アマチュアの育成を目的とする。3つ目の柱はプロフェッショナルレベルの芸術文化団体への創造活動支援である。美術作品の公共注文やアーティスト・イン・レジデンスなどもここに含まれる。最後4つ目の柱は普及事業で、各地区にある文化センターでの芸術・文化プログラムが主に対象になる。主に幼児・青少年向けの文化講座や、地元のプロ、セミプロによる作品上演を行っている。まさしく子ども連れでも気軽に来られる、レッスンから芸術鑑賞まで提供する複合文化施設である。

　このようにアミアン市にはさまざまな芸術文化施設がある。舞台芸術については主だったものとして、国立舞台の1つである「文化の家」、国立地方音楽院と併設されているアンリ・デュティユー・ホール、ポピュラー・ミュージックのライブを企画するラ・リュン・デ・ピラット、常設劇団をもつコメディ・ドゥ・ラ・ピカルディ、地元劇団が拠点として共同で使っているメゾン・ドゥ・テアトル、人形劇専門のメゾン・ドゥ・マリオネット、数千人の収容が可能なゼニット（Zénith）、そして市内すべての地区に配置された5つの文化センターが挙げられるだろう。

　これらの芸術文化施設の中で、先述した文化省との直接契約による主だった支援を受けているのは、「文化の家」（国立舞台）と、コメディ・ドゥ・ラ・ピカルディ（協定舞台）、国立地方音楽院である。国立地方音楽院は音楽家養成機関として国家資格を持った音楽教師が授業をし、国の音楽家育成政策に組み込まれるが、財源の大部分は地方自治体が拠出している。国立と名前がつくが、国による運営という意味での国立の施設ではないのは他の文化施設と同じである。また、併設されている音楽ホールに関しては別に非営利協会

が運営に関わっている。

　それ以外の文化施設についても文化省の地方出先機関であるDRACや県議会、地域県議会から助成を受けている場合もあるが、大部分はアミアン・メトロポールが、財政面や人材・情報交流面でさまざまな支援をしている。財源に関して特徴的なのは、1つの文化施設が複数の自治体から助成を受けていることである。例えばアミアン「文化の家」は、アミアン・メトロポールからの助成をはじめとして（助成全体の半分以上を占める）、文化省（DRAC）、地域圏議会、県議会から助成を受けている。

　日本と大きく違う点は、これらの文化施設では規定の料金を支払えば誰でも施設が使えるというような貸し館制度がほとんど採られないことだ。各地区に設置された文化センターであっても、ディレクターが年間プログラムを決める。たとえ音楽教室の発表会であっても、ディレクターの決定をとり、館の催物として告知される。逆に、いくら大所帯で歴史があっても、地元アマチュア吹奏楽団がアミアン「文化の家」の舞台で自主公演をすることはない。アミアン「文化の家」は、ナショナル、インターナショナルなレベルの催物を提供する劇場であるからだ。ただし別の方法での連携はありうる。

　同様に演劇の場合でも、アミアン「文化の家」で行われるのは、他の地方の演劇センターで創作された演劇や世界を巡回公演しているヨーロッパの劇団であり、またコメディ・ドゥ・ラ・ピカルディは座付き劇場なので、他の劇団が入ることはほとんどない。一方、地元劇団が拠点として使用するのはメゾン・ドゥ・テアトル、演劇ワークショップやレッスンの成果を発表する公演はメゾン・ドゥ・テアトルか各文化センター、子どもを対象にした内容なら各文化センターと、明文化されているわけではないが、それぞれ棲み分けが行われている。

　各文化施設の催物案内は年度始め、または3〜4ヶ月おきに、小冊子で配られる。各文化センターではどのようなレッスン・プログラムがあり、どのような公演催物があり、どのような活動をしているのかが一目でわかる。このように、文化施設はそれぞれに個性と地域的役割をもったものとして存在している。

3-2. アミアンの音楽ネットワーク

次に、アミアンにおける音楽分野のネットワークについて紹介しよう。筆者は2007年にアミアンの文化環境について調査を行った。調査・分析の対象としたのはアミアン・メトロポールで音楽活動を行う主だった非営利協会14団体で[13]、クラシックからロック、ポップス、アートマネジメントまで活動ジャンルはさまざまである。14団体は全てアミアン・メトロポールが毎年発行している非営利団体リスト冊子に掲載されている音楽団体である。調査は郵送で行われ、どのようなアクターとどのようなつながりを持っているか選択式で回答してもらった[14]。得られた結果は、アミアンの文化ネットワークのあり方を示していて興味深いものだった。特徴をいくつか紹介したい。

　1つ目の特徴は、アミアン・メトロポールの中心性である。回答したほとんど全ての団体がアミアン・メトロポールと何らかの関係があるとした。その大部分が資金面であったが、他にも企画・制作面、人材面での関係があると回答した団体も少なくない。

　2つ目の特徴は、資金面に関して、政治アクターとのつながりの強さである。アミアン・メトロポールの他に、県議会、地域圏議会、DRACからの支援をあげた団体がそれぞれ半数以上あった。調査を行った全ての団体が、何らかの政治アクターと、資金面についてのつながりを示しており、地元文化団体の活動が多かれ少なかれ助成金によって支えられていることを読み取ることができるだろう。

　3つ目の特徴は、各地区に配置された文化センターやアミアン「文化の家」とのつながりである。文化センターは各地区に配置されているとはいえ、設備も運営団体もプログラムもそれぞれである。文化センターの中で特に多かったのはサフランという名前の施設で、ここは市が直接運営している。220席の小ホールと多目的ホール、さらにいくつかの「部屋」を持っている。「部屋」は市内の文化団体に貸し出され、借り手である文化団体はそこに事務所を構えながら、自分たちの活動・プロジェクトを実現していく。サフランの職員は劇場で行われる公演を含んだ、年間プログラムの企画・制作、サフランで行われている活動を紹介する情報誌の作成（数ヶ月ごとに発行）、事務所管理等を手がける。

同じく文化センターであるCSCエトゥーヴィの場合、運営は直営ではなく非営利協会であり、劇場も、他の文化団体が事務所として構える部屋も持っていない。しかし地元の文化団体と連携をとりながら、文化プログラムを地元に提供している点ではサフランと同じである。実際文化センターの全てが、自身の運営形態は直営であったり非営利協会であったりする違いはあるが、その活動内容はすべて、地元の文化団体と連携しながら、文化プログラムを地元に提供という点で一致している。文化センターの中でさまざまな文化プログラムが行われている点では日本の公民館やカルチャーセンターを思わせるが、場所貸しではなく、ディレクターによって承認され、その文化センターのプログラムとして提供される点は日本とは異なるだろう。

最後4つ目の特徴として、音楽団体間のつながりについて述べたい。もっともつながりが多かったのはASSECARMで、これはピカルディ地方での音楽・ダンス活性化を目的に、DRACの主導で設立された団体である。具体的には、アミアン中心地にある自身の小さなスタジオでコンサートを開くほか、アマチュアや学生を対象に教育・育成プログラムを大学や地元音楽団体・音楽家と提携して行ったり、助成金を支給したりしている。次につながりが多かったのは、国立地方音楽院と室内楽ホールが合わさったMUSICAAであるASSECARMとMUSICAAの2団体は、いってみれば公設の音楽機関であり、自身の施設の運営と同時に地元の音楽文化の振興という使命を持っている。

4. まとめ

「公共」という概念を、「広く一般に開かれた」という意味で捉えるなら、優れた芸術文化を広くフランス人に知らしめ分かち合い、またそのような芸術文化を生み出すことを文化省の設立目的に明示したフランスでは、芸術文化そのものに公共性を認め、文化施設はそのような芸術文化活動(鑑賞を含む)を提供する場として捉えられている。そのためさまざまな文化施設が、時代の変遷とともに国の関与の度合いや対象となるジャンルを変えながら、地方分散化されてきた。

現在フランスでは、主要な芸術文化施設の助成は、国と該当文化施設とで直接契約書を交わして行われる。場合によっては、該当文化施設の受入れ自治体も契約書にサインし、その文化施設の運営を担保する。このような複数

の公共団体からの資金調達は、文化施設の運営が自己収入だけの独立採算では成り立たないことを前提としている。

　公的資金が投入されるから、芸術文化や文化施設に公共性が付与されるのではなく、芸術文化そのものに公共性があるからこそ、それを共有するための文化事業は公的サービスと考えられ、公的資金の投入が合理化される。

　このような考え方は国や地方自治体だけでなく個人のレベルでもまた、共有され、芸術文化は皆で分かち合うべきもので、全ての人々が芸術文化活動を楽しむ権利があると考えられている。ゆえに芸術文化施設は公共性のある芸術文化を創造し、広く一般に共有しあうという社会的使命を持つ。それを達成するためにはディレクター制度による専門化・個性化を図り、質の高い芸術文化活動を行い、多様なアクターとのネットワーク関係を築くことが必要となる。

　効果的なネットワークは自然発生的にできるものではなく、ネットワークの核となるアクターがいる。アミアンの音楽ネットワーク調査で明らかになったのは、公共文化施設がネットワークの中心にいるということだ。特にアミアン「文化の家」や社会文化センター、国立地方音楽院などである。このように公共文化施設は、芸術文化を創造し鑑賞する機会の提供だけでなく、社会的に開かれたネットワークの構築をも、その役割として担っているといえるだろう。

・注

[1] Bureau de l'observation du spectacle vivant, *Les principaux réseaux et programmes financés par le ministère de la culture*, Repères DMDTS N° 3, février 2008.

[2] 1ユーロ＝115円で換算(以下同様)すると、27.86億ユーロ＝約3,200億円。2009年度人件費込み、補正予算抜き、研究予算抜き、Ministère de la Culture et de la Communication, *Budget2009*, 26 septembre 2008, p.3.

[3] 7.62億ユーロ＝約876億円。人件費抜き、補正予算抜き。同条件で全体の32.5％を占める。同様に文化財に充てられるのは42.4％、芸術文化教育(アーティストの育成を含む)に充てられるのは19.8％、研究予算に充てられるのは5.3％である。

[4] 6.40億ユーロ＝約736億円。*ibid*, p.35.

[5] 公設法人établissement publicは他に公施設法人、公共施設法人などとも訳され、文化施設に限らず、国または地方自治体の管轄下で公共サービスを担う組織に与えられる法人格。人事管理や会計上公法が適用される行政的性格のもの(EPA＝établissement public à caractère administratif)と私法が適用される商工業的性格のもの(EPIC)とがある。

[6] 演劇の地方分散化に関する政令(1972年10月2日No.72-904)および演劇の地方分散化の契約タイプに関する法令(1995年2月23日)。

[7] 2002年にできた文化施設・団体を対象にした法人格。以前は公設法人は国立の文化施設を指し、そ

の他の文化施設は非営利協会や有限会社、地方自治体による直営などで運営されていた。しかし広域行政制度が広まったことと、個人の自由意志に基づく結社であるはずの非営利協会が公的サービスを担うために、行政主導で設立、運営されることへの批判・限界から、EPCCが作られた。国（参加しない場合もある）と複数の地方自治体（広域行政組織）が一緒に組織を立ち上げることが可能で、商業的性格のEPCCであれば、これまでは地方自治法により禁止されていた自治体からの助成金の獲得ができ、さらにこれまでの非営利協会での運営方式のメリットであった、人事任命権を含んだディレクター制度を採用することができる。今まで非営利協会の法人格で運営されてきた文化施設は、行政からの独立性の曖昧さが指摘されてきたが、これにより非営利協会からEPCCへの移行が期待されている。長嶋（2010）参照。

8　1982年4月26日地方での舞踊の創造、普及、発展に関する施策に関する文化省からの声明、また1997年12月4日国立振付センターでの受入れスタジオ、制作支援、レジデンス等に関する文化省からDRAC所長に宛てた通達。

9　Bureau de l'observation du spectacle vivant, *op.cit*, p.14.

10　1999年5月5日の文化省からの舞台芸術政策に関する通達。

11　1998年8月18日の通達。

12　文化に関する支出のうち52％を文化・コミュニケーション省（28％）と他省庁（24％）が負担し、残り48％のうち39％がコミューン、7％が県、2％が地方圏からの出資となっている（2006年）。クサビエ・グレフ（2007）p.38参照。

13　アンケートにご協力いただいた団体の紹介：(1)トゥルネ・ジェネラル：ピカルディ地方の、主にポップスのアーティストをプロデュースしている団体。(2)シテ・カルテ：ポピュラー音楽、特にポップス、ロック、ラップに関して、アマチュアを対象にした音楽教室や機材やスタジオの貸出しなどを行っている。他に地元グループのコンサートも手がける。拠点を市直営の文化センター内に構える。(3)ピカルディ大学コーラス：アマチュアと学生で構成される大学コーラス団体。(4)エクレツティクモン・ヴォートル：アミアンとパリのコンセルヴァトワール出身である音楽家が集まって結成された音楽団体。ポップス、即興、フェスティバルや街角での演奏など、多彩な活動を繰り広げている。(5)フランソワ・チュイレリ：アミアン在住のプロフェッショナルの金管奏者が中心になってつくられた非営利協会。主な活動ジャンルは吹奏楽とジャズ音楽。(6)ラ・リュン・デ・ピラット：ポピュラー音楽専用の小さなライブ会場をもち、主にピカルディ地方を地元とするアーティストのコンサートを年70本以上手がける。音楽の普及とアーティストへの支援、そして地元の音楽環境の発展を柱に掲げる。(7)ミレジム・ビッグ・バンド：ピカルディ地方でもっとも古いジャズバンド。メンバーはプロ・アマ混在。(8)ピカルディ・オーケストラ：年間90のコンサートのうち70以上をピカルディ地方で行うプロフェッショナル・オーケストラ。編成は36名と中規模である。運営形態は非営利協会。(9)ピカルディ大学オーケストラ：一般と学生が混在する大学オーケストラ。年2回の大学内定期演奏会のほかに、出張公演、アンサンブルでの演奏も多い。(10)プロリフィク・レコード：DJ音楽を中心に、定期講座、ワークショップなどの活動を展開している非営利協会。(11)ソナール・システム：プロを目指す登録アーティスト個人やグループのプロデュースを行う。(12)アミアン吹奏楽団：アミアンのコンセルヴァトワールの金管コースに所属する学生・卒業生による吹奏楽団。メンバーは40人ほど。(13)サン・ピエール吹奏楽団：1894年に設立された老舗のアマチュア吹奏楽団。15歳から75歳までとメンバーは幅広い。80名以上が現在所属する。(14)ミュージック・オン・エルブ：クラシックからポップスまで、全ての人を対象にした音楽教室を開いている。美術館や動物園、街角など積極的な演奏活動を展開。

14　詳細は、拙稿「フランスの地方文化環境―アミアンの音楽ネットワーク―」『アートマネジメント研究』第9号、日本アートマネジメント学会編、美術出版、2008年、pp.28－37参照。

・参考文献

Bureau de l'observation du spectacle vivant, *Les principaux réseaux et programmes financés par le*

ministère de la culture, Repères DMDTS N° 3, février 2008
Ministère de la Culture et de la Communication, *Budget2009*, 26 septembre 2008
クサビエ・グレフ(垣内恵美子監訳)『フランスの文化政策―芸術作品の創造と文化的実践』水曜社、2007年
長嶋由紀子「フランス文化政策分権化の進行と『協力』の制度化―地域文化施設運営の問題を中心に―」演劇博物館グローバルCOE紀要『演劇映像学2009第2集』2010年、pp.49 - 66
藤井慎太郎「文化政策と地方分権」演劇博物館グローバルCOE紀要『演劇映像学2007第1集』2008年、pp.111 - 129

第11章
フランスの「公共」をすり抜ける在仏アルメニア学校の可能性

松井 真之介

1. はじめに――問題意識

　どの国家でもそうだが、学校、特に公立学校というものは、その国の国民をつくる装置である。「国語」あるいは「公用語」を使用し、「国史」を通じてその国の価値観や共通認識を学んでいく、あるいは強制的に植えつけていくという点は、方法の違いはあれどもどの国家にも共通している。

　その中でも本章でフィールドとするフランスは、特に学校が「フランス人をつくる」ということを明確に意識している国家の典型である。逆に、フランス国家が手厚く保護している教育をきちんとうければ、「フランス人になることができる」ともいえる。それは、フランス革命後の公教育概念の変遷、特に1880年代以降の公教育重視政策からも分かるだろうし、あるいは出生地主義をとる移民国家であることなど、さまざまな理由が推測できる。

　そのようなフランスの教育に関して、筆者は私立学校に注目したい。なぜならフランスにおいては、私立学校のヴァラエティが少ない一方で、それに対する公的補助の多さが際立っていると考えられるからである。全学校数に対する私立学校の割合は小学校13.7％、中学校26.6％であり[1]、平均して18％程度である。この数は平均して10％前後しかない隣国ドイツやイギリスに比べて多いといえる[2]。しかしその18％のうち、実に95％が教会や修道院経営のカトリック系私立学校であるといわれている[3]。残りも同じくユダヤ人学校やプロテスタント系の学校のような宗教系私立学校であり、その他はフレネ学校など、独自の教育論や教育方針を理念とし、ユニークなカリキュラム

を使って教育する学校がわずかに存在する程度である。つまり、歴史的にフランスの私立学校の役割というものは、多種多様な教育を保障するというよりも、むしろ厳格な政教分離に基づいた公立学校が実施することのできない宗教教育を補完する面が大きいといえる[4]。そして公的補助の多さは、日本の平均的な私立学校の半額以下という安価な学費に如実に反映されている。公的補助の分で行われる教育は、国民教育省のプログラムに従わなければならない。それが多いということは必然的に国家の介入する割合が大きいことを意味する。このように、フランスにおける私立学校の現状を見ると、国家による教育への影響力、圧力の大きさが容易に理解できるだろう。

　そのような中でフランスでは、数は多くないながらもアルメニア学校（écoles arméniennes）と呼ばれる私立学校が独自のプレゼンスを持っている。というのも、ヨーロッパ随一の移民国家であるフランスの移民政策では、移民の文化的特殊性は否定しないものの、民族・宗教別のコミュニティの存在を積極的に認めるコミュノタリスム（communautarisme）は頑なに拒否されており、必然的に「民族学校」も否定されるからだ。それゆえフランスにはアメリカ合衆国に見られるような、はっきりと「民族学校」と名乗るものは存在しない。にもかかわらずフランスには「民族学校」を想起させる「アルメニア学校」が存在するのである。

　そして、「民族学校」を想起させる学校は筆者が確認する限りアルメニア学校だけであり、それ以外はほぼ存在しないといってよい[5]。確かにマグレブ系、ポルトガル系、ヴェトナム系、トルコ系など、アルメニア以外の移民集団も民族名を冠した学校を持っている。しかしそれらは公立校の休業日や放課後に開かれる、フランス国民教育省との契約のない非認可の、いわば塾のようなものや、日本の文部科学省が管轄する日本人学校のような、他国の在外教育機関としての学校という程度である。いずれもフランスの教育行政が直接関係しない学校としてしか存在しない。

　強いて挙げるとしたら、フランスには例えば一般的に「ユダヤ人学校」と呼ばれるものが存在する。しかしこれはユダヤ教を教える学校として考えられているため、厳密には「民族学校」というより、カトリック系私立学校のような「宗教系私立学校」と考えた方がよい。また、フランスの移民のマジョリティであるマグレブ人など、ムスリムを生徒として想定した学校にして

も、現在わずか4校のムスリム学校——つまり、宗教系私立学校——が存在するのみである[6]。ちなみに、アルメニア系フランス人は現在35万から40万人程度といわれ、フランスに存在する移民・民族集団としては多くないし、数百万単位のムスリム系住民に比べたらはるかに少ない。にもかかわらず、フランスにはムスリム学校の倍の、8校のアルメニア学校が存在している。

では、なぜコミュノタリスムを好まないフランスにおいて、民族学校を想起させるアルメニア学校が成立しうるのであろうか。そしてそれはどのように成立しているのであろうか。また、教育という公共性の高い分野において、フランスの求める公共性との齟齬はみられないのであろうか。もし齟齬があるとすれば、どのように折り合いをつけているのであろうか。本章は、以上のような問題意識から出発し、「教育文化施設の公共性」という観点からフランスにおけるアルメニア学校の意味と可能性を検証する。そのためにはまず、フランスにおける「公共性」というものがどのように見られているか、コミュノタリスムを支える民族、宗教などの「中間集団」を軸に確認したい。

2. フランスの公共性の概観 ——「中間集団」を中心に

2−1. フランスの公共性を支える個人主義

フランスは個人主義の国といわれている。これは仕事とプライヴェイトを厳密に区別し、プライヴェイトの時間や空間を尊重するため、それを他者に侵されるのを嫌悪するという文化習慣として解釈されることが多い。確かにそういう面は多々あり、真実であるが、フランスの個人主義は実際にはもっと社会的、歴史的な側面を持っていることを忘れてはならない。

それは1789年の大革命まで遡る。ここで打ち出された「自由・平等・友愛」(Liberté, Egalité, Fraternité)という理念の下、フランス国民は宗教、文化、民族などのいかなる属性にも関係なく、法の下において平等であり、その主権に参加する成員は個に還元された。そしてその個は孤立し、普遍的で、他者と類似した個人であり、それのみがフランスの承認する市民のあり方である。フランス国家も同様に、特定の宗教などあらゆる属性によって分けられることのない「一にして不可分の共和国」であるとされた。そしてそれは、いっさいの属性や所属を捨象され、法の下に平等な抽象化・原子化した個人と、単一不可分の国家との契約関係によって成り立つ[7]。これがフランスを

二世紀以上支えている「共和主義」の理念であり、そこに含まれる「個人主義」の考え方である。

このように、フランスという国そのものが原則的に「個人」と「国家」のみという考え方で成り立っているので、「公共性」としてイメージされる「公」(public)は、「国」(Etat)であり「官」(officiel)であるというイメージで使われることが多い。そして「公」は「民」の上部にあり、「民」の間の不均衡を是正するための、平等を保障する存在であると考えられている。もちろん、個人同士のソシアル(社会的)な連帯を「公共的精神」(Civisme)と考えるヨコ型の公共性も根強く存在するが、少なくとも本章で取り上げる教育分野において、「公」は「民」との対比でタテ関係をイメージすることが多く、ヨコのネットワーク型をイメージすることはまだ少ないといえよう。

2-2. 公共分野における中間集団の排除——宗教を例に

もちろんフランスにも民族、宗教、郷党(バスク、コルシカ、アルザスなど)、社団(ギルド)など、国家と個人以外の間の属性で、他国では自明の公共概念として存在する共同体、中間集団が現実に存在するのはいうまでもない。しかし先ほど確認したとおり、フランスという国は大革命以来、国家と個人の契約というラディカルな関係のみで成り立っていることが前提であるため、これらの中間集団は公的空間では否定され、力を持ち得ないことになっている。ここでは、フランスが大革命以来、公的空間における中間集団の排除にいかに苦労しなければならなかったかを、国家対カトリック教会のヘゲモニー闘争を例に簡単にふりかえってみたい。

1789年以降のフランス革命は、一般的に脱王権の市民革命として知られているが、同時に王権の支柱となっていたカトリック教会からの権力奪収の市民革命でもあった。それまでのカトリック教会は国教として王権と一体化しており、教区教会は住民の出生、結婚、埋葬などに伴う祭祀業務のみならず、その記録、つまり戸籍業務を一手に管理していた。教育、福祉、医療などの業務も教会が担っていた。アンシャン・レジーム下のフランスにおいてカトリック教会は、精神世界だけでなく世俗世界の支配機構でもあった。王権との関係では、文化・行政の両面で絶対王政を支える存在であり、かつ民

衆の日常生活を管理する、臣民統合の要であったといえる。

それゆえに、フランス国家の脱王権化を目指すのであれば、カトリック教会を撲滅するか、それを国家の下あるいは外におき、国家が担うべき諸業務から教会を引き離さなければならなかった。フランス革命は後者を選択した。そうして1790年、革命政権はカトリック教会を国家管理の下におき、司教・司祭に憲法順守の宣誓を求め、司祭の選出を民衆の投票に委ねることを目的とした聖職者民事基本法が制定され、カトリック教会は世俗的な支配機構を剥奪され、国家に管理される存在となった[8]。こうして国家からカトリック教会勢力を排除するための基礎が完成する。しかし1801年、ナポレオンとローマ教皇の間で結ばれた和解のための政教協約（コンコルダ Concordat）[9]によって、早速カトリック教会勢力の揺り戻しが起こる。

その後も王政（帝政）と共和政のヘゲモニー闘争による政権交代が続くが、王党派と結びついたカトリック教会は、王政が復活するたびに政界への影響力を取り戻す機会を絶えずうかがっていた。そして第3共和制時代の1890年、ローマ教皇レオ13世の回勅をもとに枢機卿のラヴィジェリが、カトリック教会の共和主義への参加を容認する「ラリマン」（加担。ralliement）を提唱したのをきっかけに、王政と共和政の対立に関係なくカトリック教会の影響力は強まった。

しかし1894年におきたドレフュス事件と一連の再審要求論争[10]はフランスの政界再編を促し、議会共和制防衛の方向へ一致団結するグループと、それに反対する勢力という構造を生み出した。そして反議会共和制勢力の中で最も強い社会的影響力を持ったのが王党派と組んだカトリック教会であった。

それゆえ、ドレフュス事件後の共和派内閣は、ラリマン以降強まっていたカトリック教会の政治への影響力を徹底的に排除しようとした。1902年に発足したエミール・コンブ内閣は無認可修道会とそれが所有する学校の解散のほか、修道会の新規許可申請の厳格化を武力制圧も辞さずにラディカルに行い、認可修道会に対しても修道士を教壇から排除する修道会教育禁止令を出した。

そうして1905年の政教分離法によって、国家からのカトリック教会勢力の排除が一応の完成をみることになる。この法律によって国家や地方公共団体の宗教予算は全面的に廃止され、教会財産の管理と教会組織の運営は信徒

会に委ねられることになった。また聖職者の政治活動は禁止され、宗教的祭祀の公的性格も剥奪された。カトリック教会側は無論拒否の態度を表明したため、政府は軍を投入して制圧にかかる場面もあったが、このような対応は世論のみならず、軍の一部からも反発があり、これ以上の強硬策は回避せざるを得なかった。その後、無認可修道会は復活が黙認され、さらには第一次世界大戦前には「挙国一致」の旗印の下に公的に承認されるなど、法の適用に関しては若干の懐柔策がとられることになった。

一方、カトリック以外の宗教ではどうだろうか。断片的であるが確認しておきたい。1792年の立法議会では、「市民」の資格はいっさいの宗教信仰に左右されずに認められるとされ、フランス国内のプロテスタント（ユグノー）やユダヤ教徒が、他と区別されない共和国臣民となった。その後ヴィシー政府によるユダヤ人迫害が一時期あったにせよ、これは現在でもフランス共和国の理念として守り続けられている。

このようにフランスは、カトリック教会の影響力を国家という公的空間から除外して非公的存在とする一方、カトリックではない信条を持つゆえに公的な制限を受けていた者を公的存在とすることで、宗教そのものを、国家に権力を行使することのできない、非公的な存在とした。この状態をフランス特有の用語で「ライシテ」(laïcité)[11]という。フランスの公的空間における中間集団の排除は、宗教に限っていえばこのライシテの貫徹にあるといえる。フランスがライシテの貫徹に異常に執着するのは、国家がカトリック教会から権力を奪収するのに百年以上もかかり、想像以上の困難をきわめたこと、そして国家が少しでも注意を怠ると、カトリック権力がさながら「国家内国家」として市民に権力を行使する危険性がこれまで何度もあったからである。本章の趣旨に即していうと、宗教に限らず、国家以外に市民に権力を行使しうる中間集団は国家にとって脅威とみなされ、排除すべき存在とされたのである。たとえば、冒頭で挙げたコミュノタリスムの否定がまさにそうである。そしていわゆる「スカーフ問題」などは公立学校という教育現場におけるライシテ適用の問題であり、かつコミュノタリスムにつながりうる移民問題でもあるという、複合的なものである。これが国家の構成要素を「国家」と「個人」の２つのみに還元したフランスの公共性の１つの姿である。次節では、その中でも直接「国家」と「個人」をつなぐ公教育というものがどのよ

うに扱われてきたかを、中間集団を軸としつつ検討したい。

3.「中間集団」を軸にみるフランスの教育政策
3−1. 国家対カトリック教会の主戦場であった教育

革命前までカトリック教会が独占していた公教育の展開も大革命の課題の1つであったことはいうまでもない。事実、1791年の憲法にも「すべての市民に、共通で不可欠部分の無償公教育を組織し創設する」ことを明文化しており、共和制の当初から公教育によって共和国を担う市民を育成することが期待されていたのである。

そうして実際公教育を組織するにあたり、以下の2つの案が優勢となる。1つは知育（または教授。instruction）と完全無償制を軸として、義務制を導入しないコンドルセ案（Projet Condorcet）、もう1つは訓育（または徳育。éducation）を軸として、義務制とするルペルチエ案（Projet Lepertier）である。そしてこのどちらを公教育に適用するかをめぐって議論が迷走した。この2つの案には教育に対する家族、特に親子関係が重要になってくる。というのは、コンドルセ案はあらゆる親に対して自然によって課せられた養育義務を根拠に、国家に対しては親の自然権を認める。そして公教育は個々の家庭教育で生じる偏見を修正する治療薬として、親の職務の補完機能を果たすというものであり、あくまでも家庭教育が優先であった。そうして訓育は信条（信仰や政治思想）と不可分に結びつき、思想の自由を侵す可能性があるので、公教育から除外すべきだとした。一方ルペルチエ案は国家に対する親の自然権を否定し、一定の年齢になったら子を親から離して共和国が丸抱えして引き取る。そして国家の組織する公共的教育施設であらゆる子弟に共和国の精神を植えつけるというものであり、国民教育が優先であった。またコンドルセの知育に対しては、それが万人に解放されていても、実質は一部の裕福な階層のみが享受できるにすぎないと批判し、万人に共通し、万人に適用できる訓育を優先すべきだとした[12]。

この議論は結局、ナポレオン時代の1801年、コンコルダによってカトリック教会勢力の揺り戻しがあったことと、1804年に制定されたナポレオン民法典で親の自然権が明文化されたことで、コンドルセ案が支持され、義務教育の導入は見送られた。そうして革命前に存在したカトリック修道会系私

学の復活や新規設立の自由、公立小学校における宗教教育が認められた。その後、公教育に関しては依然としてカトリック教会勢力に委ねられたままであり、共和派の勢力が強くなったときに国家による教育事業の奪収が目指されるが、結局カトリック教会勢力に押されて元に戻るという状態であった。革命以後のフランスが中間集団であるカトリック教会勢力を排除するのに最も苦労した分野がこの教育の分野だったのである。

　この状況がドラスティックに変わるのが1880年代である。まず1881年から82年にかけて、ジュール・フェリー（Jules Ferry）教育相によって教育改革と法律の制定が行なわれ、ここで初等教育の義務制・無償制・非宗教性（ライシテ）が確立された。これまで聖職者身分証のみで公立学校の教壇に立っていた聖職者は、教員免許状を持たないかぎり公立学校で教えることはできなくなった。そうして宗教教育は禁止され[13]、教師たちは「共和国の司祭」としての役割を期待された。新しい教師たちには「国語（フランス語）を普及し、『単一にして不可分な共和国』のための前提条件を満たすこと、ついで聖史にかわる国史（フランス史）や地理の授業をとおして祖国の観念を養い、共和主義的公民の教化をはかること、そして理科や算数の学習によって「迷信」を払拭し、科学的世界観に導くことが求められた」[14]のである。また子供たちに対しては給食や遠足を通じて公衆衛生概念や集団規律などの生活規範も教え、成人に対しても農作業の近代化や予防接種などを指導することで、全国民を教会の規範や古い習俗から脱却させることも期待されたのである。

　1886年には初等教育組織法（ゴブレ法）が成立し、それまでコミューヌ（地方公共団体）によっていた教育内容や資金、組織運営などを一括して国家が引き受けることとなり、ここで国家の教育独占がようやく完成する。世界に先駆けて少子化問題に悩み、かつ帝国主義的植民地政策を推し進めるため、国民のみならず在仏移民子弟も一律にフランス化させて早急に「フランス人を作」り、富国強兵策を進める必要があったからである。そのほかにも、国家の基盤強化のために、教員をコミューヌや教会から解放すること、産業革命に端を発する労働児童を黙認あるいは推奨している親に強制介入すること、諸々のイデオロギーに対して国家に連帯する国民を創設することなど、複雑な事情があった[15]。教育分野も政治分野と同じく、カトリック教会の影響から脱却するのに百年近く要したのである。

一方、教育の分野から追われた側となるカトリック教会はどうか。彼らは修道院が支援する私立学校を拠点として粘り強く生き残りをはかった。フェリー教育改革の時代や政教分離法の時代に修道院が攻撃され、学校も解散させられたりしたが、聖職者が実質運営しながらも私立世俗学校の形式で認可を受けたりして、その後も存続し続けることとなる。それが現在私立学校の95％を占めるといわれるカトリック系の学校である。

3－2. 郷党、民族からみる公教育の対応

　では、カトリックという宗教以外の中間集団に対して、フランスの教育政策はどのような対応をとってきたのだろうか。そのよい例として、1970年代以降に起こった地域語教育運動と教育優先地域（ZEP）の導入から検討することができる。まず地域語教育運動に関してであるが、ここでは現在「地域語」(langues régionales)と呼ばれる言語が国家によってどのような呼び名をつけられたかを中心に分析する。

　フランスは大革命後、パリ地方の一部でしか話されていなかったフランス語をフランス唯一の公用語であるとし、これを国民統合のツールとした。そうしてフランスの領土に存在するさまざまな非フランス語は最初「パトワ」（俚言、なまり。patois）と呼ばれ、反革命、前近代、反フランス的なイメージを持たされて差別と排除の対象となった。それはとくに学校教育の場で顕著であり、敵国の言語に近い、または同一のものとみなされた場合には苛烈な弾圧がなされた。そして第二次大戦後間もない1951年、ディクソンヌ（Deixonne）法によって地域語は部分的に復権する。同法によって、ブルトン語、バスク語、カタラン語、オクシタン語の４言語が「地方言語・方言」(langues et dialectes locaux)とされ、限定的ながら学校教育に導入することを許可された[16]。これらの言語はまた「地方話」(parlers locaux)とも呼ばれていた。そして1960年代にヨーロッパで起こったエスニック・リヴァイヴァルという地域主義運動の流れで、1960年代後半からフランスでも地域語の復権・教育拡大運動が起こる。その結果、バカロレアへの導入（1970年）、コルシカ語の地域語認定（1974年）、２度にわたる教育機会の拡大（1975年のアビ法と1982年のサヴァリ通達）、認定地域語の拡大（1988年）、教育基本法への地域語教育の明記（1989年、ジョスパン法）などで地域語教育が大幅に

認められるようになる[17]。この流れの中で、「地方言語・方言」は一時期「少数言語」(langues minoritaires)とされながらも、最終的に「地域語」(langues régionales)と記されるようになる。

　ここで、パトワ→地方言語・方言(または地方話)→(少数言語)→地域語という呼び名の変遷と、地域語の教育・権利拡大が一致していることに注目する必要がある。「パトワ」は蔑称に近く、パトワと呼ばれた時代には実際に差別待遇を受けてきた。また、ディクソンヌ法時代の「地方言語・方言」という呼び名には、言語(langue)と方言(dialecte)という序列があらわれている。そして地方(local)も中央(centre)に対置される。その後、方言という呼び名が消えるが、少数(minorité)という言葉があらわれ、これには多数(majorité)が対置される。いずれも「フランスであること」以外の何か特殊なものをイメージさせる言葉がつけられていた。しかし最終的に選ばれた「地域語」(langues régionales)では、方言でもなく、中央対地方の序列も持たない、フランス国内に普遍的に存在する「地域」(région)という言葉が形容詞として選ばれたのである。つまりフランスは、共和国の分裂を招きかねない地域語の権利・教育拡大運動に対し、「『地域語』という名称を用いることで、どの地域にも存在する固有言語をも容れるかのような意味拡張を行」[18]ってきた。そして、フランス国家からは特殊にみえるものを普遍的タームに置き換え、フランスの「平等」やコミュノタリズム否定の理念に抵触しないように施策をしていくという対応を取ってきたのである。

　次に、教育優先地域(ZEP)に関して。これは1960年以降急激に増加した移民や外国人子弟の教育現場における学習困難や非行の解決を大きな課題の1つとして1982年にスタートした。このプロジェクトによって指定された地域の教育機関には、一般に比べて平均2.7倍の予算が国家から配分され、それらは施設や設備など物件費のほか、教員やスタッフ、そして「アニマトゥール」(animateur)とよばれる、文化・芸術・スポーツ分野など広い範囲をカバーする教育エージェントの増員のための人件費にあてることができる。そうしてその地域や学校の独自プロジェクトを立ち上げ、遂行する手順になっている。これは、フランスがミッテラン政権になり、差異化(différenciation)の権利を唱えだした頃の政策であり、またこの時期から顕在化してき

た郊外の移民問題[19]を根本的に解決できる教育政策として期待された。
　ここで注目したいのは、ZEPで指定される地域と対象の選定の仕方である。それは明らかに郊外の移民・外国人子弟の学習困難・非行問題を念頭においていたにもかかわらず、地域は単に「問題地域」(quartiers difficiles) などといういい方がなされ、対象は「恵まれない状況にある階級」(classes défavorisées) の子どもとされた。つまり、想定している具体的な選定対象をやはり普遍的タームに置き換えて処理しようというのである。もちろん課題となっていた地域はZEPの対象になることが多かった。しかしその条件に照らすと、外国人子弟の少ないコルシカやブルターニュなどの農村地帯まで対象となり、そちらもZEPに選ばれることとなった。そうして結果的に問題が希釈されてしまったのである。結局ここでも中間集団と目される「移民」「外国人」やエスニシティのタームは不自然なほどに避けられているのである。

　以上、宗教、民族、郷党などの中間集団が公教育に介入してくる例をみてきたが、ここでわかるのは、フランス国家が理想とする「国家」と「個人」の関係をつくる学校という環境に、「個人」をとりまく民族や宗教、郷党などの中間集団が介入してくると、一律して無視や否定、あるいは特殊性を普遍化するなど、問題のすり替えでしか対応できないところにフランスの公共性の限界があらわれているといえよう。また、フランスは私的な、個人的な多様性に寛容だが、公的な、社会的な多様性に不寛容であるために、現実に起こっている中間集団の問題対処に対して有効な策を取れないことが多いといえる。そしてこのようなフランスの公共概念が私立学校のヴァラエティの少なさに反映していることは想像に難くない。次項では冒頭の問題意識に戻って、フランスの公共概念に抵触するような民族学校のイメージのあるアルメニア学校はどのようにして存在しているのかを詳細に検討したい。

4．フランスにおけるアルメニア学校のプレゼンス

4−1．フランスにおけるアルメニア系住民

　最初に、なぜフランスにアルメニア人が存在するのか、そしてどのようなプレゼンスを持っているのかを簡単に確認しておきたい。
　フランスにおけるアルメニア系住民の歴史は17世紀にはじまるが、移住

の大きな流れとして以下の4つの波がある。第1波は、1915年のオスマン帝国によるアルメニア人ジェノサイド[20]以前にフランスに移住していた商人や知識人である。彼らは難民としてフランスにやってきたわけでなく、フランスに活動の場を求めてやってきた。第2波は1915年のジェノサイドの避難民。アルメニア人の移住の波としては、1923年からはじまるこの波が一番大きいものであり、現在のアルメニア系住民はほぼ彼らの子孫と考えてよい。第3波は、1970年代の中東の政変、特にレバノン内戦からの避難民。彼らももともとは1915年のジェノサイドを逃れてレバノンに避難し、そこに定住した人々であった。そして第4波は1990年代以降、旧ソ連の崩壊によって混乱を避けて移住してきた旧ソ連からの移民で、特に旧ソ連の中でも経済的発展の遅れているアルメニア共和国からの移民である。

　次にアルメニア系コミュニティについて、特に第2波移民以降の成立状況を概観しておこう。「政治的難民かつ輸入労働者」として渡仏したアルメニア人たちがマルセイユの難民キャンプを離れて最初に住んだ大都市郊外は、HLM（低家賃集合住宅）が林立し、犯罪が多発する戦後の「殺伐とした郊外」イメージとは結びつかない場所であることをまずは確認しておきたい。例えばパリの場合、比較的大きなコミュニティが存在するのはパリ市南西部に隣接するイシー・レ・ムリノー（Issy-les-Moulineaux）や南東部に隣接するアルフォールヴィル（Alfortville）などであり、1920年代は開発途上の地であったが、現在では大都市と「殺伐とした郊外」の中間にある閑静な住宅街となっている。彼らはそこにジェノサイドで離散した家族や親戚、同郷者どうしで再集合・集住し、コミュニティの中心地としてアルメニア教会[21]を建設する。男性はまず工場労働者として、そして女性や老人、子どもは縫製や商店経営などの家内労働者として生計を立てる。1930年代の経済危機時には工場を解雇され失業した男性たちが家内工業に取り込まれ、家内工業は独立自営業として規模を大きくする。第二次大戦では外国人兵としてフランス軍に従軍、そして戦後フランスへ帰化する。以後文化的・社会的統合と同時に社会的上昇を遂げ、現在では「統合の模範生」「成功した移民」とみなされている。現在では35万人から40万人存在するといわれ、その多くがパリ、マルセイユ、リヨンの三大都市圏に居住している。これが典型的なアルメニア系コミュニティの姿である。そして、フランス生まれでフランスの教育を受

けた第二世代からは非アルメニア系との混交婚が加速したことや、社会的上昇によって職業選択の幅が広がったことにより、アルメニア系の若者のコミュニティ離れが拡大している。このようにアルメニア系コミュニティは以前ほど集住の傾向を見せなくなり、生活の手段としてのコミュニティが役割を終えようとしている現在、アルメニア系コミュニティの存在意義は、本章で述べている言語文化の保存・継承と、1915年のオスマン帝国によるジェノサイドを国際的に認知させる運動の拠点へと変化している。特に後者に関しては執拗であり、1970年代から80年代にかけては一部の過激分子が世界各地でテロを起こし、テロリストのイメージを持たれることもあった。最近では2001年1月の「アルメニア人ジェノサイド認知法」[22]、そして2006年10月の「アルメニア人ジェノサイド否定禁止法案」[23]によりその存在がクローズアップされた。

4−2. フランスにおけるアルメニア学校の歴史──1970年代以降

「共和国の学校」としてフランスの国民教育を施し、なおかつ「コミュニティの学校」としてアルメニア文化の教育を施すアルメニア学校建設の動きがはじまるのは、1970年代後半からである[24]。そして1980年9月にはマルセイユのボーモン(Beaumont)地区に、フランスで最初の「アルメニア人コミュニティの学校」としてハマズカイン校(l'Ecole Hamaskaïne)が創立される。これはレバノンに本拠を置くダシナクツチューン(Dachnaktsoutioun)[25]傘下の文化団体ハマズカイン(Hamaskaïne)のフランス支部が中心となって建設されたものである。校舎はすべてコミュニティ成員のボランティア労働で建設され、敷地に関してはマルセイユ市の所有地を99年間で20フランという「シンボルとしての賃貸料」で借り受けている[26]。当初アルメニア人コミュニティ内ではこの学校の建設に関して、ダシナクツチューンという特定の政党が大きく関与していることと、これまでにない試みであることから、どうせ成功するはずがないと懐疑的な意見が多く、開校時の入学者数は幼稚園児4名、教師数2名というものであった。しかしその後生徒数は大幅に増加、初期の入学者もそのままハマズカイン校内で進学を希望し、1982年に小学校課程、1987年にコレージュ、1991年にリセが設立され、1994年には第1期目のバシュリエ(大学入学資格取得者)を出すまでにいたる。1988年から

は校舎のキャパシティの問題により[27]、入学する生徒数を制限するために入学試験を実施し始めた。そして2003年には新校舎が完成し、キャパシティの問題を根本的に解決するに至る。生徒数は、開校時の4人から、次年度で26人、そして1984－85年期に100人を超え（110人）、創立10年目の1989－90年期には160人[28]、創立20年目の1999－2000年期には232人、そして新校舎完成後の2004－05年期の331人をピークに、2007－08年期にはわずかに減少して313人となる[29]。生徒数がこの20年間で急激な勢いで増加していることから分かるように、ハマズカイン校の評価は高いものといえるだろう。

　ハマズカイン校の開校から8年後の1988年9月には、ニースのバルサミアン校（l'Ecole Barsamian）、リヨンのマルカリアン＝パパジアン校（l'Ecole Markarian-Papazian）が同時期に開校する。この2校はそれぞれの学校名に冠されている篤志家の寄付金によって建てられたが、ハマズカイン校と同じくコミュニティ主導で建設された学校である。テブロツァセール校（注24参照）が国民教育省の契約下に入り、本格的なフランスの学校としての道を歩みはじめたのも1988年だった。1997年には、パリ近郊のイシー・レ・ムリノーにタルクマンチャツ校（l'Ecole Tarkmantchatz）が開校した。そうして現在では国民教育省契約下の「コミュニティの学校」としてのアルメニア学校は5校になり、それぞれ経営母体が違うものの、大規模なアルメニア人コミュニティにはアルメニア学校が必ず1校あることになる[30]。

　では、これらのアルメニア学校はどのように存在しているのだろうか。次節では、筆者が2002年、2003年そして2008年に調査のため訪問したバルサミアン校、ハマズカイン校、テブロツァセール校（この学校は2003年のみ）の3校の事例を中心に、その目的と運営について分析する。

4-3. アルメニア学校の目的と運営

　まず、3校について再び確認しておくことは、いずれもフランスの国民教育省が定める国民教育プログラム（le Programme de l'Education Nationale）を遂行する「共和国の学校」であるということである。つまり、「アルメニア系だけの」学校ではなく、前提としては出自や信条によって入学資格が変化しない、「一般の私立学校」ということである。

　次に、学校名を詳しく見てみよう。3校とも正式名称は固有名詞に「学

校」がついただけのものだが、副称のような形でいずれの学校にもbilingueもしくはfranco-arménienneと、その学校の具体的な特色を表す語がついている。例えば、バルサミアン校ならEcole bilingue Barsamian、ハマズカイン校ならEcole bilingue franco-arménienne Hamaskaïne、テブロツァセール校ならEcole franco-arménienne Tebrotzassèreである。バルサミアン校、ハマズカイン校はいずれもビラング（bilingue）、つまり「二言語の、バイリンガルの」という言葉がついている。テブロツァセール校にはビラングという言葉はついていないが、校是の最初に「バイリンガリズムの実践」を掲げている[31]ことから、この学校も二言語教育を特色とする学校という自己規定をしている。もちろん、franco-arménienneという形容詞から分かるように、フランス語とアルメニア語の二言語教育である。ここでも「アルメニア語を」教える学校ではあるが、「アルメニア系だけ」の学校でないことが分かる。

　実際に「アルメニア系だけ」ではないのだろうか。3校の実情を詳しく見てみよう。

　まずバルサミアン校であるが、例年生徒の25〜30％は非アルメニア系子弟であり、その出自は移民出身でないフランス人、イタリア系、スペイン系、ギリシア系などさまざまである[32]。非アルメニア系子弟の保護者はバルサミアン校を選ぶ理由として、自宅からのアクセスがよい点や[33]、地区と学校の治安がよく、少人数教育を実施している点を挙げた[34]。学校側としては、そもそも入学をアルメニア系子弟のみに限っていない点、コミュニティがそれほど大きくないニースではアルメニア系子弟のみでの学校運営が現実的に不可能である点を挙げている[35]。

　テブロツァセール校も2003年期には2人のポーランド系と2人のヴェトナム系、つまり計4名の非アルメニア系子弟が在籍していた。彼らは近隣在住の生徒である。

　ハマズカイン校でも、原則として生徒の入学資格はないが、これまで非アルメニア系子弟の入学希望はなく、結果的にアルメニア系子弟のみの入学しかなかったという[36]。

　もう1つ興味深い事実がある。ハマズカイン校では10歳以上の生徒の編入に関してはフランス語とアルメニア語の試験を行なうことになっているが、トルコから渡仏したばかりのアルメニア人子弟がこの試験に不合格となり、

入学できないということが何度かあったという。トルコ共和国出身のアルメニア人の中には、トルコの長年の反アルメニア政策[37]によりトルコ語を日常語とし、フランス語はおろか、アルメニア語を理解できない者が多数存在するという現実からである。テブロツァセール校でも、同じような事例が確認された[38]。

　このことから分かるように、各学校の事情によって対応は異なるといえども、この3校はあくまでも「フランスの国民教育の中でアルメニア語と文化を教えるため」の学校であり、「アルメニア系子弟のためだけ」の学校ではないということが分かる。

　次に、フランスとアルメニア学校の関係を見てみよう。フランス政府は1959年のドゥブレ(Debré)法によって、私立学校における国民教育の基礎を強化させるために、国民教育プログラム導入を支援する単純契約(contrat simple)と協同契約(contrat d'association)という2つのタイプの契約を制定した。その契約とは、国家が定める学校運営基準を満たせば、フランス語、算数など国民教育プログラムの教科を担当する教師の派遣が受けられることと、彼らの給与と社会保険を国民教育省の予算から出すこと、そして学校運営に関する補助金の供与が受けられるというものである。単純契約より協同契約の方が基準が厳しいが、その分国家からの補助も多く受けられる。今回事例に挙げている3校の締結状況を見てみよう。

　まず最も歴史の古いテブロツァセール校は1948年に国民教育省の認可を受けたが、契約を締結するのは1988年になってからである。1988年に準備科(CP)、1990年に初級科1年(CE1)、92年に初級科2年(CE2)、94年に中級科1年(CM1)と2年(CM2)[39]が単純契約を獲得している。その後も96年にコレージュ第6学年(6ème)、97年にコレージュ第5学年(5ème)、98年にコレージュ第4学年(4ème)、99年にコレージュ第3学年(3ème)[40]が協同契約を獲得している。1981年に開校したハマズカイン校は1994年にコレージュまで全学年、そして2008年9月にリセ第2学年(second)の協同契約を獲得している。1988年に開校したバルサミアン校においては1995年に準備科と初級科1年が単純契約を獲得して以来、現在では初級科2年から中級科2年までバルサミアン校に存在する学年全てに単純契約が結ばれている。このことから、フランス政府は少なくとも上記のアルメニア学校3校に関し

ては、政府が望む学校運営基準を満たしており、補助金が与えられるべき私立学校であると認識しているといえる。

　フランスとアルメニア学校の関係についてもう1つ特筆すべきこととして、政治家や教育行政関係者の頻繁な学校訪問が挙げられる。テブロツァセール校では国民教育プログラムを受け入れた1988年、当時のパリ市長ジャック・シラク（Jacques Chirac）夫人ベルナデット（Bernadette）と副市長アラン・ジュペ（Alain Juppé）が訪問したことが学校のパンフレットに特記されているほか[41]、これまでにル・ランシー（Le Raincy）市長、セーヌ＝サン＝ドニ（Seine-Saint-Denis）県議会議長らの度重なる訪問があったという[42]。バルサミアン校では、1988年の開校式に当時のニース市長ジャック・メドサン（Jacques Médecin）が訪れたほか、2002-03年期の学校運営報告書によると、この1年間だけで駐アルメニアのフランス大使やプロヴァンス・アルプ・コート・ダジュール地域県議会議長（le Président du Conseil Régional Provence Alpes Côte d'Azur）など4名の訪問が確認できる。ハマズカイン校では、1998年5月にマルセイユ市長ジャン＝クロード・ゴーダン（Jean-Claude Gaudin）が新校舎の定礎式に招かれ、マルセイユのアルメニア使徒教会司教とともに礎石を定める儀式を行ったほか[43]、筆者が確認した分では2004年3月にエクス＝マルセイユ教育総監（le Recteur de l'Académie d'Aix-Marseille）、2005年2月にはプロヴァンス・アルプ・コート・ダジュール地域県議会議長と議員たちの訪問があったという[44]。いずれも問題対処のための視察ではないことから、この訪問は両者の良好な関係を裏付けるものといえるだろう[45]。また、パンフレットやウェブサイトなどで行政関係者の学校訪問を広くアピールしていることから、特にアルメニア学校の側がこの訪問を歓迎していることも分かるだろう。

　以上のことから、ここで取り上げたアルメニア学校3校は、アルメニア系コミュニティの成員だけに閉ざされた学校というわけではなく、アルメニア語を教えることを特徴とする、フランスのあらゆる就学児童たちに開かれた「共和国の学校」であるということができる。

　では、これらアルメニア学校のアルメニア語教育とはどのようなものだろうか。引き続き3校の事例を引いてみよう。

4−3. アルメニア学校の教育とその特徴

　私立学校であるアルメニア学校の特徴はやはり、国民教育プログラム外で自由に裁量できるアルメニアに関する教育にある[46]。では、この3校では具体的にはどのようなことが教えられているのだろうか。

　テブロツァセール校では最初アルメニア語とアルメニアの地理を教えることから始まり、学年が上がるごとにアルメニアの神話、文学、歴史というようにその授業数が増えていく。そこに課外授業として歌唱、舞踊が入ってくる。ハマズカイン校では、アルメニア語のほかは、地理、歴史、文化という大きい区分を取っている。この学校はリセまで存在し、バカロレアの選択外国語をアルメニア語で受験できる環境を整えている。バルサミアン校ではアルメニア語とアルメニア文化のみが正規の授業時間に組み込まれており、課外授業として歌唱と舞踊がある。これらの授業は3校ともアルメニア語で進められ、選択授業ではなく、生徒全員が受けなければならない。

　このように、アルメニアに関して何を学ぶかは各学校によって多少分類が異なるが、国民教育プログラム外のアルメニアに関する授業はすべてアルメニア語で行なわれており、どの学校も「バイリンガリズムの実践」という校是のもと、何よりもまずアルメニア語の実践というところに比重が置かれていることが分かる。実際生徒数の多い、バルサミアン校以外の2校は入学時にフランス語とアルメニア語の試験を行なっていることも、これを裏付けるだろう。

　そして特筆しておかなければならないことは、ここで教えられているアルメニア語はすべて西アルメニア語であるということだ。現在のアルメニア共和国ではアルメニア語の中でも東アルメニア語が話されており、ディアスポラが話す西アルメニア語はどこの国の公用語にもなっていない[47]。そしてこの言語に関して3校の責任者は共通して、《我々が話しているアルメニア語に関しては、他の移民や民族集団のように故国へ留学したら何とかなるという問題ではない》[48]、《早期教育を施さないと習得は難しく、習得したところでこれを日常生活で話す機会がないと、ディアスポラの言語は簡単に消滅してしまう》[49]というように、「言語消滅の危機」という認識を持っていた。実際に、アルメニア学校が立て続けに建設された1980年代半ばに発表されたアルメニア系のアイデンティティに関する2つの研究[50]でも、世代を経るにつ

れてアルメニア語話者率は低下しており、理解はできるが自分からは話せなかったり書けなかったりする人が増えているという現実を報告しており、言語存続については早急な対策が必要だとしていた。つまり、アルメニア学校は単にアルメニアの言語や文化を教える場ではなく、アルメニア語を早期から教育し、日常的に実践することによって風化・消滅から守り、継承していく「コミュニティの学校」である、という認識の下に運営されていることが分かる。

　このことは学校とアルメニア系コミュニティとの関係を見ても理解できる。学校と関わるのは通常、そこに通う児童の家族のみであるが、これら3校においては家族でないコミュニティの成員が学校行事に積極的に参加することが通例となっている。筆者が2002年10月から2003年6月にかけて、そして2008年1月に調査のために通っていたバルサミアン校では、児童の学芸発表会をはじめ、クリスマスなどのパーティやイヴェントには児童の家族以外の成人も参加していた。そしてそれは逐一ニースのアルメニア系のコミュニティ誌『パーレーヴ・コート・ダジュール』(Parev Côte d'Azur)[51]上で報告されている。また、テブロツァセール校では定期的にバザーをやっており[52]、ハマズカイン校ではコンサートやアルメニアに関する講演会を催したり、場所を提供したりしている[53]。これらのことから、アルメニア学校は児童だけの学校ではなく、コミュニティの中心地としての役割もあるということが確認できる。

5. まとめと問題点

　フランスのアルメニア学校をフランスの公共性という観点からみた場合、以下のことがいえよう。フランスのアルメニア学校はフランスの公共性に「対抗する」存在というよりは、むしろ「すり抜ける」存在である可能性をもつ。あるいは「併存」の可能性を示唆する存在であるともいえる。というのも、学校の評判が上がるにつれて、校内に占めるアルメニア系子弟の割合が高くなっていく傾向にあり、結果的に非アルメニア系子弟が少なくなることになる。つまり、アルメニア学校は、原則として「アルメニア語を教えることを特色とする一般の非宗教的私立学校」ではあるが、結果的にアルメニア系子弟という「中間集団」をにおわせる団体の学校になっている。しかし、

現実のアルメニア学校はフランス国家に「対抗」する意識は全くない。むしろフランス国家に沿う形で、フランスが行う公教育に十分に配慮した教育プログラムをとっている。つまり、フランスにおけるアルメニア学校は、少なくとも教育分野において、フランスの公共性にわざわざ対抗する形を取らずに、中間集団の利害を担保することができる例として考えられるのである。

　ただ、問題点もいくつかある。まず、いくら安い学費とはいえ（少なくとも日本よりは）、このような形式の学校は私立学校としてでしか存在しえず、結果無償ではなくなるため、例えば経済的に恵まれない環境になりがちな移民子弟に対しては必ずしも有効ではないことである。社会的経済的上昇を達成し、アイデンティティに関して余裕を持って省察できるアルメニア系住民のような旧移民はともかく、社会的経済的上昇を完全に果たしていない1960年代以降の新移民によって設立される学校がないのは、このような背景からであろうか。

　また、アルメニア学校のような形式の学校が今後増えて、私立学校がいわば「中間集団の牙城」としてイメージされたり、実際にそのように使われたりした場合、国家側から危険視される可能性が十分にある。そうして、国家と中間集団の緩衝材としての私立学校が結果的に新たな問題となり、私立学校が担保する独自教育に対して圧力や反対が強化される恐れがあることである。これがもう1つの問題点として考えられることである。

　今後、アルメニア学校のような形式の学校を導入するとしたら、このような問題を想定しつつ、さらに慎重に行わなければならないが、いずれにせよ現時点では、フランスのアルメニア学校の例は、フランスの公共性に抵触しない、個別対処的なアファーマティヴ・アクション（積極的是正措置）となりうるのではないだろうか。

・注

[1] 園山大祐「フランスにおける私学の役割機能変遷にみる世俗化現象――私学選択にみる学歴志向の浸透を視点として」『フランス教育学会紀要』第12号、2000年、p.60。

[2] 下條美智彦『ヨーロッパの教育現場から――イギリス、フランス、ドイツの義務教育事情』春風社、2003年、p.134。

[3] 園山、前掲論文、p.60。

[4] 私立学校の有用性に関して園山は、歴史的には宗教教育であったとしながら、近年それに加えて「学歴獲得や学業不振児の避難所という実質的な有用性が見出され、公共機関の一部として利用価値

（商品価値）の高いもの」として私立学校を見る市民が増えていることを報告している（園山、前掲論文、p.66）。

5　筆者が確認した限りでは、後述のユダヤ人学校とムスリム学校のほか、パリにタンジェ通りフランス＝アラブ公立校（Ecole publique franco-arabe de la Rue de Tanger）というフランス語＝アラビア語学校が1校存在するのみである。また、パリの郊外には国立のリセ・アンテルナシオナル・サン＝ジェルマン＝アン＝レイ（le Lycée International de Saint-Germain-en-Laye）が存在し、ここでは日本語をはじめ12ヶ国のセクションによる二言語教育が行なわれているが、特定の民族を対象にした学校ではない。

6　1990年、海外領土レユニオンに開校したエコール・プリメール・ターリム＝アル＝イスラーム（l' Ecole primaire Taalim-al-Islam）、2001年、パリ郊外の都市オーベルヴィリエ（Aubervilliers）に開校したコレージュ・レユシット（le Collège Réussite、2005年にはリセも開校）、2003年、リールに開校したリセ・アヴェロエス（le Lycée Averoes）、2007年、リヨン郊外の都市デシーヌ（Décines）に開校したコレージュ＝リセ・アル・キンディ（le Collège-Lycée Musulman Al Kindi）の4校である。

7　実際、1958年制定の第五共和国憲法においても、その第1条（旧第2条第1項）において、「フランスは、不可分の非宗教的、民主的かつ社会的な共和国である。フランスは、出自、人種または宗教による区別なしに、すべての市民の法律の前の平等を保障する。フランスは、すべての信条を尊重する」と規定されている。

8　具体的には大部分の修道院の解体、教会財産の国有化、教区の統廃合、鐘楼の徴用などのほか、聖職者にいたっては公務員化された上に還俗と妻帯の強要までなされることとなった。民衆の日常生活に関することとしてはグレゴリウス暦の廃止（共和暦の採用）、宗教的地名の改変などを行なった。

9　この条約によって、フランスにおけるカトリック教会の復権が承認され、教会は大革命による土地改革を追認することとなった。

10　ドレフュス事件とは1894年秋、参謀本部付砲兵大尉アルフレッド・ドレフュス（Alfred Dreyfus）がドイツのスパイ容疑で告発され、南米ギアナへ終身流刑の判決を受けたという事件。彼がアルザス出身のユダヤ人であったことが理由で疑われたとされている。というのも、当時アルザスは普仏戦争によってドイツに併合されており、フランス国内では対独報復ナショナリズムの風潮が強まっていた。しかもアルザスや東欧からのユダヤ系移民が急増していた時期でもあり、反ユダヤ主義的世論も拡大していたため、アルザス出身のユダヤ人というドレフュスの出自は、当時のフランスにとって非常に好ましくない存在であったからだ。しかし真犯人が判明し、1898年に作家エミール・ゾラが『ローロール』（L'Aurore）紙上において「私は弾劾する！」（J'accuse...!）という大統領宛の公開質問状を出して以来、この一将校のスパイ事件は国論を二分する冤罪事件へと発展した。再審を要求するドレフュス派は共和派や左翼知識人、学生が中心となり、再審拒否派の方は軍部の体面を重んじるフォール大統領以下政府首脳、右翼王党派、ナショナリスト、反ユダヤ主義者が中心であった。そして再審拒否派にはカトリック教会が加わっていたのである。結局ドレフュスに無罪判決が下されたのは事件から12年後の1906年であった。

11　非宗教性とか世俗性という意味である。

12　このあたりはコンドルセ他（阪上孝編訳）『フランス革命期の公教育論』岩波書店、2002年、フランス教育学会編『フランス教育の伝統と革新』大学教育出版、2009年に詳しい。

13　その代わり1882年の法律によって、家庭で宗教教育を行えるように毎週木曜日を学校休業日とした。それは現在水曜日になっている。

14　福井憲彦編『フランス史』山川出版社、2003年、p.360。

15　フランス教育学会編『フランス教育の伝統と革新』大学教育出版、2009年、p.57。

16　敵国であったイタリアやドイツの方言とみなされたコルシカ語やアルザス語はこのときには含まれなかった。この法は地方言語の教育導入を「妨げない」という程度であり、人員や資金の援助など、積極的な施策はなされなかった。

17　この一連の流れに関しては、坂井一成「現代フランスにおける地域語教育政策と政治変動」『フランス教育学会紀要』第12号、2000年に詳しい。

18 宮島喬『移民社会フランスの危機』岩波書店、2006年、p.66。
19 1981年のリヨン郊外の移民集住地区レ・マンゲット(Les Minguettes)ではじまり、マルセイユやアヴィニョンにも飛び火した暴動に象徴される。
20 アルメニア人ジェノサイドとは1915年に、当時オスマン帝国の政権党であった「統一と進歩委員会」(İttihad ve Terakki、通称「青年トルコ党」Jeune Turc)の主導の下、帝国領内のアルメニア人の一掃を目的として行われた組織的虐殺と追放を指す。なお、トルコ共和国はこの殺戮(massacre)のことをジェノサイドとは認めていない。
21 アルメニア人の90％以上がキリスト教東方教会の独自の一派である「アルメニア使徒教会」に属している。
22 「フランスは1915年のアルメニア人ジェノサイドを公的に認知する」という短い一文のみの法律。
23 「1915年のアルメニア人ジェノサイドを否定する行為に最高1年の懲役刑もしくは45,000ユーロの罰金刑を科す」という法案。国民議会で可決されたが、その後上院で否決され、2010年3月現在法律にはなっていない。
24 フランスにおいてアルメニア人による学校が登場するのは、1848年パリに建てられた寄宿制中心の男子校サミュエル・ムーラト校(le Collège Samuel Moorat。現在は週2回のアルメニア語教室のみ残し廃校)が最初であり、比較的長い歴史を持っている。1924年には寄宿制中心の女子校テブロツァセール校(l'Ecole Tebrotzassère)がマルセイユで開校する。アルメニア人ジェノサイド以前と直後に建てられたこの2校が、フランスのアルメニア学校としては最初の流れである。しかしこの2校はアルメニア人を対象としているものの、寄宿生中心の高等教育を目指した学校であり、フランスの学校としてもコミュニティの学校として建てられたものでもない。のちテブロツァセール校は一般の私立学校として活動するので、本論では後者のみ取り上げる。またアルメニア使徒教会の付属学校として創立され、後に国民教育省の契約下でフランスの国民教育を実施し、宗教系私立学校として発展したものがパリ近郊のアルフォールヴィル(Alfortville)のサン＝メスロプ校(l'Ecole Saint-Mesrop)、マルセイユのノートルダム・デュ・サクレ＝クール校(l'Ecole Notre Dame du Sacré-Coeur)である。この2校は現在も活動しているが、コミュニティの学校という側面より教会付属の私立学校という側面が強いので、今回は取り上げない。
25 「連盟」を意味するアルメニア人の民族主義政党。略称ダシナク党。
26 ハマズカイン校提供の資料による。現在の新校舎はハマズカイン私有地にある。
27 それまでは在校生の数が増加するたびに、敷地内に臨時の建物を造って生徒数に対応してきていた。
28 *Haïastan –Revue de la F.R.A. Nor Seround*, numéro 538, spécial «"Hamaskaïne" 10ème anniversaire», 1990, p.5.
29 ハマズカイン校提供の資料 Tableau des Effectifs Scolaireによる。
30 その後2007年にはパリ近郊の都市アルヌヴィル＝レ＝ゴネス(Arnouville-lès-Gonesse)にフラント・ディンク校(l'Ecole Hrant Dink)が創立される。現在幼稚園児のみの受け入れであるが、小学校課程の創設を計画している。またテブロツァセール校も、リセ・ネヴァルト・グルベンキアン校(Lycée Nevarte Gulbenkian)の創設を準備しており、目下校舎建設中である。
31 Association des Dames Arméniennes Amies des Ecoles Tebrotzassère: *120ème Anniversaire*. Association des Dames Arméniennes Amies des Ecoles Tebrotzassère, 1999, p.18.
32 2003年6月、バルサミアン校秘書のシャルル・ケシュケキアン(Charles Kechkekian)氏のインタビューより。最近では少し傾向が変わってきたらしく、アルメニア系の子弟が増加し、非アルメニア系子弟は10％程度である(2008年1月、同氏のインタビューより)。それでも非アルメニア系子弟が存在していることに変わりはない。http://www.armenweb.org/espaces/reflexion/dossier_31.htm (2011年2月8日確認)。
33 バルサミアン校のある地区はニースの市街地や住宅地から少し離れた集落で、近隣には他に小学校がない。
34 2003年6月、複数の非アルメニア系子弟の保護者へのインタビューより。
35 2003年6月、シャルル・ケシュケキアン氏のインタビューより。

36 2003年6月、ハマズカイン校副校長ノルベール・メリキアン（Norbert Mélikian）氏のインタビューより。
37 アルメニア学校の閉鎖命令、就職差別、昇進の困難など、アルメニア人に対して特に風当たりの強い東部トルコではアルメニア教会へのいやがらせ、アルメニア人団体の要求無視、迫害などが現在でも日常裡に行われている。
38 2003年1月、テプロツァセール校校長、シルヴァ・カラギュリアン（Sylva Karagulian）氏のインタビューより。
39 CPはcours préparatoireの略で、ここでは6－7歳の児童を教育する。以下、CEはcours élémentaireの略で、CE1は7－8歳、CE2は8－9歳の教育を行なう。CMはcours moyenの略で、CM1は9－10歳、CM2は10－11歳の教育を行なう。この5段階でフランスの初等教育は構成される。
40 6èmeは11－12歳の、5èmeは12－13歳の、4èmeは13－14歳の、3èmeは14－15歳の教育を行なう。
41 Association des Dames Arméniennes Amies des Ecoles Tebrotzassère, *op. cit.*, p.29.
42 2003年1月、シルヴァ・カラギュリアン氏のインタビューより。
43 ハマズカイン校の紹介パンフレットによる。
44 2008年1月、ノルベール・メリキアン氏のインタビューより。
45 ハマズカイン校旧校舎の敷地に関して、前述したとおり、マルセイユ市の所有地を99年間で20フランという「シンボルとしてのみの賃貸料」で借り受けているということも両者の良好な関係を裏付けるものとなるだろう。
46 これらは国民教育プログラム外なので、講師の雇用や給与、教科書などは各学校の負担となっている。
47 だからここで使われる教科書もアルメニア共和国のものではなく、各学校のアルメニア語担当の教師が自作した教科書（バルサミアン校）か、もしくはレバノンのアルメニア人コミュニティで使用されている教科書（ハマズカイン校）を使っている。ちなみに、アメリカ合衆国にもかなりの数のアルメニア学校（アルメニア人学校）が存在するが、本事例で挙げている3校に関してはアメリカの教科書は使っていない。東西アルメニア語は、表現方法が異なるものも多いが、その最大の違いは同じ文字で違う発音をするものがあることであろう。
48 2003年1月、シルヴァ・カラギュリアン氏のインタビューより。
49 2003年6月、シャルル・ケシュケキアン氏のインタビューより。
50 Périgaud, J., Hovanessian-Denieuil, M., Krimian, A. : *Reconquête de l'Identité par la pratique de la langue arménienne*, CRDA, 1985.およびLéonian, R. : *Les Arméniens de France sont-ils assimilés?* éd. par l'auteur, 1986.による。後者で実施されたアンケートによると、特に第2世代から第3世代の間でアルメニア語の使用・理解度が減少していることが確認される。
51 雑誌名にある「パーレーヴ」とは、西アルメニア語で「こんにちは」の意味。年4回発行される。アルメニア系のコミュニティに出入りしていたが学校関係者ではない筆者が、2002年12月にバルサミアン校で行なわれたクリスマス・パーティに参加し、そのレポートをこの雑誌に執筆したことも、この学校が広くコミュニティに開かれていることの裏付けになろう。Matsui, S. : «Noël Arménien pour un Citoyen du Pays de Soleil Levant», *Parev Côte d'Azur*, No.16, 2002, p.23.
52 2003年1月、シルヴァ・カラギュリアン氏のインタビューより。
53 2003年6月、ノルベール・メリキアン氏のインタビューより。

・参考文献

Association des Dames Arméniennes Amies des Ecoles Tebrotzassère :*120ème Anniversaire*, Association des Dames Arméniennes Amies des Ecoles Tebrotzassère, 1999.
Baubérot, Jean : *"Histoire de la laïcité française"*, Presses Universitaires de France, 2000.
Belmonte, Lydie. : *"De La Petite Arménie" au Boulevard des Grands Pins*, Paul Tacussel, 1999.

Haarscher, Guy : *"La laïcité"*, Presses Universitaires de France, 1996.

Haïastan –*Revue de la F.R.A. Nor Seround*, numéro 538, spécial«"Hamaskaïne" 10ème anniversaire», 1990.

Léonian, René. : *Les Arméniens de France sont-ils assimilés?* éd. par l'auteur, 1986.

Le Tallec, Cyril. : *La Communauré Arménienne de France 1920-1950*, L'Harmattan, 2001.

Matsui, Shinnosuke. : «Noël Arménien pour un Citoyen du Pays de Soleil Levant», *Parev Côte d'Azur*, No.16, 2002.

Périgaud, J., Hovanessian-Denieuil, M., Krimian, A. : *Reconquête de l'Identité par la pratique de la langue arménienne*, CRDA, 1985.

コンドルセ他(坂上孝編訳)『フランス革命期の公教育論』岩波書店、2002年

坂井一成「現代フランスにおける地域語教育政策と政治変動」『フランス教育学会紀要』第12号、2000年、pp.5 – 18

下條美智彦『ヨーロッパの教育現場から――イギリス、フランス、ドイツの義務教育事情』春風社、2003年

園山大祐「フランスにおける私学の役割機能変遷にみる世俗化現象――私学選択にみる学歴志向の浸透を視点として」『フランス教育学会紀要』第12号、2000年、pp.59 – 68

原輝史、宮島喬編『フランスの社会――変革を問われる文化の伝統』早稲田大学出版部、1993年

福井憲彦編『フランス史』山川出版社、2003年

フランス教育学会編『フランス教育の伝統と革新』大学教育出版、2009年

松井真之介「フランスにおけるアルメニア学校の建設と運営」『フランス教育学会紀要』第21号、2009年、pp.79 – 93

松井真之介「フランスにおけるアルメニア人移民――その社会的成功をめぐって」『鶴山論叢』第2号、2002年、pp.55 – 68

三浦信孝編『普遍性か差異か――共和国の臨界、フランス』藤原書店、2001年

宮島喬『移民社会フランスの危機』岩波書店、2006年

第12章
ドイツにおける公共劇場の成立史と現状の課題

藤野 一夫

1. はじめに

　ドイツ語を母語とする地域は、ヨーロッパの中部に広がっており、ドイツ、オーストリアだけでなく、スイスの3分の2もドイツ語圏に含まれているが、じつは19世紀の後半まで、このドイツ語圏にはおよそ40の小国が割拠していた。その中で比較的大きな国は、ウィーンを首都とするオーストリア、ベルリンを首都とするプロイセン、ミュンヘンを首都とするバイエルン、ドレスデンを首都とするザクセンなどであったが、これらの国々は、それぞれに地方色の豊かな芸術文化を競って花開かせていた。その後、1871年にプロイセンが中心となってドイツ帝国が成立するが、これも文化的には決して一枚岩の国家ではなく、先ほどの小国を基礎とした連邦制を採り、各州が独自に文化と教育を振興していた。

　現在でもドイツにおける文化振興は、16州および市町村（約14,000）が主体となって行なう「文化分権主義」の立場にたって、公共サービスの一つとして展開されている。法的には民間の劇場であっても、公的助成を受けた「公共劇場」と見なしうる施設は少なくないが、ここでは「公立劇場」に限って考察したい。現在ドイツ国内にはオペラ専用劇場が15座、同一劇場組織にオペラ・バレエ・演劇の各部門を包摂する「三部門劇場」が約70座、演劇専用劇場が約50座、存在している。これらの公立劇場での年間上演回数は約6万5,000回にのぼる。オペラ上演回数だけで6,600ステージに達するが、世界中のアンサンブル付常設劇場の過半数がドイツに集中していることは、

意外に知られていない。いかなる地方に居住していようと、鑑賞意欲さえあれば多様な舞台芸術にわずかな自己負担額で触れることができる。人口10万程度の都市であれば、オペラを年間上演できる公立劇場が必ずあり、青少年向けプログラムも充実している。青少年向けの舞台公演は年間1万2,000回、約270万人の子どもたちが鑑賞している。

公立劇場の総予算に占める自己収入（主にチケット収入）はおよそ14％で、86％が補助金である。オペラ公演でも平均的なチケット価格が3,000円を越えることは稀だ。しかも各都市の劇場が競うように実験的・前衛的な舞台を自主制作している。ブロードウェイや劇団四季のように、規格製品を全国にたらい回しにしているわけではない。音楽ファン、演劇ファンにとってドイツはまさに「地上の楽園」といってよい。舞台芸術分野における「文化アクセス権」の確立という意味では、ドイツはその目標を早期に達成してきたと見なすことができよう。

他方、そうした「文化権」の水準を維持するための各種専門職員の雇用と、それに伴う公的財政支出もまた莫大である。州立か市立かを問わず、ほぼすべての劇場が専属ソリストを抱え、劇団、バレエ団、合唱団、オーケストラなどのアンサンブルを常備している。公演形態では、年間を通じて数十種類の演目を日替わりで上演するレパートワールシステムを採用している。オペラ劇場では、6週間のシーズンオフ以外ほぼ毎日公演があるので、年間の公演回数は300回を超える。したがって、こうしたシステムを支える舞台裏の職員数は、舞台工房の職人なども含めると、アーティスト系職員の数をも凌ぐ。ここ数年減少傾向にあるとはいえ、ドイツの公立劇場の職員総数は4万人弱。州立劇場クラスでは千名規模の職員が常勤雇用されている。

ドイツの公立劇場に対する補助金は、州レベルと市町村レベルとがほぼ同額を支出し、合わせると約3,000億円、補助金に自己収入を加えた約3,500億円が公立劇場の年間総予算となる。ただし、連邦政府からの補助金は原則として無い。文化に関する権限は州（および市町村）に属すると規定した「州の文化高権」に基づいて、文化振興が行なわれているためである。また、公立劇場総経費の約8割を人件費、つまり公演作品の自主制作に携わる芸術家や職人や技術者の雇用に充てている。

州と市町村を主体としたドイツの文化予算全体はここ数年、1兆2,000億

円前後で推移しているが、これには原則として、日本のように施設建設費は含まれない。日本の文化予算は、文化庁予算約1,000億円のほかに、バブル期以降は6,000億円規模の自治体文化予算が組まれてきたが、その大半はホールやミュージアムの建設費、つまりインフラ整備に投入されてきた。しかし、バブル時代に計画された公共文化施設の建設が1990年代に概ね完成したあと、今世紀に入る頃から自治体財政難による自治体文化予算の削減がドラスティックに進行し、現在では2,000億程度と、10年前の3分の1にまで落ち込んでいる。理念を欠いた文化行政が自ら招いた帰結ともいえるが、このような窮状の中で、公共文化施設の管理・運営の民間委託を促進する「指定管理者制度」が導入され、ここ数年その運用をめぐって激しい議論が起きていることは別に論じてきた。

　さてドイツの文化政策に話を戻すと、その公的文化支出は先進国の中でも突出している。ドイツの文化振興は、ナチス時代への反省もあって、対外的なイメージアップに使われることは慎重に避けられてきた。そのため、日本では文化大国としてのイメージは定着していないが、ドイツは「知られざる文化大国」である。地域で制作されたアートがまずは地域住民に還元される「文化の地産地消」の仕組みが根付いている。地域密着型、地域還元型の文化振興がベースとなっているわけだが、ドイツの文化政策がいかに手厚い公共サービスとして行なわれているかは、実際に現地で生活してみないと見えてこない部分が多いのである。それではドイツの文化政策は、どのような理念を掲げ、また根拠付けられているのだろうか。

2. ドイツでは「文化政策」はどう理解されているか

　以下は、ドイツで出版されているコンパクトな『美学事典』[1](1992)の文化政策の項目から引用したものである。

　　　　文化政策は、国家、都市、自治体、教会、労働組合、政党、社会の諸階級（市民階級、プロレタリアート）、さらに国際機構（ユネスコ）による、文化の計画的な保護、育成、新文化の形成のための、諸原則、目標、課題、措置の全体を包括している。この文化政策の根底には今日、芸術や文学だけでなく、生活形式、基本的人権、価値体系、伝統、宗教的信条、

教育や養成、科学、技術、スポーツをも含む文化という広い概念が存している。(…)第三帝国における文化政策の中央集権化と世界観的・政治的な統合は、1945年以降、文化政策の地方分権化の政策となり、基本法に基づく芸術と科学の自由な発展が定着するに至った。

　文化政策は、かつては文化と政治、精神と権力のように、外見上統合されえないものの統合と批判されたが、今日では「文化国家」と称する西側諸国では、政治全体の不可欠の本質的構成要素とみなされている。(…)文化政策の諸条件の大枠は基本法で定められている(人格の尊厳の不可侵、芸術と科学の自由な発展、人格の擁護、文化政策の地方分権)。(…)「文化のデモクラシー」の原則は、人間の文化権の承認に基づいており、これはすべての人間が文化的生活を享受できることを要求している。またエリート文化と大衆文化の差異の克服、一部の住民(青少年、女性、障害者、老人、人種的・社会的少数者)の文化的差別の撤廃を要求している。近年の文化政策の中心課題は「文化的アイデンティティの促進」であるが、これは他国民に対する国民の文化的アイデンティティだけでなく、自国内の諸地域や宗教的、社会的、人種的諸集団の文化的アイデンティティをも意味する。これは国家とか教会によって市民に強制されるべきものではなく(不干渉の原則)、市民の文化活動から生ずるべきものである。文化的アイデンティティをもつことで一集団のひとびとの自己理解が表現され、伝統と革新が調停されるが、これは文化の多元主義の原則と矛盾するものではない。文化政策の普遍的目標は、人間の尊厳の展開、労働と環境における生活諸状況の人間化、隣人の異なった生き方の承認、相互理解の改善、民族の文化遺産を同じ人類の構成員として保護すること、平和を維持するためのあらゆる努力の奨励、にある。

　また、1970年に出版された『ドイツの文化政策』[2]から、戦後ドイツで形成されてきた「文化政策」の概念について紹介しておこう。

　　文化政策という概念は、世紀末つまりビスマルクの文化闘争のあとになってやっと、ドイツ帝国の議事録に登場した。政策というのは、外部

に閉ざされた独自の領域ではなく、共同体(市町村、州、連邦)において具体的な問題についての意見の相違が保持され、解決が求められ、目標が定義される施策のことである。こうして再び社会全体に対して拘束力を持つものとなる。したがって政策は、行為、活動、組織、機関からなる織物であり、その目標と課題は、社会に対して信頼できる拘束的な価値を設定する。(…)政策は、「正しい秩序を求める戦い」であるが、この「正しい秩序」とは、あらかじめ設定された無時間的な要請の意味ではなく、人間と事柄と時代にふさわしい秩序という意味である。

「文化」はスタティックかつダイナミックな両側面を持つ。一方で文化は、人間の作品(所業)の総和であり、他方で文化は、この人間の活動そのもの、つまり価値基準と目的観念に導かれて形成し、洗練し、品性を高める行為を意味する。文化は人間の作品かつ活動であり、この人間の本質は、無機的なものから精神的なものに至る一切の存在領域に関与し、とくに自然環境だけでなく、シンボル的な環境世界に生きていることによって際立っている。

「文化政策」の概念は、国家、教会、市町村、政党、その他の組織や協会によって文化的なものを新たに形成し普及させる取り組みを包括する。ドイツでは文化の領域における国家独自の活動は、第一次大戦の結果によって強化された。民間所有者が存続させられなくなった一連の文化施設を、国家が続行せねばならなくなった。「第三帝国」が国家的活動の肥大化をもたらした。あらゆる全体主義システムが文化政策の中に、洗脳と支配体制の固定化の道具を見つけ出した。したがって第二次大戦後に、ドイツの文化政策が文化領域への国家の要求を拒絶したとしても不思議ではない。

精神的生活という副次的領域は、その水準において基礎的な生活保障の主要な領域(経済と行政)に対応せざるを得ないが、民主的国家の文化政策は、この方針においてあえて一定の自制を課している。文化、学術、宗教の自由な発展の保障は、たんに国家的干渉の拒絶にあるのではもはやない。今日の文化政策は、これらの分野に対する自由を物質的意味においても保証し、こうした分野の仕事の外的条件を作り出そうと努めている。しかし、こうした文化振興政策の開始によって、その限界もすで

に引かれている。自由の保証は、振興する人物や方針の一面的な選択によって、その反対のものに到達してしまう危険がつねにある。これが、民主国家の文化政策が一般に満足できる解決をまだ見出せない理由であり、また将来もこの点での取り組みが期待されている理由である。

以上から明らかなように、「文化政策」概念がはらむディレンマは、現在なおも「文化国家」としての自己規定を留保せざるをえない「傷ついた民主国家」ドイツの特殊性を物語っている。実質上、世界随一の「文化大国」であるドイツは、戦後65年を経た今日なおも、その事実を国家の名において「プロパガンダ」することができないのである。その理由はどこにあるのだろうか。歴史的背景を解明したうえで、現代ドイツの文化政策に潜在する、過去の反省から活力ある分権型社会への発展の可能性を探ってみたい。

3. ドイツ文化の分権的形成とその特徴

ドイツ文化の屋台骨を支えてきたものに地方の小さな大学都市がある。ドイツ最古のハイデルベルク大学を始め、テュービンゲン、フライブルク、ゲッティンゲン、イエーナといった大学町がドイツ文化の礎を築いてきた。またワイマルのような弱小の公国が、ゲーテ、シラー、リストなどの作家や芸術家を招き、文化都市としての存在感を世界に示してきた。いずれも今日でさえ人口5万から10万程度の小粒な都市ではあるが、それぞれの都市が個性をしっかりと主張している。その市民は、人文主義的な雰囲気の中で共同体意識を獲得し、そうした大学町・文化都市の気風が、近隣のいっそう大きな商工業都市や政治都市に対して決定的な影響力を持ち続けてきたのである。大学都市フライブルクが、環境先進都市として、新しい市民社会の価値観を世界に発信していることは、その一例である。小粒でもピリリと辛い都市たちが、ドイツ文化の多様な形成を担ってきた。この点に、パリやロンドンを首都として発展してきた中央集権的な国家とは異なる「地域主権の国・ドイツ」の特徴がある。

ドイツの近代化にとって最大のハンディキャップとなったのは、17世紀前半の三十年戦争である。長引く戦禍による国土の荒廃が足枷となって、ドイツは中央集権的な国民国家形成の流れから取り残されたが、この間にフラ

ンスは、ブルボン家・ルイ王朝支配のもとで、パリを唯一の拠点とした中央集権国家体制を築いていた。こうした基盤があったからこそ、フランスは大革命によっていわば一枚岩の共和国を打ち立てることができたのである。ところがドイツでは、1871年のビスマルクによるドイツ帝国の創設まで、近代的な国民国家体制は確立されていなかった。では「ドイツ」とは何か。ドイツ語を共通語として話し、生活習慣をも含めた広い意味での共通の文化を持つ人間集団を指す概念が「ドイツ」であった。しかし、そうした民族集団は、つい130年前の統一国家の誕生までは、多くの領邦国家に分断されて生活していたのである。

　ドイツ語圏の各地に分立する領邦の数は、ナポレオン戦争以前には300にも上り、中世からの自由都市や封建領主の小国が19世紀の初頭まで存続していた。ナポレオンはドイツ侵攻にともなって、領邦国家の数を十分の一に整理統合した。もちろんこのときまで、300の領邦を束ねる連邦組織として、「神聖ローマ帝国」が850年にわたって存続してきたが、その帝国とは、ほとんど実体のない名目的な枠組みにすぎなかった。

　ところで、こうしたドイツの政治的・経済的後進性は、一方では近代的統一国家を持ちえない「ドイツの惨めさ」として描かれてきた。他方では、この領邦国家の割拠する分権的状態が、各地方にそれぞれ個性豊かな文化を花開かせてきたのである。地方の小さな大学町がドイツの精神文化の発信地として機能できたのも、中央集権化が遅れたおかげといえるだろう。またすでに述べたように、現在ドイツには、オペラを日常的に上演できる規模の公立劇場が90座ほど存在するが、このうちの約20座は、領邦国家の宮廷劇場に由来し、数百年の伝統を有している。ちなみにStaatstheater もしくはStaatsoperは、今日では「州立劇場」もしくは「州立オペラ」と訳すのが適切であるが、しかし歴史的に見れば、そこには「国立」の意味が含まれていたのである。

　いずれにしても、近代化、中央集権化、国民国家統一が遅れた所産として、ドイツの各地に伝統豊かなさまざまな文化施設・機関がしっかりと根を下ろし、地域の市民文化を潤している。これらはドイツ文化の分権的形成が現在にもたらしてくれた最大の恵みといえるだろう。ドイツは（国民国家統一に）「遅れてきた国」であったがゆえに、ナチスによる強引な全体主義化という

誤りを犯すことになったが、しかしナチス時代は、その破壊的影響力にも関わらず、12年間続いたにすぎない。

　一見一枚岩のように見えるビスマルクのドイツ帝国も、じつは連邦制を採用していた。君主制の上に立つ22の領邦国家と3つの自由市による連邦制である。各領邦国家は、対外的には主権を帝国に委ねたが、それぞれに独自の政府を有し、立法権と行政権と独自の財政を持ち、国家としての極めて高い自立性を保持していた。たとえばザクセンの宗教・公教育省（19世紀までは教会が行政・教育の多くを担ってきた）は、1871年以後も、ドイツ帝国から完全に独立した地位を保つことができた[3]。とくに文化政策と教育政策の分野では、ナチス時代と旧東ドイツ時代を除けば、ほぼ完全な分権主義が貫かれてきた。文化・教育への中央集権的なコントロールは一貫して排除されてきたのである。

　さて、ドイツの文化政策を理解する際のキーワードは、「文化分権主義（Kulturföderalismus）」、「州の文化高権（Kulturhoheit der Länder）」、「補完性の原理（Subsidiaritätsprinzip）」の3つである。分権主義は、各州の多様性が連邦の統一性の中で保障され展開される、ドイツの秩序の原則である。その際に連邦は、各州によっては実行できない広がりをもった中央の課題だけを引き受ける。このメカニズムが「補完性の原理」と呼ばれて、ヨーロッパ連合の政治原理にも採用されているのである。

　まず「分権主義」とは何か。その反対概念はいうまでもなく「中央集権主義」である。しかし分権主義の原語Föderalismusは、通常は「連邦主義・連邦制」と訳されることが多い。連邦制と分権主義はオモテ・ウラの関係で、時と場合によって訳し分けなければならない。歴史的に考察すれば、ドイツ人にとっては、小さな国がバラバラに分裂している状態を一つに束ねることが悲願であり、ここから「連邦制」という発想が出てきたことは当然である。しかし、ひとたび連邦制の国家が成立すると、そこから相反する動きが出てくる。(1)中央への権力の集中によって国力を高めようという中央集権論者と、(2)連邦の構成国の自立性を確保しようとする分権論者である。したがって分権主義は、中央集権主義との力関係の中で、そのつど出てくる考え方であり、戦後西ドイツでは、連邦の権限と州の権限との縄張り争いの場面で、憲法改正論議とも絡んで繰り返し唱えられてきたものである。

「文化分権主義」は、ドイツの分権主義(連邦主義)、つまり各州が歴史的に主権国家としての性格を保持してきたという伝統の核心にある。また、ドイツの地方自治法では、「州の文化高権が自治体の自治権の中核部分である」[4]と述べられている。ドイツにおける文化概念は教育の上にあり、教育、学問、および芸術文化を包括しているが、これらの文化に関する政策課題(立法権限)は、連邦でなく州および市町村にある。つまり州の権限が連邦の権限に優越する、という思想が「文化高権」である。そしてこの文化高権の理念こそが、州(Land)が連邦(Bund)から独立した国家(Staat)であることの主要な根拠とされている。

　したがって連邦政府の側が、州の文化高権を侵害するような独自の文化政策を実行することは禁じられている。もしそのような越権行為が許されれば、それは同時に州の、国家としての自立性を侵害することになるからである。このために戦後西ドイツでは、連邦政府は(国内の)文化政策を担当する部局を設置してこなかった。文化省・教育省は、各州にのみ専属的に置かれ、これにより徹頭徹尾、分権的な文化政策・教育政策が展開されてきた。この点は、ナチスによる統制的文化政策への反省に基づく基本原則であるだけでなく、文化分権主義の長い歴史の産物でもある。

　文化分権主義の歴史を振り返るならば、1871年のドイツ帝国憲法においても、帝国の文化に関する権限はきわめて僅かで、もっぱら外国での文化事業、知的財産と報道の保護を責務としていた。帝国予算に占める文化予算の割合も僅かで、第一次大戦まで、プロイセン一国の文化振興費の三十分の一にすぎなかった。「帝国は(文化助成を)管轄しなかったが、窮地にあるときには助けてくれた」という程度においてしか、中央政府は文化に関与しなかったのである[5]。

　ワイマル共和国では、文化領域における全国家的権限は、1871年の帝国憲法よりも拡大し、文化予算額は1920年から27年までに12倍に増大した。1927年に内務省と外務省に文化部局が創設され、また芸術上の問題において国家が助言する任務を担う国家芸術監視員の部署が設置された。第一次世界大戦敗北の結果、王国や侯国による文化助成の廃止や桁外れのインフレーションなどが、国家助成を求める叫びを次第に大きくしてゆき、このなかで大きな博物館や劇場が共和国の助成を受けるようになっていった。皮肉にも、

中央政府が文化振興を行なうという任務と仕組みが、1933年以降、ヒトラーの中央集権的文化政策の温床になったのである。

ナチス時代12年間の中央集権的文化政策においては、各州議会は解散され、州政府は国家政府に従属する執行官庁へと格下げされた。宣伝大臣ゲッベルスを総裁とする「帝国文化院」が創設され、その文化政策は集権的に決定された。このナチス時代の反省にたって、連邦共和国が分権的連邦国家として創設され、西ドイツの文化政策は、再びかつての分権主義的構造に戻った。これに対して東ドイツでは、1952年に州が解体され、文化政策は社会主義統一党によって更に集権的に決定された。このため東ドイツでは、過去の克服ができなかったのである。

「文化分権主義」という基本理念を理解するためには、連邦制と分権主義に関するボン基本法の規定を踏まえねばならない。ドイツの行政の仕組みは、連邦、州、市町村の3つの次元に配分されているが、行政の仕事はできるだけ市民に近いところで行なわれるべきであるとする原則が貫かれている。行政事務の配分は、市町村を基礎として州、そして連邦へと組み立てられている。その際、もし具体的な必要性があり、かつその効果が総合的に見て市民に有利な場合に限り、より上の段階で処理されるべきものとされる。また単独の基礎自治体で扱いきれない課題は、市町村間のネットワークによって共同で処理すべきマターとなるが、そのためにさまざまな市町村連合(Gemeindeverband)が組織されている[6]。

ドイツの分権主義の基本にある「補完性の原理」とは、「国家によって組織された支援と公的な福祉プログラムに対して、個人の慈善と連帯に優先権を与える」という考え方である。つまり国家の役割は、この個人・民間の活動を補完・助成することに限定すべきだとする主張である。この考え方は、歴史的には、ビスマルクの中央集権主義と社会保障政策へのアンチテーゼとして出された。プロテスタント国家のプロイセンは、ドイツ帝国内のカトリック勢力を排除するために「文化闘争」を展開したが、これに対して、カトリックが強い南ドイツでは、地方分立主義(地域主権)をもって抵抗した。

ビスマルクは社会主義を鎮圧し、国民国家の結束を固めるために、各種の社会保障制度を導入したが、こうした国家給付型の社会福祉政策に対抗して、南ドイツのカトリック陣営は、個人の慈善と連帯をベースとした社会福祉プ

ログラムを掲げた[7]。それはウラを返せば、国家が完全な福祉政策を実現したならば、隣人愛といったキリスト教精神に基づく奉仕活動の社会的意味も、教会の存在理由も失われてしまうという危機感があったためと思われる。1931年にローマ法王の回状が出された。そこでは、個人を基礎として当該範囲では解決できない課題に対して、家族→教区→自治体→国家が順に課題解決のために手を差し伸べるという考えが示されていた。この補完性の原理が、ワイマル時代における社会民主党の国家給付型社会福祉政策へのオルタナティブとなった。つまり補完性の原理は、個人と国家とをつなぐ社会の中間段階に、NPO的な民間・市民の連帯組織が存在して初めて機能するのであり、かつてはこの中間段階にキリスト教会のさまざまな奉仕活動が関わっていたのである。してみると、組合による相互扶助の活動も含め、19世紀は国家・行政ではなく、NPO主導の時代であったと見なせるかもしれない。

　ドイツの分権主義政策の歴史的背景には、こうした宗教と政治との複雑な関係が存在していたのである。この補完性の原理に基づいて、戦後ドイツの行政システムも、基礎自治体からの組み上げ方式、そして連帯のネットワークをつくりあげてきたのである。中央集権的に上からばら撒くトップダウン方式の給付国家、公共事業国家とは別の歩みが、そこにはあった。今後この補完性の原理は、再びNPOの時代を迎えて、活力のある分権型社会の発展にとってキーポイントとなるだろう。

4. ドイツの公共劇場の成立過程

　さて、本章ではドイツの文化政策全般ではなく、そのテーマを公共劇場政策について絞り込んで考察したい。まずはドイツの公共劇場はどのような過程を経て成立し、今日のような劇場制度、劇場環境として確立されてきたのだろうか。この点にこそ、劇場の公共性を再検討するうえでの重要なヒントがあると、筆者は考えている。そこで歴史を200年以上遡って、近代市民社会と文芸的公共性との深い関係について考察したい。

　「劇場を中心として社会が動いていた」(マックス・フォン・ベーン)といわれるほど、18世紀後半のドイツ社会では、演劇はもっとも有力な公共メディアであった。とはいえ、当時の演劇の実態はひどいものだった。大半の演劇シーンは、街中の広場に粗末な小屋を建て、その仮設の劇場で、「旅回りの

一座」が荒唐無稽な芝居を掛けるというもの。その俳優の社会的身分も極めて低かった。こうしたなかで、新たに台頭してきた市民階級の中から、ドイツの演劇状況を抜本的に改革しようとする世論が起こってきた。

　ドイツにおける劇場の公共性をめぐる議論は、この18世紀の啓蒙主義時代にまで遡る。とりわけハンブルク・エンタープライズが創設した「国民劇場(Nationaltheater)」(存続期間1767 - 1769)は、民間企業組織の劇場であるとはいえ、劇作家レッシングを顧問(Konsulent)に迎えることで、市民社会における演劇＝劇場の公共性についての根本的なオピニオンを巻き起こした。このハンブルク国民劇場の最大の特徴は、管理と運営の権限を「理事会(Consorium)」が握っていたことである。理事長には、劇場運営の最高責任だけでなく、若い俳優の健全な育成にも心を砕くことが求められた。ここでの「国民劇場」という名は、国家によって助成された公立劇場の意味ではなく、市民社会の理念を先取りした「想像の共同体」といってよい。理事会は、この民間劇場への理解と援助を仰ぐために、年に何回かのチャリティ公演を開催し、その収益を公共の福祉施設に寄付することも約束した。

　さらに理事会とは別に、芸術上のレベルを上げるために、当時の気鋭の劇作家であり批評家であったレッシングを招き、この演劇顧問のポストを理事長と並ぶものとした。顧問役レッシングは、劇場運営についての発言権は持たなかったようだが、彼の果たすべき義務は、劇評を週に２回、年間104回執筆することだった。その成果が『ハンブルク演劇論』[8]であり、これは演劇批評のバイブルと見なされている。この演劇顧問としてのレッシングの仕事は、上演目録、作品論、俳優論の３つを執筆することだったが、このうち作品論の部分が『ハンブルク演劇論』として後世に多大な影響を与えてきた。ハンブルクの国民劇場は、経営困難から２年余りで幕を閉じ、その理想を持続的に実現することはできなかった。しかしここでのレッシングの仕事は、その後ドイツ語圏の劇場に文芸部(Dramaturgie)を設置する礎となった。18世紀後半から現在に至るまでドラマトゥルギーという部門、もしくはドラマトゥルクという専門職が、ドイツの公共劇場の頭脳となってきたのである。もしドラマトゥルギーが無かったならば、ドイツの公共劇場は、その公共性のコンセンサスを得ることはできなかったと思われる。そしてこの劇場の頭脳(知的支援部門)が市民的公共性の形成に果たした役割は、計り知れないだ

ろう。

　ちなみにドイツ語圏の劇場には必ずドラマトゥルギーが置かれていて、その職員の多くは、ドイツ文学や演劇学や音楽学の博士号を取得している。つまり学者の卵とか演出家の卵が文芸部に籍を置いて、研究と広報活動の両方を担当しているわけで、彼らの研究成果は、たとえば次のシーズンにどのような作品を、どのような演出によって取り上げるか、といった上演プランの作成にも大きな影響を与えている。音楽監督(GMD)と支配人(Intendant)とシェフ・ドラマトゥルク(文芸部のチーフ)は、劇場を支える三本の屋台骨といってよい。また、公演プログラムの作成や新作上演の際の資料展示なども文芸部員の重要な仕事で、ここでは作品の理解に必要な情報をリサーチし、プレゼンテーションする能力が問われる。つまり、観客と上演者の双方に向けて「作品理解のための知的なサポート」を行うのがドラマトゥルクの役目であり、またパブリック・リレーションの面では、観客と上演者を結びつける役目をも果たしている。ドイツ語圏だけでも、数百のドラマトゥルギーのポストがある。美術館・博物館における学芸員を思い浮かべれば、その重要性が理解できるはずであるが、日本ではドラマトゥルギーの役割については、いまだにほとんど認識されていない。この問題を今後どのように解決するかについては後述したい。

　さて公共劇場の成立過程に話を戻そう。ドイツでは、1800年前後からの国民国家形成運動に連動して、このハンブルクに始まる「国民劇場」という言葉が繰り返し唱えられることとなる。当初は、共通語としてのドイツ語を純化して洗練された言葉にしたい、という市民階級の願望がもとにあった。そこに市民劇を書く作家が登場し、それらの作品が各地で上演されることで正しいドイツ語がドイツ語圏に広まってゆく。幅広い商業活動を営むためには狭い領邦国家の境界を超えて、ドイツ語圏内を自由に往来する必要があったが、その共通語を習得する「生きた教育機関」として、劇場が注目された。さらに当時の啓蒙主義思想家たちは、市民たちの道徳意識を向上させ、ドイツ国民としての意識を覚醒するために、公共の劇場を要求した。その流れの中で、いくつかの宮廷劇場が「国民劇場」を名乗るようになったのである。

　「道徳的機関」としての劇場という観念は、18世紀後半以降のドイツで繰り返し唱えられたものだ。つまり、劇場の道徳的教化機能という思想は、こ

れと密接に結びついた「国民劇場」の概念ともども、長い間ドイツで愛好されるトポスとなった。「国民劇場」という概念は、しだいに演劇による国民意識の形成をめざす芸術的理念としての意味をもつようになるが、しかしドイツの国民劇場が、パリのコメディ・フランセーズのような国立劇場組織として確立されることはなかった。そもそも統一国家に帰属すべき「ドイツ国民（Nation）」が不在だった。ドイツにおける国民劇場の構想は、国民国家の成立に先行して、当時分断されていた群小国間を結ぶ精神的な絆、つまり文化的国民統合の合言葉として、繰り返し提唱されたのである。

　国民教育の「道徳的機関」として国民劇場を位置付ける理念は、こうしてドイツ語圏全体に波及する。もちろん、それらの運営形態が宮廷主導から国民＝市民の手に移管されることはなかった。しかし18世紀の終わりから、この「国民劇場」の名のもとに、教養市民層と宮廷との関係が密接となり、これによって新しいタイプの宮廷劇場が登場する。そして19世紀の最初の10年間（ナポレオン戦争による混乱期）に、宮廷劇場の存続のために大きな改革が行われる。

　このとき以来、宮廷劇場の観客層が貴族階級の招待客から市民階級へと移行しはじめる。つまり自前で入場料を払う文化の消費者へと変化してゆく。そしてこの受益者負担の広がりにつれて、市民としての観客の趣味が、上演プランの作成に決定的な影響を持つようになっていった。折しも宮廷劇場全体の赤字決算が常となり、どこの宮廷劇場当局も、閑古鳥の鳴く小屋での上演を続ける余裕がなくなってきたのであるが、この劇場制度における「公共性の構造転換」の流れにおいて、宮廷劇場の観客たちは、その劇場を市民の自由な交流の場として使うようになる。その意味で宮廷劇場は、市民社会の貨幣経済が伝統的な身分制社会をしだいに空洞化させていく、1つの前触れとなったのである[9]。

5．公開コンサート制度と市民的公共性の成立

　ここで忘れてならないのは、同じ時代にコンサート制度が形成されたことで、ライプツィヒのゲヴァントハウス・オーケストラは、その典型的な例となる。ゲヴァントハウスとは「織物会館」の意味だが、商工業者からなる市民の理事会が、市民のためのオーケストラを組織・運営し、この織物会館の

図書室を改造して、世界で始めてのコンサート専用ホールをつくったのである。そしてゲヴァントハウスでのコンサート運営こそが、ライプツィヒの市民社会における公共性の中核をなしていた。いいかえれば、ライプツィヒの人々は、このコンサート活動を通じて、はじめてライプツィヒ市民となったのである。まさに19世紀前半は、現在いわれている市民による「アートサポートNPO」の全盛期だった。

　このように「公開演奏会」という制度は、劇場が果たした役割以上に、市民的公共性の有力な形成母体となった。ヨーロッパにおける市民意識の形成を歴史的に考察してゆくと、市民的エートス（個人のモラルというよりも共同体としての規範意識や秩序についての共通観念）、あるいは市民的パトス（社会変革への情念や情熱）といったものの形成にとって、芸術文化が極めて大きな役割を演じてきたことが分かる。大雑把にいえば、文学や芸術をメディアにして集った市民たちは、当初はカフェやサロンで、また演奏会やオペラの際にはホワイエで、文芸的な議論を行っていたが、しだいに読者や観客たちは、文学作品や芸術作品、芝居やオペラの中で表現された、いわゆるヒューマニズムの価値に目覚めてゆく。彼らは、作品の中で表現された、その人文主義的な理想を１つの尺度として社会的不公正を直視し、現実の社会を変革してゆくべきことに思い至るようになる。口角泡を飛ばす市民たちの議論の内容が、やがて文芸批評的なものから政治批評的なもの、つまり公論（オピニオン）へと変化してゆく。ハーバーマスの概念を使うならば、「文芸的公共性から政治的公共性への転換」が、19世紀前半に起きたのである。

　もとよりハーバーマスの「公共性」という用語は、私たちが自明のものとしている、民に対する官、私に対する公、という用語法とは異なる。「公共性」や「公益性」の名のもとに、お上の側での不透明な政策決定が市民の側に押しつけられ、住環境が悪化しても泣き寝入りを強いられるといった、よく見られるトップダウンの方向とは逆である。つまり、私人・民間人としての市民が、カフェやサロンや読書サークルといった、まさにプライヴェートな領域で、自由で平等な立場から議論する。そうした中から理想の社会のイメージについてお互いにコンセンサスを形成し、より豊かでより自由でより快適な市民社会、地域社会をデザインするために、市民たちが自主的に連帯する。こうした開かれた議論と連帯の空間が「市民的公共圏」と呼ばれるも

のである。

　ドイツ語の「エッフェントリヒカイト(Öffentlichkeit)」は、もともとは英語の「パブリシティ」やフランス語の「プュブリシテ」に倣って18世紀後半に成立した言葉であり、「オッフェン」つまりオープンなありようを示す概念である。公衆にたいして公然と開かれてある状態という意味では、「公開性」「公表性」などと訳してもよい言葉だ。とはいえ当時の市民たちがおかれていた状態からすれば、その「市民的」公共性は、既成の宮廷権力や国家機構といった「官」や「公」に対しては、いわば社会的反骨精神の砦としての意味すら持った。しかし市民的公共性は、秘密結社の閉鎖性とは明らかに一線を画す開放系の領域だった。ヨーロッパ人というと、個人主義やエゴイズムといったイメージが強いようだが、それだけでは理想の共同体（公共圏）は成立しない。いま改めて着目しておきたいのは、こうした自己主張の強さを開かれた議論の場に取り込んで、当時の絶対主義国家の専横や恣意を阻む運動を組織していった「市民的連帯のパワー」である。

　こうした関係を一般化するならば、17世紀以来、王侯貴族の権力を表象する場として機能してきた宮廷歌劇場、つまり宮廷文化の象徴としてのオペラに対抗して、19世紀の前半に勃興しつつあった市民階級は、自らの文化的アイデンティティを形成する場として独自の演奏会文化を成立させた、という関係が浮かび上がってくる。ここでの「文化(Kultur)」とは、自らの心を耕し、他者との交わりの中で洗練された人格を形成していくという、ダイナミックな行為を意味する。経済的な実力を蓄えつつあった19世紀前半の市民階級は、芸術や文学の素養を通じて、まずは自らの心を豊かにすることに専念した。そして、こうした素養にもとづいて仲間と議論し、また音楽をともに奏で、愉しみあうことを通じて、真の社交性の中でお互いの人格を陶冶していった。このような文化的コミュニケーションを通じて、新参者の市民階級は、貴族階級に劣らぬ自らの社会的信望を獲得していったのである。

　さて、1815年のウィーン会議から７月革命を経て３月革命に至るこの時期に、公開演奏会を中心とした音楽文化が隆盛を迎えたことは、大変に興味深い。この時代は、ドイツ文化史の区分では一般に「ビーダーマイアー（愚直な小市民）」時代と呼ばれている。保守反動政治家の鏡ともいうべきメッテルニヒが辣腕を揮ったウィーン体制の時代であるから、厳格な検閲制度の

もとで、たしかに市民や芸術家の言論・表現の自由は著しく制限されていた。集会・結社の自由も妨げられ、多くの市民たちは家庭に閉じこもって、家族との寛ぎの時間を楽しむようになっていった。社会的な行動には消極的で、安穏な生活に満足するプチブル的メンタリティが形成されたのもこの時代である。

　ところが、いわば生活保守的な色合いで描かれることの多い、まさにその時代に、実は中産階級は、その抑圧された社会的エネルギーを演奏会活動に激しくぶつけていったのである。特筆すべきは、ナポレオン戦争の終結期の1813年に、ウィーンとロンドンで相次いでコンサート協会が立ち上げられたことだ。ウィーン楽友協会(Gesellschaft für Musikfreunde)とロンドン・フィルハーモニー協会である。しかも、ウィーンの楽友協会には貴族階級は参加しておらず、その代わりに公務員が会員のおよそ半数を占め、協会の運営は、ほとんどが中級クラスの事務官からなる公務員層によって担われていた。

　ここで誤解してはならないのは、彼らは公務として楽友協会の運営に携わっていたのではなく、あくまでもプライヴェートな立場から、余暇の活動としてコンサートのプロデュースとマネジメントを行っていたという点である。彼ら公務員は、通常4年間の大学教育を受けたエリートで、教養市民としての素養を十分に身につけていたが、当時のオーストリアのビューロクラシーは、現代とは比較にならないほど隙間だらけの制度だった。デスクワークといっても一日に2〜3時間で済む仕事しかなく、一日の大半をカフェや音楽会で過ごすことができた。時間を持て余した教養市民は、もとより精神的な満足感を激しく求め、関心と情熱の多くが芸術文化活動へと注がれることになる。ほとんどの教養市民は、楽器演奏の心得があったので、街中で4人が顔をあわせれば、いわばマージャン感覚で弦楽四重奏を楽しむことができた。

　また、より公的な活動においても、検閲制度に抵触しない限りは、さまざまな協会活動(Verein, Assoziation)が許されていた。言葉を扱う文芸的サークルと較べて、テクストを用いない器楽音楽のサークルは、検閲の目に晒されることなく、相当に自由な活動が可能であった。政治的な自由が制限されていても、協会の運営という経験そのものが「民主主義の学校」となったのである。コンサートを企画して提供するエージェントなどない時代であるから、理想的な演奏を享受するためには、市民みずからが一から企画する以外

にない。もちろん宮廷国家の側は、その威信にかけて莫大な経費を注ぎ込んで歌劇場を運営していたが、国の「文化政策」のうちに公開演奏会が含められることはなかった。

　ちょうど1800年に、ベートーヴェンは「第1交響曲」を、ウィーン宮廷のブルク劇場を借り切って上演しているが、しかしこれは入場料収入を見込んでの自主公演であった。当時、ナポレオン戦争期のドラスティックな社会的構造変化の中で、ドイツ語圏の小国の多くが統廃合され、この混乱によってリストラされた宮廷や貴族のお抱え音楽家は、自営業者として独立し、ベンチャー事業を始めなければ生きていけなくなっていたのである。したがって宮廷の施設で行われた音楽会ではあっても、その多くは、いわば貸しホールの借り上げ公演であった。音楽家は自らの生活のために公開演奏会をプロデュースしたわけで、この時代からの聴衆の主体は、もはや王侯貴族ではなく新興市民階級である。各地に誕生したコンサート協会のメンバーは、のちに音楽専用ホールの建設まで手がけるようになる。19世紀のコンサートホールは、まさに近代市民社会の神殿であり、市民がより高き存在（絶対音楽）に帰依する礼拝堂であった。今日、「芸術の寺院」として疎まれることの多い美術館や音楽堂には、歴史的に見れば必然的な使命があったのである。

　「公開コンサート」という制度には、市民社会の1つの理想が込められていた。「演奏会場の中では身分の差はない。入場料を払った者はすべて平等なのだ」という理念である。今日の感覚からすれば、私たちは入場料を取らない演奏会こそ理想だと思うかもしれないが、当時は多くのコンサートが無料、つまり招待制であった。ただしそれは貴族などのパトロン、すなわち主催者に招待されなければ入場できない、という演奏会の閉鎖性と表裏の関係にあった。したがって入場料さえ払えば、いかなる身分・職種の者でも同一の時間・空間を共有しうる公開コンサートという制度の誕生は、まさに画期的なことだったのである。

　当初、この公開コンサートは、作曲家もしくは演奏家仲間による自主企画、つまり音楽家の相互扶助といった性格をもっていたが、そこにしだいに聴衆の側の趣味や意向が反映されてゆく。そしてついに愛好家の側が、理想の演奏家を集め、理想のプログラムを演奏させようと自らプロデュースに乗り出すようになるのである。そのためには市民が会費を出し合って協会を組織し、

ボランティアで運営をしてゆくほかない。そこで例の、財力こそないが教養と時間には恵まれている公務員たちの出番となった。これが「フィルハーモニー・コンサート」つまり音楽愛好家（フィルハーモニカー）による、音楽愛好家のための演奏会の由来である。

　彼らは、のちに「ウィーン古典派」と呼ばれるようになる「真面目な器楽作品」、とくにベートーヴェンの交響曲をプログラムの中心に据えて、質実剛健の生活スタイルを主張し始める。というのも当時、富裕市民層の方は、超絶技巧のパフォーマーであるヴィルトゥオーゾやイタリアオペラといった「流行」を追いかけていたので、教養市民層は、ベートーヴェンの音楽に具わる倫理的な価値観に依拠して、派手好みの経済ブルジョワを牽制したのだ。こうして、教養市民層が中心となってコンサート協会を切り盛りし、公共の福祉や理想の市民社会を追求する、という草の根民主主義の芸術文化活動が成立したのである。

6. 1848年革命期の舞台芸術政策

　さて、ドイツの市民革命期にあたる1840年代後半に、フランクフルトのドイツ憲法制定国民会議では、国民劇場創設についても以下のような議論が予定されていた。
(1) 芸術制度および教育制度としての劇場が国民全体にとって利用可能となり、身分差や特権階級の特権を廃止すること。
(2) 劇場を国民芸術のフォーラムにまで高め、独自な発展の機会を与えること。
(3) この劇場に国家の保護を与えて、国民的課題を果たすために必要とされる独立性を保証すること[10]。

　こうした舞台芸術政策の基本理念は、ギリシャ悲劇の上演形態をモデルとしたドイツ特有の美的イデオロギーに根ざしている。劇場改革を中核とした市民社会の民主主義化が3月革命の争点となったわけだが、しかしその基本理念の実現は容易ではなかった。同じ時期、ワーグナーはザクセン宮廷劇場を真の「ドイツ国民劇場」とするために諸々の改革案を提示していたが、この民主化要求が受け入れられることはなく、芸術家もまた市民革命の実現のために武力に訴えるほかなかったのである。

1871年にドイツ帝国が成立し、1876年にワーグナーの自前の小屋であるバイロイト祝祭劇場が落成する。世論はこれを待望の「ドイツ国民劇場」と見なしたが、しかしワーグナー自身は、これに異議を唱えた。ワーグナーはギリシャ悲劇の上演形態を理想としていたので、バイロイト祝祭の構想においても、入場無料の民衆劇場をめざしていたが、この純然たる公共劇場の建設・運営に対して、ドイツ帝国（ビスマルク）は財政支援の約束を反故にした（皮肉にも、入場無料の民衆劇場の理想は、ナチス時代になって一時実現される）。ただし、バイロイト祝祭劇場の均質的な扇型の客席構造は、階級差別を表象する従来の馬蹄形劇場へのアンチテーゼであり、その後の民衆劇場運動に多大な影響を与えることとなる。バイロイト様式が、近代的公共劇場構造の原点となったのである[11]。

7. 舞台芸術政策の論拠としての美学的思考

　ここで1800年前後のドイツで形成された「美学的思考」が、しだいに劇場への公的支援の根拠となっていった点に触れたい。「美学的思考」の誕生を促したのは、フランス革命がもたらした破壊と混乱、つまり人間・個人と社会・国家の関係を根底から揺さぶったカオスだ。このときシラーは、国家の力と力、人間の欲望と欲望とがぶつかり合うさまを直視する。王とともに古いキリスト教の神が殺されたあとで、いかにして新たな人間的社会の秩序を生み出すことができるか。このときシラーが注目したのは、カントのように道徳的な理性の命令によって自らの行動を内面的かつ厳格に律する方法ではなく、美的なもの（芸術と自然美）がまさに自然に宿しているコミュニケーションの力である。

　　美的な交わりの世界、すなわち美的な国家においては、人間は人間にたいして形態（美的表象）としてのみ現れ、自由な遊戯の対象としてのみ対立することが許される。自由によって自由を与えることが美的な王国の憲法である。(…)美的表象だけが、人間の感覚的性質と精神的性質を調和させ、全体としての人間を形成する。(…)美的な伝達だけが社会を一つに結び合わせる、それは万人に共通のものにもとづいているからである。(『人間の美的教育について』[12])

美的経験を共通の土台として、真に人間的な社会をつくりあげようというのが、シラーの美的教育論、あるいは美的コミュニケーション論のねらいだが、その際の大前提は、「芸術が社会から自律している」ことである。社会から切り離された美的表象の王国、それだけで自律した芸術作品の世界は、その純粋性ゆえに抑圧のない自由な社会をわれわれの目標として示してくれる。この美となって輝き出る理想もしくはユートピアが、芸術作品の中でわれわれを自然に（強制的にではなく）、その理想社会の実現へと導いてくれる。

　しかし、もしもこの美的な現れが、自らを裏切って、これが現実であると見せかけたり、何か現実社会の物質的な目的のための道具に成り下がったときには、もはや美的な現れは精神の自由のための証人とはなれない。カントは美的経験の本質を「利害関心を超えた心地よさ（Interesseloses Wohlgefallen）」にあると規定したが、美的なものは、つねに現実の利害を超え出ているからこそ、つまりユートピア（まだどこにもないもの）だからこそ、永遠の価値がある。現実の目的に囚われていないことによってのみ、この美的に自律した世界は、つねに現実社会に対する創造的な批判の拠り所となりうる。だから美的な現れを現実と錯覚して、美的な世界と戯れて満足してしまうような審美主義の態度は、シラーからすれば美的な堕落にほかならない。美的な現れが、矛盾に満ちた現実社会からの逃避を促す麻薬に変質してしまうことを、シラーは何よりも忌避した。芸術が社会から自律していることと、芸術の世界への自己逃避とは、似て非なるものである。美的自律性と芸術至上主義とは、峻別されなければならない。

　この芸術の自律性を、カントは「目的を持たぬ合目的性（Zweckmäßigkeit ohne Zweck）」と規定した。近代以前のアート（Kunst）は、教会や宮廷のために奉仕する美的技術（Schöne Kunst）だった。つまりアートの目的は、アートそのものにではなく、それが奉仕すべき外部にあった。しかし、近代市民社会の成立とともに「芸術のための芸術」、つまり「芸術の自己目的性」あるいは「美的自律性」を強調する美学思想が誕生した。とくに政治的、経済的な後進国であったドイツでは、この美的自律性という思想が、ドイツ人の市民的アイデンティティの確立に大きく寄与した。「利害関心を超えた心地よさ」や「芸術の自己目的性」といったピュアーな美的理想は、ドイツ人独

自の思想であり生き方であると認識されるようになったのである。

　ところが、こうした美学思想やシラーの美的教育論は、その後ドイツの歴史の中で、さまざまに曲解されてゆく。すでにフォイエルバッハからワーグナーにかけて見られる美的イデオロギーであるが、この美的自律性の思想が、芸術を実利のために利用するフランス人やユダヤ人を批判するための切り札とし悪用されもした[13]。そのなれの果てが、ヒトラーによる美的国家建設という第三帝国のイデオロギーである。しかし、ここではその問題に深入りすることは避け、ニーチェの生きた19世紀後半には、ドイツ帝国という国民国家の基盤整備として、美術館・博物館・劇場などの文化施設が続々と建設された。そしてこれらが、ドイツ国民をつくりだす文化的国民統合の装置となった。しかもドイツの場合、文化施設というハードの中に陳列されるべきソフトにも不足はなかった。皮肉なことにシラーもふくめ、いわゆるドイツの「古典文化」が、国家建設と国民統合の道具として、つまりドイツ的教養教育のソフトとして爆発的に流通するようになったのである。

　そのとき国家は、たとえばゲーテのものだから、あるいはベートーヴェンのものだから、という理由だけでこの作品は価値あり、と判定する裁判官の立場にあった。そして、これに論拠を与えたのがドイツのアカデミズムだった。さらに、世論を操作して国家目的にかなった芸術愛好家を再生産したのはジャーナリズムだった。このように市民的公共性は、すでにナショナリズムやアカデミズムによって、大衆が「操作される空間」へと変質していた。こうした「教養俗物」が幅を利かせる当時の文化状況に、ニーチェはひとり吐き気を催していた。そして次のような過激な発言を繰り返していた。

　　時代や世代には、それ以前のすべての時代や世代の審判者となる資格など決してない。審判者という楽しくない使命が課せられるのはいつもただ個々の人間、しかも稀有な人間だけだ。(…)ただ最高の力をもってしてのみ、君たちは過ぎ去ったものを解釈することが許されるのだ。君たちの最も高貴な特性を最も強く緊張させてこそはじめて、過ぎ去ったもののうち何が知るに値し、保存するに値し、また偉大であるかを察知することができるであろう。まさに、等しきものは等しきものによって知られるのだ！（…）いま知るべきことは、未来を建設する者のみが過

去を裁く資格がある、ということだ。(…)非近代的に教育された人間が、という意味はつまり、成熟し英雄的なものに馴れ親しんだ人間が百人でもいたら、現代の騒々しいエセ教養など全部を、いまや永遠に沈黙させることができるはずだ[14]。

8. 教養俗物批判からみたアートマネジメントの使命

　ニーチェの語調の強さに圧倒される件だが、ここで精神の貴族主義ともいうべき立場から批判されている「エセ教養」主義については、アートマネジメントの立場からも改めて注目する必要がある。アートマネジメントとは、私たち日常生活(生活世界)の中で、「美的なものとの出会い」がどのように生まれるかに関わる、まさに「知の技法」だからである。ところが近代の流れを見ると、エセ教養主義の拡大が、私たちの生活世界の中での美的なものとの出会いを、少なからず不幸なものにしてきた。もとより私たちの人生には、つねに3つの欲求が潜んでいるはずである。(1)真理を究めたい(学問)、(2)正しい行動を取りたい(正義)、(3)美的なもの・感覚的なものを通して自己を表現したい、あるいは他人の美的表現を楽しみたい(芸術・文化)、という欲求である。そしてこれらの3つの欲求が具体的に実現され、相互に結び付けられる条件や環境があるとき、私たちはその生活世界を、わくわくしながら紡ぎ出すことができる。

　しかし、こうした生活世界の具体的な生き方は、近代のシステムによってさまざまに分断され、とくに都会生活においては抽象的な生き方しかできなくなっている。経済発展の観点から要請された技術開発が至上命令となって、科学研究の細分化はとどまるところを知らない。しかしその目標はどこにあるのか。そのことによって私たちの生活世界は、どのように豊かになるのか。むしろ真理を究めたい、正しく行動したい、美的にコミュニケーションしたい、という3つの根本欲求は相互に分断を深め、ますます生活世界そのものを貧しくしているのではないか。

　だからこそ私たちは、人生観を根本から変えるような決定的な美的経験を必要としているのではないか。その際に、芸術の判定者は、国家でも市場でも専門家でもない。いわんやニーチェが批判したような、スノッブな「教養俗物」でもない。それぞれの個人の内なる美的判断力(美的センス)にもとづ

いた美的経験が大切なのだ。しかし、そうしたセンスを磨くためには、文化的知のストックである生活世界に深く根を張った、開かれたコミュニケーションが不可欠である。この対話的行為のあわいから美的に価値判断できる「主体＝自己」もまた（相互主観的に）形成されるからである。こうした美的・文化的コミュニケーションによる人格形成を可能にするような環境づくりこそが、アートマネジメントの使命である（この点については、終章で詳述したい）。

9．現代ドイツの公共劇場を支える理念

　20世紀の中ごろには、ヨーロッパでも「オペラは死んだ」とさえいわれた。複製技術の発展で映画が大衆社会に普及し、ライブの舞台芸術は、少なくともその娯楽性という面では、映画に取って代わられる。さらに1960年代、テレビの普及によって映画すらも衰退し、世界最高レベルのオペラ、演劇、コンサートが、DVDやインターネットで簡単に鑑賞できる時代に入った。メディアや情報技術の飛躍的発展によって、ライブの舞台芸術が生き残る条件は、ますます過酷になっている。

　オペラとはヨーロッパ文明が生んだ最も贅沢な芸術で、さまざまな魅力をもった「怪物」であるが、同時に演劇と比べても桁違いの「金食い虫」といってよい。古くは王侯貴族のパトロンに、現代では公的助成金に依存しなければ存続不可能な芸術ジャンルである。そもそも舞台芸術は、複製技術による大量生産・普及というコストダウンが不可能な労働集約型産業の典型であり、産業一般における技術革新による省力化が進展すればするほど、ライブ・パフォーマンスの経済効率（費用対効果）は低下する構造を宿命としている。それにもかかわらず、21世紀に入った今日なお、公共劇場とともにオペラが生き延びているのは、なぜであろうか。

　2008（平成20）年10月、びわ湖ホールのプロデュースによるオペラ『サロメ』プレミエの前日、筆者は、びわ湖ホールと共同制作を行ったポルトガル国立オペラ芸術監督のクリストフ・ダマン氏と公開対談を行う機会があった。ダマン氏は2008年春までケルン歌劇場インテンダントの地位にあったが、彼のレクチャー中で印象的だったのは、ドイツの公共劇場における3つの役割を明確に示した点である。

（1）教養、人格形成（Bildung）
（2）現代市民社会の反省（Reflektion der Zivilgesellschaft）
（3）娯楽（Unterhaltung）

　これらの3点のバランスをいかに取るかが公共劇場運営のポイントとなる。とくに「現代社会の反省」という観点は、もっぱら日本では軽視され、その代わりに「まちづくり」や「地域アイデンティティの形成」が強調されがちである。しかし、舞台芸術はいつの時代においても「世界を映す鏡」であり、過去や同時代の社会矛盾、心の闇をえぐり出すとともに、いまはまだない「幸福を約束するもの」、という意味での普遍性を担ってきた。また、どのような国家や社会においても、いつの時代にあっても、人間は政治的な過ちを犯しうる不完全な存在者であるが、そのような危うい社会・国家と人間の関係を不断に相対化できる、社会・国家から自律した自由空間が保障されねばならない。ドイツの分権型文化政策が、公共劇場の自律性を保障しながらも、そこに手厚い支援を行ってきた理由は、この点にこそある。現代市民社会の省察や自己批判が、芸術とその制度の重要な機能であることを、ドイツの文化政策関係者は深く認識しているからである。

　ところで、舞台芸術を通して「現代市民社会のありかたを反省」するという点で最も重要なのは、今日では「演出」の仕事にあるといってよい。ドイツにおいて、オペラを生き延びさせているものは何か、と改めて問うならば、それはひとえに演出の質に依存してきたと考えられる。ドイツでは今日でもオペラの上演が、映画やテレビにも負けないほど市民の間で大きな話題となっている。新聞の文芸欄だけでなく、一面のトップにオペラの新演出の批評が掲載されることも珍しくない。

　オペラの話題が巷でも新聞でもクローズアップされるのは、演出家が、オペラと現代人の関心ごととを結びつけるために、あの手この手を駆使しているからである。ほとんどが19世紀の「古典」であり、そのままでは博物館入りしそうなオペラ作品から、いかに鮮やかに「アクチュアリティ」を引き出してくるかが、演出家の腕の見せ所だ。お涙頂戴劇的な感動ではなく、現代社会に生きる私たち人間の心に強く訴えかけてくるもの、それを作品の中から掴みとって雄弁に表現することが演出の仕事なのである。伝統を守ることではなく革新、いや革命を起こすこと。古典の中から新しい世界観を生み

出すこと。未来のための創造的破壊。それがオペラのみならず、ドイツの舞台芸術一般における「演出」の社会的使命である。

　このようにドイツの公共劇場は、現代に生きるオペラや演劇のリアリティ形成に深く寄与することで人間の批判的能力を練磨し、「現代市民社会の反省」を促す自律的機関として、国家的・官治的公共性とは次元の異なる、その公共的責務を果たしてきた。しかしながら、演出主導の自律的芸術機関としての公共劇場は、そのバランス感覚を失うと唯我独尊的な意味での芸術至上主義へと暴走し、結果的に劇場運営そのものを危うくするディレンマをも抱えている。この点に、ドイツの公共劇場の現代的課題がある。

10. 現代ドイツにおける公共劇場の課題

　「劇場天国」ともいうべきドイツでは、その一方、国民一人あたりの年間納税額から1万数千円が文化予算に配分されているという事実がある。このことは1990年代後半の深刻な自治体財政難を背景に、厳しい評価に晒されることとなってきた。しかも旧東ドイツ地域には、旧西ドイツの倍以上の密度で劇場とオーケストラが配置されていたため、東西ドイツ統一の過程において文化芸術機関の再編成が行なわれたが、現在でも旧東側地域の住民一人あたりの文化支出は西側の1.5倍以上である。住民本位の「文化大国」であったドイツは目下、経済成長の停滞、史上最悪の失業率、そして極度の財政赤字という、日本と共通する三重苦に喘いでいる。

　こうしたなかで、従来は「聖域」とされてきた文化予算の削減が喫緊の課題となってきた。しかもドイツでは、文化予算の削減は、即刻「雇用問題」と直結する大問題である。日本においては、文化基盤の整備はハコモノ中心に行なわれてきたために、近年の文化予算の削減は、まずはソフト事業の減少において吸収され、つぎに施設維持費の見直しの段階へと進んできた。この間に文化予算の削減は、さほど大きな論争を巻き起こすことなく進行してきたが、指定管理者制度の導入によって、日本においても、ついに雇用問題が表面化してきたのである。

　ドイツの場合、文化予算の大半は公演の事業費、とりわけ常勤雇用者の人件費に充てられており、事態は「生首」に関わるだけに当然、安易なリストラには職員協議会や労働組合などから歯止めが掛かる。したがって、ドラス

ティックな文化予算の削減は非現実的と見なされているが、問題はベースアップの度に舞台制作費が圧縮され、新作発表や新演出の数が減ってきている点であろう。そのために、ドイツの公共劇場の歴史的特徴であったレペルトワールシステムを縮小ないし変更し、フランス流のブロックシステムやイタリア流のスタジオーネシステムを採用する劇場が増えてきている。

　いずれにせよ、劇場運営における真の意味での「構造改革」は、持続可能な文化創造にとって不可避の課題である。こうした雇用問題と持続可能性のディレンマに直面して、1990年代後半には「公共文化政策」から「文化マネジメント」へのパラダイムチェンジが叫ばれるようになった。肥大化した公立劇場の組織をどのように構造改革するか。ここにドイツのアートマネジメントの課題が集約されている。

　たとえば、劇場専属のオーケストラの評価と賃金ランクは、奇妙なことに演奏レベルではなく、その規模によって決まる仕組みとなっている。経済成長を背景に1970年代以降、各地のオケが競って編成の増強を図ってきたが、現在では多くのオケが財政難に喘いでいる。ドイツの芸術文化施設は、その肥大化と官僚的制度化によって柔軟性が失われ、効率的運営が妨げられているのだ。そこで文化助成システムの重点を、従来のインスティテューション助成型からプロジェクト助成型へと転換しない限り、「文化の未来」すなわち持続可能な文化創造は不可能であるといった意見が強くなってきた。しかしながら、先に「雇用問題と持続可能性のディレンマ」について指摘したように、施設や機関への助成を急激に削減することに対しては、各方面からの抵抗が待ち受けている。職員協議会や労働組合からばかりではない。いわゆる芸術至上主義の立場からの抵抗にも根強いものがある。

　一例を挙げよう。筆者は2003年の2月から4月にかけてハンブルク音大に滞在し、ドイツの文化マネジメント教育の調査に携わった。その間にハンブルク州立オペラ支配人によるオペラマネジメントの授業があり、オペラハウスまで出かけた。ちょうどその日に、人気者の音楽総監督メッツマッハーが2005年以降の契約更新を辞退するという出来事があり、支配人はショックを隠せない様子であった。メッツマッハーの辞退の弁は、ドイツの芸術至上主義の病を浮き彫りにした。州立オペラの予算が1992年以来据え置きとなり、2005年以降についても予算拡大の見通しが立たない以上、芸術的水

準を維持することは不可能であり、あとはハンブルク・オペラの死滅を待つだけだ、といった捨て台詞であった。ちなみに、ハンブルク市（人口170万）の年間の文化予算は約280億円で、そのうち州立オペラへの助成額は約55億円。これだけの補助金をもってしても、上昇志向の強い芸術家の野心を満足させることはできないのである。

　もう一つは、インターネットで拾って翻訳してみた記事で、タイトルは「あまりに多すぎる劇場」というものである。

　　劇場を顧みない者は文化を傷つけ、『文化的生活』を繰り広げるための自由な表現空間を奪い取っている。文化は依然として脅し文句である。文化を敵視する政治家は評判がガタ落ちとなる。財政難を口実にして芸術の自由を制限しようとしているのではないか、と疑われてもしょうがないのである。

　　自由とは、まさに自由人にとっては常に厄介なものだ。これはパラドクスであるが、自由なミューズ（芸術を司る女神）に従う人たち（アーティスト、文化専門職）にとって気分がいいのは、補助金による申し分のない安定である。この安定が、観客の異議申し立てから彼らを守っている。観客は、以前であれば（その上演が）好ましいか、それとも耐え難いかという自分の判断によって大胆な自由を芸術に要求していた。観客の同意が作品の成功を決定し、これによって劇場の存続も決まったのである。イプセン、ストリンドベリ、ハウプトマン、バーナード・ショウらがベルリンの観客に認められたのは、民間劇場であった。完全に身分を保証された演出家や支配人たちは、その芸術上の自由に常に忠誠を誓っている。その際に彼らは、自由市場がもたらす不測の事態から守られている。以前であれば、公演に失敗した場合には、3回目の上演をもって打ち切りとなることもあった。その作品は、まさに『落第』だった。ところが今日では、劇場は観客動員数など取るに足らないと見なして憚らないこともある。

　　劇場の助成は公共性の当然の義務である、という絶え間ない警告は、まさに世間知らずで腹立たしいものだ。公的助成によって入場料が著しく抑えられているために、まだしも夕方には劇場に足を運ぼうとする人

がいるが、自由競争の条件下であれば、たいていの劇場は閉鎖されていたに違いない。だからこそ劇場人は、ふだんは愛してもいない国家（州）を頼りにし、文化国家に忠誠を誓うことで国家に圧力をかける。国家は、サバイバルの試練から劇場人を守るべきだと。劇場人は、芸術の自由の保障として支払われる紙幣に依存して稼ごうとし、その誤った生活の只中で、とんでもない幸せを感じているのだ。

11. ドイツの公共劇場運営のディレンマから何を学び取るか

　ドイツの公共劇場は、ショービジネスとは一線を画しており、舞台芸術の自律的で自由な表現の可能性を大胆に追求できる制度と環境が、歴史的に確立されてきた。これは一方の真実である。しかしその裏面では、「芸術の自由」の濫用、もしくは文化的自由権のディレンマが露呈している。「芸術の自由」そして文化を創造し、享受し、文化にアクセスする権利は、ドイツでは歴史的な反省の中から勝ち取られ、憲法によって保障されてきた。ドイツの公共劇場への助成は、まずは美学的思考によって基礎付けられ、その公共性に法的な根拠が与えられてきた。しかし、いまや過度な制度化による硬直と一種のモラルハザードが、大きな社会問題ともなっているのである。

　たしかに、これまでのドイツの劇場政策は、演出を中心に芸術至上主義を容認することで地域間競争を活性化し、前衛的・実験的な舞台も含めて世界の芸術水準をリードしてきた。音楽監督だけでなく、劇場支配人のほとんどはアーティスト出身者（とくに演出家）であり、彼らへの評価は効率的運営の追求ではなく、その芸術的能力と引き換えに、いかにより多くの予算を獲得できるかによって決まってきた。しかし、近年の極度の財政難にもかかわらず、劇場アーティストたちの意識変革はあまり進んでいない。こうした「芸術至上主義と効率的運営のディレンマ」を解消することが、ドイツにおける文化マネジメントの喫緊の課題なのである。

　さて、ドイツの公立劇場政策とその課題から私たちが学び取れることは何であろうか。個人的な告白が許されるならば、30年前に初めてドイツに滞在して以来、筆者はドイツの公立劇場の運営システムに憧れを抱いてきた。いつの日にか日本の各地にプロフェッショナルな劇場が誕生し、レペルトワールシステムでオペラが通年上演されるようになることを夢見てきた。し

かし調査研究を進めれば進めるほど、ドイツと日本では、その文化環境の歴史的・社会的な成り立ちに、埋めがたい溝があることを痛感するようになってきた。

　たとえばドイツの公立劇場の法規では、劇場の目的は、自主制作したソフトを住民に提供するための公共施設として規定されている。反対に、同じ劇場を住民や民間に貸し出すこと、つまり貸館業務は本来の目的とは異なるために、特別な許可が必要なのである。しかし劇場システムがフル稼働している状況からして、貸館としての使用は実際上不可能である。しかも、すべての運営がプロ集団によって担われているため、オペラや演劇の制作に「市民参加」を促す余地もほとんどない。この点は、病院や大学の運営に対して市民参加が困難なことを考えれば納得できるだろう。医師や看護士のいない病院、教員のいない学校が考えられないのと同様、アンサンブル不在の公共劇場は、ドイツでは原則として想定外である。しかし、公共サービスとして行なわれてきたドイツの劇場運営が、今日では行き着くところまで行ってしまい、福祉や教育と同様に、財政的にも極めて厳しい局面を迎えていることは既述したとおりである。

　こうしたドイツの現状から、私たちは何を学び取ることができるだろうか。まずはポジティブな側面であるが、「文化分権主義」つまり「文化の地域主権」という考え方、そして「文化民主主義」つまり「すべての人のための文化」という考え方であろう。どのような地域に住んでいる人でも、またどのような階層の人でも、芸術文化にアクセスできる権利が保証されてきたこと。これはドイツの文化政策のたしかに優れた側面だ。教育権と同じレベルで文化権も確立されてきたのである。

　日本では、年間1,200回余りのオペラ公演のうち、その半数近くが東京圏に一極集中しているが[15]、その反面、年間に10公演以下の県は過半数の27県を数える。文化芸術振興基本法では、国民が文化を創造しまた享受する権利、つまり文化権が不完全ながらも初めて謳われた。居住地域や社会階層によって差別されることなく、芸術文化へアクセスできる権利を保証すること。これが国や自治体の責務となったわけだが、国民・市民の側が文化環境の改善をめざして、基本法を活用するためのアクションを起こすことが重要であろう。

　他方、私たちがドイツの文化政策からえたもう1つの教訓は、公共サービ

スとしての文化システムが制度肥大と官僚主義的硬直を招き、いまや少なからぬ公立文化施設が経営危機に陥っている点である。この危機を乗り越えるために、ドイツでは一方で「文化マネジメント」の手法に大きな期待が寄せられ、他方では「市民参加」が叫ばれている。これからの地域の公共劇場を考える場合、ドイツの先進的事例が露わにしているパラドクスをふまえておく必要があるだろう。その際、持続可能な文化創造のために、「市民参加」というトレンドをどのように位置付けておくかが1つの焦点となる。

プロ集団によって担われるドイツ型の公立劇場の運営形態は、名古屋大学の清水裕之教授に倣えば「クローズドシステム」と呼ばれているが、日本の公共ホールや公共劇場は、このドイツ型の公立劇場システムとはまったく別物である。そのほとんどは貸館業務を主体とした「オープンシステム」の空箱だからである。しかし見方を変えれば、プロ集団によって独占されていない分だけ、一般住民の自主的な文化活動に対して開かれてもいる。少し負け惜しみになるかもしれないが、肥大化した文化制度のしがらみにとらわれることなく、私たちには、この空箱のオープンシステムを「市民参加」の観点からフレキシブルに充実させていくチャンスが与えられているのである。

12. 舞台芸術環境の改善に向けた知的支援の提言

さて、2002(平成14)年度に筆者の研究室では、兵庫県内の公共文化施設への市民参加状況について調査を実施したことがある。その結果、市民参加の形態と自治体規模との関係について、大変に興味深い傾向をつきとめた。調査した県内7つのホールは、いずれも個性的な自主事業を展開しているが、市民参加の形態はさまざまである。この7つのホールを自治体の人口が多い順に並べると、神戸新聞松方ホールがある神戸市は人口150万、アルカイックホールのある尼崎市とパルナソスホールのある姫路市は、いずれも人口50万、アイフォニックホールのある伊丹市は20万、たんば田園ホールのある篠山市は5万、アピカホールのある西脇市は4万、ベルディーホールのある中町は1万2,000人である。

次に市民参加のタイプを、(1)企画・運営、(2)裏方(舞台技術)・表方(会場係)、(3)自主企画(市民オペラなど)に分類する。これを自治体規模との関係で考察すると、人口5万までの自治体では、すべてのタイプにおいて市民参

加が活発に行なわれているが、人口10万人を超える自治体では(1)、(2)についてはプロ集団に委ねられ、(3)の枠内でのみ市民参加が行なわれる、という傾向が顕著である。自治体の規模によって、公共文化施設への市民参加の形態に違いが見られるという仮説は、都市内分権や市町村合併の問題を考えるうえで、興味深い手がかりを与えてくれるだろう。直接民主主義に近い「顔の見える」市民自治は、人口規模で5万人程度の地域において活性化しやすいのではないか、という仮説である。この仮説を文化政策に応用すると、いったいどうなるだろうか。

「市民参加」といったが、市民が主体となって各地域から、さまざまなアートプロジェクトを立ち上げていく。そのさいに市町村単独では達成できない課題は、基礎自治体相互のネットワークで補いあっていく。それでも限界のある事業については、その限界点を明らかにしたうえで、はじめて県がこれを援助して実現する。こうしたあくまでボトムアップ型の市民自治をベースとした「補完性の原理」が、芸術文化政策においても基本となるべきであろう。また県の側に問われてくることは、基礎自治体とその市民が、自力ではできない事柄として、いったい何を県に求めているのか、その意味でのニーズを的確に把握する情報収集能力であろう。

全国的に見て、県立劇場レベルでの市民参加には、いろいろと難しい課題があるようだ。管理部門や技術部門だけでなく、自主事業の制作についてもプロ集団に握られている部分が大きいからである。ただしこのプロ集団というのも二通りあるだろう。1つは機関内部にプロデュース能力がないので、外部のプロ、たとえば制作事務所や音楽事務所に丸投げしたり、相変わらずパック買いしかできない場合である。もう1つは内部にプロデュースやマネジメントの出来る人材を抱えている場合であるが、この場合の弊害についても度々指摘されている。何をやるにしても東京人脈への依存体質が強すぎて、人材育成の面でも観客拡大の面でも、地域の潜在的な力を引き出せないというディレンマである。

では、県立劇場レベルでの市民参加は、どのように可能なのだろうか。プロデュースやマネジメントのプロたちが、なるべく東京人脈に依存しないで、地域の潜在能力を引き出す方向で力を発揮することが大切であろう。そして地域の市民や芸術団体、芸術支援NPOなどが、まさにこの部分において、

県と有機的にパートナーシップを結んでいくことが、県立劇場レベルへの市民参加のポイントとなると思われる。

　日本の劇場の宿命であったオープンシステムを、マイナスとして捉えるのではなく、開かれた舞台芸術創造環境として、肯定的に捉えてみてはどうであろうか。その際に重要なことは、オープンシステムの、そのオープンなありようを「公共性」の意味や手法の観点から解明してゆくフォーラムを形成することである。しかも単なる公共性をめぐる理論から、公共性をつくり生かす手法へと議論を具体化していく必要がある。オープンシステムとしての日本の舞台芸術環境を、どのようにして活用していくか、という視点から、新たなプラットフォームの構築への展望が開けてくるだろう。

　具体的には、その優先課題として、ドラマトゥルギーに相当する部門の仕事を、劇場の外部機関との連携によって肩代わりする仕組みづくりについて提言したい。そのためには、ドイツの公共劇場の公共性が、ドラマトゥルギーという劇場の頭脳によって確立されてきたプロセスを改めて強調したい。筆者はここ数年、新国立劇場をはじめ各地の公共劇場の関係者に、ドラマトゥルギーの設置を呼びかけてきたが、その実現は不可能であった。残念ながら、現在の日本では、公共ホールや公共劇場の内部にドラマトゥルギー部門を新設することは現実的ではない、と思うようになってきた。またアングロサクソン的イデオロギーに支配された現在の日本のアートマネジメント教育では、ドラマトゥルクの養成についても実現にはほど遠い。

　他方、大学の人文科学系学部や学会には、宝の山が埋もれている。舞台作品や作家の研究者とその卵たち、アーティストや芸術教育のプロ、舞台芸術にかんする膨大な文献や文化施設など、さまざまな知的文化資源が眠っている。しかし大学内の研究者や学生が、これまで舞台制作の現場にコミットすることはほとんどなかった。舞台芸術の研究と舞台芸術の創造との間には、なおも深い溝がある。この溝に橋を架けることも、アートマネジメントの重要な仕事のはずである。アートマネジメントは、知のマネジメント（ナレッジマネジメント）と連携しなければならないだろう。

　今後の課題としては、以下のような取り組みが大切である。一方で大学や学会を調査して、舞台芸術研究者のデータベース（ポートフォリオ）を作成する。どこの大学に、どんな作家や音楽家や作品を研究している、その道のス

ペシャリストがいるのかを調べるのである。もちろんその研究者が、舞台芸術の創造そのものに、いわば臨時のドラマトゥルクとして関係する意志があるかどうかを確認する必要はあるだろう。舞台作品が、まさに生き物として誕生する現場に立ち会うことで研究者の研究姿勢、いや生き方そのものが変わることを、筆者は期待している。

　他方では、公共の劇場やホールの側が、舞台制作や公演の知的サポートとして、大学や学会に何を求めているのか、というニーズを把握する必要がある。これには公共の劇場やホールに出向いてヒヤリングやアンケート調査をし、それをアーカイブ化する。このように、舞台芸術の制作・上演・普及、そして批評の各プロセスにおいて、大学や学会の知的文化資源と、公共劇場やホールの制作・上演現場とを橋渡しするプラットフォームの構築を提案したい。

・注

1. W.ヘンクマン、K.ロッター編『美学のキーワード』勁草書房、2001年、p.254以下。
2. Abelein, Manfred（Hrg.）: Deutsche Kulturpolitik, Dokumente, Düsseldorf 1970, S.11ff.
3. ゲーアハルト・シュミット（松尾展成編訳）『近代ザクセン国制史』九州大学出版会、1995年、p.10.
4. T.Röbke, B.Wagner, *Aufgaben eines undogmatischen Kulturföderalismus, in: Jahrbuch für Kulturpolitik 2001,* Essen 2002, S.27.
5. EBD., S.28ff.
6. 『事典 現代のドイツ』大修館書店、1998年、p.178以下参照。
7. 佐藤慶幸『NPOと市民社会』有斐閣、2002年、pp.70‒71。
8. G.E.レッシング（南大路振一訳）『ハンブルク演劇論』鳥影社、2003年。また、ハンブルク国民劇場の運営については以下の著書が参考になる。F.ミヒャエル、H.ダイバー（吉安光徳訳）『ドイツ演劇史』白水社、1993年。
9. Vgl.dazu Daniel, Ute: Hoftheater, Stuttgart（Klett-Cotta）1995, S.131f. 及び拙稿「ドイツ・オペラと境界の政治—ドレスデン宮廷劇場のドイツ部門創設をめぐって—」『ドイツ文学』（日本独文学会）通巻110号、2003年、p.53以下参照。
10. W.コーノルト（杉橋洋一・亀井雄三訳）『ドイツ・オペラの知識』シンフォニア、1999年、p.79以下。
11. 拙稿「祝祭の共同体—ワーグナーの綜合芸術プロジェクト」『ドイツ文化史への招待』（三谷研爾編）大阪大学出版会、2007年参照。
12. Schiller, Friedrich: Sämtliche Werke, Bd.5, München（Hanser）1960, S.659. この点についての詳細は、以下の拙稿を参照。「芸術宗教という虚構」『文化学年報』（神戸大学大学院文化学研究科）第20号、2001年、p.69以下。
13. この点の詳細については、前掲の拙稿「芸術宗教という虚構」p.85以下、及び「フォイエルバッハ主義者ワーグナーに見る〈愛と死〉のドラマトゥルギー」『ワーグナーヤールブーフ2000』東京書籍、2000年、p.96以下を参照。
14. F.ニーチェ（大河内了義訳）『ニーチェ全集　第2巻』（反時代的考察Ⅱ　生に対する歴史の功罪）白水社、1980年、P.167以下。

15 『日本のオペラ年鑑2008』(日本オペラ連盟)によれば、2008年には全国1,219公演のうち445公演が東京で、106公演が神奈川で上演されている。

終章
文化政策の公共哲学のために

藤野 一夫

1.「シビル・ミニマム」から公共性を再考する

　政治学者の松下圭一が、現代的な都市政策の理論的基礎づけとして、1970（昭和45）年ごろから主唱しはじめた「シビル・ミニマム」という言葉がある。高度成長期を経た日本の都市における「市民的生活基準」を意味する造語で、それは憲法第25条「すべて国民は、健康で文化的な最低限度の生活を営む権利を有する」によって保障された「ナショナル・ミニマム」以上の生活基準を掲げたものである。「シビル・ミニマム」の由来は、松下も述べているように、ワイマール憲法の「生存権」保障にまで遡るが、戦後日本の市民自治の形成、基礎自治体の主権確立に発する補完性原理、さらには生存権から「生活権」への飛躍を可能にする規範概念といってよい。

　現代日本において「公共性」の問題を考えるうえで、「シビル・ミニマム」という概念の再検討を避けて通ることはできないと、編者は考えている。松下が「シビル・ミニマム」を提唱した40年前の日本、それは一方で、大阪万博という国家的文化プロジェクトに熱狂する大衆が高度経済成長の果実を享受する、高度消費社会の幕開けでもあったが、他方では、当時の公共性が、もっぱらお上の管轄する「官治型」の公共性を意味していた点には留意が必要である。東西ドイツ統一の1990（平成2）年以降、日本ではハーバーマス再評価の高まりとともに「新しい公共」を掲げる思潮や運動が隆盛し、「市民的公共性」概念の影に隠されたきらいはあるが、松下の「シビル・ミニマム」は、この「新しい公共」を実質的に先取りする思想であったと、編者は睨ん

でいる。

　「シビル・ミニマム」概念は、憲法25条の「生存権」を「生活権」という、より積極的な内容をもつ権利にまで具体化し、その実現を都市政策の課題として提起するところに成立する。その権利内容の実現の主体は、市民と市民に支えられた自治体にある。国の側では憲法25条を「宣言条項」(努力目標)として、その実現を放置することが少なくないが、そうしたナショナル・ミニマムに対して、「シビル・ミニマム」概念は批判的に機能し、国の政策・制度を転換させる力を持ってきたのである。公害問題、都市問題、文化行政において、自治体が先進的な条例や基本計画を策定し、それらが規範となって国の政策が地方を後追いすることも少なくない。こうした国と自治体と市民との関係を、松下は「下降型国家統治」と「上昇型市民自治」、すなわちトップダウン型とボトムアップ型に区別している。

　　　「下降型国家統治」　国→自治体→市民
　　　　　　　　　　　　国←自治体←市民　　「上昇型市民自治」

　編者が圧倒されるのは、松下が40年前に提起した歴史—政治哲学的構想力のスケールの大きさである。「歴史的に権力の拠点であった都市が市民の都市に『再生』していくためには、都市において市民自治による市民福祉が保障され、都市はシビル・ミニマムの制度・空間システムとならなければならない」と、松下は都市政策の長期的ヴィジョンを語っている。以下おもに『シビル・ミニマムと都市政策』[1]から印象的な節を引用しながら、現代の公共文化政策の理論的基礎づけを試みたい。

　松下は、カント哲学の基本となる「必要の王国」と「自由の王国」という区分を踏まえて、以下のように述べている。

　　　政治によるシビル・ミニマムすなわち市民的生活基準の保障は、生活の「必要の王国」の保障である。それを「市民福祉」の保障といいかえてもよい。この「必要の王国」の保障は、ミニマムを志向すべきであるかぎり、シビル・マキシムは不要である。ミニマム以上は個人の自由な選択にゆだねられるべきであるし、ことに価値の多元化をみた今日、市

民的コンセンサスを獲得できるミニマムの保障という政策的禁欲こそが必要となる。むしろこの「必要の王国」がミニマムとして位置づけられるのは、このミニマムとしての市民福祉を保障することによって「自由の王国」における人間性の全面開花、とくに政治的自由ついで精神的自由を含む「市民的自由」の基盤を拡充するためにほかならない。(p.7)

　ここに見られる「政策的禁欲」の姿勢は、ワイマール憲法で保障された手厚い「社会権的文化権」が、のちのナチス政権下において、文化政策を全体主義支配の道具に濫用する際の温床となったことへの反省に基づいていると考えられる。また、「個人の選択の自由は最大限に解放されていなければならない」[2]と松下が述べるとき、それは、個人の享受能力の開発を「ケイパビリティ」(潜在能力)という概念から基礎づけたA・センのアプローチに近いものを感じさせる。
　しかし松下は、都市市民の福祉が、個別企業の労働組合を中心に「企業福祉」という形態で実現されてきた点に、大家族主義的パターナリズムを基調とする日本的近代化との共犯関係を看取する。このために大企業の労働者(や公務員)は、「普遍的生活権の自覚をうみだしえず企業への忠誠へと『分断』」された。したがって、このような都市の勤労者全体の分断・分裂を温存させたままでの現行制度の部分的改善によっては、都市問題の抜本的解決は不可能だと松下は述べている。しかしながら、40年後の現代日本社会では、「企業への忠誠」に基づく「社縁」の崩壊、企業福祉の後退、そして派遣社員の激増による企業内での「分断」が新たな社会問題となっているのである。
　さて、1970年代初頭に、松下は以下のような展望を示していた。「シビル・ミニマムは、タテに分断・分裂した階層的利害をヨコに横断して普遍的に『市民福祉』を保障し、そのための制度改革をふくむ政策公準として提起されたものである」(『シビル・ミニマムと都市政策』p.9)。つまり、松下が「市民福祉」の意味で「シビル・ミニマム」を掲げるのは、それが厚生省系列のセクショナリズムによる「社会福祉」に対決する概念だからである。いいかえれば、「シビル・ミニマム」の実現は、タテ割行政を脱構築する、自治体機構内部における「政策の総合性」の追及を不可欠とするのである。
　こうして「シビル・ミニマム」という規範概念は、のちに「行政の文化

化」と呼ばれることとなる「総合政策としての都市文化政策」を、自治体内部で自覚化させる引き金となった。それだけではない。「シビル・ミニマム」という錦の御旗は、都市の勤労者の分断を乗り越えて社会的連帯・結束をめざす、市民運動の行動規範ともなっていったのである。

　シビル・ミニマムは市民の「必要」を市民の「理性」に転化させる自主規範である。市民の「必要」はエゴイズムとよばれようとも、神や君主・官僚という超越的権威が崩壊して超越的規範がもはや存在しないかぎり、市民の「必要」のダイナミクスの内部においてその調整原理を発見しなければならないとすれば、シビル・ミニマムは、まさにこの調整原理としての「理性」ということができる。(同上、p.19)

　市民参加が可能となって、市民運動は、エゴイズムを市民自治の活力へと転化させ、そこに市民の批判性と創意性を結集しうるのである。(同上、p.20)

　市民参加によるシビル・ミニマムの策定によって、はじめて市民自治が政治訓練をつんでいくことになる。そこで自治能力を漸次蓄積していく可能性がうまれてくるのである。(同上、p.22)

　以上の引用から分かるように、松下はカント主義の立場から「シビル・ミニマム」の合意形成を、討議型民主主義の調整機能に見出しており、その点では同年生まれ(1929年)のハーバーマスの思想を先取りしていたかもしれない(ハーバーマスの「コミュニケーション的理性」については後述する)。しかし、現代日本の都市文化政策と文化環境を省察するならば、次のような疑問がただちにわきあがってくる。「人類の進歩と調和」をテーマとした大阪万博の共同幻想に1億総国民が幻惑されていた1970年ごろの日本で、岩波知識人を中心に、これほど深遠かつ堅牢な都市政策の構想(デザイン)が提起されていたにもかかわらず、その後40年間の日本の政治と経済、そして文化の歩みは、その実態としていかに規範概念としての「シビル・ミニマム」をスポイルしてきたことか。また「シビル・ミニマム」の実質化としての

「市民福祉」と「市民自治」が、どれほどまでに後退してきたか。その原因はどこにあったのだろうか。

このような社会的病理については近年、宮本太郎が「分断社会の出現」、「連帯の困難」、「『生きる場』の喪失」といった切り口から分析している[3]。これらの問題の根っ子には、40年前に松下が看破していた、男性労働者の終身雇用制に基づく「企業福祉」への依存体質と、グローバル化によるその制度の崩壊という大変動が潜んでいる。しかしこの間に、都市勤労者の社会的連帯・結束を醸成できてこなかった理由は、どこにあったのだろうか。「普遍的生活権」への市民的自覚を阻んできた要因は、目下バッシングの矢面に立たされている官僚制度(テクノクラートによる操作)だけではない。消費社会のさまざまな誘惑(マス・メディアによる大衆操作)が、日本社会の虚飾に満ちた繁栄をもたらしてきたが、それは同時に、面倒な事柄への主体的関与能力から個人を疎外してきた。その結果、「ケイパビリティ」を未開発のまま放置することとなり、「生きる意味の希薄化」と社会的・文化的活力の全般的低下を招いてきたのである。

現代日本における「文化的公共性」の基盤崩壊を食い止め、「新しい公共」をゆがみなく紡ぎあげて、成熟した市民社会への展望を開くためには、少なくとも過去40年間の冷静な省察が不可避である。大阪万博を結節点とする広告代理店文化の跋扈、神戸ポートピア博の成功をモデルとする都市博や地方博のブーム、イベント文化とテーマパーク文化の功罪、バブル景気とポストモダンの無責任など、現代日本の文化環境の貧困化をもたらした原因を徹底的に究明する必要があるだろう。そして、規範概念としての「シビル・ミニマム」の失地回復つまり「再生」を、私たちは「新しい公共」の市民的自己形成という立場から、具体的・現実的に達成しなければならない。こうした社会文化的病理を克服する道を、私たちはアートマネジメント教育の主眼に据えて模索してきたのである。

自治体財政難の泥沼化にともなって「文化的公共性」の基盤がなし崩しにされている渦中で、どうにか生き延びようともがくとき、編者の心の支えとなってきたクレド(信条)は、ひとつの単純な認識に結晶していった。不遜ないい方ではあるが、それはもしかすると、ハンナ・アーレントが『政治とは何か』において思索した事柄に近づいてきているのかもしれない。「政治とは

人間の複数性という事実に基づいている」。しかも、人間の複数性は、自己と他者との絶対的差異に基づいている。「すべての人間は、お互いに絶対的に異なっているのであり、この差異は、民族、国民、人種という相対的な差異よりも大きいものなのである」(下線：藤野)。つまり、人間の複数性とは、数量化も通分も平均化も不可能な峻厳な事実であり、あらゆる画一的支配を拒む絶対的差異である。そのような前提のもとで、アーレントは人間と人間との関係を、独自の「政治」概念において把握しようとする。「政治が扱うものは、異なったものの間の連関と相互の共同関係である」[4]。そして、絶対的に異なった者の共同関係を開く「公共性」の根拠を、アーレントは美的判断力に見出すのである。

以下では、「文化政策の公共哲学」へ向けた編者の思索の過程を中間報告してみたい。多少専門的な概念装置を援用することになって恐縮ではあるが、これは編者が文化政策およびアートマネジメント分野での実践的プロジェクトを手がける際のマニフェストであると同時に、自らの行動指針ともなってきたクレドである。

2. 文化政策の公共哲学へ

本書では、その全編を通して、公共文化施設の本来的使命の自覚とその実現をめざし、「公共文化施設の公共性」の諸問題を多角的に考察してきた。しかし自覚したミッションの実現を阻む要因も少なくない。そこで、課題解決への勇気を与えるための「実践知」を、いわば「公共哲学」の地平から理論的に基礎づける必要がある。いや、むしろ「実践知」の中から、可能な限り普遍的な認識を見出せるように議論を収斂させるべきだろう。終章では、美学と社会哲学との融合を試みることで、これまで日本の文化政策学には欠如していた、ある本質的な観点に光をあてたいと思う[5]。

第12章で述べたように、カントは美的経験の本質を「利害関心を超えた心地よさ」、そして「目的を持たぬ合目的性」と規定したが、ここから芸術の社会批判的機能も可能となった。現実の目的(実利)に囚われていないことによってのみ、美的に自律した世界は、つねに現実社会に対する創造的な批判の拠り所となりうるからである。したがって、芸術が社会から自律していることと、芸術の世界への現実逃避とは似て非なるものである。また「美的

自律性」もしくは「芸術の自律」という原理は、いわゆる芸術至上主義とは峻別して考察しなければならない。

　カントによって基礎づけられ、シラーによって実践的に練成された「美的自律性」の原理は、アドルノやマルクーゼの批判理論に引き継がれ、芸術と社会の関係を鋭利に吟味する試金石として命脈を保ってきた。芸術は、現実社会から隔絶し、純粋形式として自己完結しているがゆえに、社会の諸矛盾や普遍的な問題を鋭利に映し出す「世界の鏡」となる。近代市民社会の中で確立された美的自律性は、現実社会における近代化・合理化とその根を同じくしながらも、「美的仮象」の理念化作用によって社会的近代に対抗し、その矛盾を深く抉り出す超越的原理を担ってきた。それは科学技術や市場経済の合理化とは異なる「もう1つの近代」といってよい。その「美的モデルネ」を生み出す源泉となったのは、カントによれば「反省的判断力」である。反省的判断力は、特殊だけが与えられている場合に、この特殊を手がかりに普遍を見出そうとする能力だ。それは、普遍のもとに特殊を包摂する「規定的判断力」においては隠されたままである「構想力(Einbildungskraft)」の基底を顕わにし、解放する。

　反省的判断力の次元に、アドルノは「文化的なもの」の本質を見出す。「根本において文化的と謂われるものは、進展する自然支配の過程で道端に取り残されたものを思い出して拾い上げなければならない。文化は、普遍が特殊と和解できない限り、普遍に対する特殊のねばり強い抗議なのである」(『文化と行政管理』[6])。

　文化の本質は、「特殊を手がかりに普遍を見出そうとする能力」にある。とりわけ、普遍のもとに特殊を包摂しようとする規定的判断力が優位に立つ場合、すなわち近代合理主義(官僚制、資本主義市場経済)が、特殊なもの、個別的なものを排除して画一的な支配を推し進めようとする場合、弱くはかない文化は、そうした「道具的理性」の暴力への異議申し立てともなる。近代化のプロセスの中で「道端に取り残されたものを思い出して拾い上げる」という「構想力」のはたらきは、芸術の領域においてこそ本領を発揮する。そこでは反省的判断力が、芸術固有の力として発現するからである。多様なもの、特殊なものの中から普遍的なものを探り出す反省的判断力こそ、まさに「公共性」の根拠を、感性をとおして具体的・現実的に証明するものである。

したがって本質的な問題は、規定的判断力に曇らされた行政管理的な眼差しで「芸術に公共性があるかどうか」を問うことではない。端的にいえば、「芸術こそが公共性を開く」のである。

　そのための事例に、私たちは本書の至る所で出会うことになるが、力強い一例として、佐藤信の「公共哲学」を挙げておきたい。第4章「芸術監督と『公共性』」の中で執筆者の竹内は、「広場」から「空き地」へという佐藤の劇場観のうちに、公共劇場における「公共性」の新たな意味を探り出している。「象徴としての『空き地』は誰がどのように使ってもいい場所である。『空き地』は忍び込むには多少の勇気がいるときもある。今はまだ、みんなの『広場』として、さらに『空き地』となるための、しかけが必要である。最終的に、劇場が『空き地』として、色々な人々によって色々な使われ方がされるようになるとき、そこに佐藤が理想とする、公共劇場の『公共性』が見出されるであろう」。

　編者流に解釈するなら、個々の「構想力」の自由闊達な開花が、その「特殊を手がかりに普遍を見出そうとする能力」の相互主体的なはたらきの中で、いわば「自由の法則」の自己発見に至ったとき、その「空き地」は、本来の「共有地（コモンズ）」としての公共性を、人間的自由の名において取り戻すのである。以下の竹内の理解は、劇場における公共性の核心を明確に捉えている。「多様な人々、数多くの人々が参加することによって『公共圏』が成立する。劇場を1つの公共圏と想定すれば、『劇場』という言葉を『公共性』に置き換えてみることができる――『公共性』というものは、『在る』ものではなくて『成る』ものである」。

　ここには、本書の通奏低音をなす、公共文化施設とオルタナティブな構想力との連携もしくは融合の可能性が豊かに示唆されている。そして、佐藤の公共哲学から私たちが学びうる、もう1つのことは、劇場人をはじめとする芸術家と、芸術についての研究者・研究機関との連携の必要性であろう。佐藤が芸術監督を務める「座・高円寺」に設立された「劇場創造アカデミー」は、複数の大学や文化施設との多様なネットワークによって構成されているが、そこには、編者が関西圏において夢想してきた垂涎の「インスティテューション」が、理想的な形でデザインされている。

3. インスティテューションとは何か

　ところで「インスティテューション」の語源を遡ると、公共文化施設＝機関が果たすべき使命についての認識を深めることができる。ラテン語の"instituo"という動詞は、「設置する」、「ある人を…へ任ずる」、「ある事を企てる」、「新しい事柄を実施する」、「秩序立てる」、「ある人を教える」といった多義性の包括概念である。本来インスティテューションとは、一定の目的をもって設置され、その目的を達成するための全マネジメント過程を包摂し、さらには再生産のための教育をも含む「制度」もしくは「機関」である。だから、その「施設」としての側面は、ミッションを実現するための「外皮」にすぎない。

　古来、多くの知識人が「インスティテューション」の本質について論じてきた。なかでもワイマル公国の大臣として数多くのインスティテューションを創設し、それらに関与したドイツの文豪ゲーテは、インスティテューションによってのみ、卓越した個人やグループの業績が、社会全体のために役立ちうるものとなる点を熟知していた。ゲーテは、ワイマルと隣町のイエナにおいて、知的かつ文化的生活に寄与する重要なインスティテューションとして、以下のような分野に注目していた。建築を含む視覚芸術、音楽、演劇、舞踊、身体的技能（乗馬、フェンシング）、造園や山林経営、職業訓練所、雑誌、学術アカデミー（大学）、ミュージアム、天文学や鉱業や地誌を含む学問と技術、などである[7]。

　ゲーテによれば、一方でインスティテューションは、その助けを借りて個人が社会に貢献する媒介機関であるが、他方では、個人の思想と表現の可能性は、インスティテューションを介して形成されるのである。インスティテューションは、個人と社会が相互に関係を深めてゆく媒介機関だ。こうしたメディアを通して個人の人格と能力が形成・開発され、またその人格と能力は、インスティテューションを通して社会形成に貢献するのである。

　もとより、近代以前の地縁血縁的共同体（Gemeinschaft）から近代産業社会が成立したとき、利害・目的社会（Gesellschaft）が主導権を握った。しかしその際に、利益優先のために孤立を深めて自己疎外に陥った個人（とその集合として大衆）を、再び社会的に統合する仕掛けが必要となった。このときに重要視されたのは、一方では国民国家形成の要件としてのナショナリズ

ムであったが、他方で忘れてならないのは「社交性」(Gesellkgkeit)という概念である。ここでの社交性とは、もはや宮廷・貴族社会において培われた「文明化」のプロセスに尽きるものではない。それは上流階級にとっての「礼節」や「上品な振る舞い」というよりも、むしろ近代市民社会における「コミュニケーション的行為」だった。近代的市民は、主に文芸的な社交性によって人格・教養形成を達成することができた。近代におけるさまざまなインスティテューションの生成とは、こうした社交性の獲得によって個人と社会とを有機的に再結合する場と機会の創造を意味したのである。

さて、現代ドイツの文化政策は、「文化政策はゲゼルシャフツポリティク(Gesellschaftspolitik)である」という自己規定のもとに、文化と社会との関係の組み換えをめざしてきた。しかし、かりにドイツ語の"Gesellschaftspolitik"を「社会政策」と訳す場合、重大な誤解を招く恐れがあるので、ここでは暫定的に「総合社会政策」という訳語をあててみたい。そのうえで、翻訳という異文化間対話から生じる社会的・文化的差異を明らかにしておきたい。

社会(福祉)政策は、ドイツ語では"Sozialpolitik"であり、本来は文化政策(Kulturpolitik)と区別された政策分野である。これに対し、現代のドイツ文化政策が"Gesellschaftspolitik"という自己規定を行っていることは、すこぶる興味深い。ドイツにおける"sozial"という概念は、19世紀前半にフランス語から入ってきたものと思われるが、これに対しドイツのテンニエスは、既述にように、人々の自然的結合によって生まれる共同体、いわば地縁血縁的共同体を"Gemeinschaft"と呼び、これを、人々の利益や契約に基づいて成立する"Gesellschaft"と区別したのである。

以後ドイツでは、ラテン語系の"das Soziale"(ただしsozialという形容詞もしくは副詞として使用される場合が多い)と、ドイツ語オリジナルの"die Gesellschaft"というシノニムが競合関係において使用され、それぞれのコンテクストの中で多義的な意味を担ってきた。ここで注目したいのは、"Sozialpolitik"が、国家(行政)による社会福祉政策として展開されてきたように、いわゆる要求と給付に基づく「上から目線」であるのに対し、"Gesellschaftspolitik"には、現代市民社会(Zivilgesellschaft)の自己形成といった草の根民主主義社会への意志が含意されている点である。

したがって、「文化政策はGesellschaftspolitikである」という自己規定には、"Sozialpolitik"を補完する役割という以上の意味が含まれていると考えられる。たとえば、ドイツの「社会文化(Soziokultur)」運動は、文化の力を通してさまざまな社会問題の解決をめざす社会包摂系文化政策の好例であり、社会政策と文化政策との融合もしくは有機的連携を意図している。しかし、"Gesellschaftspolitik"としての文化政策は、社会問題を解決するための「道具」だけを意味するものではない。また、「クリエイティブ・シティ」としてプロット化された都市や地域や産業の活性化のためにのみ役立てられるのでもない。

　「芸術の自律性」によって原理的に保障される、創造的自由を源泉とした社会批判的機能とユートピア的構想力を、いかに具体的かつ現実的に、既存の制度硬直した社会構造の根本的組み換えのために「媒介(Vermittlung)」しうるのか。グローバル化の中でさらに曇らされてきた、真に人間的な社会と文化への展望を回復できるのか。この点にこそ"Gesellschaftspolitik"としての文化政策の本質がある、と編者は見ている。つまり文化政策は、社会(福祉)政策に従属するものでも、それを補完するものでもなく、真に自由で幸福な社会を実現するための仕掛けづくりを、核心的かつ革新的に担うのである。

　してみれば、現在の日本の公共文化施設も、本来のインスティテューションとしての使命を果たすために、個人と社会とを媒介する文化的かつ人格形成的機関という目的を明確に自覚しなければならない。そのうえで公共文化施設の「公共性」についての合意形成を、まさしくその社会的・文化的媒介活動の中で実践する必要がある。このインスティテューションの本質である媒介機能を活性化して、その使命を具体化する技法が「アートマネジメント」なのである。

　こうした意味において期待される代表例が、「座・高円寺」に設立された「劇場創造アカデミー」である。それは複数の大学や文化施設との多様なネットワークによって構成され、そこでは芸術家と、芸術についての研究者・研究機関との有機的な連携が実現されつつある。しかし反対に、このような連携・連帯が欠如した場合、個々の立場や機関においては、「文化的公共性」の形成は、理論的にも実践的にも困難であることを、編者は痛感してきた。

たとえば、生活世界から孤立した大学の姿が、その良い例であろう。編者自身が長年加担してきたことなので身に覚えがあるわけだが、「美的自律性」を擁護する知的エリートの言説は、アカデミズムの殿堂の内部ではいかにも美しく感動的に響く。しかし現実社会のただなかでは、ほとんど戯言にしか聞こえないのが実情である。「金持ちの道楽やインテリの知的好奇心のために公的支援など不要」といった十把一絡げの「芸術嫌悪」の合唱は、某府知事だけでなく、格差社会に怯える若年層にも広がっているのである。

4. 一次元的人間と理性の腐食

　このような不幸な意識の分裂は、もちろん現代日本だけの問題ではなく、その根はとても深い。1960年代前半、ドイツからの亡命哲学者のマルクーゼは、アメリカの産業社会のイデオロギーを「一次元的人間」[8]として分析した。先進産業社会の「一次元化」とは、現実の「もう一つの次元」を生み出してきた「ハイカルチャーの反抗的・異質的・超越的な要素が消滅することによって、文化と社会的現実との対立抗争が一掃」されてしまう現象である。

　マルクーゼが「一次元的人間」の危険性を鋭く告発したにもかかわらず、その後の管理社会の全面支配は、ハイカルチャーを「現状是認的文化」へと一次元的に同化するシステムを完遂した。そして、文化が産業に完全に取り込まれる自己疎外の極みにおいては、本来ハイカルチャーに具わる反抗的・異質的・超越的な要素が同化に抵抗してきた、その闘争の痕跡すらもが抹消されるのである。つまり、疎外された人間と社会の自画像を覗き見るための亀裂や衝撃は、操作されたメディア公共圏と文化産業によって毒気を抜かれて中和化し、「癒し」を売り物とする快適なアートの世界が、退屈な日常をやさしく包み込んでくれるというわけである。

　こうして飼い馴らされた「ハイカルチャー」が、かろうじて延命を許されるのは、顧客満足度に迎合したアートマネジメントが、集客率向上と経費節減の二律背反に錬金術を発揮して行政評価の圧力に耐え、納税者への説明責任を果たしうる場合に限られる。「芸術と社会の橋渡し」を標榜するアングロ・サクソン系のアートマネジメントにとって、社会からの隔絶を前提とする「美的自律性」は、ドイツ・イデオロギーの忌まわしい亡霊に他ならないのである。ここから、既存のアートマネジメントへの嫌疑には十分な理由が

あると考えるのは、編者ばかりではないだろう。しかし、批判理論かぶれが陥りやすい文化ペシミズムへの安住を乗り超えて「新たな公共」づくりを仕掛けるためには、現場が抱えるディレンマに深く踏み込んで、既存のアートマネジメントが出来せざるをえなかった、その現代の病理を入念に解明しなければならない。

　たとえば、県立クラスの大型文化施設は、立地している地域の文化的活性化だけでなく、県全域の文化振興にも責任をもつ、いわばネットワーク・ハブとしての使命を担うべきであるが、現在の指定管理者制度の枠組みでは、業績向上や効率的経営の短期的な数値評価に縛られているため、指定管理委託された団体内部での「文化政策」的な意思決定はほとんど困難なのである。可能なのは「経営戦略」の実現に限定される。

　編者は第2章「公共劇場の『公共性』評価の手法・基準と課題」において、この点のディレンマに直面した経験を率直に記述したが、それがはらむ危険性にまで踏み込んでは論じなかった。しかし、もし「経営戦略」や「マーケティング」のレベルにのみ「アートマネジメント」概念が矮小化されて濫用されるとするならば、道具主義もしくはプラグマティズムによる、芸術文化そのものの価値の破壊に向けて秒読みが始まるだろう。実用主義的・道具主義的なアートマネジメント概念の歪曲と濫用に面して編者の気分が晴れる日はない。その理由はどこにあるのだろうか。

　フランクフルト学派の開祖マックス・ホルクハイマーは、アメリカ亡命中の経験をもとに、産業文明の根底にある合理性の概念が、産業文明そのものを本質的に腐敗させる欠陥をもつと喝破した。その経験をもとに、ホルクハイマーは『理性の腐食』[9]（1947）の中で、痛烈なプラグマティズム批判を展開したのである。パースやジェームズが唱えたプラグマティズムの哲学は、「ほとんど無邪気な率直さで支配的な実業文明の精神を反映」(p.64)している。この実業の精神は、「実践的であること（プラクシス）」に至上の価値を置くことによって、哲学の本質とされてきた「観想的態度（テオーリア）」への不信をあらわにする。つまり、プラグマティズムの哲学とは、「無思想」という哲学なのである。この思想を欠いたプラグマティズムが、市場原理主義の産業社会だけでなく、現代の新興宗教ともいうべき「政策科学」の根底をも支配していることは疑う余地がない。究極のニヒリズムは、現代社会のスーパー

フラットな光沢を浴びて、だれひとりニヒリズムを自覚できなくなっている闇の深さにある。

　プラグマティズムは、実験的物理学を全科学の原型とし、精神生活の全領域を実験室の技術に倣って形成しようとする点で、現代産業社会の片割れである。産業社会にとって工場は人間存在の原型であり、またそれは、文化の全領域を、コンベヤー上の生産あるいは、合理化された総務作業に倣わせるのである。(p.62)

　思想は、思想でない何物か、生産に及ぼす効果、社会的行動への影響によって評価されなければならない。それは、今日芸術が、細部に至るまで、究極的には、興行価値だとか宣伝価値だとか、芸術でないものによって評価されるのと同様である。(同上)

　真理は満足とは反対のものを与えるかもしれず、ある歴史的段階では人類にとってまったく衝撃的なものであり、だれからも拒否されるかもしれないという思想があるにもかかわらず、プラグマティズムの創始者たちは、主体の満足を真理の基準とした。そうした教説にとって、いかなる種類の信仰も、その支持者が満足しているかぎり、これを拒否したり批判したりする可能性は存在しない。(p.63以下、下線：藤野)

顧客満足度を基準として事業経営の成否(＝真理)を決める評価・管理技術は、「お客様は神様です」と奉ってきた日本型経営のエートスと見事に合致したのである。しかし私たちは、アングロ・サクソン系のアートマネジメントが根城としているプラグマティズムの陥穽を賢く見抜き、別の、もっと広い視野から「文化の公共性」を哲学的に基礎づけることで、文化政策の道具主義化に対抗する理論を再構築しなければならない。やむにやまれぬ思いのなかで、編者が新鮮な驚きとともに再三読み返してきた「古典」は、三木清の「文化政策論」[10](1940)である。以下では、そのエッセンスを抜粋したい。

5. 三木清の「文化政策論」

　　先ず文化は公のもの、公共的なものである。それは如何なる人の手によって作られるにしても、作られるや否や、彼から離れて公共的なものになる。それは甲のものでも乙のものでもないところのいわば(…)第三の世界に入るのである。哲学者が解明してきた文化の意味や価値が、文化に本質的な公共性を構成するのである。次に文化は公共的なものとして人と人とを結合する。(…)独立な人間と人間とは文化を媒介として結び付き、互いに関係する。(…)人間を結合する力としての文化、いい換えると、社会形成力としての文化の意義が認識されなければならない。人と人との結合は文化を媒介とすることによって公のものとなり、そこに真の協同が成立する。文化の有するこの性質は協同性と呼ぶこともできるであろう。(…)すべての文化をしてその本来の公共性を発揮させることが文化政策において必要である。(…)文化政策の目的とするものは協同の喜びである。かようにして全文化界に明朗性が現われ、文化の公共性の土台において各人が結合し協同すると共に、彼らの業績における明朗な競争が行われる。(…)文化政策が政治に明朗性を齎らし得るというのも、文化の本質的な協同性と公共性とに依ってである。

　三木清の「文化政策論」は、岸田國士をその初代文化部長とする大政翼賛会が成立した直後に発表された明察だが、コンパクトな中に心憎いまでの目配りが効いている。現在の研究水準をもってしても到達しがたい「総合政策としての文化政策」の意味と根拠が、美学的構想力を源泉に、しかも当時としては薄氷を履むがごとき「理性の公的使用」の極限から披瀝されていたのである。シラーは『美的教育書簡』の中で、「美的な伝達だけが社会を１つに結び合わせる、それは万人に共通のものにもとづいているからである」[11]と述べたが、三木清の「文化の公共性論」は、シラーからガーダマーへと継承される「美的遊戯論」、さらにはハーバーマスの「コミュニケーション行為論」へと連なる「美的―政治的判断力」の射程に定位しているのである。ここではまず、本書の公共性論のベースとなってきたハーバーマスの社会哲学について、とくに「生活世界と公共圏」の関係に焦点を絞って概観しておきたい[12]。

6. システムと生活世界

　現代人の多くが、国家と市場によって過剰に干渉された生活世界の閉塞感に苛まれてきたが、90年代以降の危機は、市場の独裁に対する国家の焦燥感としても現われている。しかし、ナショナリズムの強化による国家維持の動きは、市民社会を紡ぎ出す自己組織空間を再び抑圧しかねない。国家（第1セクター）と市場（第2セクター）の支配に対抗しうる非営利セクター（第3セクター）領域のエンパワーメントは、こうした閉塞感と政治的危機の克服にとって不可避の課題である。この課題を、本書の主題である「新しい公共」づくりという視点から理論的に把握してみよう。

　ハーバーマスは、現代社会の危機を「システムによる生活世界の植民地化」として捉えている。ここでのシステムとは「市場経済」と「行政国家」の領域における行為のことである。市場では「貨幣」をメディアとして物質的再生産が行なわれているが、国家・行政においては「公権力」をメディアとして公的資金の再配分と政策決定が行なわれている。これに対し「生活世界」は、日常言語によるコミュニケーションが実践される領域である。生活世界もシステムも共に「行為」の領域であるが、両者は合理性の相違によって区別される。生活世界における合理性は、おもに言語を媒介として人と人の相互理解をめざす「コミュニケーション的合理性」であり、ここでは言語（身体的・造形的表現も含まれる）をメディアとした文化的・社会的再生産が行なわれる。

　これに対しシステムにおける合理性は、成果の達成をめざす「目的合理性」である。システムの領域では、行為の主体と行為の対象（＝客体）が区別される。ここでの目的合理性とは、主体にとって客体が自分の目的達成の手段として役立つかどうかを判断基準とする「道具的理性」の行為である。その客体には、自然資源だけでなく「人材」も含まれるが、現代ヨーロッパの文化政策における「道具主義論争」は、このようなコンテクストから理解される必要があるだろう。

　アートもしくはアーティストが、まちづくりや創造都市の推進、観光資源の開発、創造的産業の起動力として利用されている現状を、文化経済学や文化政策学のみならず、社会哲学や美学の観点から、いかに理解するかが問われている。そのためには人類史的かつ環境学的観点からの視野の広い、その

意味で「グローバル」かつ総合的な文化政策的構想力が必要である。編者はドイツのフィールドワークに基づき、既存の「創造都市論」の陥穽として以下の2点を指摘してきた。

(1) 創造都市や都市再生の手段として芸術(家)を利用することは、「美的自律性」の原則を歪め、結果的に、その原則が担保してきた芸術の社会批判的かつ理念的なヴィジョン形成機能を弱体化させてしまうのではないか。
(2) コミュニティに密着した多文化共生をめざす市民活動(＝社会文化運動)の軽視を生み、社会包摂系文化予算の削減に手を貸すのではないか。

こうした懸念から、「文化多元主義」的理念に基づく強靭な公共文化政策を再構築し、これによってグローバル資本主義とその文化的画一化に対抗しうる都市戦略を練り上げることが焦眉の急であると考えてきたのである。さらに歴史的反省に立つなら、「道具的理性」は、自然と人間を管理し支配しようとするが、その一元的支配への意志は、絶滅収容所や原爆に見られる近代の野蛮状態を再三招いてきた。「啓蒙の弁証法」[13]によって、抑圧された自然(感情や本能も含む)の反乱・逆襲が起こるからである。

ところで、近代社会は、コミュニケーション的理性が浸透した生活世界の社会的(sozial)統合と、目的合理性の貫徹する市場と国家におけるシステム的統合とが、いわば重層的に絡み合って形成されている。近代社会の成立史を考察すると、システム固有の目的合理性は、生活世界固有のコミュニケーション的合理性を土台として、はじめて成立しえた権能であることが分かる。ところが資本主義近代の展開の中で、市場と国家というサブシステムが、貨幣と公権力という2大制御メディアを駆使して肥大化し、自らの存立母体であった生活世界を侵略し始める。するとそこから、生きる意味の喪失、社会的無秩序、精神病といった文化面、社会面、人格面での病理現象が多発することとなる。

生活世界を担うコミュニケーション的理性は、社会的活動や文化創造行為の中で共感や連帯感を育み、文化的再生産と社会的統合と人格形成を可能にする。ところが物質的再生産に拘束された道具的理性の暴力によって、社

会・文化的領域での再生産が機能不全に陥る。これが「システムによる生活世界の植民地化」という現代社会の危機である。

さて、ハーバーマスは『コミュニケーション的行為の理論』において、「生活世界(Lebenswelt)」をどのように捉えているだろうか。生活世界は、理論家にとっても日常人にとっても、何よりもまず自分自身の生活世界として「いつもすでに与えられている」ものであり、コミュニケーション的行為がなされる地平である。われわれが一緒に生活し、お互いに行為し、語り合う場合の出発点が生活世界である。コミュニケーションの参加者がある状況に注目する場合、生活世界は、その状況をともに解釈するために利用する「自明性ないし不動の確信の貯蔵庫」として登場する。その点で生活世界とは、「文化的に伝承され言語によって組織化された解釈見本のストック」と考えてよい。だが生活世界に蓄えられた確信や憶断や直観知は、暗黙の了解を支える「背景知」であり、日常的実践においては明示的な知として顕在化することはない。

要約すると、コミュニケーション的行為は、(1)相互了解過程における文化的伝統の継承と更新、(2)言語と活動による社会的連帯の創出、(3)個人のアイデンティティ形成とその社会化、という3点のつながりにおいて社会文化的生活を紡ぎ出している。その行為者のための、奥深い背景をもつ舞台が「生活世界」なのである。

7. メディア公共圏とオルタナティブ公共圏

言語と諸活動によるコミュニケーションが実践される生活世界は、社会的空間としては私的領域と公共圏から構成される。花田達郎は『公共圏という名の社会空間』において、その私的領域として家族、隣人関係、自由なアソシエーションを挙げ、公共圏の中核としてマスメディアなどのコミュニケーション・ネットワークを挙げている。ただし、公共性を社会的空間として実体的に捉え「公共圏」と呼ぶ場合でも、私的領域と関連した公共性の側面を軽視してはならない。

近代市民社会の形成期に、読書協会のような私的領域から「文芸的公共性」が成立したように、現在のアソシエーション活動においても、たとえば文化芸術分野への私的参加が一定の公共性を生みだす可能性は十分にある。

他方マスメディアの情報ネットワークが、公論の形成による社会的統合に寄与するのではなく、私的で感覚的な欲求充足の手段となり、生活世界の規範的コミュニケーション行為から逸脱するケースもまれではない。

したがって「新しい公共」づくりにとって重要な課題は、「連帯」という社会的統合の力を、貨幣と行政権力によるシステムの統合に対抗しうるまでに成長させることである。ここでハーバーマスが着目するのは、プライベートとパブリックの境界線で流動する「第3のアリーナ」の動向である。それは、国家装置内部の政治エリートが政策決定を行う第1のアリーナとも、利益集団や政党による要求民主主義的闘争の場である第2のアリーナとも異なる。

> この第3のアリーナでは直接的に貨幣や権力が問題になるのではなく、もろもろの定義が争われている。傷つけられていない自律的なライフスタイルが問題であり、例えば伝統的に慣れ親しまれてきたサブカルチャーの擁護や、伝えられてきた生活様式の文法の変更などである。一方における地域主義の活動、他方におけるフェミニズムやエコロジーの運動がその例を示している。これらの勢力は、たいていは潜在的なままであり、日常コミュニケーションからなるミクロの領域で活動しているのだが、ごくたまに公共的な討議や高度な間主観性へと凝縮する。そのような場面ではさまざまな自律的な公共圏が形成されうる。[14]

こうしたシステムと生活世界の縫い目、そしてプライベートとパブリックの閾(「文化の縁側」といい換えてもよい)において発生する新しい抗争のアリーナは「オルタナティブ公共圏」と呼ばれる。しかしそれが、システム命令の干渉に対抗しうるまでに連帯のパワーをアップできるかどうかは、現代の肥大化したもうひとつの権力である「メディア公共圏」に左右される面が少なくない。ハーバーマスは、コミュニケーション・メディアによって形成される公共圏のうちに、解放的契機と抑圧的契機の両義性を看取している。

一方では、コミュニケーション・テクノロジーの発達によって、地域的な公共圏(ローカル・コミュニティ)と地域を超えた公共圏(グローバル・コミュニティ)の分化、さらにテーマ分野ごとの公共圏(テーマ・コミュニティ)の分化が進むが、他方では水平にネットワークされ、オープンな討議を可能

にする公共性(星座型プラットフォーム)も成立する。この場合、それぞれの公共圏は他の公共圏に対して開かれ、そうした公共性の普遍的構造は、分散的ではあるが社会全体を視野に収めた意見と意思の形成過程となる。このコミュニケーション過程によって、暗黙知を地平とする生活世界の合理化(自己理解)が進展し、社会全体が自己に関する「知」を獲得できるようになるのである[15]。

　たしかにインターネットの普及は、市民運動のグローバルもしくはインターローカルな展開を可能にする。しかしこれは、あくまでメディア公共圏の規範的な形態である。他方、コミュニケーションのネットワークが商業化し、メディア公共圏が「知名度製造装置」として、操作された広報・宣伝の道具となると、「メディア権力」という新しい権力カテゴリーが生まれてくる。メディア権力は、消費者、有権者、クライアントの消費行動や投票行動に決定的な影響を及ぼし、その擬似的公共圏において欲求や同意を巧妙に操作するので、「生活世界を源泉として自然発生的によみがえる公共的コミュニケーションとぶつかることになる」[16]。

　それでは「第3のアリーナ」における新しい社会運動は、メディア公共圏の陥穽を回避した「オルタナティブ公共圏」の創出に、どの程度成功しているのだろうか。花田達郎は、間接化されず、メディア化されない公共圏を「手触りの公共圏」と呼んでいる。それは「当事者たちのもとに集積される具体的な経験世界から生み出される当事者公共圏」である。しかし課題は、こうした草の根の公共圏を生み出す際に、従来の公共圏との関係をいかに取り結ぶかである。これまでのオルタナティブ公共圏は、当事者性へのこだわりゆえにメディア公共圏を遠ざけるか、あるいは逆に、それを広報・宣伝の手段に利用したがために自らコマーシャリズムへ転落するかの、いずれかの道をたどって弱体化してきたからだ。

　したがって「新しい公共」づくりは、自らを制度化していくときに、その草の根の多彩な世界や、ローカルなものの全体を見渡せる世界への関係を失うことがない場合に限って、長期的に生命力を維持できるだろう[17]。当事者公共圏とメディア公共圏との適切な関係性はどうあるべきか。公共文化施設の運営だけでなく、オルタナティブスペースやコミュニティアートの個々のプロジェクトマネジメントにおいても、銘記しなければならない問いである。

8. 生活世界と専門家文化

　自律的な公共圏は、コミュニケーション行為によって合理化された生活世界の資源に基づいて、その力を養うことができる。生活世界に根を張った現在のさまざまなアソシエーション活動が、市場と国家の支配からの公共圏の自律を実現しつつある。この関係を強化し拡大再生産するには、一方では、経済と行政のシステムとは異なる「自由の制度(Institution der Freiheit)」を多様に構築する必要がある。しかし他方では、「自由の制度」の存立基盤である生活世界の文化資源が充溢していなければならない。アソシエーション活動は生活世界の文化資源に依存し、またその活動のコミュニケーション行為によって、生活世界の資源は文化的な活力を回復する。両者は相互依存的な循環関係にある。

　ハーバーマスは、目的合理性の支配する社会的近代化の中で文化的貧困が拡大してきた原因を、専門家文化の「カプセル化」や「タコツボ化」に見出している。生活世界は、そこで生きる人々が共有する日常的な「全体知」から成り立っているが、専門家文化の高度化と複雑化に伴って、生活世界の知識と意識の総合性が、その力を奪われ断片化してきたのである。(1)学問・道徳・芸術の高度な分化が、専門家の立場から編成された各領域の自律化という結果をもたらし、さらに(2)日常実践の中で自然発生的に形成され継承されてきた伝統の流れと、この専門領域とが分裂するという事態である[18]。

　こうして専門家文化は、日常のコミュニケーション実践には役立たないエリートの占有物となり、しかも伝承的文化は概して時代遅れで、行為者にとっては文化資源としての魅力を失っている。こうした社会文化的疎外状況のうちで市場経済と国家・行政が、貨幣と権力を制御メディアとしてシステム統合を拡大し、生活世界を植民地化する条件が出揃うのである。個人の欲求と行為は、生活世界に根を張ったアソシエーション関係の公共圏において実現されるのではなく、もっぱら市場の消費者もしくは行政サービスの受動的クライアントとして、個別的かつテクニカルに充足される。アトム化した個人をシステム的に統合する際の調整役(それを松下は「シビル・ミニマム」に期待していた)は、専門領域ごとのテクノクラートに一任され、そこには生活世界の側からシステム統合を監視・調整する「市民参加」の空間は与えられてこなかった。システムへの生活世界の隷属状態から文化的貧困が拡大

し、ついには要求型民主主義の帰結として「福祉国家の危機とユートピア的エネルギーの枯渇」を招いたのである。

9．美的経験と美的評価の主体

　アドルノ、ホルクハイマーらのフランクフルト学派第一世代は、システムに抵抗する最後の砦として芸術文化に仄かな希望を託していたが、彼らは社会と文化の分裂を批判しながらも、両者を再び関係づけるプログラムを提示することはできなかった。これに対しハーバーマスは、新しい社会運動において美的経験が持つ意味に注目する。「美に関する根本経験が持つ生産性と起爆力」は、目的合理性に支配された行動やパターン化された日常の知覚からわれわれを解放する。とりわけアヴァンギャルド芸術の「めくるめくような効果」の中で、「自己実現の目標となる諸価値の目録が革新され豊富になる」。こうした「美的近代のラディカルな経験内容」のおかげで、生活世界の資源が活性化されるのである。この点に私たちは、「アートプロジェクト」が本来めざすべき社会文化的ポテンシャルを見出すことができる。とりわけサイトスペシフィックな視点を重視するアートプロジェクトは、現代アートの「起爆力」による地域の文化資源の再発見と、その現代的更新という社会哲学的ミッションを担っているのである。

　ちなみに、編者が注目しているアートNPO「BEPPU PROJECT（別府プロジェクト）」は、「新しい公共」づくりの社会実験(仕掛けづくり)の最前衛で奮闘しているが、その活動目的には、美学と社会哲学との融合をめざす編者と交響する社会文化的コンセプトが、きわめて簡潔に語られている。「社会の中におけるアートの価値を再発見、もしくはあらたな意義と可能性を見いだし、この場所でしか実現できないユニークな試みを、それがたとえ、分からないといわれるものであっても、日常的に地域に提供し続けること」。BEPPU PROJECTの究極目的は「多様な価値が共存する魅力ある社会の実現」なのである。

　このコンパクトなマニフェストの中には、アートと社会の関係をめぐる構成要素が余さず凝縮されている。BEPPU PROJECTは、普遍性(ここでは時代と場所を超える人類共通の価値を第一に意味する)と特殊性・固有性・唯一性(ユニークネス)との関係を、どのように扱うべきかを模索しているが、

それは先に触れたアーレントの「政治とは何か」と通底する問いでもある。

　アーレントは、(1)政治とは人間の複数性という事実に基づいている、(2)政治が扱うものは、異なったものの間の連関と相互の共同関係である、という２つのテーゼを立てていたが、これらをアートプロジェクトによる「新しい公共」づくりというコンテクストに落とし込むならば、次のようにいい換えることができるだろう。人間の複数性という事実に基づき、文化多元主義の立場から、異なったものの間の関係を扱う「コミュニティ創生の術」が政治（ポリスの術＝アート）である。このような境位に立つとき、「シビル・ミニマムは、市民の『必要』のダイナミクスの内部における調整原理としての『理性』である」とした松下圭一の政治学、そしてハーバーマスの「コミュニケーション的行為論」との共通性が、鮮やかに浮かび上がってくるだろう。

　ところで第12章でも述べたように、われわれの内面には、真・善・美という普遍的価値に結びつく３つの根本的欲求が常に潜んでいる。真理の追求、正しい行動、美的・感覚的コミュニケーションへの欲求である。これらの欲求を具体的に実現し、相互に結びつけうる条件や環境があるとき、われわれは他者とともに生きられる生活世界を資源として、文化的公共圏を自発的に紡ぎ出すことができる。しかし、こうした生活世界の具体的な生活様式は近代のシステムによってさまざまに分断され、とくに都会においては抽象的な生き方しかできなくなっている。

　専門家文化の弊害は、理想的世界を予感させるはずの芸術の分野でも例外ではない。19世紀以降のドイツでは、美学や芸術学が目覚しく発展して、きわめて詳細で専門的な芸術作品の研究が大量に生産された。しかし専門化された知識は、芸術と芸術作品、文化施設と文化エリートの権威付けには大いに役立ったが、生活世界の中で一般の市民が美的なものと出会うためには、むしろ妨げとなった。「素人が芸術を鑑賞しようと思えば、自ら専門的な教養を身につけねばならない」という心理的プレッシャーを植え付けたのである。

　しかしハーバーマスが述べているように、「素人でありながら、芸術好きの役を選んで、自己の経験を自身の実人生の問題と結びつけることもできる」。この場合、芸術との関わり方は、プロの研究者や批評家とはまったく異なるものとなる。その例としてハーバーマスは、P. ヴァイスの小説『抵抗の美学』からの決定的シーンを挙げる。そこでは、まさに生活世界の立場から高

度な芸術が真に受容されるプロセスが描かれている。ナチス時代のベルリンで、向学心にあふれた若い労働者のグループが、ヨーロッパの絵画史について勉強している。彼らは、教養主義の伝統からも、また現下のナチス政権からも同じく隔てられた純粋な美的経験の地平に立って、人生の価値観を決める根本的な認識を獲得する。若い労働者たちは当初、諸々の作品の巨大な集積場でしかない美術館の中で当惑する。

> 無産者として、こうした集積物に近づく時のわれわれは、最初はおどおどしていたし、敬虔の念でいっぱいだった。しかし、やがてはっきりしてきたことがある。それは、こうしたものいっさいを、われわれは自分の価値評価で満たすべきなのだということであり、こうした概念総体が有効なものになりうるのは、それがわれわれの生活条件に関して、またわれわれの思考過程における困難やその独自な点について、何かを語ってくれる時だけである、ということだ。[19]

このように本来、芸術の判定者は、国家でも市場でも専門家でもない。いわんや知ったかぶりの「教養俗物」でもない。自分の内なる価値評価に基づく芸術受容が優先されねばならない。だが、そうした能力の涵養のためには、文化的知のストックである生活世界に根を張った公共的コミュニケーションが不可欠である。その対話的行為のプロセスで、美的に価値判断できる「主体」もまた間主観的に形成されるからである。

モデルネ芸術には、日常の生活実践の硬直化と生活世界の貧困化を阻止し、文化資源を活性化する起爆剤が含まれている。その美的近代の力をうまく引き出すためには、モデルネの文化を専門家から解放して日常の生活実践と結びつける、新たな知の技法（アートマネジメント）が必要である。上の具体例は、ナチス政権下での一種の限界状況において生起した稀有な経験であるが、「生活世界の植民地化」が隠微な権力関係を通して進行する現在、同様の経験の獲得は、オルタナティブな意義申し立てやコンフリクトを厭わぬ文化活動、とりわけアートNPOの前衛的なプロジェクトに期待されている。

文化の本質に敏感なアートプロジェクトは、「特殊を手がかりに普遍を見出そうとする反省的判断力」に依拠して「新たな公共」のかたちを探求する。

その際に、現代アートは、「普遍が特殊と和解できない限り、普遍に対する特殊のねばり強い抗議」となる必然性がある。その意味で、現代アートの「分かりにくさ」の理由の1つは、「普遍」とみなされてきたもの／思い込まされてきたもの、すなわち国家や官治型公共性、社会通念や美学的権威などのイデオロギーと、「普遍」の名のもとに排除されてきた「特殊」(人間の複数性、固有性・唯一性)との、葛藤や慟哭そのものが「表現」にもたらされているからである。しかし、この「分かりにくさ」への気づきそのものが、イデオロギーから解放された世界認識のアクチュアリティーを開示するのだ。

10. 芸術が公共性を開く

　周知のように、アーレントの「公共性」概念は、ギリシャのポリスをモデルとしている。「政治的であるということは、ポリスの中で生きることであり、それは一切の事柄が、強制や暴力によらずに説得できる言葉を用いて秩序づけられるという意味であった」[20]。こう語るアーレントの政治観は、たしかにハーバーマスの討議型民主主義の公共性モデルに近い。他方アーレントは、ニーチェ風のアゴーン的精神にも注目する。「ポリスは公共空間そのものであり、このうえなく激しく仮借のない競技の場であった。そこにおいては誰もが他の全員の前で傑出し続けねばならず、活動と言葉と業績に秀でていることによって、自分が『最良の者』として生きていることを示さなければならなかった」[21]。

　三木清と同様、アーレントの政治的生においても、明朗な競技精神と協同性の両面が公共性を構成しているが、その関係は力動的だ。「われわれの現実性感覚は、秘かに匿われた暗闇から何ものかが登場できる『現れ』が存在し、それとともに公共空間が存在するという点に完全に依存している」。ここでのアーレントは、ハイデガーの「大地」(秘匿)と「世界」(存在の開け)との緊張した闘争を念頭に置いていたのではないかと推測される[22]。「世界」の現れは、すぐれて芸術作品の中で生起する。「存在の開け」としての真理の内に立つ人間存在(Dasein)は、そこではじめて「事物の純然たる現れ」と出会い、「世界」そのものを経験する。そのとき人間は、日常の心配事を忘れ、カントが定義したように、利害関心から自由となる。ここに、美的判断力を政治的判断力へと媒介する「共通の世界」が開かれるのである。「公共体

(Gemeinwesen)」、すなわちコミュニティのガバナンスとしての「政治」は、利害関心を超えた自由の次元において、その本来の姿を取り戻すのだ。

したがって、芸術が文化の公共的意味の場へと現われ出る、そのための「世界」を匿いつつ整えることが、「文化政策の公共哲学」としての役割ということになるだろう。美と芸術は、真理・現実・世界から分離されることはなく、むしろ公共的領域にたいして責任を負い、文化の公共的意味の内へと現われ出るのである。そのとき人間は、自分が称える美的対象を掴み取って所有しようとするエゴイズムから解放される。美的なものの現われの中で、それをあるがままにしておくために、むしろ自分自身を忘れるのである。ハイデガーは、その瞬間を「放下（Gelassenheit）」と呼んでいるが、それは親鸞の謂う「自然法爾」と通じるものがある。西田幾多郎の『善の研究』に倣えば、「純粋経験」の境地といってもよいだろう。

そして、この決定的な「現―場」においては、カントの主観主義的美学とハイデガーの存在論的美学、すなわち芸術作品の生起における世界の「開け」とは符合するのである。カントの美的自律性を保障する「美的懸隔」、「利害関心を超えた心地よさ」、「目的を欠いた合目的性」という諸規定は、たしかに彼の主観主義的美学を構成するタームではある。しかし人間は、美的純粋経験に打たれた瞬間、その「物来たりて我を照らす」（西田）現―場においては、カントの美的自律性が、ハイデガーの存在論的美学と表裏一体の関係にあったことに気づくのである。

とはいえ、ここで文化政策の観点からいっそう重要なのは、アーレントが示した方向性、すなわちカントの美的―反省的判断力を基礎として「政治的なもの」を再構成すること、もしくは政治の本質を取り戻す試みである。「趣味判断が討論に開かれており、議論に服することをカントが力説したのは、カントが美の公共的性質と美的なものの公共的関連性とを自覚していたからである」[23]。反省的判断力を賦活し、その自由な創造領域を保障することが、現代の疎外状況から人間と文化を救済するための道しるべとなる。もとより「自己疎外」という概念は、ヘーゲルとマルクスにまで遡るが、20世紀にそれは、「世界像の時代」（ハイデガー）、「物象化した世界」（ルカーチ）、「一次元的人間」（マルクーゼ）、「文化産業」（アドルノ）、「生活世界の植民地化」（ハーバーマス）といった用語で捉え直されてきた。そしてそれぞれの哲学者が、人類

解放のユートピアを最終的には芸術に託したのである。

　そこで、文化政策がことさら芸術を擁護し、その活動を保障すべき理由は、美的判断力の間主観的な自己形成、すなわちコミュニケーション的行為による趣味判断の練磨が、多元主義的な文化を創造する政治的能力の基礎となるからである。

　以上、「実践知」の普遍化をめざして、文化政策の公共哲学による基礎づけを試みてきた。そこから得られた中間的な認識は、以下の2点に集約できるだろう。

(1) 人間の複数性という事実に基づき、文化多元主義の立場から、異なったものの間の関係を扱うコミュニティ創生の術が、ポリスの術(＝アート)としての政治である。その意味で、文化政策(Kulturpolitik)とは「文化＝政治(Kultur＝Politik)」である。

(2) 文化政策の公共哲学としての役割は、芸術が文化の公共的意味の場へと現われ出る、そのための「世界」を匿いつつ整えることに限定される。反省的判断力を賦活し、公共性を開くのは、芸術そのもののはたらきだからである。

　最後に繰り返したい。「すべての人間は、お互いに絶対的に異なっているのであり、この差異は、民族、国民、人種という相対的な差異よりも大きいものなのである」と。人間の複数性という事実、人間相互の絶対的差異に「公共性」の根拠を求めるアーレントの言説は、けっして自己矛盾なのではない。それは、人類の歴史がアウシュヴィッツのガス室の中での絶対的同一性＝平等に帰着してしまったこと、すなわち「啓蒙の弁証法」へのラディカルな反省に基づいている。ユダヤ系ドイツ人として国籍を奪われ、市民権を失い、母語であるドイツ語の使用をも許されなかった亡命者アーレント。限界状況の中で、丸裸にされた人と人との共同関係を問い続けたアーレント。彼女は、絶対的差異としての人間の複数性ゆえに、人格の尊厳と、個人のかけがえのなさを、魂の奥底からいとおしく思っていた。その次元に「愛」を発見していた。

　もちろん彼女は、「アウシュヴィッツ以後、詩を書くことは野蛮だ」[24]という一文だけが文脈から切り離されて誤解に晒されてきた、アドルノの美学的──

歴史認識を深く共有していた。アドルノの真意は、アウシュヴィッツ以後、その凄惨な過去に無反省のまま文化を創造することを「野蛮」と見下す「批判的精神」そのものに、批判の矛先を向けることにあった。現代の批判的精神は、「自己満足的に世界を観照して自己のもとにとどまっている」にすぎない。「絶対的物象化」によって、批判的精神そのものが腐食しているためである。

既述したように、アドルノは、システムによる「絶対的物象化」に抵抗する最後の砦として、芸術文化に仄かな希望を託していた。しかし彼は社会と文化の分裂を、上記のようにメタレベルで批判しながらも、結局のところ両者を再び関係づけるプログラムを提示することはできなかった。これに対してアーレントは、「芸術が開く公共性」に希望を託し、美的判断力を基礎とした「政治的なもの」の再構成に生涯を捧げたのである。文化政策の公共哲学は、これらの世界史的経験と希望を銘記して、「新しい公共」のかたちをデザインしなければならない。

---

1 松下圭一「シビル・ミニマムと都市政策」『現代都市政策Ⅴ シビル・ミニマム』岩波書店、1973年。
2 松下圭一「都市をどうとらえるか」『現代都市政策Ⅰ 都市政策の基礎』岩波書店、1972年、p.21。
3 宮本太郎『生活保障』岩波新書、2009年。
4 ハンナ・アーレント(佐藤和夫訳)『政治とは何か』岩波書店、2004年、p.3以下。
5 以下の理論的基礎づけの試みは、拙稿「文化政策の公共哲学のために」『岩波講座 哲学』月報14、2009年7月を骨組みとして大幅に加筆したものである。
6 T.W.Adorno, Soziologische Schriften1, Gesammelte Schriften8, Suhrkamp FaM, 1997. ただし、ここでアドルノが文化(Kultur)と呼んでいるものは、ほぼ芸術(Kunst)と同義である。
7 Theodore Ziolkowski, Das Amt der Poeten, Die deutsche Romantik und ihre Institutionen, dtv/München 1994, S.25ff.
8 ヘルベルト・マルクーゼ(生松・三沢訳)『一次元的人間』河出書房新社、1980年。
9 マックス・ホルクハイマー(山口祐弘訳)『理性の腐食』せりか書房、1987年。
10 三木清「文化政策論」『三木清全集 第14巻』岩波書店、1967年。
11 F. Schiller, Sämtliche Werke, Bd.5, München1960, S.659.
12 以下の論点は、拙著「新しい市民社会への仕掛けづくり」後藤和子、福原義春編『市民活動論』有斐閣、2005年の中の一部に依拠している。
13 ナチズムに衝撃を受けたホルクハイマーとアドルノは『啓蒙の弁証法』(1948)の中で、自己破壊に至る西洋近代文明の原理的矛盾を解明した。自然支配の原理に基づく西洋文明は、いっさいを画一的に数量化する道具的理性によって啓蒙(脱呪術化)のプロセスを進展させてきたが、そのために抑圧され奇形化した(感情や本能を含む)自然は、「理性と自然との悪魔的統合」によって、激烈な野蛮状態を現代世界にもたらすとされる。
14 ユルゲン・ハーバーマス(河上倫逸監訳)『新たなる不透明性』松籟社、1995年、p.219。
15 ユルゲン・ハーバーマス(三島憲一他訳)『近代の哲学的ディスクルス』岩波書店、1990年、p.616以

下。
[16] ユルゲン・ハーバーマス(細谷貞夫・山田正行訳)『公共性の構造転換』未来社、1994年、序言。
[17] 花田達郎『公共圏という名の社会空間』木鐸社、1996年、p.184以下。
[18] ユルゲン・ハーバーマス(丸山高司他訳)『コミュニケイション的行為の理論』未来社、1985－87年、下巻、p.357。
[19] ユルゲン・ハーバーマス(三島憲一訳)『近代 未完のプロジェクト』岩波書店、2000年、p.38。
[20] H. Arendt, Vita activa oder Vom tätigen Leben, München Zürich 1981, S.30. なお英語版およびその邦訳『人間の条件』によっては、ここでのアーレント思想の核心に迫るには限界があるため、ドイツ語版からの拙訳を試みた。
[21] Ebd. S.42.
[22] Vgl. M. Heidegger, Der Ursprung des Kunstwerkes, Reclam-Stuttgart 1960.
[23] ロナルド・ベイナー(浜田義文監訳)『政治的判断力』法政大学出版局、1988年、p.23。
[24] テオドール・W・アドルノ「文化批判と社会」『プリズメン』(渡辺祐邦訳)、ちくま学芸文庫、1996年、p.36。

あとがきに代えて
——劇場法再考

藤野一夫

　1995年1月17日未明に起こった阪神・淡路大震災から16年が過ぎました。現代日本の大都市を襲った未曾有の災害、その瓦礫の中から、さまざまな新しい動きが生まれ、その動きを表す新しい言葉が全国に広がっていきました。震災直後から、おびただしい「ボランティア」が神戸をめざし、被災地と被災者を支援してくれました。その数150万人。神戸市の人口に相当するひとたちです。この思いがけない善意の運動は、バブル崩壊によって自信を失っていた日本社会全体にとっての福音ともなりました。とくに学生ボランティアが目立ちました。いまどきの若者も捨てたものではない、という声が広がり、「ボランティア元年」という言葉が生まれます。こうしたムーブメントが牽引役となって1998年12月にはNPO法が施行されたのです。

　しかし、その後の日本社会一般は「新しい公共」へ向けて大きく変化したのでしょうか。「無縁社会」の急速な拡大は、若年層にとっても無縁ではなくなっています。この間に、インターネットによるバーチャル・コミュニティが増大してきました。その意義については多角的な分析が必要ですが、バーチャル・コミュニティの浸透は、「ミーイズム」と呼ばれるような、自分勝手で独りよがりの生き方の広がりを抑制する機能を果たしえているのでしょうか。

　自分の生き方、自分の価値観——それらはいったい、どうやって形成されるのでしょうか——だけが唯一大切なもので、それを守ろうとして自分の殻に閉じこもるか、せいぜいバーチャルな世界で同じ価値観、同じ趣味を持ったひとたちだけで自己満足するタイプの、その意味で「生活世界」から遊離した抽象的なテーマ・コミュニティが急増しているように思われます。プライベートな領域から、より開かれた世界、つまり市民的・文化的公共性へと至る通路が見いだせない状態、これこそが現代日本の閉塞感の原因ではないでしょうか。現代社会の閉塞状況を一元的に経済問題に還元しようとする頑迷なイデオロギーに、編者は「グローバリゼーションの病」を感じてしまうのです。

　このような「病」への感受性という点でも、震災経験から学んだことは示

唆に富むものでした。震災時のボランティアたちの救援活動では、ひとつの共通の思いが、ひとびとを結びつける見えない絆となっていました。だれもが「最後の一人までもが助かってほしい」と願って行動したのです。この「たった一人の命を大切に」という共通の思いが、「震災文化」の精神的支えとなったのですが、ここには終章で触れたアーレントの「人間の複数性」という思想と響きあうものがあります。そしてこの点に、震災文化と芸術文化をつなぐ何か大切ものがある。そのように本書の執筆者たちは確信してきました。

　アートは、共感を求めることで心と心がつながっていく世界です。しかしアートは、独裁的な文化政策に操作されない限り、ひとつの価値観を他人に強要することはありません。自分とは価値観の異なるひと、ものの見方や感じ方が違うひとがいるということを知り、それを認め合うことこそが、アートの世界では自分を豊かにするのです。美的なもの、とくに芸術が秘めているコミュニケーションの力は、新しい公共、そして新しい市民社会づくりの要となるはずです。しかし、この美的コミュニケーションの潜在能力を引き出すことは、市場経済や行政のシステムには不向きです。ここにこそ、アートを媒介として「新しい公共」を編み上げていくチャンスもまたあると思います。

　芸術は、衣食住足りて初めて手が届くような贅沢品でも飾り物でもありません。また、その場限りの楽しみとして消費される「娯楽」でもありません。たしかに、芸術には「癒し」や「慰め」という大切な働きがあります。しかし、それ以上の意味が迫ってくる瞬間もあるのです。日常生活の中では到達しがたい「美的認識」を得たことで、自分と世界との関係が根本的に変化することがある。芸術の中では、今まで知らなかった自分と出会うことができます。また、現在のゆがんだ社会や世界は、本来どのような姿へと生まれ変わるべきなのか、といった理想像が一挙にイメージできる瞬間にも遭遇するでしょう。

　芸術を通して得られた根本的な認識は、最初は個人的な体験にとどまっているかもしれません。しかし、本物の芸術体験の中で魂が響きあう深さは、表現する芸術家の側にも、鑑賞する観客の側にも共通しているはずです。その共感（共通感覚）の中では、主体と客体の区別は消え去り、だれもが芸術家

として新しい世界の創造に参加しています。たとえ表現の技術はなくとも、あなたは芸術を生み出す主体なのです。しかし私たちは、美との、芸術との出会いから得られた根本経験を、自分だけの胸のうちに秘めておきたいと思うでしょうか。いや、むしろ、一人でも多くのひとと「分かち合いたい」と願うのではないでしょうか。創造的な世界認識を、世界中のひとに「伝えたい」と思うかもしれません。もしあなたが、このような「伝達衝動」を心の底から覚え、その欲求を実現したいと切望するならば、それこそが「アートマネジメント」の始まりなのです。アートマネジメントの根本にあるものは「美的・感性的コミュニケーション」へのやむにやまれぬ欲求です。

　芸術における最大の意味は、まさしく芸術体験という人間的なインターフェイスの時間と空間の中で開示されるはずです。その瞬間において、言葉を超えた「感動」や「共感」が呼び覚まされるならば、そこに自ずと「文化的公共性」が立ち現れるでしょう。しかしそれは、自分の好みに合っているかどうかという趣味の次元にはとどまりません。異なった価値観に対しても自分を開いていけるような美的コミュニケーションの次元が開かれる、という意味です。ここには、単に受動的な文化の消費者ではなく、芸術作品（公演）について自分の言葉で批評できる「議論する公衆」が誕生するでしょう。そして、議論する公衆の声を再び公演の質の向上や自主事業のコンセプトに反映する仕組みを整えることも、アートマネジメントの大切な仕事なのです。

　本書の校正段階で、(仮称)劇場法の検討が文化庁の委員会で始まりました。またこの間、編者はいくつかの学会等で劇場法をめぐる議論に参加してきました。それらの機会に考えた雑感の何点かを述べることで、今後の議論へのきっかけとなれば幸いです。序章の最後で示したように、劇場法に対する編者の原則は以下のようなものでした。

(1) 文化の地域間格差、および文化施設間の格差を助長しない仕組みとなっていること。
(2) 地域主権の確立に寄与し、文化的表現の多様性を保護、促進するものであること。
(3) 「芸術の自由」を保障し、中央集権的文化統制につながらない仕組みとなっていること。

これらの原則から、以下のような論点が議論の対象となるでしょう。

①だれが認可するのか

　文部科学大臣による認可制度は、歴史的経験にかんがみて危険性が高いでしょう。「根拠法」としての劇場法を制定してきたのは、歴史的にも現在でも、左右の全体主義国家に限られているからです。実質的には、アーツカウンシルが認定の審査、および支援内容と支援額を決定すべきでしょう。ただし中長期的には、ドイツの文化分権主義のように、予算も権限も地方（地域）に委譲する必要があります。とはいえ、自治体単位での認定や支援内容の決定は、財政状況や首長、議会勢力などの政治的・経済的偏差が大きいために、いますぐに導入するにはリスク（不安定要因）が大きすぎます。したがって管轄権限、アーツカウンシルともに、道州制の動きと連動して立案していく必要があるでしょう。

②館長・芸術監督・技術監督などの「資格者要件」

　技術・安全面での専門資格は、公演の質と安全性の向上のために不可欠ですが、この分野はテクニカルな合理性で処理可能なため、資格制度の基準も明確です。しかし、マネジメント・制作面での専門資格については、精神的活動に関わる部分が大きいために、技術的合理性（管理能力）とは別次元での人間のクリエイティビティが求められます。つまりアーティストに匹敵する美的センス、批評能力、コミュニティや福祉、環境や青少年問題などと連携させて事業をコーディネートできる文化政策的デザイン力など、学際的かつ総合的な実践能力が必要となります。これらの能力は、専門学校のような資格化とは相容れないし、既存の大学でのアートマネジメント教育の枠組（カリキュラム）に則った資格化は危険ですらあると考えられます。

③アートマネジャー認定制度について

　上記のような理由から、アートマネジメント教育は、原則として大学院レベルでしか成立しないでしょう。学部において多様な専門知を習得した人格、さらに社会（現場）の中で多彩な実践知を身につけてきた人格、つまり彼女、彼らの、個々に自律し、差異を自覚した人格の間での徹底した討議をベースとして、はじめて現代社会においてアートマネジメントは何をめざすのか、

というコンセンサスも形成されるからです。この意味で、既存の「教育」のカテゴリーから逸脱する点に、アートマネジメント「教育」の可能性があるといえます。

④予算配分の考え方

芸術団体の健全経営、公益性を促進するという観点から、文化庁の支援の仕組みが、より透明性が確保されやすい劇場・音楽堂へとシフトしていると考えられます。その場合、芸術団体のフランチャイズ化が進むと予想されますが、それによって、拠点施設を持たない弱小のアートNPOなどが排除されやすい構造も生まれるでしょう。この点でも、公共性の高い活動をしている芸術団体や地域のアートNPOとの連携を重視し、それを積極的に評価する条文を含めるべきです。

⑤文化施設の分類について

現時点において「創る劇場」に足る能力を備えている劇場・音楽堂は限定されています。「観る劇場」以上、「創る劇場」以下という境界線にある公共文化施設が「地域劇場」の大半ですが、それらをどのようにして「地域の中核となる劇場・音楽堂」へと引き上げていくかが支援のポイントとなるでしょう。ただし、よしんば100館近くの施設が「創る劇場」へと発展できたとしても、その自主制作作品の「巡回」を受け入れる能力と資力のある「観る劇場」も、やはり限られています。人口30万の都市もしくは地域を基準に、「観る劇場」を整備し、支援していくとすれば、全国で400館程度の「地域劇場」が対象とります。これは理想論ですが、その方針を実現するには、予算措置だけでなく、それを担う人材育成が必要となります。現場の経験からすると、その方針を混乱なく実現するためには10年単位での人材育成計画が不可欠です。

いずれにしても、成熟した議論を経たうえであれば、劇場法には「新しい公共」づくりへの可能性が期待されます。まずは、公共文化施設の内部に専門性の高い人材を配置することによって、長期的かつ幅の広い視野に立った地域密着型の劇場運営が可能となるでしょう。舞台芸術の質の向上だけでな

く、多様な地域課題や社会問題に目を向け、その解決のために多分野と連携する（アート）コーディネーターへの期待も高まります。まさに地域主権の確立に向けて、文化芸術が媒体となり、そのインスティテューションが地域主権の拠点として機能するチャンスが到来するでしょう。他方、東京を中心とした営利系のプロモーターや芸術団体は、その「植民地」を失うことになりますが、それは日本の文化環境の将来像のために健全な「チェンジ」だと考えられます。

ただし、既述したように、拠点施設を持たないアートNPOにも、日本の文化環境をチェンジする大きなポテンシャルがあることは忘れてなりません。施設助成と並行して、公共性の高いアートNPOや芸術団体への事業助成にも積極的に取り組む必要があると考えます。以上が、「公共文化施設の公共性」を多角的に考察してきた視点からの、劇場法への期待と課題です。

本書が出版にこぎ付けるまでには、実に多くの関係者のお力添えがありました。とくに水曜社の仙道社長には、文化事業の根幹ともいうべき出版事情が厳しくなるなかで、私たちの地味な共同研究の意義をご理解いただき、若手研究者のための未来への先行投資として、本書の出版を快くお引き受けいただきました。心から感謝いたします。

また、文化政策やアートマネジメントの分野でも浅学の編者は、多くの学姉・学兄から、この10年あまり貪欲なまでに学ばせていただきました。ひとりひとりのお名前を挙げる余白はありませんが、とくに日本文化政策学会会長を務められている中川幾郎・帝塚山大学教授からは、自治体公共文化政策の意義を根本から学ばせていただきました。

さらに、幸運にも昨年末、早稲田大学のGCOEの成果として『公共劇場の10年』（美学出版社）が出版されましたが、その編者である伊藤裕夫、小林真理、松井憲太郎をはじめとする同書の執筆者諸兄からは、日頃から無数の知的刺激を受けてきました。本書は主に関西圏の公共文化施設の事例を扱っていますが、事例研究の面でも思想や理論の面でも、本書が『公共劇場の10年』の卓越した成果と対話的な補完関係となることを願ってやみません。

　2011年2月　ドレスデンにて

藤野　一夫

執筆者紹介（50音順）
＊は神戸大学大学院国際文化学研究科 異文化研究交流センター（元現代ＧＰ担当）地域連携研究員

井原 麗奈（いはら　れな）＊　　　　　　　　　　　　　　　　　　第9章担当
神戸女学院大学大学院文学研究科博士前期課程修了、同後期課程在籍中。京都芸術センター（元）アートコーディネーター。専攻：朝鮮近代史、アートマネジメント。主要論文：「1930~1940年代の朝鮮半島における『女優』という職業について―映画の製作と興行の発展を背景に」（『女性学評論』第25号、2011年）、「植民地期朝鮮における娯楽・集会施設に関する考察―京城府公会堂・京城府民館を対象に」（『文化政策研究』第4号、2011年）。

岡本 結香（おかもと　ゆうか）＊　　　　　　　　　　　　　　　　第3章担当
神戸大学大学院国際文化学研究科博士前期課程修了。現在、公立文化施設事業部職員。専攻：音楽学、アートマネジメント。主要論文：「パブリックシアターの組織運営―アートマネジャーをとりまく「知識」を視点として－」（『アートマネジメント研究』第10号、2009年）。

小石 かつら（こいし　かつら）　　　　　　　　　　　　　　　　　第6章担当
大阪大学大学院文学研究科博士後期課程修了（文学博士）。現在、日本学術振興会特別研究員（京都大学人文科学研究所）、京都市立芸術大学非常勤講師。専攻：音楽学、文化政策。主要著作：『ドイツ文化史への招待―芸術と社会のあいだ』（共著、大阪大学出版会、2007年）、「Felix Mendelssohn Bartholdy und seine musikalischen Tätigkeiten in London」（『音楽学』第53巻1号、2007年）。

小林 瑠音（こばやし　るね）＊　　　　　　　　　　　　　　　　　第7章担当
大阪大学大学院国際公共政策研究科博士前期課程修了、University of Warwick MA in European Cultural Policy and Management 修了。現在、おおさかカンヴァス推進事業 作品制作支援業務 現場マネージャー。専攻：文化政策、文化経済学。主要論文：「文化・芸術とNPO」（山内直人、田中敬文、河井孝仁編、『NPO白書2007』）。

近藤 のぞみ（こんどう　のぞみ）＊　　　　　　　　　　　第1章、第10章担当
神戸大学大学院総合人間科学研究科博士前期課程修了、ピカルディ大学（仏）MasterII取得。同博士課程単位取得。現在、神戸国際芸術祭事務局長。(財)神戸市民文化振興財団職員。専攻：文化政策、アートマネジメント、芸術文化社会学。主要論文：「フランスの地方文化環境―アミアンの音楽ネットワーク」（『アートマネジメント研究』第9号、2008年）、「フランスの地方音楽祭はどのようにつくられるか―ウィセンブール国際音楽祭を例に」（『アートマネジメント研究』第11号、2010年）。

竹内 利江(たけうち　としえ)*　　　　　　　　　　　　第4章担当
神戸大学大学院経営学研究科修士課程修了、同大学院総合人間科学研究科博士後期課程単位取得。現在、同大学院国際文化学研究科 異文化研究交流センター地域連携研究員、神戸学院大学非常勤講師。専攻：文化政策、アートマネジメント。主要著作：『西宮現代史』(共著、Ⅰ通史編、2007年、Ⅲ史料編、2004年)、「企業の論理と文化評価－近鉄劇場の事例研究を通じて」(神戸大学国際文化学会『国際文化学』第8号、2003年)。

沼田 里衣(ぬまた　りい)*　　　　　　　　　　　　　　第8章担当
神戸大学大学院総合人間科学研究科博士後期課程修了(学術博士)。現在、同大学院国際文化学研究科 異文化研究交流センター協力研究員、中国短期大学及び川崎医療福祉大学非常勤講師。専攻：音楽療法、コミュニティ音楽療法、コミュニティアート。主要論文：「音楽療法における即興演奏に関する研究」(『日本音楽療法学会誌』第5巻第2号、2005年)、「コミュニティ音楽療法における音楽の芸術的価値と社会的意味」(同第10巻第1号、2010年)。

藤野 一夫(ふじの　かずお)　　　　　　序章、第2章、第12章、終章担当
1958年東京生まれ。学習院大学大学院人文科学研究科博士後期課程単位取得。1989年より神戸大学に勤務。現在、神戸大学大学院国際文化学研究科教授、同大学院異文化研究交流センター地域連携部長(アートマネジメント部門)兼任。平成19年度より21年度まで文部科学省・現代的教育ニーズ取組支援プログラム(現代GP)「アートマネジメント教育による都市文化再生」事業推進責任者。専攻：ドイツ思想史、音楽文化論、文化政策学、アートマネジメント。主要著作：『ワーグナー事典』(共編著、東京書籍、2002年)、『市民活動論』(共著、有斐閣、2005年)、『ドイツ文化史への招待―芸術と社会のあいだ』(共著、大阪大学出版会、2007年)、『Die Stärke der Schwäche』(共著、Peter Lang Verlag、2009年)など。

松井 真之介(まつい　しんのすけ)*　　　　　　　　　　第11章担当
神戸大学大学院総合人間科学研究科博士後期課程修了(学術博士)。現在、同大学院国際文化学研究科 異文化研究交流センター協力研究員。専攻：移民研究、マイノリティ論、アルメニア学。主要論文：「忘れられたジェノサイドの認知：オスマン帝国によるアルメニア人ジェノサイドに関する三つの国際的認知をめぐって」(『国際文化学』第14号、2006年)、「フランスにおけるアルメニア学校の建設と運営」(『フランス教育学会紀要』第21号、2009年)。

宮治 磨里(みやじ　まり)　　　　　　　　　　　　　　第5章担当
神戸大学大学院総合人間科学研究科博士前期課程修了。現在、ちりゅう芸術創造協会事業係(企画制作)職員。専攻：音楽社会学、アートマネジメント。主要論文：「フランス第三共和政初期におけるパリ・オペラ座の社会的機能―特権階級の劇場」(『国際文化学』第5号、2001年)、「フランス第三共和政初期におけるパリ・オペラ座の社会的機能の変容―特権階級の劇場から民衆の劇場へ」(『文化経済学』第3巻第1号、2002年)。

編者紹介

藤野 一夫（ふじのかずお）
1958年東京生まれ。神戸大学大学院国際文化学研究科教授。同大学院異文化研究交流センター地域連携部長（アートマネジメント部門）兼任。専攻：ドイツ思想史、音楽文化論、文化政策学、アートマネジメント。主著に『ワーグナー事典』（共編著）『市民活動論』（共著）、『ドイツ文化史への招待―芸術と社会のあいだ』（共著）、『Die Stärke der Schwäche』（共著）など。

公共文化施設の公共性　運営・連携・哲学

発行日	2011年4月23日　初版第1刷
編　者	藤野　一夫
発行人	仙道　弘生
発行所	株式会社 水曜社
	〒160-0022　東京都新宿区新宿 1-14-12
	TEL 03-3351-8768　FAX 03-5362-7279
	URL www.bookdom.net/suiyosha/
印　刷	大日本印刷 株式会社
制　作	株式会社 青丹社

©FUJINO Kazuo, 2011, Printed in Japan　　ISBN978-4-88065-257-3　C0030

本書の無断複製（コピー）は、著作権法上の例外を除き、著作権侵害となります。
定価はカバーに表示してあります。乱丁・落丁本はお取り替えいたします。

文化と
まちづくり
叢書　**地域社会の明日を描く——。**

固有価値の地域観光論
京都の文化政策と市民による観光創造
冨本真理子 著
2,835 円

創造都市と社会包摂
文化多様性・市民知・まちづくり
佐々木雅幸・水内俊雄 編著
3,360 円

文化政策と臨地まちづくり
織田直文 編著
2,835 円

まちづくりと共感、協育としての観光
地域に学ぶ文化政策
井口貢 編著
2,625 円

文化政策学入門
根木昭 著
2,625 円

企業メセナの理論と実践
なぜ企業はアートを支援するのか
菅家正瑞 監修 編・佐藤正治 編
2,835 円

フランスの文化政策
芸術作品の創造と文化的実践
クサビエ・グレフ 著　垣内恵美子 監訳
3,675 円

芸術創造拠点と自治体文化政策
京都芸術センターの試み
松本茂章 著
2,940 円

文化的景観を評価する
世界遺産富山県五箇山合掌造り集落の事例
垣内恵美子 著
3,360 円

アーツ・マネジメント概論 三訂版
小林真理・片山泰輔 監修
伊藤裕夫・中川幾郎・山﨑稔惠 編著
3,150 円

アーツ・マーケティング入門
芸術市場に戦略をデザインする
山田真一 著
3,150 円

まちづくりオーラル・ヒストリー
「役に立つ過去」を活かし、「懐かしい未来」を描く
後藤春彦・佐久間康富・田口太郎 著
2,100 円

指定管理者は今どうなっているのか
中川幾郎・松本茂章 編著
2,100 円

大阪市立大学都市研究プラザの研究成果を公表するドキュメントシリーズ

URP GCOE DOCUMENT
※以後続刊

第1号　創造都市のためのアートマネジメント　2,835 円
アジア・アートマネジメント会議 1
創造都市論の現状を報告。会議の模様を詳細に記録した第1号。

第2号　船場アートカフェ　2,835 円
2006年1月－2008年3月
地域の再生に強い意欲を持つ街におけるプロジェクトの活動記録。

第3号　世界創造都市フォーラム 2007　2,835 円

ユネスコの都市政策担当者を迎え、開催されたシンポジウムの記録。

第4号　都市 再生と創造性　2,835 円

5人の研究者が現在の状況と問題点を洗い出し、提言する。英訳付。

第5号　社会的接点としてのアートマネジメント　2,835 円
アジア・アートマネジメント会議 2
2回目となる会議の模様を収録。アートマネジメントの未来を探る。

第6号　記憶と地域をつなぐアートプロジェクト　2,835 円
こころのたねとして　釜ヶ崎 2008
アートによる包摂型就労支援。社会との交わりを回復するための提言。

第7号　Managing Sustainability and Creativity　2,835 円

Urban Management in Europe and Japan　（すべて英文）

現在のアートマネジメントに関する研究成果を掲げた
日本音楽芸術マネジメント学会の最新論文集　※以後続刊

音楽芸術マネジメント　1号　3,360 円
おもな内容：学会設立の意義 音楽大学の役割、文化政策とアートマネジメントの概念整理、アーツ・マーケティングの可能性 ターゲティングによる戦略 ほか

音楽芸術マネジメント　2号　3,360 円
おもな内容：「日本の音楽ジャーナリズム展望」報告、「機関団体によるアートマネジメント人材育成講座のあり方」報告 ほか

全国の書店でお買い求めください。価格はすべて税込（5%）です。